U0067164

# 資深國小校長的經驗與智慧：
# 且聽眾校長道來

林文律　主編

# 獻詞

本書獻給華人世界曾任、現任及未來的國小校長。

# 主編簡介

　　林文律（阿律），1951 年出生於臺中市，係英文學士（1973）、語言學碩士（1977）、英語教學碩士（1983）、教育行政博士（1990）。自 1977 年起在大學任教英文，1980 年初對學校領導產生興趣，於 1987 年再度赴美，改讀教育行政博士班，1990 年獲博士學位。自就讀教育行政博士班開始，即認真思考如何讓校長學在臺灣本土廣受探討。回國後，有幸在國立臺北師範學院（後改制為國立臺北教育大學）服務，即以此為據點，歷經多次努力，2001 年初終於促使教育部准許國立臺北師範學院成立全臺灣第一所「中小學校長培育與專業發展中心」，並據此向臺北市、臺北縣、宜蘭縣極力爭取設立候用校長培育班，亦連續多年舉辦一系列大型的校長學國際學術研討會，全心致力於使校長學在全臺灣普遍受到關注與討論。

　　繼 2006 年主編《中小學校長談校務經營》（上、下冊）之後，2010 年接著主編《中學校長的心情故事》與《小學校長的心情故事》，2012 年主編《校長專業之建構》，2018 年主編《資深國小校長的經驗與智慧：且聽眾校長道來》（以上均由心理出版社出版）。這一系列校長學專書對於臺灣本土校長學的推廣有相當程度之助益。

　　在服務於國立臺北教育大學二十二年之後，2012 年 10 月因健康因素申請退休。

## 主編序

　　自 1987 年我在賓州州立大學就讀教育行政博士班開始，就鍾情於校長學，並且矢志回臺灣之後，耕耘於校長學領域之中。基於此種念頭，我一直在認真思考如何讓校長學在臺灣本土廣受探討。回國後，有幸在國立臺北師範學院（後改制為國立臺北教育大學）服務，即以此為據點，歷經多次努力，2001 年初終於促使教育部准許國立臺北師範學院成立全臺灣第一所「中小學校長培育與專業發展中心」，並據此向臺北市、臺北縣、宜蘭縣極力爭取設立候用校長培育班，亦連續多年舉辦一系列大型的校長學國際學術研討會，全心致力於使校長學在全臺灣普遍受到關注與討論。基於對於在臺灣推廣校長學的一種強烈使命感，我在 2006 年主編《中小學校長談校務經營》（上、下冊）之後，2010 年接著主編《中學校長的心情故事》與《小學校長的心情故事》，2012 年主編《校長專業之建構》，2018 年主編《資深國小校長的經驗與智慧：且聽眾校長道來》。這一系列校長學專書對於臺灣本土校長學的推廣有相當程度之助益。由於持續鍾情於校長學，我在 2003 年至 2004 年主持了兩項國小校務經營焦點座談專案，分別邀請了十八位資深國小校長及十八位剛上任第一年的國小初任校長，以每個月一個主題，進行為期一年的焦點座談。此兩批焦點團體座談，除了成員不同、擔任校長的年資與經驗不同之外，所探討的主題也並不完全相同。

　　不巧後來因為我個人的健康因素，無法好好對焦點座談資料進行分析，這件事就這樣一直擱著。2015 年時，我覺得健康情況好像也無法更加好轉，於是又興起了做研究的念頭，並與時任臺北市五常國小的陳智蕾老師密切討論與規劃，對十五位國小校長進行了訪談。這些豐富的焦點座談與訪談資料，我計畫在適當時機進行質性分析。但在進行分析之前，我想到，乾脆將這次訪談的部分內容與 2003 年至 2004 年資深校長的焦點座談內容原原本本一併呈現在同一本書中，以先饗讀者。基於這個念頭，我從十五位校長的訪談資料之中，挑選出五個訪談稿，經受訪校長同意之後，以匿名方式納入本書，形成了本書的第二部分。至於

所有的十五份訪談資料之分析工作，就等下一波再來進行了。在將以上兩部分於不同時間蒐集、總共二十三位資深校長的座談與訪談內容合併之後，就形成了這本書的內容。由於都是資深國小校長對校務經營實務的經驗談，於是就把這本書定名為「資深國小校長的經驗與智慧：且聽眾校長道來」。另外，我自 1991 年至 2002 年之間，陸陸續續請研究生訪談數十位國小校長，請其提供學校行政個案，同時也請學生協助蒐集個案。這些國小的學校行政個案，已累計數百則，暫時定名為「國小校園裡的繽紛世界」，現在正進行編輯中。

本書分為兩編。第一編所呈現的是十八位資深國小校長長期從事校務工作所展現出來的實用智慧，包括從教育價值出發談學校特色，以及因應不同類型學校的不同情況或學校發展的不同階段，析論如何擬定出校務經營的重點。此外，這一系列的焦點座談也觸及校長的工作內容與有效的時間管理、主任的選用與行政團隊的經營、教學領導、課程領導、校長如何引領教師專業成長、校長對內及對外公共關係之經營、校園規劃與學校建築、學校經營的法律層面、學校常見的問題、成因及解決之道、校務評鑑與校長評鑑，並且探索校長工作的深層意義等。從這些重要的不同面向，可看出這些資深校長在經營學校多年以來，所體會出來的校務經營實用智慧之寶貴結晶。

本書第一編的焦點座談所呈現的乃是 2003 年至 2004 年間，資深國小校長對當時的教育政策與法規以及教育環境之深入觀察與深刻體會。首先，《教師法》於 1995 年公布施行之後，教師得以合法在學校層級組織教師會，為教師提供一個非常重要的發聲管道，同時也對學校行政的各項措施行使監督之權，讓學校行政領導人員倍感壓力。其次，教育部於 2003 年發布了九年一貫課程的七大學習領域及多項重大議題之正式綱要，並設立了常態性的課程修訂機制。由於時代一直在變，教育政策與法規以及社會環境也一直在變動，因此國民教育階段的校務經營也變得愈來愈複雜。有關教師影響學校經營的部分，2010 年的《工會法》公布後，教師得以組織教師工會，使得教師具備了協商權與爭議權，為教育環境帶來了更大的衝擊，而國民中小學的校務經營更是首當其衝。即使如此，當吾人回顧二十一世紀伊始，面對當時《教師法》之下的教師會蓬勃發展，以及教育部

積極推動九年一貫各學習領域及重大議題，學校校務經營可說是充滿了高度艱辛與多重挑戰。本書第一編所呈現的正是 2003 年至 2004 年間，國小校長對於校務經營的深刻體會，以及對於當時教育時局的深入觀察。本書的這一部分正好見證了那一個時代，臺灣教育發展史上國小教育的情況。由此觀之，第一編的焦點座談紀實所隱含的教育歷史脈絡，以及所代表的時代意義，對於臺灣教育史的研究，可說深具參考價值。

本書第二編所呈現的是另外五位資深國小校長侃侃敘說經營學校時，心中比較柔軟的那一部分，包括對理想學校與理想老師的想像、時間管理，以及辦學時心中所珍視的價值。這幾位校長同時也談到擔任校長的各種心情與體會，包括當校長所帶來的深層喜悅與滿足、教育體制所帶來的挫敗感，以及對教育當局的一些建議。另外，校長們對於教育局（處）與小學之間如何互動，包括教育局（處）與小學之間，除了上下隸屬的科層關係之外，是否有可能邁向專業的夥伴關係，他們也提出了一些看法。最後，這些校長們則談到校長的自我超越與診斷，以及對於有志於校長一職者的一些語重心長之建議。總之，這五位不同的資深國小校長對於擔任校長方面的深刻體會，做了毫無保留的分享，他們對於校務經營的一些重要見解與深刻感受，在本書第二編都有親切而溫馨的呈現。

本書前半部主要的內容來源為兩項焦點座談之一。在這兩項焦點座談的執行過程之中，研究生林碧榆與陳佳榮負責 2003 年至 2004 年這兩項研究專案的座談記錄與逐字稿整理，倍極辛苦。歷年來，我學士班及碩士班眾多學生，不辭勞苦費心整理不同階段的訪談逐字稿，在此非常感謝。此外，在本書孕育初期，臺北市新生國小陳智蕾校長積極的參與討論，提供了不少寶貴意見，並協助整理部分逐字稿，也讓我感念在心。博士生法學碩士黃崇銘協助更新本書學校經營的法律層面，並由系助教何怡瑩重新整理文稿。以上眾多好友，我在此一併致謝。

過去三十八年來，在我多次負笈美國求學、職涯以及生命的歷史中，我聰穎賢慧的太太鄭淑楨女士對於我的健康及日常生活總是軟硬兼施、細心呵護。兩個女兒秋碩與秋瑾在職場上盡心盡力，時時與我分享工作心得。兒子志洋在國家、政府與社會體制的觀點上，與我持迥異的立場，經常與我激辯。志洋與雅馨的三

個乖巧靈敏的女兒善水、佳美與佳雨，一直給我幼苗日漸成長與蛻變的無限感動。總之，不論我做任何事情，摯愛的家人總是我最大的支持力量。

　　本書得以出版，我要特別感謝心理出版社董事長洪有義教授慨允、副總經理林敬堯先生大力協助，以及責任編輯郭佳玲小姐的細心校對。由於本書的內容乃是由二十三位資深國小校長的經驗與智慧構成，我相信這本書對於關心國小校務經營的眾多教育界同好以及社會大眾，將會有甚高的實用價值。但願大家一起來探討校長學，讓臺灣本土校長學在大家的積極關注之下，發展得更好。如果這本書也能在整個華人世界的教育圈裡引起一些迴響，更是我所樂見的事。

林文律

2018 年 1 月 22 日

於國立臺北教育大學教育經營與管理學系

## 誌謝詞

自 1998 年以來，一直到 2015 年年底，我在不同階段訪問了將近百位國小校長，並邀請了數十位校長參與我的國小校長職務專案研究，最近一次則是在 2015 年 12 月訪談了十五位臺北市及新北市的國小校長。我要特別感謝這些熱心幫忙的國小校長。自 1999 年以來，我也參加了活水校長讀書會、兩岸三地校長讀書會及中臺灣校長讀書會，非常感謝這些協助我在校長學專業實務領域成長的校長。在我全心推動臺灣本土校長學的路途上，同時也很感謝接受我邀約，撰寫校務經營專文的將近百位（撰寫當時）的現職中小學校長，讓我獲得了寶貴的校務經營素材，得以陸陸續續主編了《中小學校長談校務經營》（上、下冊）、《中學校長的心情故事》、《小學校長的心情故事》與《資深國小校長的經驗與智慧：且聽眾校長道來》等校長學實務類專書。另外，也要謝謝接受我邀約，撰寫校長學學術性專文的數十位教授，讓我得以主編《校長專業之建構》之校長學學術性專書。同時，我也要謝謝北臺灣、中臺灣及南臺灣的二十二位國小校長，在我的邀約與請託之下，慨然接受我博士班論文指導學生陳智蕾的專訪，讓她順利蒐集資料並完成博士學位。所有校長對我及智蕾的隆情厚誼，我在此由衷感謝。

## 給校長班學員的勉勵詞

當一個好校長，
當思如何使學校進步、
如何帶好每一位老師，
以及如何透過老師，
把每一個學生帶上來。

# 目次
## Contents

第一編

# 國小校務經營焦點座談紀實

# 第 **1** 章

# 教育價值與學校特色

**本**章所探討的主題是校長在辦學時,心中所珍視的教育價值,包括校長在新接一所學校時,除了考慮學校原有的特色(必須遷就既有的特色)之外,是否會想辦法去發展其他的特色,也就是校長自己非常重視、無論如何都想去發展的一些事項。其次,本章也論及校長如何擬定校務工作的重點,包括校長在新接一所學校時,要如何構思校務工作的重點?校長的想法如何與學校既有的特色結合?有哪些想法?使用什麼策略?另外,針對教育價值的部分,如果一個學校的學生中,未來可能會有諾貝爾獎得主,校長要思考怎樣教育他?在教育學生的過程中、在發展學生的潛能時,校長最重視的是什麼?這些都是本章觸及的部分。

## 討論內容

### 江校長:

教育工作是把人教成像一個人,對社會價值而言是社會想要的人,基本上這不容易。因社會一直在變,但校長應有這部分的預測力,時時刻刻要以人為本來關心社會的變化。在考慮學校特色時,很多校長本身都有很多的專長,在建立一所學校時,基本上都會想以自己的專長為重。以我而言,我每到一所學校,都會先花一段時間來觀察學校老師,仔細去了解哪些老師有哪些專長,這些專長如何做一整合,而且能讓學校內老中青三代的經驗做一傳承。所以,學校特色不是還沒去之前就想推翻的,而是要利用現有資源,就可能傳承的部分,統合它的力量來發展學校特色。這樣的特色是什麼,誰也不知道。我所經歷的學校,公、私立

都有，小學、高中都有，但每一次換了一個地方，要描述那所學校的特色怎麼去發展，心中都有一個基本架構，就是把學生教育得像個人。

我在1996年到一所私立高中，那所學校在當時是臺灣地區北部學校最差的，在私立高中職聯招時，排序是倒數第二名。那所學校的規模不大，一個科只有兩個班，有國貿科、電機科、餐飲科和汽車修護科等，那時的理念是不要把所有的雞蛋都放在同一個籃子裡。臺灣的教育資源很豐厚，學生可選擇的學校很多，目前在北部地區，一個國中畢業生大概有1.3到1.5個學校可選擇。而私立學校又是在這麼後面，所以現在幾乎是招不到學生。

在1996年時，我一看到這所學校，唯一的發展特色，是把歷年來北部地區所有高中職學生所選擇志願的統計數字拿來看，發現從1988年至1996年，選餐飲的學生從六十幾位增加到一千五百位，當時這所學校的一個班只有五十位學生，十二個班只有六百個學生，於是我把其他科通通收掉，只做一個餐飲。如果這一個做成功的話，便能發展成為餐飲專業的學校。但教師反彈很大，那些商科、工科、電機科、電子科的優秀教師們各有專長，要思考如何去發展學校特色，我的理論是如果十二個班分成六個為一群，每位學生都設定學習目標，我也集中火力去發展餐飲，經營三年後我就離開了。目前，餐飲科在臺北地區這所學校已有一定的地位。

所以只要在這個地方，從人的觀點去看，國中畢業生程度較差通常會選擇餐飲，我的教育目的是要讓這些學生可以從這所學校重新開始。現在餐飲是這所學校的特色了，畢業學生有自信的在社會上立足，因為他有專長。所以我認為校長到一所學校，若沒有先觀察學校的內在環境和外在環境而逕行發展學校特色，這發展的過程是會很辛苦的。若有一個教師技能不足，你必須想辦法補充之外，還要和業界去談，看業界需要怎樣的人，以輔助學生成為你想要的人。然後還要幫學生找出路，找好出路後，把這些先備條件都準備好了，再來談發展學校特色。校長在觀察的同時，必須運用很多的數據與資料來關心社會現象、了解社會資訊、發現社會需求，以發展符合需求的學校特色。

**邱校長：**

　　針對今天的主題，校長在接辦一所學校時，除了考慮學校原有的特色之外，校長可能也秉持一些個人的理念去發展學校另外的特色。我非常贊同發展學校特色的一些原則，比如說要和當地的社區和學校的人才能夠結合之外，有一點非常重要的就是要和教育相結合，不然此學校特色便不能長久。

　　另外就是「草根性」，意指社區的所有資源和社區的接受程度也能緊密的結合在一起。此外，在發展學校特色時，校長也有一些教育理想，這些理想在學校內可能沒有這樣的資源，且社會有時也不太可能接受這些理想，但校長卻認為這是非常重要的話，校長如何去突破這些問題，我個人有一些想法。

　　我舉一個例子，我個人認為現在小朋友的世界觀不夠，比較不能宏觀，很多事情看小不看大，心胸不夠寬廣，所以我一直認為天文教育是非常重要的一環，而小學內是否能夠設立天文臺，當然教育局可能會回覆臺北市已經有一天文館的設置了，而家長也會認為天文這種東西太抽象，不如去學英文、學電腦，不過我個人卻認為這是非常重要的。在發展的過程當中，我在安安國小（化名）時，學校便有天文臺的規劃，縱使沒有經費，也一定要把天文臺蓋好。後來透過非常多的機會，皇天不負苦心人，在資訊教育受到重視後，教育局資訊室便撥了一千多萬給我們充實資訊設備，這樣我們就有設備了。

　　在教師的部分，經過這幾年不斷的鼓勵與分享，鼓勵他們去參加資訊方面的研習，於是校內的自然及資訊教師成立了一個天文推行小組。在推行天文教育的一開始，社區、家長及教育局方面都不願意談，但經過一連串的努力之後，也可以發展出一些別人本來不看好，但你認為是很重要的特色。

**曹校長：**

　　談到教育的價值，我認為教育在領導、在幫助別人，教育在使人為善、在止於至善。我們在從事教育的重點規劃時，應該認識教育的本質、教育的價值。因此，我們整個校務重點規劃應該是「教育即生活」，能夠讓學生可以看到未來，且能讓學生在快樂中學習，在學習中感受到快樂。始於快樂，終於智慧。另外，

就是要培養學生未來解決生活問題的能力，就是如何在知識教學活動的規劃中，讓老師的教學能夠使知識轉換成有用的能力。所以始於知識、終於能力。學生之間的差異很大，如何使學生恰如其分的學習很重要，因為學校很難出現千篇一律的學生。

在此情形下，一定要先找回學校原有的優良傳統，學校的設備、學校的人才、學校社區的背景、學校的文化，然後呈現出重點，以規劃學校的校務工作。要發展學校特色，再怎樣發展都不能脫離學生的需求，以及學生自己的學習。要發展學校特色，除了各項教學正常與均衡之外，就學校的設備、學校的能力、家長的期望，再加上校長自己的一些觀念影響，以便突破舊有的一切去發展出學校特色。

在發展這些特色時，我會先考慮學校原有哪些特色。如果這些特色很值得保留、值得繼續推廣，我們就儘量去把它加強成為特色，比如說明水國小（化名）有游泳班、有資優班，且有很多優秀的音樂師資。學校師生追求校譽、正常教學，又有很多教師追求成長，因此讓既有的繼續發展，便成為學校的特色。像明水國小的游泳隊聞名全國，而且學生功課好、體育好，已有數位學生保送臺大、臺灣師大；且明水國小的資優班，在師生努力之下聲名卓著，曾有位學生去請教臺灣師大的吳武典教授，教授回答可請教明水國小校長，因為明水國小在資優班的培訓名聲很好，家長便過來找我，他的孩子五歲時提早入學，後來參加奧林匹克比賽拿到了第一名。

我在明水國小培養的資優班，每位學生畢業時都要有科學展覽的著作、有文學作品的著作，還要有專題研究結果報告。像這樣如何自己找資料、做學問是很重要的。我曾和一位中興大學教授講到推廣鄉土教學的問題，隨著臺灣的戲劇、歌仔戲的沒落，這是很可惜的現象，但也是很好的發展方向，於是我們就發展歌仔戲團，也變成一個很好的教材。

我目前服務的學校位於板橋，附近有三級古蹟，如何利用這古蹟變成學生學習的材料，這是一個發展方向。學校附近有林家花園，此資源的資料就成為學生的必學教材，學校也藉此培養出一個個小小解說員，帶著其他小學生到定點解

說。另外，我覺得音樂是可以發展的特色，我們學校規定三年級以上的學生必須學會一種樂器，因此成立音樂社團。我認為校長是希望工程的舵手，是孩子學習成長中的貴人，我一直以此自勉來用心辦學。

## 黃校長：

提到教育價值，我個人認為，人基本上是一個理性和情感的綜合體，且人本身有一種趨力，就是人會趨吉避凶，是趨善的。因此，我相信人是向善的、向光明的、向上的。若從這角度去看，我想在座的教育夥伴都會非常重視去讓每個人把自己的能力發揮出來，我也常常相信人的潛能是還能開發的。每個人隨著環境的不同、境遇的不同，所發展出來的能力也不同。教育要不斷給孩子一個發展的環境，使其發展可能的潛能。但我也認為人在某方面是有限制的，有些人在自我控制方面和智力先天資質方面是有限的，故我們不能要求每一個孩子都能做到一樣理想的標準。

所以基本上我們要了解孩子，了解他有什麼樣的能力，他在進學校之前所接受的家庭教育之條件背景為何。教師可能會比校長更能了解孩子，教師可能更能夠切身去了解一個孩子，他在什麼階段可能少了什麼、他現在急需的是什麼，或者在什麼階段需要什麼幫助。所以基本上學校是靠一群教師，如何把教師對學生的心和關照找回來是很重要的。

我希望每位教師都非常願意、都非常有心的付出教育愛，都能理解、尊重每位孩子心中的想法，去找到孩子學習的天堂，發展人性光輝的一面。這個過程我會花許多時間，和校內所有的人和家長，透過文字、對談或營造一種情境，透過激勵讓教師能滿足自我需求，進而注重孩子的幸福，而不要使幸福變質成為一種壓力。在一所學校內，各種孩子都有，他們的資質、天分都不一樣，我們要讓孩子在他們可以發展的位置上去發展，亦即注重個別化。給孩子多一點機會，我認為人的生長和自然界植物的生長是一樣的，在生長過程中應給孩子多一點機會、多一點養分，這也是學校辦學的目的。

## 張校長：

　　談到學校的特色，首先要問為什麼學校要有特色，高中與大學要建立學校特色是因為要吸引學生就讀，可是中小學建立自己的特色，卻易造成學童越區就讀，所以學校特色到底要做什麼？第二，一個校長到一所新學校，若不去考慮既有的學校風氣，卻以自己既有的觀念、理想、教育價值去改變學校特色，並不適宜，或者到一所新學校之後，完全無法發揮自己的理想、教育價值、理念，這樣也不是很好。

　　怎樣把校長的教育價值理念和學校問題相結合，這個議題很少受到討論。我把這個問題的解決策略分成三種：如果校長只是用自己的理念價值，不管他人的想法來行事，此為下策；如果校長拋棄個人的理念價值，讓學校依照課題需要去解決課題，以營造學校的特色，此為中策；上策即是校長個人的理念價值藉著學校課題解決的過程中得以發揮，這樣不但能解決學校問題，又能把個人教育理念融入其內，即為上策。

　　至於有關校務工作和處理方式，我認為每所學校的情況都不一樣，也許理念價值一樣，但作法就不一樣。就先從教育價值這部分來談。國民教育的本質是把每個孩子帶上來，所以我會去思考學校的功用為何？孩子來學校做什麼？孩子到學校是來嘗試錯誤、是來找尋自我，學校是給孩子一個自我成長的環境，提供全人教育的機會，而不是只在於國語、數學學習的部分。在孩子嘗試錯誤、人格發展的過程中，教學時能讓孩子有靜態與動態表現的機會，建立他們的信心。不要太早去評斷孩子的好壞，要給予孩子發展的可能機會。

　　在課程的選擇中，除了基本課程外，讓孩子在學習過程中主動思考很重要，因為傳統教學比較被動，沒有思考的機會。宜利用彈性課程，讓孩子在課程中有選擇的機會。學習是在師生的共同討論中進行，孩子能夠自我示範，教師和父母能夠了解孩子的性向發展，給予孩子所需要的教育，並適時給予援助，讓孩子有各種發展的可能。

## 李校長：

　　在討論教育價值時，要先討論小學教育的目標在哪裡，如果我們過分重視所謂的特色，依早期的傳統，不管是校長取向或是老師取向，都比較偏向教學取向：我需要達到怎麼樣的目標導向、投入怎樣的教學策略、達到怎樣的結果。從校長到教師所採取的辦學策略或教學理念，會造成不一樣的學校特色，這裡的學校特色是指文化的特產，要使學生達到怎樣的目標。小學的特色是金字塔式的，並不是少數幾位精英代表學校比賽得名就叫做特色，那樣的特色是極少數人的特色，並非是學校特色。

　　要發展學校特色，校長理念是非常重要的，我個人認為應以德育為本、群育為先，智育、美育、體育這三者和訓練有關係，應該因材施教。校長以他的個人理念構思影響到家長和教師，讓所有家長和教師成為校長辦學的合夥人，透過共同的理念教育我們的小朋友，以這理念來設計課程、構思教學。現階段生活教育是我們該談的，從小開始就要讓小朋友接受最扎實的生活教育，而非只著重智育方面的比較。

　　再來要談的是「同等心」，每位小朋友的條件環境不一，學校要提供每位小朋友接受表揚表現的機會，在小學這課業壓力較輕的階段，小朋友的一些潛能很容易被發覺。所以校長要和教師多溝通教育的理念，透過訓輔合一，學校應多重視學生表現的機會，要結合所有的人力和物力，把握學生潛能發展的每個可能。

## 陳校長：

　　要談辦學理念就會牽涉到教育哲學的背景。教育的目的是要使個體能夠適應未來的社會。個體不但要成就自己，還要能夠成就他人。首先，我們要培養孩子有能力解決他的問題，以及周遭社會上的問題。其次，我們要為孩子創造發展機會，也要為團體創造機會。因此，我們在接管學校之後，要觀察整個人文、自然生態背景，在這樣的生活圈當中，去發現自己的特色和學校價值的所在，也要整合各項資源來發現學校的特色和價值。

　　如果這些都能做一個配合的話，我們就能夠進入三個階段：第一個階段就是

整合這學校的各項資源與學校各項能力表現的空間；第二個就是進行所謂的引導；第三個是校長要能夠創造這個學校的價值，否則只能成就別人，卻沒有成就自己，感覺會很空虛。在這樣的思考之下，好奇、探索、體驗、發表的過程就是校長教育理念的展現。

教育工作的重點有：第一個是要培養孩子的生活能力，在培養孩子生活能力時，其他方面就有可能發展；第二個是學習要有創意；第三個是學習如何應用知識。校長的角色是執行政府的政策、實現家長的期望、啟發孩子的世界、實現教師的理想，同時要融合整個社區的整體發展。若能如此，學校的整體價值便可在掌握中展現出來。在這樣的體驗當中，我相信的一句話就是：凡是相信就能看見（to believe is to see），你相信的你就會看得到，所以我相信的我就會看得到。

在校長辦學當中，教育價值一直是我們最終思考的點，常以同心圓的思考方式不斷去擴充我們的思考。前教育部長吳京（註：於 1996 年至 1998 年擔任教育部長）很喜歡以同心圓的方式來看待我們的教育發展，我認為每位學生都是移動的點。教育本來就是要試探學生的性向加以發展，每位學生都有成長的線，不同的點連接起來就成為一條線，不同的線會形成一個成長的面，進而成為一個成長的空間，在這空間的區域裡面，我們的能量會不斷充實起來；我們不是因為有這能量才有這形體，有時候是因為有這形體才會充實這能量。

在此過程中，要時時思考如何激發我們的老師，我們整個學習的環境，能夠支持我們的孩子不斷的探索、不斷的成長。在嘗試與錯誤的過程中，容許孩子可能犯的錯誤，讓孩子快快樂樂學習。所謂的快樂，並不是讓孩子在學習過程中沒有挫折、沒有痛苦，而是讓挫折、痛苦可以幫助孩子看見屬於自己的未來。用一句話作結：所有的路都不在陸上，它可能在空中。

## 孫校長：

今年我剛好參加這次臺北縣市的校長遴選工作，擔任遴選委員。對於學校經營方面，我有一些看法。有些候用校長表明自己有某某校務能力，對我們遴選委員而言，不但沒有加分，還可能會減分。因為一所學校的發展，不是校長有什麼

能力，學校就要跟著校長走。學校不是校長一個人的。校長要從發揮專業的角度來考量，整個學校本身應從家長、教師、學生的角度來思考需要怎樣的一個校長。

　　一位校長要能夠提出對這所學校的認知和了解，且能說出這所學校發展時有什麼困難，能提出什麼實務上可行的策略，對這所學校的願景有何看法，從對學校的了解程度來利用學校的人力資源。校長並非萬能，不是任何事都要校長去做，校長也無法都做，因此要利用學校內的人才，讓人員動起來，讓學校辦學順利。

　　在談學校特色時，要注重一個「持續性」，以我目前服務的大大國小（化名）為例，一談到大大國小，就會讓人想到音樂性社團，十幾年來皆是如此。在國小階段就讓孩子接觸音樂、接觸樂器，多方面的慢慢嘗試，這時就會有以為拿到獎盃就是學校特色的誤導，像獎盃就是對教育很大的一個誤導，重要的是獎盃後面學生所學到的究竟為何。目前的音樂性社團包括國樂、管樂和和聲，但這都需要有昂貴的樂器，因此我們就想到要發展直笛，讓更多孩子都有機會參與，此為考量點之一。

　　此外，也要思考如何繼續的推展。這部分雖說計畫、執行與考核的行政三聯制是老掉牙的，可是到目前為止卻是很受用的。計畫、執行、考核，在發展音樂性社團時會遭遇許多問題，比如說為了要讓孩子有更多時間接觸學習，便有人建議在中午午休時間練習，一學期之後便發現窒礙難行；另外，如管樂教師為了要有練習時間，便需和普通班教師協調場地的問題。我們需求的重點是，怎麼樣讓孩子學到更多，所以我們也發展了體育性社團等，發展更多方向。所以說，校長要從各方面條件來考慮什麼是最適合學校的，並抓住契機來發展校務工作。

**秦校長：**

　　學校到底要不要有特色，一直是見仁見智、爭議不斷的話題。我個人也一直在思索這個問題。如果我們把學校特色定位成是一個正常教學後的附加產物，經過昇華、超越的價值，學校特色就有存在的必要。如果只是為了特色而特色，我

們就會失去教育的務實面。在這一前提之下，首先，學校特色應和我們學校的本位課程及學校內的師資專長相結合；第二，學校特色應放在學校的經營藍圖之下，而經營藍圖包括學校的願景、教育目標、經營方針、經營目標、經營條件（包括社區的背景、教師的文化、家長的期望）等；第三，希望在成就別人時也能成就自己，學校特色應和校長的辦學理念相結合。

以我個人的辦學理念、哲學思維而言，除了來自一些教育書籍之外，我特別注重《論語》這部分。所謂「半部論語治天下」，雖然時空改變，但是我認為《論語》裡面有許多語句對孩子的生活教育、性情陶冶幫助很大。在九年一貫課程當中有七大學習領域，我個人除了特別重視均衡發展之外，還有兩個面向，第一個基礎的部分就是語文教育。我曾經帶過大型學校，也曾待過小型學校。在前任學校我在語文教育方面正式推展的是讀經教育，我的學校附近另外還有四所學校，而我們學校的學生在氣質及生活教育方面明顯就比其他學校的學生還要好一點，證明這確實有它的效果存在。

在基礎之外，我們九年一貫核心的部分，就是藝術與人文教育。我最想發展的部分是音樂，當然這和校長的哲學思維與學校條件有關，在學校檔案室內有些閒置的管樂樂器，因此將國樂當成一個重點發展目標。為了避免精英教育，我在學校本位課程就排了國樂課程，融入課程中，讓每位學生都有學習的機會，除了要爭取經費購買樂器給學生使用，因為每位學生的資質不同，我們要讓學生自由選擇，讓他們快樂學習，發揮學生潛能，培養性情，此為小型學校的作法。

在大型學校中，要先尊重學校文化，不過這基礎面還是要放在語文教育上，核心面還是要放在藝術方面。語文方面各班級會交換、準備講稿和題材去做巡迴演說。此外，我也重視圖書館利用教育，透過小書製作，訓練孩子表達的部分，重視他們說和演的部分。在藝術方面則是推行管樂，因為學校本身就有一些管樂社團，我們就做一些加深加廣的工作，使其更精緻化，此為我目前努力的方向。學校特色的最終極目標是要讓孩子自我實現，這是教育本質的具體展現。

## 王校長：

　　校務工作的重點，我想每一所學校都不一樣。若從校長的角度來看，校長扮演了幾個角色：一個是規劃、設計的角色，另一個是管理的角色；在心理方面是諮商輔導的角色，此外還有研究者的角色與溝通的角色。校長每接一所學校，會以自我的教育價值去改變學校，但教育工作重點：第一，要規劃一所符合教育功能的學校；第二，是要讓一所學校漂亮，讓人舒服，使學生在其內進行學習，包括讓老師舒適工作，提升學校的價值。如何讓學校漂亮就要靠師生的努力。

　　第三，就是把管理工作做好。政府不該強制學校開放校園，適度的校園開放當然是正確的，但如果社區的程度還沒達到一定水準就開放校園，校園環境一定會更糟。校園一定要保持乾淨，因為一個整齊清潔的校園才能培養出有氣質的學生；第四，校園安全是最重要的部分，有位學生在安親班被綁架，逃脫出來跟警察說他如何和嫌犯保持互動，且保持輕鬆，並向警察說明嫌犯藏匿的地點，幫助警方破案。這預防綁架教學是生活課程的一部分。校園安全若能融入課程也是很好，我們生活教材自編的教材裡面有這單元。

　　第五，就是學校內同仁一定要成一派，不能分派系，若是有兩派的情形，校長會很頭大，學校內也會亂七八糟。不管怎樣，教職員工和家長應該合成一派，就是校長那一派，不要有親校長的那一派，另外還有親誰的那一派；第六，就是要引導教師做研究，在教學、教學方法、課程方面都可以做研究。針對老師的興趣，不要限制教師的發展，要把學校發展成為成長團隊，相互成長；第七，要讓學生一人一技。有好的學歷雖然重要，但有一技之長是成長的一部分。在學校裡，我比較不贊同特色，我比較希望每位學生都能學到東西。有些學校特色掌控在少數學生能受惠、多數學生不能受惠，這樣的教育價值不會高。


## 曾校長：

　　有關學校特色，在這國民教育階段，學校特色的發展帶來的負面問題更多。學校特質的存在更勝於學校特色，像健康便是我想帶進學校的一個特質。學校特質是提升學生成就所做的努力。談到校務工作，我會把重點朝向高品質低成本的

全人教育。高品質的部分可以從臺灣高品質的企業來看，一個是台積電，一個是台塑。台積電的競爭力是在降低其不良的比率，提高良性的品質，而超越其他的代工廠；台塑則是在降低成本，安全的砍低價錢，這些是一流的營利組織。

　　教育成本的問題可從其中獲得一些思考的線索。教育是一種龐大的投資，教師投入他的生命、學生投入他的時間、家長投入他的金錢，這些投入都要講求效率。我強調的是學生基本能力的扎實和態度情意與潛能的開發，這些部分都要有所進展。若要做好這些事情，身為校長一定要有一個原則，那就是民主集中制，意即坦誠溝通集中討論，結束後作決斷，決定之後，要暢通溝通管道。

　　領導者必須先應付人的問題，老師的適才適所或不良教師的淘汰，要有一定的處理方法。我認為每位學生都有潛能，但卻不一定會成功。我對兩個重點比較重視：第一是要勇於做自己。我覺得這個社會太盲從，個體太容易受到社會的影響，到最後無法做到均等均質，也無法促成整個品質的提升。敢於做自己的學生比較沒有問題；第二是要持續精進。學校有的學生可能是非常有潛能的，學校要能提供一個良好的環境，帶領有潛能的學生去發現最適合他自己的一條路，正面地影響他，並幫助他學習。

## 江校長：

　　國民教育是全民教育，沒有任何人有權利拒絕接受國民教育，任何老師也沒有權利拒絕學生入學。基於這個觀點，我對於學校的教學品質非常堅持。我認為學校特色並不是集中在少數人身上，而且學校特色是師生共同努力去經營出來的。以我的學校為例，我們非常注重小朋友的身心健康。在體育課程中，高興國小（化名）的每一位畢業生都必須游過五十公尺，這是經過校務會議通過的決定，在 6 月 19 日檢測，6 月 22 日畢業。每一位學生都需通過檢測，這是我們學校的堅持。要讓學生學會一些技能，其中必須要有課程編配作業。傳統上，教師對課程編排是一成不變的，現在我們要將體育游泳課程做不同的編排方式。我們先測量三年級學生從不會游泳到會換氣需要多久時間，再將一到三年級的課程做彈性調整。

　　另外，因為技能課程很容易遺忘，如果教師教學有效能、學生學習有效率，就是可行的教學策略。若是學校的全部學生都有此方面的技能，才能稱做學校特色，而不是將學校資源投入在少數精英上，此亦非國民教育應做的事。

　　1999 年時，有 80%以上的教師反對進行九年一貫課程的實驗，因為進行實驗麻煩且資料取得不易。身為校長要解決此問題，必須先提升教職員工的資訊能力，一步一步往上提升，透過研習迎上時代浪潮、掌握時代狀態，進而將資訊融入各科教學，學校很快就發展到七大學習領域，領域中的各科教師都有製作網頁的能力。學生要畢業一定要會製作網頁、壓縮光碟，且一定要有一個陶瓷作品。我們規劃三十年內讓學校的每一範圍留下學生的作品當作紀念，現已是第一屆。當然在進行游泳課設計時需要有師資，因此在教師甄選時可以有很大的空間，我們的教師甄選就針對學校的發展目標去甄選教師。甄選教師的委員，我常用一個策略，就是找校內教學最差者去評選，讓這些教師有見賢思齊的機會。

　　我們校內各個領域的師資都是專業的，是按專長而不是按照年資編排，因為教學成敗，校長需負最後的全部責任。要當校長就要當得自在點，心中無所牽掛，常反思自己堅持的理由對不對。校長是不是受到老師的歡迎並不重要，校長並非討好大家的角色，因為校長從事的是教育的工作，要把周遭環境看清楚，校長要展現這樣的力量。學校特色就是要求學生具備帶著走的能力，各科都是如此。每一個孩子在國民教育階段，基本能力一定要培養出來，這是我在辦學時，心中所珍視的價值。

## 蔡校長：

　　特色界定應從特質上來談，也就是這個學校能夠帶給學生什麼東西，能夠為教師帶來什麼樣的希望，能夠讓家長對學校產生什麼樣的好感。從行銷角度來談，如果我們只是為營造學校特色而做學校特色，只能稱做行銷，而失去學校辦學的本質。假如我們學校要培養一個諾貝爾學生，我希望他得到的是什麼。有一本書中有句話，當你得到諾貝爾獎，這龐大鉅額的獎金你要怎麼辦？有孩子回答他要去環遊世界。我覺得他非常聰明，他已經具備生活能力。現在的孩子只知道

如何競爭、如何往上提升、如何具備國際觀，卻忽略了做人的本質。

在國民小學階段，我們應該培養具備生活能力的人，懂得生活、懂得去培養他生活的情趣，更重要的是要養成作為人的本質。在學校中，我常常覺得孩子會讀書，能力再強，不如一個生活教育格調相當高的人。所以我一直告訴自己和教師，要成為孩子生命中的貴人，讓孩子從我們的言教、身教和學校所營造出來的境教裡，培養高尚品格，培養孩子在生活教育上有非常高的品質與標準。在營造學校特色的過程時，我認為這是有「時間性」的，會隨著校長的辦學理念主導學校。雖然我們說，有什麼樣的校長，就有什麼樣的學校，但是很多時候也必須配合學校條件。

除了時間性外，學校特色也是因人而異的，在這因人而異的過程裡是必須配合對方的需要，如果教育沒辦法符合他的需求、沒辦法滿足他的需求，馬斯洛（A. H. Maslow）需求理論中的自我實現無法達成，教育會是空的。老師在學校裡的教學、校長的辦學，包括學生在學校所獲得的學習、家長對學校的期望，如果沒辦法達到他的需求，教育是值得深思的問題。特色應該要以特質為準，所謂的特色就是特別色，有別於別人的顏色，剛剛提到的藝術與人文所強調的音樂即是一例，其實在這世界上是無法複製出同等的人，所以學校特色是不是有辦法讓孩子做他自己。

時代潮流在變，我們是否能讓孩子具備未來生活的基本能力，包括國際觀、世界觀，也包含規劃組織自己生涯的能力。除了會生活、尊重生命之外，也能規劃自己的人生。最重要的就是如何設計的問題。如果只有理想，而沒有實務跟著走的話，教育的目標是盲目的。我們常在辦學的過程當中，很可能忽略了我們的顧客群，有時我們可以問問孩子他們需要的是什麼，我們能給孩子什麼，什麼是最能和他配合得恰到好處的，我們能在他需要的時候提供給他，但是孩子通常不會告訴我們他們需要的是什麼，校長最重要的就是要知道孩子需要什麼，一位最好的教師也要知道孩子最需要的是什麼，並且提供給他，讓他恰如其分的學習。

## 周校長：

在一所小型學校，校長理念的推動必須與社區的家長們達成共識，溝通管道暢通且很迅捷，讓家長參與教育，一起努力。但到了大型學校，我的經營理念有了調整與改變。我認為我心中的教育價值只是一個「人」字，不管是學校的特色經營也好，「人」就是一門學問，包括我的工作夥伴以及學生這兩大部分。如果只是考慮到學生，教育的美夢很難完美達成，所以怎樣讓我的教育夥伴和我形成共識，站在同一條線上，形成一股強大力量，這是我很重視的問題之一。

至於學生的部分，我曾經到英國的夏山學校去看過，給了我非常大的啟示。在這樣開放且歷史悠久的學校，最後還是回到尊重學生而非放任，所以我認為學生的教育應是對個人價值的認知和對他人的尊重，要在這兩部分取得協調。進入社會後，不管是取得個人成就或是人際關係的建立，都不會發生問題，也知道自己的未來如何規劃。在學校特色的領導上，我比較看重的也是比例上的問題，其實在過去、現在、未來不同的階段裡有不同的特色。

特色是什麼？特色的定義很多，我比較看中的就是要激勵教師的教學熱忱和對工作的挑戰和創造性。如果教師願意這樣做，他每一天的工作都會創造出特色。學校內有這麼多追求特色的教師，這所學校就會很有特色，因為最重要的還是人的思維。所以，人的潛能要儘量開發出來，這是建立學校特色的一種方式。學校特色並不是校長一個人或是少數的教育行政夥伴在支撐，否則過了我們的任期，學校特色就會中斷。

我們希望好的教育理念能讓這些追求特色的教師願意持續努力、願意超越自我，這是產生特色的一種具體方式。再來，學校經營的重點是從放空到盈滿的過程。在一開始我會先考慮學校文化、傳統包袱、社區特色，如此校長比較容易跨出成功的第一步。此時便要先把自己放空，透過放空，慢慢把自己的色彩加深加濃。雖然一開始沒有我們個人的特色在裡面，但是數年之後便會發現學校特色就是我們個人的特色，所以我認為這是從放空到盈滿的歷程，這當中如何把人和我的比例做一適當的調整，這是從實務面去看學校經營。我不認為校長是首席教師的角色，校長要有企業管理的精神，校長是將此精神放入教育位置中的人物，以

帶領學校持續進步與成長。

## 主持人：

　　本次座談最後一個項目，是提到校長要思考如何教育學校未來可能的諾貝爾獎得主。由於各位都是校長的身分，在學校的影響層面非常大。當把學校掌握在手中時，每位校長就是學生的貴人，每位校長也要把教師當成學校的貴人。這裡所提及的意思就是校長要如何讓每個學生都能發揮到最好的狀態，並不一定要成名，而是讓每個人在以後能對社會最有貢獻，就這點而言，請校長表達一下想法。

## 曹校長：

　　在現代社會中有許多高智商的學生，如何從小培養，讓他將來有更多創造性的成就和貢獻來造福更多人。諾貝爾獎，我們中國人獲得的並不多。我記得六年前我到歐洲去參觀柏林的一所大學，這所大學已經有四十七位教師拿到諾貝爾獎，真是不可思議。但我所要強調的是在我們的學生中，有些智商比較高的學生，如何去教育、去栽培他，能夠使其學習得很好，並且適應學校的生活。一般來說，鼓勵教師多利用啟發性教學、創造性教學，讓所有學生都有發表的機會、都有討論的空間，讓學生的意見受到重視，從小鼓勵孩子勇於嘗試，對他的未來成長會有幫助。

　　過去明水國小（化名）一年只招收三十位資優班學生，我也常常注意這些學生的生活能力。有個學生智商很高，大概有一百六十幾，但是他的生活能力很差，幾乎都要靠家長、傭人。他和班上同學的互動也很差，所以生活能力的指導很重要。我常說他讀書的能力是一百分，但生活是白痴，因此我常和家長說，要多訓練孩子怎麼樣過生活。此外，我也強調情意教學，尤其是資優班學生。我常和家長、教師對話，要多注重情意教學，因為他智商高，可能會和同儕團體有落差，所以很難和同學相處得很好，但還是得避免他的想法和同儕有太大落差，畢竟即使智商再高，他未來還是要和其他人相處，所以情意、道德教育很重要。

有次記者訪問我，我就提到，我寧願培養一位快樂的清道夫，也不要培養一位冷血且具高度知識的博士。所以我培養出來的學生要能夠過得很好，有很好的生活能力，可以和周遭的人相處得很好，對社會有貢獻，哪怕是一位清道夫，他每天做得很快樂，也是值得尊敬，也不要頭腦很聰明，有知識、有智慧，卻利用高度智慧去做危害社會的事，他的道德情意低落，和人相處不佳。至於聰明的人要如何栽培呢？也許可引導其作學術性的研究，才能有所突破，以新的發現或發明來造福人類。

**孫校長：**

這部分我們要從資優精英教育來談。前年前，我曾經受邀參與資優生提早入學的工作。我沒有辦的原因是因為在臺灣已經誤解了資優教育，現在很多測驗都失真，臺北市的資優教育，國小部分是由我們學校來負責，而臺北市的資優教育不再增班，希望全面性讓所有學生都有機會能接觸資優教育。

我在1992年時曾和某國中校長走訪美國東北部，參加教師研習，感觸很深。他們的信念是：「如何讓一位教師不依賴教科書教學、如何讓一位學生不依賴教師來學習」，這兩句話是對教育一種重新的認知。如何對學生的潛能和特殊性向做一了解，對資優生的一個方向就是，不是要給這些資優生多少東西，而只是我們提供更多機會讓他發展、讓他接觸，我想這比較重要。每次我和資優生的家長、學生對話時，我不談那些課程內容，而是著重在人際互動，這是培養學生時要特別優先的。再來就是感恩的心要如何培養，我發現平凡的孩子反而比較會感謝老師，資優的學生會認為我好就是我好，不是老師的功勞。

再來IEP（Individualized Education Program，個別化教育計畫），不只是教師來做，很重要的是怎樣和家長、教師、學者專家共同討論，要真正了解學生的問題，最後怎樣輔導學生解決問題。此外，資優生並非什麼都好。我曾經見過一位資優生，他嘴巴所說的追不上他腦子思考的速度，所以聽不清楚他說話的內容，而最後的學科測驗分數卻不理想，但這也沒有出乎我們的意料之外。學校內重要的不是有沒有資優班的成立，而是要在校園中發現資優特殊孩子，給予機

會，進而給予輔導。

## 邱校長：

關於資優生持久性的問題，我看現代的孩子，高智商的不在少數，但是高智商、低成就的卻是非常的多，這就是其持久性和耐力問題，所以教育要讓其潛能做最好的發揮。第二個要讓這些孩子知道有愛，因為諾貝爾獎的得主並不是只有醫學、化學這些，還有和平獎，這和智商就沒什麼關係，他就是願意犧牲奉獻、有愛。我認為要讓這些孩子體會他的智慧並不是屬於個人的，而是全世界的，所以要有愛，願意分享、犧牲自己、奉獻自己，讓自己的智力發揮到極致，讓全人類來共享，這樣的精神應要在教育的過程中讓孩子去體會、去學習。

## 張校長：

我曾經在一個統計數字中看到一個數據，不曉得有沒有記錯，就是諾貝爾獎得主的名單當中，有一半是小學未畢業的。所以我有一個不成熟的結論就是：「資優生未必每一項都很好，劣等生未必每一項都很差」，所以在小學這個階段不要放棄任何一位孩子。

## 周校長：

愛因斯坦的學歷並不輝煌，在校成績平平，包括他專業成績，甚至還是中下，在離開學校後才開始他的學術研究。我對資優生的看法是定位在對未來學生的期許這部分。我覺得每個孩子都有自己的諾貝爾獎，不需要和他人比較，就是利用教改說的一句話：「帶好每一位學生。」如果每個學生都能被帶好，生活能力、生涯規劃都能處理得很好，對他而言就是最好的諾貝爾獎。

我自己的孩子從小接觸音樂，在小一時接受音感測試為絕對音感，我當時不讓他進音樂班的原因，是有一次我看到一位學音樂的學生，他對音樂偏差的認識，所追求的並不是音樂的素養、對音樂的欣賞、影響他生命等這些深層的東西。我也問過我的孩子想要走什麼路，他說他想當醫生，但也想繼續學鋼琴。這

次我們幫他報名鋼琴比賽，當他出來，也已看完成績後，他對我說的第一句話，是他希望明年還能參加比賽，而且他要彈得更好。他面對失敗時並沒有退卻、傷心或挫折，反而讓失敗成為學習的動力。如果教育能夠讓我們的孩子做到這點，那就是成功了。若是我們能幫助學生開發他的潛能，也建立他的自信及價值，便能規劃他的未來，激進他自己的動力，諾貝爾獎將是唾手可得。若是都靠外在、被動的力量，怎麼可能得到諾貝爾獎。因為這是要自己去追求的，旁邊的人都只是協助者。

本座談係於 2003 年 8 月 16 日在國立臺北師範學院行政大樓六樓會議室召開，由林文律副教授擔任主席，林碧榆小姐擔任紀錄。

# 第 **2** 章
# 校長工作內容與時間管理

**本**章所探討的主題為校長的工作內容與時間管理。有關校長的工作內容方面，校長每天忙碌的事情主要有哪些？校長如何決定日常校務工作的優先順序？此章同時也觸及校長在學期的開始，如何訂定校務工作的重點與策略。此外，有關校長的時間管理策略方面，校長如何在有限的時間內，把預定的工作完成，而且達成預期的目標？

## 討論內容

**王校長：**

　　校長忙碌的事情有哪些呢？個人的感覺是：大、中、小型學校忙碌的事情都不太一樣。我目前所在的學校是一個比較大型的學校，所以工作中很多時間都花在溝通上面，學生數多，四千多位，家長對學校教育的主張、對教師教學的意見、對管教方式的不同意見，這部分花了我相當多的時間。本校教師同仁有兩百多位，因此花在溝通的時間很多。目前教師的工作、教師的權利主張，都會衝擊到學校行政的工作，因此在員工的溝通、家長之間的溝通上花掉了許多時間。

　　再來是教學的部分，因為班級數多，若要整個學校看一遍，大概走一趟沒有仔細看的話，也要花三個鐘頭的時間，故在教學視導這部分就做得比較弱。因為班級數多，若要在一天內就要掌握到學校教師的教學情形，會占去相當長的時間。第三部分就是大型學校常有許多附設的啟智班、資源班、幼兒園，學校中各色各樣的公文相當多，包括經費的收用支出，每天會花許多時間在處理公文，所

以剩下的時間並不多。

因此，大型學校忙碌的事情都是一些瑣碎的、溝通上的、普通行政的處理等。有些校長可能有很好的處理策略，如分層負責機制，有些公文可能不用傳至校長就可處理掉了。但一般來說，要分得很徹底的話，恐怕也很難。我們現在所謂的分層負責，很多學校也沒有做得很徹底，尤其我所服務的學校也沒有處理得很好，所以會覺得很忙碌。

## 曹校長：

探討校長工作的內容，我約略分成三大類：一是教育領導方面，二是經營學校方面，三是與社區的互動。從這三大類衍生出來的工作就很多，其時間分配很難說哪樣占多少，可能常常隨著因應情形不同，哪一大類花的時間就不一樣。這幾方面的工作，校長的時間如何應用得好、如何抓到重點，我一直認為，應該是著重在策略性的事項，而事務性的工作就交給教師或相關人員或主任、組長去處理。如何善用組織的制度去推動，讓校長有更多時間去處理其他事情。另外，就是如何利用團體的動力，達到工作的效能。

至於校長的職責、工作內容、每天在忙碌些什麼，以我個人為例，我很簡單講一下我一天的工作重點：我每天一定六點三十分到四十分到校，第一步先翻一下學校報紙的重點，看看是否有關於教育或是有學校的新聞。大概七點二十分學生到校時，那段時間我個人習慣是在校內或校外學生上下學時去走動、去了解關心。接下來八點半時，一星期有兩天教師朝會，其他則是學生升旗典禮，此即為早晨時間。

再來，收發送來的公文處理一下，有時間就以走動的方式去巡堂做走動管理，或是去發現學校大大小小應注意的事情。一下課有時間，先回辦公室，有公文先做處理，或有客人需要打電話聯繫，就在這樣忙忙碌碌中，一天的大部分時間就這樣過去了。我一直覺得在都市學校，每天有時會接到家長的電話，到底是否需要校長去處理，但家長有事會打到校長室，一定是家長認為很重要，所以要接聽，若能馬上回答就回答，若不能馬上回答，就交由其他處室處理，或是等處

理完再回話。

　　我覺得校長時間的運用不只在上班時間，常常延伸到下班以後，占用許多時間，比如我下星期一晚上有家長代表大會；星期二晚上學校有一個文教基金會要開董事會；星期三晚上有國立臺北師範學院的臺北縣（註：2010 年改制為新北市）校友會；星期四晚上學校有市民大學晚上第一場開課；星期五晚上學校要討論祭孔大典的事情，我晚上都排滿了，我覺得這樣很不好，應該要有自己的時間看書，校長應該要成長。有句話說：一個人做大事，若事業做得好，主要是看他晚上七點到十點是在做什麼。我很想把這段時間用來自我成長，自己看書，有時是不符理想的。此外，一些都市學校，承擔的外務工作太多，占用校長太多時間，讓校長常常身不由己。

## 鄭校長：

　　我覺得現在的校長可真忙，我把校長的工作內容大概簡單分成十二小項：第一項就是要參加各項會議，包括校內校外的會議，校內的如行政會議、教評會、課發會、考核的會議、學年的會議、志工的會議、校務會議、家長委員會議等。校外的最多就是教育局的會議，包括市公所或是教育部，有時連議會都要列席以備詢，所以光是會議就占去許多時間了。

　　第二項就是各項的活動，像校內有很多班級性的活動，都希望校長能夠到場給他們關心或是指導，也有幼兒園、特教班、全校性的一般性活動，另外學校還有班親及義工的活動，包括家長會的活動和社團的活動，也要參與一些社區的活動，如家長協會、社區協會，和教育局的活動，現在還有縣運時，校長也要參加繞場的活動，還有一些團隊比賽等。活動在校長的教育生涯中占了很大的比重。

　　第三項是公文的處理，也占了許多時間；第四項是婚喪喜慶，也要去參與；第五項是教學視導，包含了校園巡視；第六項是課程領導，尤其是現在九年一貫課程的推動，校長的理念和方向都很重要；第七項是接待來賓和訪客；第八項是處理紛爭，包括偶發事件，還有一些溝通協調的工作。

　　第九項是參加研習進修，包括成長團體和讀書會等；第十項是和孩子的互

動，我們的教育主要是以孩子為中心，所以有時和孩子之間的互動就很必要，如講講故事，e-mail 往來一些孩子在生活和學習上的問題，我們必須做一些生活或學習的輔導，這個其實會占去一天當中許多時間；第十一項是參加學校團隊的訓練，若是校長有這方面的專長，教師也許希望校長可以撥空去給予指導，像現在的國語文競賽，學校教師就希望校長能夠給予指導和增強，而教師也會得到一些精神上的支持，這也是我們在一天之中需要忙碌的項目；第十二項是學校場地租借的部分，租借給社區或是教育局舉辦各種活動時，校長必須出席關心。

所以林林總總加起來，校長要做的事真的很多。在有限的時間裡，我們怎樣去達到一個預期的目標，讓事情有績效，我覺得有績效就是能夠達到有效率且有效能。效率及效能，我個人的看法是，有效率就是把事情做好、做對，有效能就是做對、做好的事情。在此前提之下，要達到預期的目標，首先我認為要做好目標管理，也就是所訂定的目標必須明確清楚，而且具體可行，盡量書面化，整個流程交代得很清楚，包括每項步驟和完成日期，這樣才能充分掌握。還有，要確定每項工作執行的負責人員是誰。

另外就是要隨時蒐集一些資訊，利用一些反饋系統做適當的調整。最後就是做目標管理時要實施評鑑，檢討得失，這樣才會有績效；第二，我認為充分授權、分層負責是很重要的；第三，我認為應該檢視自己的時間是否安排得妥當，在學生的生涯輔導上，會有時間餡餅，讓學生觀察一天的時間安排是否妥當，我們就可以透過時間管理量表和使用時間的檢視表，幫助我們檢視一天的時間或工作安排上，需不需要做修正或調整。

第四，在時間管理上有一個很有名的 80/20 原則，也就是 80% 和 20% 的原則，主要是強調在忙碌當中要先做哪些事情，列出優先完成目標，80% 和 20% 的原則就是你是要花 20% 去完成重要的目標，然後獲得 80% 的報酬率，還是花了80% 的時間忙了老半天，只獲得 20% 的報酬率，所以先列出優先完成的目標是很重要的；第五，就是盡量和行政同仁商量，像我就會和我的行政同仁商量在公文處理上要送至校長室時，盡量能集中處理，不要有時東一個、西一個，這樣我的時間會被切割掉。

第六，當機立斷也很重要，有很多重要的東西可能要留下來去思考，然後來訂定工作期限。但是，並非所有東西都是重要的，常常會為了一些不重要的東西而浪費了許多時間，所以不重要的東西並不是全都要存檔，這並不是上策，有些看過的文稿，立刻決定要批閱的就批閱，要退回的就退回。像有些信件，要立刻寄出的就趕快寄出，要丟垃圾桶的就趕快丟垃圾桶。有時我們常會留下一些不緊要的事情而浪費我們的時間。

第七，像我的學校每週一都會進行主任的工作會報，每週一開始，教、訓、總、輔的主任們先報告這週要完成的項目，或是要舉辦的活動有哪些，校長就可以很清楚的掌握，做好時間的安排；第八，要善用記事本，寫下工作項目和工作計畫，這是很重要的；第九是資訊管理，我覺得校長的資訊能力很重要，有些東西一定要知道怎樣去存檔和分類，在時間上才能充分運用；第十，校長要懂得壓力管理，現在校長的壓力都很重，但是忙碌的工作並不等於勤奮的工作，有時候一天當中至少要留下一個小時讓自己空轉一下、沉澱一下，這是很重要的。最後，我用這句話來做總結：要留一點時間給自己去思考，留一點空間給自己轉身。

## 陳校長：

我大部分時間都是在學校處理一些內部和對外的事情。我花比較多的時間在整個教學和課程上面，所以大概一學期會花很多時間去看孩子的作業和教師的課本、教材之資料，當然不是一次看完，大概會花很多時間在這上面，我認為這是在觀察、蒐集、分析我們未來的人力結構，才能規劃學校未來的特色和課程的整個發展；第二，因為我們學校想走班親會或親師會的方式，所以我花較多時間在親師會、家長會上做親師溝通，希望各班能夠建置親師會，同時在學年之間有親師協會的建立，目的在協助教師和學生做一體驗性的課程，一到六年級有不同的層次，從一些體驗、活動中慢慢達到知識和邏輯的推行。

第三，我花較多時間是在資源的爭取上。臺北縣的資源沒有單位預算，大部分都是統籌預算，不然就是爭取專案來辦理，教育局也會給大型學校一些工作來

辦理，這些活動當然也要辦理，但是學校主要的本業是放在學生和家長的照顧與照料上面，不是把活動辦得有聲有色，對學校卻沒有幫助或助益，只是給學校一種象徵性的光輝，對孩子的學習沒有太大的效益，這部分就要做適當的選擇。另外，就是把一些公共關係做好，希望能夠把各項輔導機制建立起來，以協助孩子成長。

第四，我花很多時間在偶發事件上的處理。偶發事件的處理會面臨一些危機的狀況，在過程中，有的偶發事件會產生衝突，在衝突過後也會讓我們的親師生之間更能了解學校未來的走向和學校安排的原則。雖然耗費了許多心力，但是對學校人心的凝聚和共識有非常大的幫助；第五，我花比較多的時間在我自己的專業、興趣上面，我比較喜歡閱讀、課程、教學，以及繪畫上的工作，同時把這些放在學校組織上，因為學校有很多人才可以協助辦理相關的活動，如我喜歡美術，就可以和美術館合作辦理一些活動，如我喜歡戲劇，就可以和戲劇社團合作辦一些活動，來讓孩子參與。

這些最主要的目的是能讓我在學校人力的安排和規劃上，有一個比較好的運用，對教學的方向、對課程的內涵，有一個更好的決定，之後才能展示自己的行動，讓教師心動，最後在教學事務上有所表現和成長。最主要原則就是要掌握到我在學校時間的一種實用觀，放在自己的本業上發展，然後在實用的部分來讓它有象徵的意義，增長本心的光環。在這裡我提供幾個一點點和各位分享：辦事效率高一點；做事成效多一點；時間控制短一點；心情要放鬆一點；個人活力要多一點；人際關係要好一點，個人智慧才能多長一點。

## 薛校長：

首先，對於那些無關校務的事，我一律摒除掉，包含教師的喜事部分，結婚我都不會去參加，省了很多不必要的事情，只有教師父母親的喪禮我才會去參加，這是我的一個原則。第二個，今日事我一定今日解決，我絕對不會帶回家去，這是我做事的一個原則，在學校我確定的是人和事務的部分，人的話我的一個重點是我的行政，我總是疑人不用、用人不疑，但是我行政做的事情我絕對挺

到底，縱使是錯的。目前，我還沒有碰到他們做錯的，即使是錯的，我還是會挺到底，所以在送至校長這邊的事情，我算是處理得很好。

　　大型學校從級任教師我們對他的尊重，到我們的學年主任、科主任，以及我們的組長、主任，都是我們行政重要的人員，所以無形中和他們對話的時間相當多，我希望他們的想法、行為、思考模式最起碼都能和我有互動，最起碼能接受我這樣子的期望與行事風格。有關學生的部分，我很重視學生平日的行為和學業的表現。在學生的學業表現方面，我用了許多時間。很多臺北縣的校長都會笑，看了這麼多的作業，難怪你的手會受傷。目前來講，幾乎每個孩子的作業，不管多少本我一定看，有一個好的結果就是家長對學校的信任，以致於家長打電話到學校來，一學期不到十通，無形中也解決了一些事情。學生的部分是從孩子的行為表現和作業我可以看得到，但是從學生身上我可以發現教師的部分，所以在學生部分我用了許多時間。一般教師認為他平常在教室講了什麼話，校長大概不太知道，尤其是學年會議，或者他們任何的會議紀錄，我一定是從頭看到尾。凡是和教學有關的，不管用什麼方法都要滿足教師的心態。至於家長的部分，若是每位教師都把學生帶得很好，學校的行政人員都把行政做得很好，我相信家長絕對會對學校全然放心的。說實在，家長的力量會變成學校的一股助力，這是有關人的部分。

　　有關事務的部分，剛接一所學校的時候，應該要對整個學校的建築和事物都很清楚，什麼時間、哪個年限到了、該修該做什麼，我都已經做好中長期的規劃。我一向有個習慣，學校所有事物該翻修的，一律都在寒暑假處理，絕對不在小孩子上課時間，避免影響，所以寒暑假在處理學校的修繕上用了很多的時間。我行事的所有依歸都是按照學校的行事曆，從我們學校的整個計畫、從各處室送來的計畫，我一定很仔細看，然後做執行、檢討和改進，這部分我掌握得很確實。事實上，一個學校本身怎樣把學校做得精美，校長就要樹立典範、建立制度。校長若搞不清楚狀況，教師會認為他怎樣做都可以。校長要分清楚認真的教師和不認真的教師，把對和錯做得很好，我相信校長忙碌的事情也不會很多。

## 郭校長：

　　校長的任務大概有三種：第一種是學校本身的經營，第二種是兼顧了許多專案的研究和實驗，第三種就是自我進修。校務經營裡面最重要的就是行政決策的思考，我平時不會在上班時間思考這個，因為上班時都沒有時間思考，都在下班的時候才把主任或相關人員或是自己留下來思考，所以我下班時間自己規定是五點半。第二就是教學視導，學校的重點就是在教學，教學是很重要的工作，因此校長一定要參與教學視導。學校每天的導護工作、校園巡視、打掃時間和放學時間，校長都要出現，讓學生看到、讓教師看到、讓家長看到，因為可以讓家長對學生比較放心、有安全感。

　　再來就是課程討論的會議我一定參加，比如說學年會議、領域會議、研究會議、教學觀摩研討會、家長會議，大部分我都會參加，除非我不在學校，所以這些花了我很多時間。除此之外，我覺得活動的參與也很重要，比如說志工團、同仁之間的次級團體、學生的活動，校長有時間一定要去參與，這部分的參與，家長或教師會覺得校長有人情味，比較會關懷教師，好像和他們站在一起，所以這幾部分我都會參加。

　　另外，我們學校有很多專案，所以專案出席的次數也很多。因此，我有幾個時間規劃的原則：要求學生做的事，自己一定要做到；自己做不到的事，不要求同仁做；和教育無關的活動，我比較少參加，比如說教育電臺或是很多座談會，不是我能力所及的，我就會婉拒。因為工作很繁忙，所以有些學校工作會建立代理人制度，校長不管在不在，學校一定要經營，所以主任不在時有組長代理，校長不在時有主任代理。代理制度每一處室都要確實，所以驗收時校長不一定要在場，但是一定要有小組，所以每一個工作都是清清楚楚，每個人都知道自己是站在什麼位置上，校長不在的公文或印章要怎樣處理都有一個規範。

　　除此之外，我還有幾個自我要求，就是善用零碎時間。因為我不開車，常坐計程車或捷運，在這段時間我可以看書、想事情，甚至可以打瞌睡，我覺得滿好的。第二就是大量閱讀資料。我覺得行政工作必須了解很多資訊，所以資料、報章雜誌的閱讀很重要，這些事情要善用零碎時間來做；第三，我常常以走路代替

運動，我下班常走很多路，這樣也省去運動的時間；第四就是急的事先做，重要的事慢慢想，能解決的問題先處理，有困難的事情尋找資源，看怎樣去做。還有就是我比較少接電話，都用答錄機，因為我覺得電話太多，都要回，所以我常用答錄機來處理電話，當然我會回的比較多。

最後就是下班前，我的桌子一定是乾淨的，除非有處理不來的再說，就是今日事今日畢，明天就是一個新的開始。睡覺前先想一想，今天做了哪些事情，是不是有些事情做錯了或做得不夠，要做檢討。在家裡因為時間不是很多，所以會爭取家人的支持，家事會多做一點，珍惜跟家人在一起的品質，所以我常和家人一起散步、吃飯。

## 蔡校長：

校長的角色應該是處理校務，如果不會做校長角色的區隔和時間管理的話，校長會忙得像無頭蒼蠅，所以從認清校長角色開始著手後，也許要做適當的區隔，這個區隔就是分層負責，校長要做策略性的運用。我在學校中不管是內務外務都是一樣忙，所以我們教師常告訴我，校長一天到晚都在接客，意思就是和家長、教師的互動多，學生都可以進校長室和我對談，整天中處理人的事情就已經夠多了，事的事情更不用說。

我每天七點多到學校之後，會在學校到處走動，結束後去了解學生的上學情形，從家長中了解學校的運作或一些訊息。進學校參加教師朝會或兒童晨會後，接著就一連串的和教師約談，因為我覺得從和教師的對談中，可以更了解學校的行政也好、教學也好，並且了解教師對校長理念的掌握。我也從教務處那裡了解教師有哪些時間比較沒有課，跟教師約時間，所以我常和教師約會。

我接電話常占掉一天十分之一的時間。電話有從教育局來的，有從家長打來的，也許是我打電話向別人詢問的，也許是因為我把行動電話給家長，家長常用行動電話表達意見給我。幾年下來，我發現公布行動電話給家長，我獲得的回饋很多，至少家長不會亂打電話。在下午時，我會花點時間思考，至少會留一小時給自己，留點空間做思考，思考上午有哪些事情沒做完，以及如何規劃明天要做

哪些事情。

　　每天最後我一定要巡視校園一次，我分兩部分：一部分是和教學無關的校園，比如說操場或其他公共區域繞一下；另一部分就是教室。我每兩天才會走動教室一次。我不想去打擾教師的教學，影響教學與學習的情緒。我一天的工作就這樣結束了，但是難免會有外出。事情很多，因為我住在學校宿舍，所以我白天若不在學校，晚上我一定會去辦公室。其實若能把當天的事情處理好，第二天就能看到自己的工作和成果，相對就不會延宕下去，這是我的原則。

　　時間管理有幾個策略。第一部分，一定要有預定行事，所以我有一個PDA，教師們教我用，因為他們認為校長一整天都在忙，忙了很多事情可能時間會錯亂，他們就幫助我，特別找了一個工友幫我登記，每一星期給我一張行事曆。我沒有秘書，但是這位工友做得非常好；第二部分是在永遠不夠的時間中，做適當的區隔，比如說有訪客時，我會不客氣的問他需要多少時間，以便我做時間預算。

　　第三部分我會做預約管理，所以我的警衛會適當的擋下沒有預約的訪客，若沒有預約，警衛會打電話至校長室，問說校長在不在，我會問他是誰，有沒有預約，如果沒有預約，我就會說校長不在，我想這適當的堅持有必要，否則突如其來的訪客應接不暇，校內事情就應付不了，這種預約制度是我建立起來的，也是不錯。

　　第四部分就是效率和效能很重要，在對的時間做對的事情才會有經濟效能，所以主持會議時我會注重效率，幾點鐘開始和結束很堅持，議而有決時要做適當的交代；再下來就是要容許時間的延伸，我希望當天的事情可以當天做完，所以我的時間會無限的延伸。我給自己的空間是無限的寬廣，我會找適當的時間和我太太到淡水去走一走，喝杯咖啡，也讓她知道當校長很辛苦。沒有安內就不能攘外，這裡所指的安內就是安自己的家內，否則在外面沒有辦法做得很好。

## 李校長：

　　校長的時間管理和行事風格應該和以下幾個有關係：第一是校長的領導風

格；第二是校長的行事風格、價值觀和領導理念；再來就是學校的整個生態和環境。如果今天一所學校的教師之間開會經常吵鬧，校長不會有太多時間做課程領導和教學領導，所以這部分是一重點。

今天我比較想談的是校長一天的時間在做什麼。第一部分就是人的問題。學生是學習的主角，學生的學習品質怎麼樣，如果校長有想到這個，我想學校是很安定的；教師也有人的問題，也有不適任的教師，我比較關注的是兩個極端，優秀的教師我很在意，很不認真的教師表現不好，我會投入相當多的時間；家長也有特殊的問題，這部分我會特別關心，有些教育局的風聲我們也會很在意。

而第二部分是事的問題，應該是每位校長關注的焦點，比如說形塑學校的風格、學習氣氛、願景的達成，也包括教學領導和課程領導，如果說校長有想到這部分，表示我們小學進步了，可是我們看到的往往不是這樣子，可見我們忙了太多不屬於教與學的問題。談到事的問題，有的校長也會忙教師甄試，這是事的問題，但也牽扯到人的問題，事加人就不是那麼容易擺平，往往花了校長許多時間。暑假時也擔心教評會運作的問題，這是屬於事的問題。

如果談到消防安全，這是屬於事和物的問題。我目前比較困擾的是，常常我們工程很順利發包出去，但什麼時候完工卻不敢打包票，因為廠商不是操控在學校人員的手上，可能要擔心好幾個月，這就不是我們能事先掌控的。物的問題，像我們有違章建築、消防檢查未及格，這會造成校長相當多的問題和時間。

我做過一個研究，校長比較關心的，第一個在小學來講，是指學校的行政經營。小學的人事經費不是非常的穩定和上軌道，現在的校長是二十四小時服務，早上學生在學校要看導護，有些學校還有早餐，每節上課要順利，下課不出問題，中午有營養午餐，課後還有安親班，還有場地開放等問題，這都是二十四小時的，要如何管理呢？

第二個是指學校的環境設備。我做過問卷，校長最關心的就是學生的安全問題。學生出問題，任何的教學都是失敗的，所以這部分花了校長相當多的時間，這不是只有預防管理，有些學校沒有經費，違章建築又能如何，這部分是我們非常擔心的；第三個是學生的學習表現，照理講這應該最是重點，但我做過問卷，

好像校長很關心，但是鞭長莫及。

第四關注的是教師的教學行為。我們對小學教師都過度保護，包括我們沒有課程的設計、把教科書當聖經教，好像我很認真教就可以。可是時代在變，我們要做課程領導和課程設計，講了很久，但是教師能不能達到這樣的地步，這是我們校長要領導學校進步的一個很大關卡。教師的專業發展是一個口號，但也要有行動力，這部分是目前比較缺乏的。

第五關注的是公共關係。原則上，校長對教學有關的事情會非常的盡心盡力，但對於與教學無關的，我適可而止。社區的事有時間還是要到場，這是某種人際關係，臺北市的校長哪位不是把人際關係看成是重要的因素，但是我希望這重要的因素不是無限重要的。

另外，我認為政策的落實很重要。校長很想關心，可是沒有太多的時間去關心，因為有些政策是行不通的。最後我比較重視有效率的管理，我通常會把比較多的時間放在危機管理的預防工作，比如說哪位教師比較不適用，我會特別的關注，哪位家長或哪個環境比較有特殊的問題，我也會特別關注，所以在危機管理上這是我最大的心得，沒有太多問題是我掌握不了的。

我很希望校長是一位企業經營者，很多東西應該是分層負責，既然用了這樣一位行政幹部，就要充分授權，可是要嚴格管控，過了一段時間就要檢核。我們的計畫執行應該要重在考核，校長的行政管理和時間管理應該是受外在影響來的，可是有些東西是可以掌握在自己身上的。

最後，我通常會把學校和家庭分得非常清楚。我離開學校，儘量不想學校的事，也不會利用睡覺前做反省，我覺得這樣太累了。原則上我不帶東西回家，校長的時間要燃燒應該是久遠的，而不是一、兩年就走完，這部分校長的生涯規劃很重要，因為覺得重要，所以在時間管理上就要有原則性的作法，我強調的是原則，而並非都不變。

### 何校長：

我通常週末是不工作的，因為工作那麼多年，我實在覺得很辛苦，這是我對

自己的要求，我通常在週末爬山或帶我太太出去玩。校長很忙，基本上我分成幾方面：第一就是會議，就是主持會議，很多校內會議都是校長主持的；第二就是參加會議；第三就是批閱公文，若有一天沒進辦公室，公文就一堆，平均一天批公文要一個多小時。

第四就是關懷師生，這部分我做了很多。像我的辦公室後面有一堆玩具，對那些表現不好的學生，我常請他到校長室聊天，送他禮物。尤其是一些高年級有行為偏差者，我會帶他去爬山、去玩等。關懷教師部分，我也做了很多。

第五就是親師溝通，我和別人不太一樣的是，我是事前的，幾乎一星期中有好幾天是在請老師和家長喝咖啡，從級任到科任來排時間。家長部分，每班都有班親會，也請班親會召集人喝咖啡。因為我花了很多時間在建立家長和教師的關係上，所以他們也幫我做了很多事，比如說有親師的衝突，班親會召集人會去處理。師生的衝突，學年主任會去處理。所以家長這邊的問題，我很少去處理，節省很多時間，因此班親會召集人很重要，替教師做了很多的工作，事後的溝通我做得很少，因為基本上很少發生事情。

第六就是研究和推廣。教育局委託我們學校的工作特別多，經常性的工作平均有十二件以上，每天又做很多的研究、專案、會議。第七，我不懂課程，課程領導做得少，因為我發現這十年來的教改方向基本上都是錯的，比如說開放教育和九年一貫都是錯的，我要想盡辦法把它拉回來，我花了很多時間在開放教育和九年一貫，我到底要怎樣修正它，因為我發現九年一貫做得愈多，對學生的傷害是愈大的，我花了很多的精神和時間，導引教師抓住九年一貫的精神來修正，而不會造成傷害，也花了很多時間，來修正教改錯誤的部分。這部分我可以很自豪的說，在我服務的學校所受的教改傷害是最低的。

第八就是偶發事件的處理。第九是學校行銷，快樂國小（化名）不一定做得很好，但行銷做得很好，所以在報紙上，幾乎每一星期都可以看到快樂國小的消息。學校行銷對學校聲望的提升很重要，對學校的品牌、形塑和願景的達成，外在的約束力本身就可以促成教師們的努力，所以學校行銷我也花了不少時間。第十就是活動的辦理。學校要讓學生更活潑、更熱絡，就要經常辦理活動。若學校

不辦活動，學校就會變成一灘死水，學生沒有活力，因此在這部分我也花了一些時間關注。

## 曾校長：

在學校校長忙碌的一天，有時在時鐘繞了一圈之後才能回到家，一星期有七天都在忙。有些事情要去動員是一件很痛苦的事情。我感覺到校長的工作內容和學校的發展階段之狀態很有關係。因為活潑國小（化名）是一所新學校，幾乎我所有的時間都花在工程上面，也爭取許多內外資源。對一所新學校來講，很多家長、教師都是新團隊，所以花在溝通協調的時間非常多，但是今年進入第五年，感覺就不一樣了。

第一個在蓋章部分，這部分校長花了許多時間，現在我發現我蓋章速度愈來愈快，對於重要的，我會眼睛一亮，有些也會詳加整合。花在校內外的會議也非常多，恐怕是二、三個小時。再來花在吃飯、看報和運動的時間也差不多一到一個半小時，吃飯有時也會和學生或教師一起吃飯，運動我一直都是和教師一起運動，我覺得這時間愈來愈充裕，表示這所學校的發展就愈來愈有希望。若校長都沒有時間運動，教師也是改作業改到下班還改不完，學校是會出問題的，現在平均下來一天有半小時的運動時間我覺得很不錯。

再來是公關時間，大家講的婚喪喜慶，人是感情的動物，若是人的婚喪喜慶校長不到場的話，還是難以說得過去，特別是社區的。參加研習是我最喜歡的活動，以前行政人員都是只出不進，現在我常常在學校可以很安心的坐三個小時聽教師發表或是聽學者來上課，參與課程和討論的時間愈來愈多，這是我很高興的一件事。對於時間管理，我有一些體驗，要運用組織，我這裡有句話是，你要常常動起來、站起來，但是不要常站在第一線，也可順便培養人才，我覺得這和分層負責授權是一樣的。

再來我覺得選擇很重要，選擇做什麼、不做什麼，這點是時間管理致命的關鍵。以前總覺得有很多人情要還，現在我對80/20的原則很認同，但我有另類的解釋。我覺得教務、訓導、總務、輔導、會計和人事，加上校長也要充分運用這

原則。校長做那 20%的事情，剩下的由各處室處理。校長應該要做策略性的規劃，做導引性的工作，重要的事情不會很多，但把一件重要的事情做成功就很了不起。以前我都把時間賣給學校，這是不對的。頭腦清醒時賣給學校，頭腦不清醒時賣給身體。家庭還是要花很多時間，多年來的教改花了很多精力，實在應該要休息一下，要回歸家庭。回歸教學和課程，可能會讓人心更安定，學習會跑出來。

### 趙校長：

　　針對校長的一天，我花了很多時間好好記錄，發現校長的事情真多，一分一秒都填得滿滿的。我們到底在忙些什麼？我個人可能有很多的時間在分擔局裡的工作，有人跟我說要教育局不找你很簡單，只要搞砸一件事。但是我發現要搞砸一件事不簡單，比做成功更難，所以到現在還不敢搞砸。

　　我的時間管理策略，第一點就是充分授權。這講起來很簡單，很重要的是校長要找對人，而且讓他適才適所，這很重要，培養人才很重要。一般而言，我都是會和他一起做、一起討論，產生共識。充分授權有一點很重要，就是你要完全承擔，責任要承擔，完全支持，蓋過章，認可過的，責任由我來承擔，主任和組長才會真的盡心為你分擔。第二就是初到一個學校或初接觸某一部分，我會花很多時間在溝通，包括教師和家長，這部分很重要，尤其是家長，到最後家長和教師對你產生了共識、互信後，以後會減少花費很多不必要的時間，所以我常花很多時間和家長會一起成長，同時在溝通過程中運用家長會，把組織建構起來，這個作法無形中減少了很多工作，而且會在中性的情緒氣氛當中討論並解決問題，使學校組織運作於無形。

　　第三部分就是會議，我會議開得比較少，而且很快，我也很少講話，朝會我不講，但我一講話教師一定安靜，教師講話我一定不講，只要我拿麥克風，教師或學生一定安靜，存在這共識。會議在決議前，我會重視事前的協調溝通再來開會，效果會很好，自己處室自己負責的工作簡單說明，若工作是和其他處室有相關的、要協調合作的，就要詳細講，有什麼問題大家互相協調，這樣的開會，無

形中會縮短很多時間。

　　其次，也要思考工作方式，是不是去年或以前這樣做，今年就這樣做，像今年的退休潮影響，學校新進教師很多，主任就到各學年和班級去給予協助。我也一樣，就幾個重點和新教師談，也和新教師講，這樣也會增加工作的效能和效率，不會花很多時間。教師的聚會時間我一定非到不可，因為那邊才能聽到真話、才能交心。到校長室來談，有時會談假話，這樣並沒有很好的溝通，所以我很重視非正式的聚會，無形中會減少很多事情的溝通。最近和主任協調之後，我找了一位幹事來當我的秘書，請幹事幫我整理公文，主任寫存查的公文，幹事就幫我蓋章，我看過後就可以了。重要事情我記下來，也減少很多時間。設計表格時，我常將校長一欄刪掉，有些到主任就好。

　　另外就是倒數計日法。日程的安排、什麼時候完成，就從後面算過來。這個日程的掌控很重要，像我自己假日時一定會讓自己有放鬆的時間，也鼓勵教師參加社團活動，這樣和家人的聚會就排在週末。如何規劃和安排自己的時間非常重要。當然不用什麼事情都是自己做，應該運用組織和人力去做，最重要的就是培養新的夥伴去參與，最後把這個工作交給他，有些事情可以合併，無形中也會減少很多事情。


## 黃校長：

　　學校的情況、規模，以及在學校服務的時間不同，所要忙碌的工作也就不同。今年我就在思考規劃我的工作方向，以及我的行政同仁如何做努力。有兩句話很重要：什麼事情是應該做的，那就要努力做；什麼事情是不應該做的，那就要避免。我們做教育工作的就要去想，哪一件工作是有價值的，有價值的事我們才投入精力；一件事情要評估其價值性夠不夠，若價值性不高，我們就可以少做或不做。

　　因此，在每個校長每天忙碌的工作內容裡，我想歸納一下，就是讓自己儘量去做方向性的事情；第二就是做倡導性的事情；第三就是做激勵性的事情；第四是去做溝通的事情。這其實是和我們整個教育政策是有關係的，比如說教育政策

賦予校長的權責是什麼，還有教育的整個環境、制度、法令，賦予校長他應該做到什麼。基本上在學校情境相當民主化的過程，我非常尊重教師的專業，也期待教師有良好的專業能力和專業精神。

所以，在方向上我儘量去做自己設定的目標。比如說，我希望學校是一個安全的空間、學校是一個關懷的家庭、學校是一個學習的社區、學校是一個創造的園地、學校是一個遊戲的樂園，所以我每天早上都去關心孩子們的上學是否安全，每天早上都去巡導護，和所有導護義工、導護人員和教師打招呼，讓他們知道校長很關心，這裡面其實是做好了危機的預防和管理。我們很清楚的去做一件事情，這危機就不會發生，所以要讓學校成為一個安全的空間，我們所做的事情希望學生沒有危機，因為安全才是最重要的。

第二，在倡導部分，雖然有些教育政策會增加我們的負擔，比如說最近所推的課後照顧方案，這件事我就找輔導中心來做，但是一般學校都是找教務處來辦理，這裡可能就需要溝通，那就要花些時間和這個工作團隊來倡導，當然也要花些時間和主任擬定計畫來做說明，大家來研討能不能讓計畫更詳細和周延。像這樣新制度下來，我們要花很多時間去談。學校有多元使命，像讓學生多元學習，或是資訊化、課程等，這和倡導學校進步非常重要，在這裡就會花許多時間。在激勵部分，其實每個人還是會非常注意自己重要的日子，包括生日、結婚紀念日、家裡的日子，這時就可以多花一些時間關懷一下，尤其這些時間不一定是上班時間，有可能是下班時間。如果是教師結婚要我去說話，我可能就會花些時間準備。

所以激勵這部分，像我到平安國小（化名）第一年，我沒辦法給教師寫生日卡，但第二年開始，我就會在教師生日那一天給生日卡，這個挑戰很大，因為不容易，但我覺得效果不錯，這是藉機會感謝他在某方面的貢獻，或是激勵誇獎他在某件事表現得很好，這激勵的部分校長要做很多。當然我希望各處室自己也不要都排滿工作，這樣他們也受不了。再來就是溝通，對教師、對家長也有不同的策略。

基本上我對時間管理的策略，因為我都會奉獻出來，有時在家裡也會做學校

的事，這是難免的，但是我希望簡單化，不讓自己有過多的負擔，反正我一天只有那麼多的時間，我便會全心全力的做好，透過思考寫作增加對話的時間，這是我做得最多的一項。

## 江校長：

　　當校長這麼多年，每天都準時上下班，我很少超過五點以後離開學校的。曾經看過瑞士的許多學校，他們大概四到六所學校才有一位校長，所以校長在學校真是那麼重要嗎？我個人是不覺得，我常抱持放空的心，當校長常有太多的牽掛在枝節的事情上面，其實當校長第一個就是怎麼去形塑對學校的願景，形塑出來之後，怎樣去擬定計畫，之後誰去執行。如果校長事必躬親，對事事不放心，對人人不放心，二十四小時也不夠。所以我會用放空的心情，如果我不在，這些事情交給誰做，第一個就必須教他，帶著他成長，然後慢慢放給他。所以校長真的沒那麼重要，學校少了校長還是可以運作。學校沒有校長、主任、組長不會倒，但學校沒有師生，學校會倒。

　　在歐洲，每一所小學只有一位秘書做一些事務性的工作，通報給市政府，派人來維修，如此而已。那麼在教學上如果教師專業，他就會去成長、發展，若是校長事事都要去做，時間會不夠。第二，預擬學校的行事曆。學校可能有哪些活動全部排出來，不影響教學。我們在今年7月份就已經把明年所有畢業的計畫都做出來了，在暑假期間畢業紀念冊都已經招標完畢，不太需要校長去盯，各學年指派代表，在學校我所參加的會議大概就只有行政會議和校務會議，各處室有主任參加會議，所以校長不需越俎代庖、多此一舉，以致於沒有時間去做別的事。

　　也許是我自己比較大而化之，但我想分層負責和授權，分權必須要徹底，接了工作回來就分配工作，我們所有的工作都會事先協調好，經費是否有問題，對主任的工作，提綱挈領，重點提出來就好，後面他們自己會去做計畫，計畫看過之後蓋章，不需耳提面命，他們自己就會想得很周全。在工作進行當中，即時回報，工作的進度如何、有無問題，到時候有問題校長負責，他們也不敢讓校長負責，所以要找對人，這件事誰能做，找對就不會有問題。

　　還有資訊的利用，網路即時視訊等，我現在要跟教師談的一些概念，大概都透過網路，用即時視訊去告訴教師，兒童朝會各處室要做什麼自己去談，把時間掌控好。其次，我會花比較多的時間在教學上，對於教師教學能力的提升、對教師教材的開發、對教師教學方法的改變，我常會和個別有專長的教師談這些。所以在教學創新上面，我們學校教師被我派出去做教學講座的大概有二、三十個，這些教師會自己帶著學生成長。

## 張校長：

　　影響到校長一天的生活或是整個學校經營的結果，一般來講有三個因素：第一是個人的人格，個性性格的影響；第二是學校的因應；第三是時代的因應，如教改。我重新思考校長的工作，把它分成七大類：第一是我們國民教育本分的工作，就是國民教育一天八個小時，面對的是六到十二歲的兒童，這項工作以課程為主，加入課程領導、課程行政；第二就是家長社區關係的建立，有一些是以兒童為對象，但不是國民教育的範圍，那個就是課後輔導和課後安親的問題，政府都已經很清楚說明課後安親不是教育的問題，是屬於內政部社會局兒童福利的，但是到最後回到學校來還是我們學校要去辦。學校教師很聰明，可以上街頭說那不是他們的事，最後留下來的是校長的事，所以最後行政人員還是要承擔，這是屬於兒童為對象，但不是教育的事。

　　另外就是根本不是我們的事，但我們還是要做的事：場地開放，還有災民收容、夜間停車、成人教育等，我這樣提出來就是說，必須有所選擇，若沒有選擇，我們真的是這樣忙忙碌碌的。第四項就是上級交辦我們的一些事情，或是學術單位會拜託我們的一些事情。第五項是來學校參觀的。第六項就是個人部分，家庭有些也要去處理。最後就是個人的成長、進修、研究，甚至是個人的休閒運動。

　　把這些事情這樣一看，我認為真的是時代的改變較大，當然也有個人的因素。我一直對準時上下班的事情處理不來。我有一天在看時間管理的書，找到了我的問題。我發現一個情形，我都是在做別人喜歡做的事，自己沒有規劃、沒有

安排，人家一直找你時，就會塞到自己行事曆裡，所以人家一來時，我就會覺得時間被切割掉，沒有什麼效率。其實我的時間壓力不是來自學校，我自己的學校是一所新的學校，我自己付出心血，覺得還滿穩定的。我的時間壓力是來自學校外部給我的一些事情。

我這一、兩年來比較會去處理的，第一個就是把前年度學校該做的事情先排出來，教育局交代的事情是哪個月，我就先排出來，學校所有的會議，包括週三進修、課程會報，我都排出來之後，放到我的記事本上，別人就塞不進來，所以得懂得去做選擇或是去拒絕。像前兩年學校最多會有兩團到學校參觀，校長和主任就必須陪兩個半天以上，後來我就請主任去帶，排組長去帶。第三年，我就訓練家長來帶，我覺得家長帶得很好。這樣一來，慢慢就會空出一些時間做該做的事情。我想壓力本身不是重量、時間不是問題，慢慢的會從經驗中成長，找到一些方向，我也希望我今年可以過得更快樂一點。

## 周校長：

我直接從校長的時間管理策略切入，當中可能會帶進來校長的工作內容。校長的時間管理策略有下列這些：第一就是我認為自己當校長，就要認識校長的工作內涵，從工作內涵當中了解，例行性的工作是什麼，哪些事是屬於突發性，哪些是屬於政策，哪些是屬於活動，這樣才能將一天的時間做分配，不然你的時間就是一直不停的塞，會塞些什麼東西，你自己都不知道。

第二就是要做工作難易度的分析。像我個性比較急，很想把一件事趕快做完，之後我發現這可能對我的時間管理很不利，因為如果別的事情又插進來，我大概做不完，因此我就開始嘗試當一件事情進來之後，先去分析一下，這個工作需要花多少時間，困難處在哪裡，然後做安排。若不急著在固定時間或很短時間之內做完，反而可以把這件事情做得更好；第三就是排列工作的進度，我比較想學習像醫生那樣的預約制度，讓自己的行事曆要做的事或是有預約的事記錄下去，這樣子比較不會被外面的事情插進來。

第四個就是我比較強調領導、溝通和協調的能力，怎樣把領導、溝通、協調

的機制發揮出來，對我的時間管理也有很大的幫助；第五就是落實分層負責和分工合作，不要有求必應，這是我自己發現這是學校裡很容易發生的情況。若一位家長或教師來找我們，就會幫他解決問題，提供周到的服務，可是這樣很周到的服務，可能會產生後遺症。第一就是破壞了整個行政倫理，主任或組長在領導威信上會受到影響。所以我曾在行政會議中提到，學年的教師有問題先找學年主任，如果解決不了，就去找相關的處室主任，若再解決不了，再三個人一起來找我，共同解決，我絕對不會讓當中的任何一位來找我；第二是透過這樣的分層負責和分工合作，會讓我們的同仁，不管是行政人員或教師，他們自己的工作能力也能獲得提升，從當中鍛鍊自己，不要處處都依賴校長。

第六就是個人和同仁的成長。我認為能力是和他的時間成反比，能力愈強的人所花的時間就愈短，能力愈差的人所花的時間就愈長。若我們同仁的能力不夠，相對的花在工作上的時間就愈多；第七就是做筆記的習慣，想到什麼事情就記下來，之後做排列或安排，就不會發生在我們計畫之外所疏忽掉的情況；第八就是在大處著眼、小處著手。校長要從比較宏觀的角度去思考問題，但是學校危機的發生往往是在小處上著手。

所以，我們除了在大處思考之外，也要看看我們夥伴們，尤其是在督導上，從一些小地方去了解，對於同仁處理事情時的完整度會更高，比較不會有後遺症，或是事後處理的問題。如果我們能夠在危機發生之前，從預防和發展的觀點去看，處理及解決的時間就會減少；第九就是三級管理的理念，計畫、執行、考核，推動學校的發展。

第十就是營造一個愉悅的氣氛。在一個組織中最主要的是人，人在管理事情、做事情，如果組織的氣氛是很愉快的、組織的文化是很積極正向的，組織中的人就會去思考，怎樣在有限時間內去創造最好的工作績效；第十一，我認為要有科技整合的觀念，比如說我們是學校，學校是不是要藉助一些企業管理的理念，把企業成功的經驗帶進校園來，看看他人成功經驗，幫助我們經營學校。

另外，就是現代化設備或工具的利用，如校園網站，我們的時間就是這麼少，我們召開兒童朝會或教師朝會花了很多的時間，如果這些時間我們能透過有

效且很方便的工具，我們就可以把這些時間省下來，也能達到目的；第十二就是我很希望不把工作帶回家，回家也儘量不談公事，因為在家談也讓我的家人分擔我的煩惱，我儘量回到家就和他們快樂的相處在一起，進到學校就能全新進入我的工作。

## 曾校長：

剛剛薛校長提到，明水國小（化名）這麼巨大，校長這麼用心的把作業拿過來看，這是我非常佩服的事，也是我想做的事，這和時間管理有關。第一年當校長時，教務主任把所有作業放到我這裡，說校長要快點看，第一次我看到三更半夜，我覺得這樣不是辦法，後來我到第三年或第四年，得到一位非常好的教務主任，他真的和薛校長一樣，每本都看，而且去核對教學計畫，比如說這學期的作文要寫五篇，要列出來，而且他也檢查文體，做一本報告給我，從這本報告看教師的作業，回到課程和教學的機制，從領域和學年來談。

又回到作文來談，我對我們學生的作文能力很不茍同，所以就讓學年教師去討論作文要怎麼教。從教務主任給我的客觀資訊，回到教師的課程和教學，抓到重點，我覺得都可以分攤我們校長時間上的壓力，提高做決策的品質和深度。再來我在想，我們有哪些事情不要做，因為我在教育局那時代，局長喊得很響亮，凡是教育局不做的事情通通不做，而且公文愈少愈好，但是這幾年來好像沒有少很多，我自己從教育局下來，我常不理教育局的公文，因此常有罪惡感，有時也發現教育局長官也愈來愈頹喪，因為有許多學校不太理會教育局，事實上有很多教育局的事情也不是他自己的，是別的單位給的，這時候就會有點角色衝突。

## 何校長：

我也是有看作業，但我看的不是很多，就是每班一次大概看五本，我堅持一定要看作業，因為看到小朋友字體很漂亮，我就會寫些回應的話，我發現家長的回應很好，會覺得校長很用心，這是第一個。第二個就是看到作業後，就知道這教師是否很認真，我從不查堂。我記得有位雷教授說，教室裡面教師最大。所以

走出教室後，校長有權力去管教師，在教室中就不去管。但我從作業中就可知道哪位教師批改作業是很認真的、教學很認真的。

　　第三個我會看到學生的程度，比如剛剛說的作文，現在很多教師不太喜歡學生寫作文，還有國語作業中的照樣造句也不寫，所以學生的作文程度愈來愈差，還有一些作文不寫，是用打字的或是別的文章剪貼，可以看到教師的狀況，這樣就可以抓到教學品質，若校長當久了就可以掌握到，當校長第一年和第六年是不一樣的，當到第六年哪一班的家長來找你，你就知道那是哪一班的，因為哪一個教師出問題你都知道。

　　再來就是和學生談，放學時我常會坐在校門口的階梯和學生談。還有就是中午時間，有的小朋友會等不到便當，你會發現現在經濟問題差很多，去年和今年的貧戶就增加三倍。另外就是我在校門口會問小朋友，放學後要去哪裡，他說要去安親班，我說你這麼大了還要去安親班，小朋友說對呀。父母很差勁，學生都已經這麼辛苦了，還要去安親班，學生就不想去。所以有時和學生談，會了解學生的家庭狀況，有些學生是需要幫助的，如果說你能掌握住一些重點的話，倒不需要花很多時間。

　　選擇一個好的主任和教師，你就可以節省很多時間，他進來時就選擇很好的，就不太需要培訓，所以我們在選擇教師時，三十五歲以下的我不要；第二，我要高學歷、要優秀的學校畢業，我一直在挑，學術背景很在意，我甚至連他國小、國中、高中我都看，像高職、科技大學畢業的，我一概都不要。我就是要選擇他進來之後，減少我培訓的時間，然後可以馬上派上用場，然後充分授權，這樣我就不用花很多時間去管理，就可以有很多的時間做自己的事。

### 王校長：

　　何校長，我剛剛聽你提到開放教育和九年一貫課程方向不太對，你花了很多時間在修正。請問你是怎麼修正的？

## 何校長：

開放教育和九年一貫的傷害最大，因為我早期在比較教育學很多，所以從國外資訊可以知道，像開放教育在美國 1950 至 1970 年代是失敗的，失敗後跑到越南去做，又失敗後就到臺灣來做。在英國，夏山學校有許多問題存在，你去分析它的問題，它是以學生興趣為中心，到最後變成學生喜歡才去教，結果被評鑑為不好，我們從這裡面發現事實上它是有問題的，但還是有優點，就是教師的心胸開放、對學生的尊重。當我們分析完之後，我們學校有一群高水準的教師（現在的教師都有很高水準，我們學校有兩位博士、三十位碩士），他們去分析優缺點在哪裡，我們要引用優點、避開缺點。

第二就是九年一貫課程，第一個它就是有理想，沒有理念，它沒有基本的理論基礎去支持它。第二就是統整和分科。統整是和心理學相違背的，也就是說，我們愈小應該是統整的，再慢慢分科，在分科時再去檢視各國，美國、日本現在都是分科，沒有人是做統整領域的；第三就是我們在很多國際性的會議中，很多人批評九年一貫只有臺灣在做，全世界沒人在做，所以那個方向是錯誤的。為了減低傷害，我們就抓到基本能力及基本精神，在語文、數學和外語。外語是很重要的，我們看全世界各國，外語教學的年級是往下降的，降到小一，臺北縣現在小一、小二停掉了，但會發現家長的壓力很大，像法國就從三歲開始教英文，再看北京、上海更是一窩蜂這樣上，連中原大學中文系都用英文上課，我想這是太過分了，英文是很重要的一門，就是語文、數學、外語的基礎部分要做好。

九年一貫課程重視藝術與人文，但藝術的課程減少，事實上和講的都不一樣，根本是很難去做的。我們學校在做時，就會去修，然後我們會去抓語文、數學和外語的部分，所以這幾年來，我們在語文的部分做了很多，包括閱讀、學生的能力，要求學生在畢業前要讀一百本好書，這理念是來自美國長春藤學校有一名校，大學四年要讀一百本經典名著。所以，如果能夠看看世界各國在做什麼，回過頭來檢視我們，就會發現國內很多方向是錯誤的。比如說小班教學。小班教學的方向是對的，但是執行是錯誤的。它每年花四十億，但小班教學應該是降低班級人數，但卻不是，反而是在買設備等，方向對、執行錯。而九年一貫方向

錯，執行又太認真，所以造成很大的問題。

這幾年來我的學校在語文方面做了很多。而數學方面，第一年我沒發現建構式數學，第二年家長一直跟我說，我才去思考這問題，但已太慢，我們開始抓一些舊數學來教。第三我特別強調英文教學，所以我們現在的英文是五到九節，經過這三年來我們已經建立了制度，也發展了自己自由的教材，包括引進外師，一到六年級的教材，我們也通通都編出來，我的希望就是將來我們學生可以和北京、東京、上海競爭。我把它做了一些調整，但是這些調整也付出了很大的代價。譬如說要做英文，會怕警察抓，說雇用外籍勞工，抓到是三年有期徒刑，所以我和家長會長常在校門口注意看警察，那個月也很緊張，如果有警察，就請外國教師從後門逃跑，教育局也幫很多忙，所以在建立過程中，也花了相當多的精神去調整。

## 薛校長：

剛剛有幾位校長繞著我看孩子作業本子的話題，事實上我的重點是我要了解教師們在教室的一個狀況，我要了解我學生的程度，我如果只是單純的巡堂，那根本只是皮毛的，不能這樣。我的作法是，第一年時，每位教師對我來講都是空白的、都是新人，所以我真的會很仔細的看。

第二年是重點式的。我有一位很好的教務主任，很多事情已經幫我篩選很多東西了，但是第一年我會花很多時間，因為每位教師都是新的。第二年，新教師我會看得很仔細，很多教師我都會抓重點看，但是我發現很認真的教師會問我，上面怎麼都沒有寫字。第一年時，每位教師我都有寫，針對好的地方或是需要提醒引導的地方，從孩子的習作本可以看得很清楚，如果平常這樣講他，他說不出來，但是從調閱本子那邊寫出來的話，就清清楚楚了。我曾經看過一位自然科教師，習作本上有一題，哪裡的空氣最好，他所教的班級答案全寫山上，自然科應該是提供許多素材，讓孩子發表，教師做歸納，可見這個教師只是給孩子一個答案，所以這樣的教師，我就會從這樣的地方和他做對話。第二年時，可發現到哪些教師很認真，我就可以很輕鬆，因為我正在欣賞教師的認真，但是好的教師還

是希望校長在上面寫些話，我就會針對孩子作業內容相當的豐富，校長會不由自主的說教師很偉大，認真的教師也在乎這樣。

　　到第二年時間就不會那麼長了，第三年就看得很快，因為幾乎每位教師的狀況我都知道，到了第三年或第四年，我幾乎都是純粹在欣賞教師的傑作。事實上，每位教師都很在乎校長，不管是認真的或不認真的，你寫的話他會改善，好的教師他好還會更好。目前調閱本子，我不是每本都這樣看，替教師看，但第一年我不了解教師的狀況，所以我要看得很仔細，至少教師不會認為校長是沒看的。

　　這樣看下來，有時我會寫評語，大約一班有三本，有時會寫字太潦草，但家長還是很高興，因為他的孩子被校長看到了，所以我覺得校長還是要看本子。若每位教師都很認真的話，我們無形中會尊重他的專業，同時也替教師把關，有時家長會對教師的教學誤解，我跟家長說任何話，我可以很清清楚楚知道這位教師的教學情形，結果家長認為校長說的話很確實，當中也讓家長了解校長的詮釋會更有證據。


## 姜校長：

　　談到校務工作的重點與策略，校務工作是因服務學校的不同而有不同。以前服務的學校，它是從無到有，所以對其未來的發展，要有一個藍圖在心中。短期及中期計畫，我也和主任討論。那時的規劃及初期的一些行政人員之成長，需要較多的行政指導。到了後期，這些主任和組長成熟以後，反而是以未來的發展規劃為主。後來我到現在這個學校，則是適應處理這個學校文化的工作，占用我的時間比較多。

　　如果把校長的工作分為三個層次：解決問題、維持正常運作，以及創新發展。我有 70%在解決問題，30%在維持正常運作，還談不上什麼創新和發展的層次。很明顯的，上下學期就不同。有在處理問題，在維持正常運作，在規劃。像現在在規劃畫廊及川堂，也已經有一個校園美化綠化的構想。我認為校務工作的重點，應該是依據所處環境的不同，去分配工作所占的比率，是機動性的調整，

比較符合需要。如果過去仍然堅持我這樣，可能會把學校帶到某一個境地，但總覺得這是我的態度而已，不是學校的傳統或老師的專長或社區家長所需要的，所創造出來的是自己個人的，有一天你離開了，就沒有了。但如果是這個學校老師的專長，是老師的，項目是社會需求的，那麼校長走了，依然會變成學校的一個傳統，留在這個學校。

　　校長本來也有一些教育理想，不應是完全依照自己的專長來發展，應該是讓老師的專長有所發展，這才是校長最重要的任務。因此，行政指導、教師教學指導、公共關係的建立等，其實是和學校環境有關。我剛到這個學校的時候，感覺上它很不穩定，這樣的話，變成行政指導和教師教學指導就無法占去很大時間。反而，問題解決及公共關係的建立花了我很多時間。像這樣算是比較基礎的層次，在我來的第一年，就可以很快建立。第二年我就可以撥出時間，進行老師的進修或是學校的實驗研究，人才培育及晉升管道的暢通，這樣就可以明顯提振士氣，培養這個學校的傳統特色，或是創造出學校教師專長的學校特色。總之，校務工作的重點是機動性的，宜視學校階段性的任務而作調整。

## 羅校長：

　　談到校務工作重點，第一點，教學第一。在此社會型態之下，教育應以生活教育為重，以全人的教育培養健全人格為首要目標。具體作法如下：(1)採多元智能的教育方式，擺脫過去僅重視語言文字、邏輯思考、空間推理的教學窠臼；(2)發揮學生潛在能力，非僅注重教材的記憶，而在啟發學生學習如何學習。如此則不管將來知識如何爆炸、時空如何變化，學生都有能力去探討自己所需的知識，在往後學習及求知上可以無往不利。

　　第二點，行政指導方面，各級政府（教育部、局、處）給予學校的行政空間太小，學校如同一般行政機關，僅能承接上級命令，配合要求行事，阻礙學校本身發展。第三點，幹部指導方面，以提綱挈領的指示，說明的方式推展，充分授權，幹部配合度亦高。第四點，公共關係方面，前期的重點擺在教育行政機關，近來則著眼於學生家長（委員會）、社區人士、民意代表方面的發展，介入層面

愈益廣泛。

　　此外，學校應走在社會前端、領導社會進步，整個國家才能帶動起來。若學校被外界牽著鼻子走，必須遷就家長、社區人士、民意代表，甚至教育行政長官，校長將無法全心經營學校，無法使教育理念落實在師生身上。再者，教育有其專業性，一般社會人士的認識未必深入，不足以勝任主導角色。教育更不可一味遷就環境，而將五花八門的方法七拼八湊。


## 蔣校長：

　　談到校務工作的重點，首先，你是否準備得很完整，讓學生來上學都高高興興，最重要的部分就是，學校的教學環境是否適合學生來上學，是否可讓學生快樂學習，高高興興來上學，讓老師在這裡滿足他自己工作環境的需要，對自己工作需求很滿意，這是先決條件。如何讓老師及學生都喜歡這個學校，這是校務工作最基本的重點。

　　第二，就是注意學生的問題。身為校長，我最重視安全和保健，如果學校連安全都做不到，什麼都沒有了，家長不放心，我們也沒有工作目標了。保健也很重要。小學生很需要大人照顧，所以在健康維護方面，必須要有人親切地去輔導學生，指導他。

　　第三點，我很強調道德教育的實施。就五育力求均衡發展而言，很重要的一點，就是針對個人的個別能力去開發他的潛能。與此相關的就是重視環境問題。個別安全維護、健康需求、道德教育、各種身心輔導，這就是我校務工作追求的重點。


本座談係於 2003 年 9 月 13 日在國立臺北師範學院行政大樓四樓教室召開，
由林文律副教授擔任主席，林碧榆小姐擔任紀錄。

給我們很多的困擾，甚至於在事後必須去收拾很多殘局，所以這人際關係、溝通能力非常重要，也要注意一個人的人格特質適不適合和我們合作，可以適合相處，做得很好。再來和教師的相處，各處室的互動也必須加以考量。而且，他在工作上是不是能以學校為主體，真正為學校的需求去發揮他個人的努力，才能為整個團隊做事情，為團隊加分。

至於講到授權，授權可以增能，懂得授權，讓他儘量發揮，團隊裡的幾位組長才能發揮他的潛能，所以授權才能增能。至於如果授權，校長最後會不會被架空？如果授權，校長應該能掌控最重要的關鍵，能夠主動去了解全盤。如果因為授權而被架空，這位校長最好不要再當校長了。校長要能夠去授權，要能夠享受大權旁落的樂趣，我想這是我們當校長的境界。而且，校長除了掌控授權外，也要把分寸拿捏得剛剛好，也不要做後座駕駛，好像一個開車司機，他坐在前面開車，你坐在後面，一直指東指西，現在要煞車、要快、要慢、要怎麼樣，應該要讓他放手去做，別當後座駕駛。

至於組長出缺的問題，我個人的看法是，一個團隊，校長能夠掌控這幾個主任，也能夠配合主任，那麼主任底下的幾位組長，當組長有出缺，也要尊重主任挑選組長的權力，但是也要讓主任知道，當屬意哪個組長，心裡有這個想法，先和校長商量，讓校長幫忙衡量是否恰當。甚至於校長若知道有哪位教師適合當這個組長，而這個組長剛好出缺，也可以提供給主任參考，當然不是說完全由校長決定，如果主任懂得尊重校長，先探尋校長的想法，找來的人合適不合適，請校長給意見，或者校長有合適人選，提供給主任去參考，這樣子，由主任去挑選他的組長，有利於未來組長和他的互動，組成一個小團隊。

至於主任的輪調，我個人的看法是主任必須輪調。我建議一個處室原則上兩年要輪調，或是加一年也沒關係，但是不要讓一個主任在一個處室待得太長太久，因為這樣也許會讓他對工作有厭倦感。輪調後的主任可能會更用心，更會去享有既有制度之下又有他的開創，可能會注入新的理念與新的作法，會使團隊像活水一樣，不斷在更新、上進。

## 邱校長：

談到主任的標準，在學校中他是把校長的理念和願景轉化為行動的一個關鍵人物。主任扮演執行者和決策者這兩個角色，同時兼而有之，因此也必須具有這兩種能力：一個是執行，一個是決策。這就好像是電子中的兩極體，能夠把光變成電，使其變成能量去運作，所以主任必須具備決策和執行這兩種能力。

在決策力方面，主任必須有幾方面素養。第一就是專業的素養，對於領導、激勵等方面的認知，和對整個事情的綜合判斷能力、洞察能力和創造能力，以協助他做決策。此外，也須有執行力，因為他要把我們的理想變成一個可以實現的具體目標，而執行力非常重要的就是要有實務經驗，所以我在選用主任時，我覺得他過去一些擔任組長、行政的背景是非常重要的，我非常希望他在行政工作上的執行會比較沒有窒礙。

第二就是要非常有熱情，現在的行政工作如果沒有高度的熱情，在這工作上也不會長久。第三就是要有享受犧牲、犧牲享受的精神，因為主任也常要在下班時加班，如果沒有這樣的精神，通常會減少工作熱忱。第四就是溝通能力，要把一個工作推行下去，一定會有很多狀況，他必須要有很強的溝通能力，讓別人願意支持他，願意和他一起努力，所以溝通能力非常重要。因此我在選用主任時，其決策力、執行力和工作熱情是我非常注重的部分。

另外，我在參加會議或別人和我講話時，我都會先問問我自己，我是不是已經把我心裡的東西掏空掉。當別人和我們講話時，我們常常會很快地將他人的話打斷掉，說：「我知道了……，我有不同的看法……」，於是把他人好意打斷。所以我常勉勵自己，別人和我講話或是給我建議時，我先把自己的心靈掏空，也許你是對的，包括參加會議前，會發現其實主任會為你做一些真心的建言，這個建言也許你聽了之後會有不同的看法，可以做一些修正，向主任提出來，其實他們都可以了解，所以要先把自己的心裡掏空。至於說，最後常會變成到底是主任聽校長，或是校長聽主任。我們在事先充分聽主任的意見，最後我們做決定後，主任就要聽我們的，也就是說事前我們聽主任的，事後我們綜合意見做決策，因此主任比較不會有意見並會挺你。事先聽主任的，其實校長是做一個綜合看法、

統合的角色。

## 江校長：

第一點，我對主任的標準沒有一定，到任何一所學校都沒有自己帶的，都是原來主任繼續的。要不要輪調，我在任期內大概都不會輪調，只是在任用主任時，我都會和他長談，看是否有進取心、有創意。我抱持的原則是「用人不疑，疑人不用」。我不代表主任做任何決定，我所帶領的主任都會事先和我談他的理念，我大概都會抱持放空成長，所提出的理念我希望有創意。除例行性行政不能有創意之外，在教學活動上，我認為不要兩次辦活動都以同樣的方式去呈現。辦一個活動，一定是主任間先提出想法和我談，再和其他處室間去做溝通協調，橫向的溝通協調做好了，固定的行政會報就同意，除非有相左的意見我們提出來討論，否則都是主任先去溝通協調。

在高興國小（化名），每個主任都會在他們的處室待得很長，我不太調整他們的職位是因為他們有進取心，我就協助他，在考校長的期間，我去帶領他成長。像總務主任的任期限制最多，我覺得不可以超過三年，其他三處主任就去動、去歷練各處室的業務。我個人是不太去調整主任職位，也沒有主任會覺得這樣會比較沒有衝勁，因為已先和他談好，所以配合度較高。他會先告訴我，這事他能不能做，在這過程如果沒來找我，我就認為沒問題，後面一定會回報，所以我想是否經常需要更換主任，還是「用人不疑，疑人不用」這句話。

## 薛校長：

在選用主任方面，有幾點我相當重視。第一，我忌他貪且懶，貪懶的人是絕對不能當主任的；第二，是否有組織動員、隨機應變的能力，除了人際溝通的能力之外，主任還需具備多項專長；第三，重視主任經歷的歷程，一個經歷小型、中型、大型學校是很完備的歷程，我相信他所學到的經驗是足夠的。最後一點，最好的一個方法還是要打聽，打聽他經歷的一個過程是怎麼樣，一個認真的教師絕對是一個認真的主任，一個認真的主任絕對是一個負責的校長，一個主任進到

我們學校來之前，我都已經對他打聽好了。但從 1997 年起，主任任用先要經過教師這邊進來，在此過程中必須從培育做起，還好明水國小（化名）本身已經培育好幾位優秀的人才。

有關行政團隊部分，策劃要周延，執行要徹底，結束要乾脆，最後要檢討，以求下次改進，這個工作團隊每個人每一點都要看得出來。在推動任何一項業務時，工作一定要分工明確，且大家是一起動起來，同時也要特別注意每一個人的專長取向。在行政團隊中，小活動小動員，不要一個小活動全部動員；大活動大動員，且希望行政團隊能在短時間內抓到重點。比如說，我們學校舉辦一個全縣的訓輔會議，我非常感動的是整個訓輔會議只有一個處室在處理，最後走到會場時，全部的事情都已經準備就緒，包括會議的所有討論內容都準備好了，一個處三個組長可以做這樣全縣的工作，這是小團隊完成的事。

最後講到主任輪調部分，我到一所小型學校時，主任是用派的不得選，若是沒有派主任，校長就必須找主任；到中型學校時，所有的主任都比校長年紀大，人數不到五十人，人事不可隨意變動，因為會造成很大的影響；到大型學校時，我曾經用兩年一調。任用主任給我的感覺是，如果四個主任都很健全的話，這樣的輪調是很好的，每一個地方都經歷過。如果四個當中有一個懶惰的話，這個懶惰的主任就會專門去接收人家的好成果。所以兩年一調，主任們就跟我說，輪調是需要的，但是兩年輪調對我們目標的實現與達成，時間是太短了，若是能四年輪調的話，對他們的共識或是目標實現會較一致，所以在主任輪調這部分，因為我曾在大、中、小型學校做不同方式，所以有這樣的想法。

目前在明水國小（化名），校長不能帶人進來，就只能就地取材，我一上任就換總務主任，就如其他校長所說的「疑人不用，用人不疑」，所以我就把他換下來，影響到的層面相當大。主任是校長的四隻腳，如果我們四隻腳都站得穩的話，學校的行政運作一定可以面面俱到，如果四隻腳有一隻腳缺的話，就會影響我們的行政團隊，所以我認為主任一定要和校長有共識，最起碼主任若是有意見，一定要充分表達，校長也要充分授權，大家要同心協力。

## 郭校長：

　　主任可遇不可求，能夠碰到好主任是我們的運氣，碰到比較傷腦筋的，就要看我們的領導能力。選用主任有幾個方式，比如到一所新學校時，主任可能都已經有了，我平常是不輕易換主任，第一年我會先觀察他的作為、溝通模式、領導模式和人品，然後我才決定怎樣和他相處、怎樣用他。經過這樣的觀察，我講話他怎樣聽得進去，或是做的事我比較知道他的優點在哪裡、弱點在哪裡，我會做預防。如果弱點太多，我會預防而主動提出來，你那件事做得怎麼樣，我們要怎麼辦，有怎樣的想法，再互相討論，這是就原校的主任而言。

　　有些學校我們去當校長的時候，主任就已經在，而且已經很老了。我曾經帶過一所學校，主任都已經六十四、六十五歲了，我能怎麼辦呢？我就把他變成大哥級了，什麼事都請教他、尊重他，當然也會有一些限制，我就會補足他說：我們加上這樣做好不好，事實上他不會說不好，因為我是校長，會有一、兩人覺得我的腳步他跟不上，而自己會提早退休。我說我的腳步不是很慢嗎？我們還是很尊重他。

　　再來就是任用主任，我比較不喜歡去挖別人的主任，我喜歡任用新主任，就是還沒當過主任卻有意願的人。學校的特質不同，所以應用的策略不同。假如這所學校有許多人喜歡當主任，就先用校內的人；假如這所學校沒人願意當主任，只好用外面的人，外面我也是用新手，不要用他時，他已經有很多習慣或有很多意見，來的時候我會告訴他，這所學校的特質和我的想法，我們一起來做一些事情。用這樣的主任，他們比較能認同你，因為你是他的第一位校長，能認同你而接受你的方式，比較好相處。

　　另外，主任之間有些人不能團隊合作，個人有個人的特質，個人有個人的想法，我會以專長來分工，比如說這個人有這方面的專長，我會將這方面的工作給他，有的人在校內的人脈很好，我就會把需要人脈的工作給他，在他的本質上再加上校長委任給他的一些重任，他會覺得很有成就，所以我的主任有些是對內的，有些是對外的，有的溝通表達很好；有的計畫寫得很好，適合做外面；有的是校內團隊做得很好，就讓他做比較多關於校內的事。

學校主任的對外活動，我們就是團隊分工，也就是說全校各處室都要來分擔，不是由哪個處室單一來作戰，假如是校內，就由一個處室來做，若是一個全國性的工作，每一處室的主任、組長都要來做、來支援，因為機會很多，所以他們彼此支援也挺習慣的，本位主義較少。處室之間難免會有一些分工不清楚的地方，我就會去找一些相關法令，或是這件事跟哪一處室比較相關，請他們多幫忙，一次不習慣，兩次就習慣了，慢慢就會接受。校長所謂的拜託其實就是分工給他，平常這些分工，我會在主任處室的會議和他們談，經過討論後分工，大家就會比較均衡，但難免有時會分錯，他們會提出他們的想法，我也都能坦然接受，所以有時所做的都是體制組織架構這樣的建構，在分工上就不會覺得校長好像有一些喜好。

除此之外，主任提誰當組長我就挺誰，尤其現在來當組長都要非常感謝，能找到就非常的恭喜他。假使我發現哪位組長有些問題，我就和主任討論要怎樣來帶領他，使組長慢慢的認同。我自己有一個規範就是組長一定要做兩年才可以下來，來做的人都已經知道，所以可以接受。主任最少做三年，因為第一年你才做，能做就已經很不錯了；第二年你知道要做什麼，可以預做一些理想；第三年你真的可以做一些在主任這個位置上可以創新的工作，三年後真的覺得不適合再來做調整。輪調的話，我會問主任你喜歡到哪裡，為什麼？別人若也喜歡，怎麼辦？我會排定一些順序，所以他們會說，下一年我再到那一個處室好了，因此爭議很少。

任用主任真是因緣際會，和你自己的領導及學校的特質有關。若主任真的不行，就調整他的位置，教育他，提供資源。如果我覺得一個主任不適合當主任，我會事先和他討論，跟他說我覺得你不適合當主任，問他是不是要下來，下來我會給他很多條件，如去讀研究所，或是去當教育學者專家，因為他行政不適合，其他都很適合，給他一條更好的路去發展，如編書、演講，給他很多機會去成全他，尤其是教師會會長可以請他去發展，彼此相處互相尊重。我會真誠的跟他說，你這樣的作法我很不喜歡，你這樣做，對我不是很尊重。如果教師會會長是為了學生，我都沒意見，但如果是為了個人，我就不太認同。在會議中，我會讓

他講自己的想法。其實人都會有他的缺點，讓他講完了，我再告訴他哪些地方很好，哪些地方需要改善。這就是我的領導方式。

## 黃校長：

　　擔任校長十六年了，從校園民主之前到校園民主之後，在主任任用上也有不同的經驗，包括新制的培育、教學認真、有行政能力，在甄試時他就可以加分，讓他順利考上；也有新進的從外面考進來；也有從本校內升的。校長用人是一個很關鍵點，其實會影響到短、長期經營學校的效能，短期內影響更大，基本上如果有機會，儘量不要說用主任是一種運氣，因為我自己這麼多年的經驗，確實是有運氣！有些校長身邊的主任看起來都很能幹，所以那所學校效能就好，感覺上好像是運氣，可是在實際接觸後，校長可能還是很用心在這方面，也就是說有他獨到的方法。

　　性格決定一個人做事的方法，或是決定事情的成敗，這件事情對主任來說可以成立，對校長來說也是如此。校長可能會受限於性格，像我的性格是把原來是主任的人叫他不要做主任，這對我很困難，會影響到我用人，如果受到這種影響，經營校務無形中也會耗費更多的心力。

　　有些校長的性格是很有魄力，他一到任，要換主任就把他換掉，剛開始，大家可能會覺得很緊張，可是後來也沒有怎樣，所以他的難過、焦慮和衝突的時間會縮短，短時間之內事情就過去了。因為主任是我們的左右手，就好像我們娶的媳婦，事先打聽就很重要了。如果我們自己用一個人當主任的話，從他的語意、自述，跟他交談，觀察他的教學形式和處事待人的方式，我們自己用人就有這種機會。不過在小型學校，要這樣做就不太容易。在大型學校，一定可以找到有意願、有能力，以及人品好的人。

　　用主任不僅對學校經營，對校長而言也是非常關鍵的，因為主任是學校推動各項事務的關鍵人物。假設我現在用一位主任，由校內來推舉會很可行，如果多數人認為這個人不錯，通常他的行事風格、人際溝通、人際關係的建立應該也還不錯。我現在有一個心得，毛遂自薦的主任，你可能要探聽得更清楚。

在用人上我有幾點堅持。第一個,因為我本身讀輔導研究所結業,我非常注重輔導,我覺得很多學校輔導的功能不彰,不彰的原因和校長用人很有關係,輔導室主任必須是一個很專業的人,輔導的功能才會彰顯出來,不僅輔導主任要專業,輔導室裡的組長、輔導人員也要專業,才會比較容易在學校發展輔導的專業,也才會有利於輔導工作的推動。當然,現在的專業要求也可以用到其他各處室,真正用心說起來,現在各處室都有相當不同的專業,假設我們用一個總務主任,他有沒有做過事務組長會有很大的差別。

第二個是他的形象和風評,是代表他多年來在教育界服務,從師生互動、家長互動,或是他的教學風格等,確實有相當的意義;因為一個人現在所形成的形象口碑,其實代表著他多年努力的結果,所以觀察一個人在同仁心目中的形象是很重要的。第三就是溝通能力。主任對政策的解釋、計畫的說明,能夠得到大家的支持是非常重要的,基本上他要有文字或口語上的溝通能力。第四,因為每個人有長有短,我個人也有比較不足之處,希望能找到可以彌補我不足的人來當主任,我會找這種人來補足這所學校所需,以全面提升校務。

《貞觀政要》談到任用賢良要注意六正六邪,其實是很有道理的,人真的是有所謂的六正六邪,人才在這六正六邪中可以從很多地方去觀察。另外,提到經營行政團隊,讓行政團隊的力量好好去發揮。第一,學校的目標,不管是短期或是長期的,都要非常清楚,目標清楚後,在團隊運作上、在溝通過程中,不管是行政團隊,或是教學與課程團隊,溝通說明很重要,以便讓大家有一個共同的願景,有一個共同的期許。第二,行政團隊是否能成功,校長領導的意志非常重要,校長若能堅決、意向非常清楚、目標非常明確,而且表達出非達到目標不可的意志,校長通常可以把這團隊的效能帶起來。

第三,激勵是非常有效的。當校長這麼多年,我還是覺得校長最大的魅力、魔力就是激勵,就是要給予賞識,要給他機會表現。有人會覺得平安國小(化名)實施教訓輔三合一的組織再造做得相當不錯,也累積了不少寶貴經驗,於是請我們分享。我通常會推薦主任去,我最好是留在學校,主任要出去分享,他就會充分做準備,不管是實務的作為或是加一些理論,這樣可以讓他有非常大的成

就感，他對這件事就會很投入，所以激勵和賞識的力量非常大。

第四，我常常會勉勵我的主任，我舉一個企業的例子，在他們開內部高層會議進行溝通的時候，當一件事情需要各單位一起來完成時，總經理會儘量說，某一個單位這件事情做得不錯，好在有這一個單位，所以才會做得這麼順利，如此會使團隊更加凝聚。

第五，很重要的一點就是同心，同心就是我們講的分工一定要，但分工而不分心。我們在評論一件事情時，各處室大概會有分心的情形，比如說，當有教師提到哪一個處室在做某件事情不是很理想時，聽到這句話的這個主任，就會私下主動找他談、向他說明。

如果主任不同心時，校長會比較辛苦，尤其若是有一些恩怨糾葛時，會很麻煩，所以任用幹部確實非常重要。在處理校務時，校長接受主任的建言，非常重要，通常大部分的校長都會有這樣的一個雅量，不過有一些主任或是教師不敢在你面前講，卻會在背後說，其實忠心耿耿的主任或教師通常會願意當面跟你說，我比較欣賞我們在討論一件事情時，他會告訴我：「校長，如果這件事情這樣做，可能會比較好……」。

其次，談到輪調制度。一個主任若是在同一個位置做了十年、八年，可能不是很恰當。我曾經把兩位做得很久的主任換掉。輪調一方面是培養人才，另一方面是學校整體考量。學校的目標更重於個人的目標。

## 王校長：

談到用主任的標準，我認為不必太聰明，因為能夠當教師應該都不會很笨，所以我比較欣賞用品德好的人當主任，否則塞在哪一處室都會有問題。第二，他要肯做事，肯做事要比聰明還要好很多，品德好而且肯做事大概已經成功了一半。另外，我要談到人的特質，一個好的主任，他的特質應該是計畫很周詳，不是粗心大意，因為粗心大意往往就會失敗。計畫仔細周詳，工作就會很踏實，這是第一點。

第二點，對待教師一定要非常溫馨，要很和諧地對待每一位教師。一位主任

若對教師好，對整個學校的氣氛影響很大。假如我們校長有意要營造一個很和諧的學校氣氛，但找的主任是凶巴巴的，會把整個氣氛搞壞掉。第三，他要有檢討改進的心胸，做錯事情不要推給別人，說都是其他人不認真，假使一位主任能對自己所做的事情承擔責任，承認自己有哪些地方沒做好，這是我們校長最想要的部分。這是講用人的標準和他的特質。

其次，整個工作團隊若要發揮其功能，有幾個策略。我同意剛剛所提的，主任是校長的四隻腳，可是要四隻腳都好好的，不可能。我不知道有哪一個學校校長的四隻腳是很完美的，有這樣一個學校大概非常困難。所以第一部分就是我們要找哪一個人適合哪一處室的主任。誰適合哪一處室的主任是很重要的事情，包括他的專長和品德，品德不好絕不能擔任總務主任，有時校長被賣掉都不知道。第二，四處的主任都是要很認真肯做事的，果真有四個這樣的主任在一起，這所學校就會非常的強盛，我們當然期望有這樣的機會，四隻腳都好好的，做起事來不怕失敗，學校也能正常的發展。

第三點，也是我覺得很難做到的一點，就是四個主任有共同的價值觀。各位一定有看過四個主任你搞我、我搞你，互不合作，你走你的陽關道、我過我的獨木橋，這樣校長就會很為難，所以四處主任必須建立共同的價值觀，可惜這一點很難做到，尤其是在大型學校，如果惹到老土地公（學校的老大），你就會吃不完兜著走。要建立共同的價值觀其實很不容易，我通常都是利用主任會報的時間來談共同的價值觀，談談我們要怎麼做，先講好再來做，沒有講好就去做，一定會有麻煩。利用主任會報的時間溝通，有利於建立共同的價值觀。

要是四個主任不合作，校長就要有這樣的能力，把四個聚在一起。如果經過努力四個人還是不能凝聚做事情的共識，就要考慮換主任了。建立共同的價值觀對校長領導而言是很重要的工作，四個主任若能湊在一起，我們校長的能力就會強。共同的價值觀建立後，主任們才會互助合作。我常對我的主任說，如果他們想當校長，唯有四個人互助合作，才有當校長的可能，如果四個主任互相揭瘡疤，四個主任都會很臭，怎麼會有參加校長遴選的可能。所以我常常跟他們講，大家一定要互助合作，處室的績效才能拿得出來。

　　學校行政運作有時也會一拐一拐的，也是要忍受。人難免有缺點，我們當校長的也都有缺點。更換主任的時機一定要慎重。談到主任對換，我們要抓到很大的缺失，趁機會才換，假如只是看他不順眼就把他換掉，恐怕不只是主任反彈，就是連全校教師都會反彈，所以校長要更換主任一定要很小心。當然我們也必須忍受他有一些小缺點，潛在的缺點，我們應該要適度去想辦法改變他。

　　另外，有關組長的人選，如果校長沒有給主任一些權力，他會覺得校長是在掌控一切，所以處室的組長，我是讓主任自己去找。如果主任認為某個老師是很好的組長人選，但是教師不願意做，校長可以出面幫忙協調。我會跟主任講，要找就要找做事能做得好的，如果找的人事情總是做不好，主任還是有責任。

　　所以主任找來當組長的一定是最好的，一定是他認為最理想的。但有時他認為理想的，我們並不一定覺得是最理想的，所以還是要經過校長這一關。通常我不輕易介入，除非他找到的是一顆爛蘋果，否則我也不會去否決他，因為我認為校長可以給他適度的一些權力，他才能夠負起一些責任來。

　　至於對主任的建言，我覺得是必要的，因為有時我們思考的角度並不是很完善，假使一個主任都沒有建言，什麼也沒有動手去做，代表這個主任並不是很用心，並不是很認真。一個會經常跟校長建言的，有時也能提出校長想要的東西。在校長和教師之間，主任可以傳遞某些訊息或是反映某些氣氛，透過他們，我們也可以知道某些消息，這樣在做決策時，也是一個很重要的參考依據。

　　我們也不必覺得說，你講那些都沒有用，你的那些想法和我的想法都不合，如果這樣講的話，主任的建言可能就會變少，所以我們不妨姑且聽聽他們的建言。至於要不要採納，有時校長也不要直接反駁他，那些建言都可以在主任會報中由大家去討論，以形成共識。建言成熟與否，我們先不要去評論。

　　在主任會報中，也許你都還沒評論，主任們就會去評論、去討論了，也許其他人可能就會把它否決了。總之，建言還是有必要，但是我們也不要太主觀，說你談那些根本不成熟。最後談到輪調，其實輪調非常難，尤其是要私下了解主任的品行是怎樣，當然有些是介於模糊地帶，假如對他不清楚，先輪調了再說，可是一輪調下去，他的人格特質根本就不適合當某一處室的主任，那輪下去麻煩就

來了。我覺得要輪調，不一定要四個人大風吹，你可以局部調整，再看時機，也許有人當校長去了，也許有人調到他校去了，這時候輪調的機會就來了。

所以在輪調上，校長一定要謹慎小心，否則還是要校長來承擔那個後果。有關選用主任的部分，其實考慮能力、考慮專長都沒問題，我比較顧慮的，是關於人格特質的方面。有的是老土地公，你要請他走是請不走的，即使能成功請走，也要考慮到後遺症。所以我認為老師的安排比較簡單，倒是主任的安排，會比較困難。

## 曾校長：

今天談的主題對我來講是最適合談的，因為今年我們學校出了三個主任的缺，然後加上原來的代理主任一共四個人。第一位主任是去當校長，很高興，這也是力量的擴張；第二位主任是因為老朋友接新的學校，他孤掌難鳴，如果沒有我這主任的幫忙，他會倒下去，只差三顧茅廬，最後還是答應讓他去幫忙；第三位主任一直想要到別的處室去歷練，剛好和大家碰到的問題一樣，但是我也是有些堅持，如一任兩年、兩任四年，然後要輪調的話，還要看他的人格特質和功能性導向，我就是沒辦法同意他，他也非常難過，後來他被別的學校聘去當教務主任，一下子出了三個缺，也引來了很多關心。

因為在去年剛結束時，他們以為我會用一些比較有經驗的教師，他們也好像在等待校長去請他，可是我就是不用，我是用了一個在外面當經理，但是教學經驗只有五年的人來當訓導主任。今年出缺了，他們就很關心校長到底會用什麼人，教育局也很關心，家長也很關心，因為過去的主任非常有績效，合作得非常好，他們也關心未來的主任能否勝任愉快，不過我一點也不擔心，因為學校有許多人才，他們已經成熟，可以接棒了，去年我為什麼不讓他們接棒，因為我要殺殺他們的銳氣，另外一個原因是，現在的教師流動非常困難，主任要流動，他們出去我反而會很高興，讓我有機會能調整學校的教學結構，我是抱持這樣的心態。校長在找人當主任，其實主任也在找校長，希望他也能找一個人去跟，這也是一種緣分。

　　我印象很深刻。我剛接活潑國小（化名）時，有兩個人來找我，一個說他想當教務，他的同伴接輔導，因為他們想做些很有理想的東西，我從正面、側面來了解，我知道他們是非常優秀的人，可是一次要兩個職位，我只能提供一個缺，我們真的沒有緣分。後來，我知道他們在別的學校表現得非常好，實在是可惜。

　　但是我對一種人非常擔心，就是權力慾望非常強的人，他當主任，一心一意要當校長。如果他來跟我，我真的會膽戰心驚。對漂亮女生或穿著華麗時髦的女生，我也會有所顧忌，這也許是我個人的一些風格。至於校長要哪些主任，其實我自己的想法是年齡不是問題，但是我堅持教務主任年紀要大一點，要有經驗，性別我認為也不是問題，但是性格很重要。如當輔導主任，心思要細膩一點，耐心要非常高，這是我非常重視的，比如說，手腳很長、動作很快，我不重視，但手腳要很乾淨。

　　幾個心得是：第一，我比較希望主任是認真教師出身的，沒有行政經驗沒關係，但他認真不是認真在自己的事情，而是認真在學生的事情，一定要有那種為公的精神，因為做行政是為大家服務，沒有為公的精神，在學校生態中，教師都會反對，甚至是叫他下臺。第二，我比較在意持續力，也就是忍耐力，因為現在的年輕人比較不耐磨，碰到困難就會打退堂鼓，這樣的情況我比較不敢用。有些人在事情面臨很大壓力時，若抗壓性不夠的話，政策會斷層，如果一直換主任，對學校絕不是一件好事。

　　第三，人格要成熟，這也是我很在意的一點，比如說講事情，因為學校現在的事務非常複雜，談論事情絕對有不同的意見，但是一定要對事不對人，也要有雅量去接納不同的意見，除了感動的眼淚之外，最好不要隨便亂哭，有些在輪調時在哭，我不想碰到這些事情。與其預期未來這樣的事情會發生，不如現在先預防。我比較喜歡用有才華的人，有主張、有能力的，我不太喜歡用沒有主見的人。

　　最後，我喜歡用毛遂自薦的人，願意出來，出來時機對。我覺得四處主任裡面，我不會去要求相同，甚至我會故意安排，像今年我就把兩個有競爭性的人放在一起，在這思考過程中，有人提醒我說，那兩個人會不會互相鬥來鬥去，我說

我有信心，不是我領導能力問題，而是學校的氣氛，四年發展下來，這個團隊很注重團隊的合作，如果特立獨行，是沒有辦法活下去的。

為什麼我要特意壓抑那些來校第一年、有資格，但是有一點傲氣的人，就是要讓他們見識一下團隊。我選擇人時會堅持一些標準，這是非常重要的一部分，既然他們已經了解了，就可以用他，當然事實上用了他之後，學校一出缺，他們也會自動跳出來，經過人格歷練成熟後，未來不管是當教師、主任，或當校長，我覺得他們會是一個好人。

我比較煩惱的是，一個我認為適合當主任的人，也願意培養他，培養一、兩年後，麻煩來了，他的性格和能力可能只適合做總務，其他處室沒辦法做時，我就會非常煩惱，若要解除他的行政職務，真是情何以堪。把他從這個學校送出去要看機緣，我會為這個事情相當煩惱。對於權力慾望或自我意識太強的人，我也很怕。基本上，任用主任是我的權力，學校、家長都很清楚這樣一個觀念，組長就由主任去任命，我也完全支持他們。其實要發揮力量，不是只有行政和教學，像很多事情就是行政和教學、教師和家長要配合起來。

我舉個例子。因為我們學校決定舉辦英語小班適性教學，一個班級不超過二十人，同時要用五間教室，只好用教師休息室和童軍教室、家事教室分一間出來當英語教室，這部分已經犧牲掉原來教師休息的空間，大家都覺得非常難解決，也沒有想到好辦法，但知道這樣下去不行，行政也想了很久。我把這問題丟給行政和教師說，只要你們能想出一個辦法，同時解決這些。比如英語教室在哪裡？教師休息室在哪裡？童軍教室移到哪裡？體育器材怎麼去排？這些問題如果被我們採納而且進行的話，我一定給你們一個大的驚喜，果然教師和行政想了一個暑假竟想出來，教師休息室有了，英語教室跑出來，童軍教室也生出來，我當場發放獎金，大家皆大歡喜，獎金雖然不是很多，但是教師們非常高興。

提到和平共處，在學校我一直提倡的一個文化就是和諧，和諧是相當重要的。中國人講家和萬事興，和諧不是不會吵架的和諧，我認為是討論辯論後，只要一經決定，就要集中精神、通力合作，這個策略非常好。現在所有行政運作，幾乎都是團隊的事情，如排代課、球隊出去比賽、教務處的語文競賽、輔導室的

教訓輔三合一，都是一樣，都需要合作。合作的精神在我們學校一直被強調，然後用心創新，這樣幾年下來，教師知道我們的核心價值所在。最後我要提到，學校同仁之間是不是有辦法水乳交融，一切為教育往前衝，其實我並沒有那麼大的信心，因為整個制度和環境實在變化得太快。教育界特別看重典範，比如教務主任年齡要大一點，要有足夠的經驗，要有教學專業精神，要非常用心去做事。如果他是，這樣的話會有助於領導。

## 周校長：

做任何事情都有風險，這風險的存在是不變的事實，所以絕對不可以說我運氣好一點，在另一所學校我運氣差一點。在搖擺晃動的狀況下，自己當校長這顆心也無法安定下來，所以我們都不要太祈求外在那些客觀的條件，我們就想自己能夠掌握的部分，這樣當校長比較能夠安心的去做。有一次機會，學校的幹事出缺，有好幾人想要進到我們學校來，當中有一個人是自我推薦的，我都沒有說什麼就答應他了。來到學校中，他了解很多人跟他同時競爭，他就有些壓力，跟我說了好幾次他怕自己做不好，最後我被他講煩了，就跟他說，你怕你做不好，難道我就不怕你做不好。因為他自己給自己太大壓力，怎麼會做得好。

所以，我在選用一個主任時，我比較在意的是他工作態度的問題。如果他的態度很積極，我就不怕他做不好，所以我和王校長的看法是一樣的，我並不很在意他的能力有多少，能力是可以累積的，是可以培養的。我並不抱持著撿現成的心情，他到我面前達到多高的程度，這對我來講我不在意。我比較在意的是他站在我面前時，他的態度是多積極、多認真。如果他的態度不夠積極認真，即使他有很強的能力，我也要考慮要不要用他。

第二，我認為他的胸襟要很寬廣。胸襟寬廣的人和同事相處時，他的包容力會很大，同時自我反省的能力也會很強，所以我會在意這個部分。如果能做到以上這兩個部分，我就已經很滿意了，其他都是一些奢求。第三，如果有比較高的智慧，這智慧不是只有知識，而是能將知識融合起來形成自我價值，然後做一些判斷和抉擇，如果有這方面能力的話，當然會更好。

　　第四就是人格特質。人格特質我覺得很重要，他是不是有很強的親和力、待人是否誠懇，和同事之間的相處、在工作的推動上，都能得到比較多的支持和認可。第五就是他的邏輯思考是不是很清楚。一個計畫的擬定與推行，以及以後的反省，這整個過程邏輯思考都很清楚的話，會減少校長很多的擔憂。第六就是他自己的工作，他有沒有要求自己有創意。有人是比較安於現狀。我也看過很多主任將教育部頒發下來的一個辦法，只改了校名和時間，其他照抄。

　　最後我會留意一個主任在執行上懂不懂得轉化，校長交代一件事，或是在會議當中的政策如何，如果還是一板一眼的把會議中的東西帶到現場去，不懂得轉化，整個事情的推動就不容易很成功。如果有機會選擇一個主任，我可能會朝這些方向去思考，不過這種機會也不多，因為到一所學校去，可能都已經安排好了，像去年我到欣欣國小（化名），學校有一百零五年的歷史，教職員工將近兩百人。我去到那裡，像一顆小石頭投進長江大河一樣，只起了一個小小的波浪，這小小波浪將來怎樣漾開，其實是一個很大的學問和挑戰。經過這一年，在這部分我還有一點心得。

　　在授權主任這部分，我想在法規、制度、會議的決議上，基本上我們也不用去過問，就讓主任去執行。在彼此之間信任度的培養，感覺是比較抽象的，是兩者之間互動的結果。如果信任度很高，可能我對他的授權就會比較充分。如果彼此之間的信任度不太夠，可能授權的空間和範圍就會比較小一點，因此也不見得對每位主任的授權都一律平等，但也不盡然是這樣，就算我們這樣子做，產生的結果也不一定相等。其次，比較大的事情，如政策的擬定或是大活動的進行，在事前要請主任們對我預先做一個簡報，把計畫做一些報告，聽完這些報告後，我再做些指示或是檢討，之後就放手讓他們去做。因為我對事情的要求也不是非常高，大概九十分就可以接受了。

　　另外一方面，如果組長出缺的話，我基本上是完全相信主任，他們決定的人選，就算我有意見也絕對不講，因為第一，現在願意出來做行政的人已經愈來愈少了。第二，我認為既然是一個小內閣，就要把內閣精神發揮出來，主任要負全責，如果校長對主任所提的人選有意見的話，很可能對主任產生不良的影響，他

在處理事情也不敢竭盡心力的去做思考，因為他擔心他思考的這些事情，校長會不會又有意見，這牽涉到我與他們之間如何形成工作上的默契，形成過程中彼此之間互信的建立，這是很巧妙的心理。所以，基本上我是完全信任他們，信任之後再善用一些激勵的原則，藉此建立校長、主任和組長之間的互信機制。我相信一開始他們和我的關係沒有那麼緊密，透過這樣的過程會變得很好。校長在此過程中也扮演這樣的角色，我們不光是放手讓他們選才，選才之後，除了主任自己去激勵、去帶領之外，校長也應該要伸出援手，去扶助各處室，讓處室裡面有凝聚力，並同時提升專業能力。

至於校長是否會被主任架空，我是完全不擔心，我一直是採取欣賞主任的觀點來看待事情，如果主任們做得很好，他能得到局裡面或家長的肯定，我反而很高興，這代表我有識人之明，也代表我領導有方，才能培養出這麼優秀的人才。所以，當別人在讚美他們的同時，我除了分享他們的成就之外，自己也給自己一個激勵作用，我有這麼好的幕僚、這麼好的同仁，也讓自己在工作中得到一些喜悅的心情。

至於行政團隊發揮成效的策略方面，不管我們怎樣選才，其實經營彼此之間的關係更重要，就好像夫妻結婚，談戀愛時彼此都會互相欣賞，最後步入紅毯的那一端，可是大家也發現，到達紅毯的那一端就會出現不同的結果，有的就是幸福美滿，有的就是離婚收場，有的家中可能經常打打鬧鬧，這就是在經營的過程中出了很多狀況。所以，其實我們組長也好、主任也好，選才之外，更重要的就是經營，怎樣把團隊經營起來，即使他的能力或熱情不夠，我們被迫於現實環境不得不去接受，我們還是可以把他們的潛能激發出來，這一部分我有一些看法。

第一個就是校長自己。校長自己本身的學養夠不夠、修養夠不夠，我們不能光要求別人，有更多的眼睛在看我們，我們是用一雙眼睛看著別人，可是有多少雙眼睛在看著我們。我今天在學校中撿了一個垃圾，結果有一位小朋友給我鼓勵，說：「校長！你好棒喔！」他只有講那句話，我用很歡喜的心去接納小朋友給我的鼓勵，我聽了之後，我自己也很喜悅，從這地方我就體驗到有這麼多雙眼睛在看校長。我們校長自己本身有沒有在成長，我們自己本身的修養和學養，有

沒有贏得同事的尊敬和信賴，如果有，我們才可能仰賴其他的同伴。其他的部分，我們要讓其他人感覺到，我們送出去的是溫暖，我們送出去的是資源。所以，在激勵同仁工作的熱忱上，不能夠吝嗇，可能要更積極主動，即使是一句話，他們聽了都很高興。

昨天臺北縣來了一個名單，要核准非常多的教師退休，我們學校有十一位教師，當中碰到幾位教師，我就跟他說：「恭喜你，但我更捨不得你，像你這麼優秀的教師，雖然你有你生涯上的選擇，可是對學校和家長卻是一種損失。」你講這些話，讓教師聽起來非常的高興。同樣的，對我們的行政同仁也一樣，你要隨時去激勵他們。校長只是出一張嘴巴而已，如果這張嘴巴都吝於啟齒、吝於開口的話，我也不知道校長能夠做什麼。

再來就是要解決行政同仁們工作上的困難。行政同仁最難處理的就是他們工作上的問題，這些問題有時他們會主動反映，但有時候他們又不敢反映，所以校長敏感度要很高，要很敏銳，去了解他們的困難，然後主動伸出援手解決他們的困難，讓彼此之間的距離能夠拉近。相對的，以後他如果要離開這個行政團隊，他們也會比較不捨，好的人才就會被留住。如果他們的能力和熱忱能夠奉獻出來，我相信團隊的績效就會展現出來。

再來就是要提供資源給他。在我的學校中，我上下學期會做一件事情，使用經費非常透明，我要求總務處會計室那邊把所有經費全都列出來，列出來之後，哪些經費是可以共同使用的，列出一個比例，這個比例，輔導室多少比例，學務處多少比例，教務處多少比例，我就把這些錢分給你，讓你有這個資源在手上，你就可以辦活動，而不是每次辦活動時，不知道自己的資源在哪裡，這是經費，其他的資源就還要去思考。這樣的資源很清楚的給他們，他們就可以放手一搏。

其次，他們也會碰到一些困難，也會有士氣低落的時候，或者是績效較差時，我們也不能一直強調效能，這時候可能要用同理心接納他們，和他們一起共度難關。雖然現實不是美好的，但讓他們知道校長還是美好的，校長還是會牽著他們的手一起走過來。

再來就是組織文化的營造。在歷史悠久的學校中，組織文化是非常悠久的資

產，所以我們教師會會長雖輩分夠，在領導時出現一些障礙，士氣也較低落，我在私底下曾和教師會的幹部說，你們要多多協助會長，多多幫忙。當中有一個理事就告訴我，我們是很想幫助他，但是輩分還是很重要，他可能這部分較欠缺，所以在帶領上動力比較不足。所以說，如果我們能善用在學校的這段時間，能善用機會營造組織文化，我們希望走哪方向，很清楚的表現出來，核心價值很清楚地呈現出來，最後成為學校的文化，大家在這部分不會有爭議，即使校長沒有領導，大家也都知道應該怎麼做。

再來就是主任的輪調，我覺得這不是一定有它的必然性在，但是有兩種情況，我大概會做一些考量。第一個就是出於關懷的角度。有些主任這個工作可能做了很久，他已經厭煩了、疲累了，這種情況，即使他們沒有說出來，但從互動的過程中了解到的話，我們也可以幫他做一些適當的安排。第二就是態度比較消極或績效比較不佳的時候，或學校人事比較不和，造成他在推動工作時產生一些阻力。遇到這種情況，我比較傾向於在私下跟他做一些遊說、做一些調整，盡量避免在檯面上做一些動作。因為他們還是要兼顧一些領導壓力，如果我們對他們造成一些傷害，未來會造成士氣低落，在領導上會受到影響。

## 蔡校長：

人和學校文化好像是息息相關，到某個環境融入了其中的文化之後，才能配合文化選用主任這個人。所以，我到第二所學校時，我並沒有把主任換掉，反而是保留原來的職務，後來發現我自己格格不入，因為他們已經對原本的領導方式和既定的模式都根深蒂固了。我花了許多時間在跟他們互動，還好一學期之後，走的走、留的留。依照我的看法，我用人有幾個原則。第一就是一個人願不願意做，比他能不能做來得重要。我覺得重要的就是要肯做，即使是這位主任的能力有所不及，就學啊！慢慢的磨練，這個人應該就是可以用的。第二就是做人和做事。我比較喜歡會做人的主任，因為會做人，會周延的去安排人，事情就會水到渠成，更重要的是他會去協調溝通，很多時候就會化解很多的事情。

第三就是團隊的概念很重要。如果這個人都單打獨鬥，或都是以自己為中

心，我想也不可能期望他在團隊中達成某件事情。所以，我有一個概念是，我不怕五馬分屍，怕的是這五馬互相踏來踏去的相鬥。所以校長要對四處主任拉一點力量，使其往前走，以達成目標。

第四的原則就是 EQ 重於 IQ。我覺得態度大於一切，那就是他的 EQ。凡是碰到任何狀況，會努力去化解它，更重要的就是會設身處地的為他人著想，這時候他做事應該會達到 90%。我跟各位不太一樣，我對主任的要求是一百一十分，我寧願剛開始做事之前，要先預想到哪些狀況，萬一遇到那些狀況臨時要設法解決，這一百一十分達到的程度可能只有 70% 或 80%。如果只有六十分，我事後就會講話了，在檢討會上我只說謝謝，但是在事前，我會更周詳的跟他們討論，更重要的是我會先預想哪些狀況可能會發生，大家在事情進行時就會比較輕鬆。

其實我有一個另類的想法。主任會擔心校長大權旁落，或校長把關愛的眼神集中到某一人身上，這是難免的，因為四根手指頭或三根手指頭伸出來都不一樣長，但更重要的是我們要讓主任覺得校長沒有偏心。因為各得其所、各司所職，所以很相信主任的能力之外，我會告訴他們，校長絕對不會一視同仁，因為每一處室的工作都不一樣，所處理的都不一樣，校長所看的時間對你的評價絕對不一樣，更重要的是你賣力了沒有，所以我要主任盡力把事情做好。有些主任的能力、學識、專業投入程度比我強，我不怕比我強，因為主任能力比我強，我會用他，表示我更厲害。有些時候我寧願安靜的在旁邊看主任怎麼去運作、怎麼領導他的團隊為學校做事，在關鍵時刻我會說幾句，其他就讓主任去發揮，讓他有成長的機會，成為一個更好的人，這是我一直很相信的。

我一直在想我們的非正式溝通管道，所以我到哪裡去，我會想辦法帶我的主任去吃好吃的東西，讓他們知道校長的關心，在那時候就可以開始討論起來，在氣氛很好的地方討論一些不太好討論的事情。我舉一個例子，我曾經有兩位主任為了某件事情吵得很厲害，來找校長後，我跟他們說我想好再告訴你們。離開校長室後，我就馬上想到要去哪裡喝下午茶，隔了十分鐘後，我按了對講機說：「走！我們出去。」出去後，找了一個燈光美、氣氛佳的地方就開始聊了，聊到後來他們搶著付錢，因為他們感謝校長藉著互動，把氣氛變得很和諧，這樣事情

就解決了。所以，我比較強調非正式的溝通，應該大於會議桌上很多書面的溝通。

　　其實以我學校來說，處室間的氣氛往往是一個激勵的因素。我這個學校各處室是集中辦公，沒有分開，地點的確非常有利，有些事情他們就可以馬上互動、馬上討論，但這也有缺點，就是沒有緩衝的機制，但我發現優點大於缺點，在一個空間中他們馬上就可以討論起來，進行雙向的互動。第二就是每星期一朝會結束後，我會召集主任做工作會報，我會在校長室而不是會議室，在校長室我買了一個咖啡機，我親自泡咖啡給他們喝。第一次我泡咖啡，第二次他們就會主動泡咖啡了，這是我的手段，在搶泡咖啡的過程中並不是爭執，而是一種交錯綜合聯繫感情的過程。

　　主任的學歷、專業程度如何，都不是我最關注的，我最關注的是他們和校長之間的聯繫。我曾經打電話給一個主任，他說：「校長，下班了，下班時間我必須要過家庭生活。」從此以後，他的電話我不敢再打，他第二年就下來了。我的意思是這是他對工作的看法，當然下班以後是他的時間，但是很急的時候，如果不找他就變成校長做，可是從這地方就發現他跟校長之間的不同及對工作投入的程度。

　　要主任下來，除了鼓勵他考校長外，還可以透過組織再造。我們知道學校四處室是教務、訓導、總務、輔導，臺北縣是從今年開始做組織再造，我們就把學校的行政處室變成研究發展、教學事務和學生輔導，另外一個是行政事務，在組織再造時，我知道有些主任不是很好、很理想，就故意找那個他沒辦法做的給他，他就會說：「校長，我這沒辦法做，你能不能給我另外一個處室。」我說不行，因為那一處室已經有人了，就讓他自己打了退堂鼓自己就下來。所以，有些時候就用這手段，這手段並不常用，但有時要讓主任能知難而退。因此，我每到一所學校，就會說這個校長來可能馬上會大地震，但是我會告訴他們說，這校長不像外面所傳的這麼跋扈，人和人之間如果投緣的話，其實再辛苦也值得。所以我的結論是，輪調也好或是久居其位也好，重要在於各得其所。

　　但是只有總務主任絕對不能久居其位，因為和錢有關係。我曾經有一位總務

主任相當好，是創校以來大家公認很好的主任，但是人難免被七情六慾所影響，他碰到錢的時候，這個環節他沒辦法跳開，就碰到狀況。所以，各處室的主任，輪調也好，或是久居其位也好，都不重要，就是管錢的這個主任，絕對要有一定的任期。我自己是總務主任過來的，如果說操守再好、能力再強的總務主任，其實最多不能超過三年。

　　我給自己的一句話是「用人不疑，疑人不用」。所以我曾經告訴我的主任，我請你幫忙，我就完完全全支持你，包括如果你需要我時，我一定挺你。我如果不在的話，有很急的公事要蓋章，我會請我非常信任的一位工友去開我的抽屜，把我的章交給我的主任，請他蓋章。我的主任好到什麼程度，他把我的章蓋完之後，他一定會幫我記錄，說什麼時候拿校長的章蓋在什麼地方，回來給我看。其實這就是一種互動、互信的機制，我這樣做也許很冒險，但幾次下來我屢試不爽，因為我都沒有被出賣過。

## 江校長：

　　我認為校長的行政作為是一種藝術。第一，在正確的時機做正確的事。我當校長不像各位運氣那麼好，許多情況都是迫在眉睫，必須當機立斷去處理，不可以延宕，若延宕，後面就會受影響。第二，人都是可以改變的，校長必須教導、引導、啟發那些行政幹部的能力。第三，校長本身要做一個典範，如果你本身都做不到，而需要去求你的主任，其實是緣木求魚。第四，四隻腳或三隻腳若長短不一不能站，不要把長的鋸掉，但要把短的補起來。第五，要建立全體的危機意識。

　　臺北市現在開始在減班，從教師的危機知道減班會遭遇到怎樣狀況，臺北市有很多學校在減班，是因為這所學校沒有鬥志、沒有競爭力，所以開始在減班，這時教師會開始有危機，在全校危機建立，外部壓力跟著來，學校會接很多案子，通常由教務處負責，教師甄選或是辦國際網路創意比賽，我常按每個時間點不同交給各處室去做，一個主任領軍，其他各處室就去配合，這次由這處室主辦，下次由其他處室主辦，不同處室去主辦，其他處室去搭配，你不去搭配，下

次辦活動就會有困難，所以主任之間的橫向溝通要先做好。再來，就是臨時交辦的事項可以交代下去，每個人講什麼都可以受到重視，就顯現出這團隊是可以橫向溝通的。

另外就是不適任主任。我剛到高興國小（化名）時，有一位很有名的主任，連局長他都會告，我就打電話先告訴他，要跟我共事就要遵守我這些，不然就走著瞧。結果我在任的這四年他都是非常認真，別人都覺得很奇怪。校長要先去了解他這個人的整個背景跟他過去所有的狀況。我對臺北市很多的校長和主任都有接觸過，都很清楚，每一學校我都瞭若指掌，我還沒去時我就告訴他。所以在我當校長的地方，主任都乖乖的。我離開高興國小時，他已屆臨退休。還有一位主任，他什麼事情都不做，我跟他說教學觀摩下一個就換你教務主任做，他說好，結果做不出來，後來我幫他做，一年後他就辦理退休。

所以我認為要做典範，你要做教學就先做給人家看。我到高興國小連做七場教學觀摩。所以有時領導是一種藝術，而非技術。因為像這樣，人是可以改變的，對於比較粗心的主任，公文送上來他簽了字，我仔細看，看出三個字錯誤，跟他說大概是你打字太快了，他就知道以後送上來的公文每一個字都要檢查清楚。像這樣溝通協調幾次以後，該改進的情況就會進步。像這樣的事情，校長一定要自己去帶、自己去教，教成自己想要的，沒有哪個主任像校長所想的那麼完美，想要怎樣的主任自己去教。

我的主任大概從當教師、當組長、當主任，然後去當別人的主任，我不會長期留在自己的學校，我也常在外面說主任的好話，要罵人會把他叫到辦公室來。當然，我在外面去告訴別人他的優點，所以外部的壓力讓他非做好不可，做不好自己知道。要選擇怎樣的主任，真的沒有那麼完美的主任，也沒有完美的教師，你要讓他們的專長發揮出來。所以，校長本身就是領導者、教學者，就是一個有辦法改變別人的人。

## 曹校長：

關於校長對於主任的任用或是調整的問題，當我每到一所新學校，第一年的

時候，大原則下，我都會尊重當時學校原有的主任，之前的校長是怎麼安排的，我就基於這樣的安排和他們共事。這當中當然需要去觀察，以作為以後是否做調整甚至要撤換的原則。在早期的時候，主任都是用派任的，調動的機會不大，所以也都是照單全收，既使做得不好，也是將就著共事，很難對他的職務作調整。這些年來比較有一點彈性，但是我一直在注意，目前臺北縣的法令並沒有明文規定校長可以任意調整甚至撤換主任，所以一開始我不會調動他們的職務，但是我會兩年調整一次職務。要不要調整，全在校長，我會讓他們提出志願，我看過之後會再做衡量，有必要時會調整。

　　至於如果有主任做得很不理想，要撤換他的話，必須要有技巧和方法，或者讓他知難而退。譬如說，我會給他暗示，可能會把某某人調去做主任，如果他去那裡會做得更不好，或是他會擔憂自己不能勝任，或許他就會知難而退，不再當主任，那麼我的目的就達到了。如果要撤換主任，事前必須先做評估，真正撤換掉他，是否會帶來一些困擾或影響，或者是引發一些風波，如果你有把握解決的話最好，若是沒有，如何讓他有個臺階下，讓他有個面子，或是做個妥善的安排，也許可以解決問題。至於組長，我原則上尊重主任的選擇，可是我會和主任溝通，身為團隊的一分子，最好能夠了解校長的意思，當他認為有哪個人適合當組長，要找他擔任的時候，最好要跟校長提一下，讓校長一起來考量，如果校長也認為這個人選不錯，就可以決定了。

　　我原則上是給主任自己選擇可以搭配的組長人選，這樣的話，主任和組長之間的互動就會非常良好，甚至是組長之間也會非常合作，像我目前的學校就是如此。至於老師的職務編排問題，現在似乎有很多學校是用積分制，就是校內自己訂定一個辦法。我目前在首都國小（化名）。首都國小之前的校長也是用積分制，並且也已行之有年，訂立一個計算校內老師的積分辦法，然後學期末公布名額，讓老師按照積分高低，填寫他所要去的年級或是任教的科目，可是我認為這樣子不好，所以當我進入首都國小後，便試圖將之改變。當我第一年去的時候，他們已經分配好了，所以第二年的時候，我找了教務主任，並且一直跟老師們說，我可以尊重他們的需要，他們可以填三個志願，並且儘量符合他們的志願，

如果不符合，而有相同或是特別的狀況時，我們再一起來協調，儘量做到人性化，並且配合學校行政需求的考量。但是，他們說，因為這樣的決議已經經過校務會議通過來實施，校長如果要改變，也要經由校務會議來審理。不過我現在一直強調，這個積分制儘量做到理想、圓滿，甚至當行政有特別的需求時，校長可以優先安排，如果有行政需求，或是少數個別專業的需要時，校長可以有權提出這樣的優先安排。

## 黃校長：

　　有關行政職務與教師職務之安排，現在像江校長這麼有魄力的校長已經很少見了。我跟我們老師說，我們過去的職務分配辦法其實是不理想的，我們最早的職務分配辦法本來還有一點點專業，後來就只有用年資，雖然用年資也是有它的考慮層面，但事實上是不妥的，我也認為說，這樣的事情是要校長負責的，但是我也尊重大家的意願，極力去溝通協調。不過，這樣也苦了自己，因為你堅持自己去調配分派的時候，譬如說一樣是學年級任老師，大家同時要擠向某一個學年，像是要擠向中年級的時候，中年級的老師看到那些資深的老師要來，他的分數比不過，可能要被另外協調，他會往低年級，而高年級變成了沒有人要。據他們的理由是因為現在要升五年級的學生，有一批學生蠻難帶的，所以他們就不敢待在那個學年，這是一個。

　　另外一個是因為五、六年級一直都在頂樓，是最熱的，環境條件也不好。所以說，聽聽他們的聲音，其實也有些道理，我認為讓他們在學年裡面適當的自然流動，也沒有什麼不好，我會尊重大家，讓大家一起來協調。他們大部分會按照自己的資歷積分去看，很少有資深的老師會讓，所以可能還是年輕的老師要去調整。我堅持的只是在科任老師的部分，譬如說藝術與人文、體育、自然等，這部分我就用專任，專任的話我會要求他有專業的背景，或者有專業教學能力，在這方面就會牽涉到，小學過去一直不像國中、高中一樣，教師證上面大半都是級任老師，沒有說明是哪個領域的專任教師，我想未來應該要建立，建立之後比較不會有爭議。我想會有爭議的部分，因為這幾年的改變，加上退休的改變應該是可

以調整，譬如說我們開始去注意，音樂老師的需求有多少人，現在有多少人，我以後就不會再進這類的人。像是在我進去學校的前一年，學校為了管弦樂團，因為訓導主任的建議而聘了一個音樂老師，可是這個音樂老師可以教管弦樂團，卻不能夠教音樂，因為他的音樂教得不好，而造成了我們的困擾，因為我們學校的音樂老師過剩，所以為了維持他能夠繼續在學校教管弦樂團，他又必須教音樂，在這樣的情形裡面，校長就必須有些堅持，也要承受一些毀謗。

　　所以在職務分配裡面，我們是並行的方式，就是我允許教師會討論，用年資積分制，不過基本上還是由校長協調，當我覺得要用積分制協調時，就由積分制協調，我的著力點主要是在專任的安排，能夠維持專業教學的這個部分。

　　再來就是行政職務與教師職務的安排方面。行政職務的部分，在我十幾年的校長資歷裡面，不是特別用心去培養主任當校長，但是在我任內時，有四個主任考上了校長，算是有一些成就，而且也栽培、提拔了幾位，鼓勵他們去考主任。基本上，我的原則也是堅持一個人到學校去，而不是帶班底去。在主任的運用上，我一直在想，要怎麼讓主任去除本位主義，所以在組織改造上，我嘗試去用副校長觀點，就是讓每一位主任都去兼任低、中、高年級的協調，副校長的功能就是教務、訓導、輔導，甚至親師溝通，他通通要去處理。所以在我理想的架構之下，每一個主任不只是訓導要處理、教務要處理，橫向面要互相體諒每一個處室之間的功能，並且要互相協調，這是我的理想。不過，我發現會不會有本位主義，最關鍵的還是人的本質，如果這個人心胸開闊，善於與人溝通，本位主義就會比較低。

　　組長的部分，通常讓主任選擇小內閣，不過要經過我的同意，他會選拔幾位可以與他合作的，必要的時候可以建議他名單，目前都覺得還不錯，不過缺點就是說，換了一個主任之後，整體解散，一個班底就都跟一個主任，甚至說他們會放風聲，如果誰要來這個處室，我們就通通離職，這就是一種本位主義，因為他的團隊是自己找的，也很有效率，這中間運用之妙也是存乎一心。

　　這麼多年來我沒有主動換過一個主任，只換過一個，在一種很特別的情境之下，這名主任與家長會產生不愉快，而且對於校長的忠誠也產生了問題，所以不

得不忍痛說，我可能不能用你，本來他說要轉教師會會長，後來輔導他轉校，讓他有個空間。校長雖然有所謂人事權，但是在人事的運用上，經營也是煞費苦心，而且會碰到許多困境，真的是不容易。目前的學校生態，因為民主化的衝突，有時候多聽老師的想法，互相溝通，確實有其功能。在這個過程中，我雖然很強調校長應該有他的職權，但是如果可以很深入的聽到老師之間的聲音、老師之間的輿論，對某位老師、某位主任的表現，大家還是蠻有良心的，好的還是會受肯定，不好的還是會被批判。所以，當校長會更兢兢業業，覺得自己要當一個好口碑的校長。有時候我們對於在學校人心的經營確實是非常重要。人心的經營成功了，行政效能就會出來。不過人心的經營並沒有那麼容易。

## 李校長：

　　有關行政職務與教師職務之安排，我認為領導的最大原則，就是用最高的智慧，建立良好的制度，用這些制度來領導管理。我們也非常慶幸，最近臺北市有幾個制度是很好的。譬如說，第一個，總務主任最多三年，不得超過四年。第二個，徵選校長的時候，歷任過不同的主任職位有加分，也因為這一項規定，讓我們當校長的在主任職務的安排上，有相當多的空間。除了適才適所之外，我們可以用這樣的理由鼓勵主任充分異動。這樣的好處是，第一個，除了可以顧及學校的組織目標外，又可以滿足個人的需求。第二個好處是，他在任何處室的時候，會因為知道每一處室的工作，比較不會有本位思考，溝通協調也比較方便。我想這是很需要考慮的一點。

　　在組長的任用上，通常我會授權給主任，但是他要用他的組長之前，要先讓我了解，我會用比較統觀的角度來看這個組長是否適合，我就只做這個部分而已。另外，有關老師的職務分配，我想這似乎是臺北市校長的痛。當然我也很尊重老師的積分，但是我有個原則，現在我們除了專任老師有特殊專長外，級任老師通常是這樣的，假設你在低年級時段循環了三次，等於是六年，假設有過多人來搶，你已經待了六年的就要離開，而輔導他到不同年段裡去歷練，體會不同的年段老師的甘和苦，如此一來，會讓老師同儕之間的合作比較容易，否則高年級

老師永遠會怪中、低年級老師教不好，如果沒有一個很好的機制，變成讓某些老師永遠霸占在某個年段裡面，如此一來會有迷思。所以，我就和老師說，在同一年段待超過六年的，可能會被異動。

第二個我照顧到的，假設老師的子女是在幼兒園到小學一、二年級的階段，如果他選擇一、二年級的時段，我們會優先讓他，因為低年級的老師下午會比較有完整的空間和時間，讓他們照顧小孩。這兩個原則跟我們的老師做說明，他們都能夠認同，所以如果用這樣的制度，制度建立以後，我們在職務的分配上就不會有太多的問題。積分有衝突的時候，我是用這兩個原則，實施幾年下來，老師都能認同，而且能夠順暢。

## 郭校長：

在學校裡，想要把老師的專長跟職務做個很密切的配合，學校的行政人員必須很了解每一個同仁的特質跟專長，才有辦法做到。所以，學校應該要提早規劃一整年的學校發展與目標，先訂定好這些發展與目標，觀察好哪些老師的專長能力是我們所需要的，所以相對的，人力規劃也要做好。等到人力規劃好以後，還要看組織是否需要調整。像我們學校跟平安國小（化名）是可以做組織再造的訓練學校，所以我們也做了一些組長、處室之間的調整，這些調整的內容，必須要很清楚的公告給全校老師知道，所以在下學期的 3 月份，就要把組織再造、能力需求都公告給全校老師，等到老師們都了解了以後，再另行通知詳細的細節。

我的作法不是用積分制，而是用職務編排委員會，這個委員會的委員是怎麼產生的呢？就是由各學年、各領域、各處室，像是幼兒園、特教班，都有派代表來參加。這些人來參加以前，行政人員就要把職務編排原則訂定好。譬如說，兩年才可以調職、每個排課方法的訂定、哪些人可以減課，哪些人可以排專業課、新進的人員以及在學校的各個人員之職務安排，像是哪些人可以當導師、哪些人可以當體育老師等這樣的事情。並且要考慮到，我們如何運用他們的專長，這些人的想法是什麼，都要先做一個統整與原則的展現，再以這些原則請委員們開會。平常開會的時間，一定要在下班以後，因為會花很長的時間去協調、討論。

以我的經驗來說，通常要從四點半開到七點多才能夠討論完，等到這些原則初步定案後，就讓各學年、各處室的代表回去，和他們的各處室領域去做協調、討論。討論完了，第二次再修正。

　　經過幾次的會議討論，也把行政的一些想法加進去，再來確定學校職務的編排原則。等到這些都確定了以後，大概已經到了 5 月初，就開始讓老師寫志願，由這些志願再根據原則來安排職務，之後再請代表回去看他是不是恰當、適合，經過幾次討論之後，大部分到了最後大家都能接受，讓結果底定，所以到了 5 月底，各處室的名單就排定了。

　　我從這樣的經驗發現到，其實他們寫的志願，跟我們對他們的屬性觀察結果都差不多，只有 20% 的人員，不能按照我們的理想去發展。也因此，我覺得這些東西是可以很理性去討論的，但是需要教育、要過程、要時間給他。相對的，我們的行政人員也要有時間去準備好，讓每一個人都了解組織的目標以及學校的發展，然後慢慢形成共識，再進行宣導，以完成目標。這樣子做幾次以後，學校老師知道自己的位置在哪裡，也知道學校的運作，這樣困難也會比較少，後來就漸漸發展成一個制度。

---

本座談係於 2003 年 10 月 2 日在國立臺北師範學院行政大樓六樓會議室召開，
由林文律副教授擔任主席，林碧榆小姐擔任紀錄。

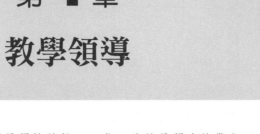

# 第 **4** 章

# 教學領導

**學**生是學校的主體，教學是學校的核心工作，為的是學生的豐富而有效之學習。此核心工作是要透過具有專業知識與能力的教師來執行。校長如何領導一批具有教育與教學專業的教師，透過其努力與適當的方法，把每一個小孩子帶上來，包括知識的傳遞與啟迪、班級經營、學生輔導等。本章所探討的是面對具有豐富專業素養的老師，校長要如何來領導他們，以使教學工作更加有效能。

## 討論內容

**薛校長：**

我從 1988 年當校長到現在，在教學領導部分，依照學校的類型及教師的程度等狀況，會有不一樣的作法。像比較偏遠的學校，班級數少，教師的素質都掌握得很清楚，大部分都是初任教師。我記得我第一所學校，只有我跟教導主任有經過師院的養成，教師大部分都是體育科或代課教師，所以我會讓教師做職前訓練。所謂職前訓練是三天兩夜在教育中心，教學上讓有實務工作者做教學實務經驗的演示，當場解釋為什麼要用這樣的方式。三天兩夜中包含各科，如國語、數學、體育、美勞、唱遊，任何一個科目我們都有做，班級經營同時也有做，這是第一年第一任時我所做的。其實，這樣的三天兩夜講習，到了現場還是不夠的，所以在第二部分時，教師在教學現場上，我絕對是會去了解他現場的狀況，同時我會請教師在沒課時到校長室來了解。那時候，我有一個專案是用個別化的教學方法來帶領所有教師做一個教學計畫，隨時隨地和教師討論，傾聽他們的教學，

給予適當的指導。

　　第三部分就是請我們的專家，請國教輔導團的團員進到我們學校中，做重點式的經營。這一部分再怎麼樣，我總覺得他們的經驗還是不夠，所以在很多狀況下，他們需要怎樣的東西時，我就會再加很多，這是第一所學校。第二所學校我就稍微改變了，因為第二所學校的教師比較多，差不多將近五十位，職前訓練是一定要的，但是我比較希望教務主任來帶。到了比較大型的學校，就比較沒辦法這樣精緻的每位教師都這樣做，所以我希望我的行政人員每一個人都可以做教學輔導，同時有經驗的教師，我一定會安排他做輔導教師。在明水國小（化名）的教師，教學經驗都非常豐富，在教學這部分，我是用支持性的，當教師需要怎樣的教具或資源的話，我都全力支持。

**陳校長：**

　　我現在的學校是個一百零一班的學校，所以要看全校班級的教學觀摩及學生作業都有它困難的地方，所以我採取另外一個不同的方式，就是接受師院或教育學程學生到本校做教學參觀，做教學參觀就會進入到教室中去參觀教師的教學。教學參觀分為兩種：有一種叫做觀摩教學的部分，會安排面對面的討論，和教師做各種教學方法或教學理念的溝通；第二種就是純粹的教學參觀，用非常自然的方式，讓師院生進到教室裡參觀教師的教學，事後做教學的檢討，把教學檢討書面化再轉交教師。預計每年會做一百六十八次左右，就是相等於教師的個數，但有時候就不會接那麼多，幾乎每一年都會有一百場，讓每位教師在一年之中能有一次做教學觀摩，把他的教學方法和方式呈現在別人面前，讓別人來觀摩、理解、討論他在教學方式上的問題。第二部分，我把學校中的不同專業領域組合成教學社群。教學社群的目的有兩種，我用產出型的教師進修方式來做處理。一種就是出書型的，就是接了幾個案子，這個案子將來就是要出書。出書對教師來講，他可以把他的教學經驗以書籍方式呈現，同時可以行銷給別人。教師每寫一次就會實驗，每實驗一次就會做一次檢討，然後寫成書。寫成書之後，將來他就可能接受邀約演講，每邀約演講一次，能對他自己本身的教學方式和教學能力作

一反思，所以有一定的激勵效果。

　　第三部分就是接受專案。有些不同教學合作專案，可透過教師的社群來進行，讓老師對教學理論、教學方法、教學過程、教學材料、教學思維，做一個系統性的建構，然後以個人的風格，寫出一個報告，或是做一個發表。其次就是我們經常使用的工作坊，用工作坊的方式，可以在理論的驗證以及在各項教學方法的演示上，讓教師彼此之間有一個自然而多邊的對談。從事這種對談會有比較好的效果，因為同儕視導方式會增進教師的自信，並對自己的缺點有所了解。

　　第四部分就是透過學校特色的經營，從這種特色的經營來處理教師的一些能力和教學方式之問題。比如說我的學校非常重視英語方面的教學，由英語教學專科的教師或專業社群來做，所謂社群就是組合社區的資源與人物，把我們的教師融合外面的資源共同來發展教學計畫。其次，我們替臺北縣政府編英語教學能力指標，這是由所有教師投入的工作，並和外界教師做一聯繫，藉此和外界教師做交流活動，自然而然就會引進一些不一樣的教學觀點。再者是透過「大手攜小手」的計畫，我們和師院的英語系結合，比如說和師範大學、淡江大學以及國北師院都有合作方案，透過此方案，我們的教師在英語教學方法上可以普遍提升。

## 鄭校長：

　　在談教學領導之前，要先了解自己學校的教學願景，以及學校要達成的教育目標。教學領導的目的就是要達成教育目標和學校願景。在教學領導上，我先和學校的同仁共同討論，確定我們的理念是什麼，當然最重要的就是要以孩子為中心。我們訂出了三項學校要達到的教育目標：第一個就是要經營一個人性化的教學環境，讓每個孩子喜歡上學，這是最重要的；第二個就是要提供多元的課程和多樣的活動，讓每個孩子都能適性發展；第三個就是希望改變一些教與學的型態，讓每個孩子都能得到恰如其分的學習。這是我們在教學領導上的一些理念，要讓教師們很清楚。在作法上，以一些共同的實例來做說明。我舉閱讀的例子來講，因為閱讀是一件非常重要的事情，所謂腹有詩書氣自華，以及所謂 a leader is a reader，一位領導者本身也應該是一位閱讀者，所以閱讀活動在我的學校非常

受到重視。

　　我們在教務處推展一個閱讀與討論的活動，力求在三方面落實。第一，我們鼓勵班級成立班級圖書室，因為以臺北縣來講，我們的資源是很有限的，有時候要爭取經費是不容易的，而且曠日費時，這時候就必須自力救濟，我們希望孩子多讀書，當然就要有書可以讀，因此我們鼓勵班級成立班級圖書室。第二，我們改變以往那個制式的獎勵措施，改用彈性的獎勵措施。以往學生看到一百本就給你小學士，三百本就是小碩士，五百本就是小博士。各校可能有不同的標準，類似這樣的作法，比較規格化。我們希望經營孩子的多元智能，所謂天生我才必有用，有些孩子給他設立標準，或許他永遠都達不到這樣的標準，就不會有成就感，所以我們就把這部分授權給教師，尊重教師專業自主的權利，由他們來認定孩子接受獎勵的標準，提出申請單，所以每位孩子是跟自己比較的，他有成就感，也可以得到學校給他的一些獎勵。

　　第三，我們設立了一個閱讀和討論的網頁，這也是我們今年所嘗試的，因為現在什麼都要e化了，希望除了以往那些紙筆的書寫之外，也能讓師生以國語課文作為共同討論的內容。這三年我們在做的時候，發現在學校圖書館的藏書部分大概只有六萬多冊，但是班級圖書室經過統計後，大概有兩萬多冊，約占了學校圖書的三分之一，這部分我就覺得成效是非常具體的，而且在這一年中，孩子在借閱書籍方面也增加了一千多冊，透過數據來了解全面品質管理的程度，所以能看到具體的閱讀績效。

　　在彈性獎勵措施部分，我們也做了一些數據的管理，也徵詢教師的看法，看這樣的作法會不會增加教師的煩惱，但能讓孩子有更多發揮的空間。結果有 76% 的教師贊成我們用這樣的彈性鼓勵措施，所以我們會這樣持續做下去。比較困擾的是閱讀與討論網頁部分，現在孩子和教師們還不太習慣把東西鍵入電腦，因為時間不夠，且語文學習時間占九年一貫時間亦不夠，這部分我們也統計了一下，全校只有三十九人會上網去討論深入的問題，大部分的教師是停留在識字的階段，沒有辦法作一些內容的討論，這部分我們學校會來做一些努力。

**李校長：**

　　教師的主體性應該是以教學為主，教師天天都在教，到底什麼是有效的教學，校長扮演了主導的角色。在談教學領導之前，我第一步驟是談理念的溝通，理念溝通完之後才有所謂的計畫、執行、考核。在理念上，我不會放過任何一次職務分配，我非常在意這部分，包括四處主任的搭配，這是一體的核心，從職務分配，我可以設定領域召集人，包括學年主任、新舊教師的搭配。要賦予學年主任這樣一個任務，是他要主導全學年所有教學領導的部分，這是第一個。

　　第二個，在設定主題上，我會因每一年而設定不同的主題。校長難免也要配合教育政策。前幾年的幼小銜接，一直到開放教育，現在的小班教學、九年一貫，校長都是扮演一個領導的角色，我們要把這些政策轉化為詳細的計畫、執行、考核，就必須透過處室、透過行政幹部，由學年主任幫忙主導。甚至有些時候要交給學年主任，在學年之間找出一個共識、找出一個主題。有了主題之後，每一次的週三教師進修，或是非正式研討會時，把這訊息一而再、再而三的推出來，這樣比較有計畫，包括針對九年一貫部分，我們要邀請哪些教授。

　　另外，教師還是要做正常教學。在正常教學部分，由資深的教師帶領年輕的教師。所以，我們每一學年老中青三代都有，這是第一個作法。第二個作法就是觀摩教學完，要做充分的討論，討論完要有經驗分享，所以我們安排了很多時間是由校內教師作經驗分享。由教師來主導，會比每次都請專家學者來得務實一點。最後要做出成果報告。經過這樣一系列的程序之後，慢慢的讓學校教師了解學校的步驟，他就能夠順著這樣的方向來走。最近的創新教學、有效教學、活潑教學、行動研究，是各校努力的重點，也是我們的標竿。有了這樣的行動模式後，接著就是計畫執行與討論，有些是屬於校務會議的。若是屬於各學年的，就直接授權給學年主任，我們還有一個副學年主任。學年主任除了做教學領導外，其他時間是做行政領導。我們副學年主任的主要任務是教學方面，也包含課程領導。我們分工分得很細。

　　學校的教學領導主要是配合教育政策，但有些教師發現一些教育政策用在教育現場不見得很貼切，有些甚至是值得批判的，所以我們目前討論明年的重點是

在國語、數學方面做加深加廣的工作，甚至要恢復國語文、數學做會考，因為如果不是這樣，光講九年一貫、創新教學，我們教師會不太放心，所以這是我們在作業當中的默契與共識，其實這樣的默契與共識，是在運作了好幾年之後，才形成這樣的行為模式。所以，校長要形塑一所學校的校園文化，讓教師能夠認同一個核心價值，這是教學領導必須確立的，否則其他都是技術層面的。如果校長講的是一套，到了行政人員打折扣，到教師那邊又發現太難了，這樣事情就很難進行。如何讓教師配合校務願景，對學生的學習有相當的幫助，這是校長要著力之處。

## 賴校長：

　　我的學校是一個十班的小學校，人數少且學校年輕，教師背景有的是中教的，有的是幼教的，最近還有一些師院生進來。在整個教學領導上，個人有兩個想法，第一線的教學講求專業自主，所以教師專業能力與技術很難用行政力量直接要求他去做改變；我們大致可以從行政的改變和學校的願景來引導，藉此改變教師的理念和教學信念。其次，行政對教師的要求還是有些壓力跟效果，壓力適度的運用，堅持一些作法還是會產生效果，只是我們要評估這樣的堅持在我們的環境中適不適合。

　　針對教學領導，我有幾點作法。首先是教學資源的取得。學校要給教師一些資源，像有些學校本位課程，有的教師反映他對地方不太了解，所以我們就和地方或專業團體合作，編輯一些在地的教材，另外搭配鼓勵教師參加社區活動，讓教師了解周圍環境，從了解之中願意使用社區資源，並將在地資源融入教學。第二，我們學校和國北師院、臺北大學、實踐大學等幾所大學合作，以引進專家資源。我們發現教授和大學生進入教室後，教師會對引進教授和大學生進來的前後做一評比，對教師來說，這也是一種教學思考；另外，和教授對談也會幫助教師對教學好壞做一評判。第三個，我們根據現場的環境和教師的背景給予教師適度的壓力，並且把握到基本原則，有所堅持，也有所不堅持，考量到學校的背景、教師流動率高，所以團隊的共識與專業的共識需要建立。針對此點，我堅持一定

要做不同形式的專業對話，當平常教師的談話內容有些改變了，多多少少表示對話有些效果。為了增進教學內涵，一些學生問題、教學問題都會逐漸納進來，這樣一來專業對話機制就慢慢成形了。

　　所以，我們在行政安排上就有新的規劃，像我們星期二就提早一節放學，把這一節的時間用來讓大家共同討論，不過最近發現一節課的時間好像太短了，教師接近放學時間，心情未能沉澱下來，而且這樣短的時間可能沒辦法討論太深層的東西。我跟老師一起討論時，發現教師會有壓力，有些話他們不敢說，怕講錯話被校長糾正。不過，在重要階段我一定要和他們討論。比如剛開始時，談整個學校的目標、課程的目標、教學的方向，或是在解惑的階段，我一定和他們討論。至於其他時段，我就慢慢放給他們自己討論。其實，教師私下是很願意討論的。再來就是要給教師不斷的支持。我學校比較小，就可以公開獎勵教師。以前我服務的學校比較大，公開表揚教師就會招忌，現在我們學校沒有這種顧慮。如果私下發現教師教學不錯，除了在公開場合鼓勵外，我也鼓勵教師彼此互相鼓勵，對於提升大家的信心很有幫助。就如何了解教學品質而言，我是從學生的對話、表現、家長反映和教室環境看出一些端倪，另外，我也可以從同仁的評價和對談中了解。這部分就要靠我個人勤於走動，和不同人對談。

　　另外，就是進行教師體制的改變。今年剛好有一個機緣，把一些機會開放給師院生。我發覺不同來源的教師，彼此思考的角度不一樣。像幼教教師教學的面很廣，但深度比較不足。有些中教教師或師院生就比較深入，不過幼教教師學習的意願是比較高的，但有些大學生的學習意願並不高。像這樣不同來源的教師可以互相激勵，對個人的教學會有不同的刺激和思考。最後一點就是和諧的氣氛一定可以幫助教學的互動，要怎樣讓學校的氣氛和諧是我一直在努力的。至於整個成效和困難方面，第一就是專業對話的形成是我目前比較滿意的，比較棘手的就是不適任教師的處理，耗費了我許多的時間和精力。再來，我觀察到對於現場教師的要求好像太多了一點，不是我們對教師的要求，而是整個大環境，比如現在有許多新興領域的教學，而且家長對教師的要求也很高，這些都給教師很大的壓力。過大的壓力其實會影響到教師成長的品質，因為教師沒有辦法各層面都很順

利成長。

## 曹校長：

今天所談的是教學領導。人類自有教育學習就有課程和教學問題，如何將準備的課程轉化為活生生的教學，所以我們要去重視教學。教學是課程的實施，教師要如何教、怎樣才會教得好，也是應該去重視的。我常講一句話，教學猶如倒茶，因為我們倒茶一定要把茶水倒進茶杯，教師教學生，也是要把該教的真正的讓學生去吸收到，才是有效教學。為了確保教師的有效教學與學生的有效學習，教師要不斷去提升、改進。校長和學校行政人員應該要適時提供意見指導。

在教學資源方面，第一，行政人員提供良好的教學場景，也是教學領導，畢竟有良好的教學場景才能有效教學。再來我們必須與時俱進，提供最新的資訊媒體。其次，要幫助教師建立正確的教學觀念，尤其是要為新來的以及剛畢業的教師辦理職前講習，可以請校內有經驗的教師做教學經驗傳承。就舉辦研習或工作坊來講，工作坊會比研習更有效。

另外，也可以成立讀書會或自發性的成長團體，行政再適時介入或支援，以提升教師的教學方法或教學理念。至於教學方法的提升，我們不只找有經驗的教師提供教學觀摩，現在有很多實習教師，我們也讓實習教師辦教學觀摩，或許他不夠成熟，觀摩後的座談會、檢討會、經驗分享，可說是最有效的教學領導，從中可以讓所有參與人員增進很多，所以在學校中的教師一年有好幾次參加別人的座談。我們把每一場教學觀摩的錄影提供給教師參考，有些特別有特色的，就掛在學校網站上，教師可以隨時上去看，這也是一種學習。此外，就是出版刊物。我常常鼓勵教師，好的教學案例，包括創意教學，都可以提供出來互相分享，這也是有效的教學領導。

我在板橋時曾出版一本書《生命的缺口》，談的是教師如何去輔導特教學生。書出版之後引起許多重視，甚至還要再版。我覺得這樣做是很有意義的。就教學理念與方法上，我固定每學期都會放一至兩次影片，我會用心去選擇和教育有關的影片，看完影片之後大家一起來探討，這也是一種教學領導。校長或教務

主任巡視教學是非常必要的，這一個過程就是很好的教學領導。在教學領導中，我特別要強調情意教學，如何讓教師在教學中重視學生學習過程的情意教學，我也一直倡導如何讓教學生動活潑，讓教師能夠在教學中有創意，又生動又活潑，讓學生快樂學習、喜歡學習，甚至享受學習中的快樂，這樣子才有學習效果。我用一句話作結：「始於快樂，終於智慧；始於知識，終於能力。」

## 趙校長：

我和許多師資培育機構的教授談到公費生進來學校之後，能不能馬上把這個班級帶得很好、教學能不能進入狀況、能夠做得很不錯。針對不適應的教師，在教學領導上我們如何去做，非常重要。當然，三天的新進教師培訓，讓有經驗的教師分享一些教學的經驗、策略、方法，甚至班群裡教師的搭配，讓有經驗的教師來帶，當然很理想。可是要讓有經驗的教師來輔導的話，因為他本身有他自己的班級，在各方面的實際操作上會有困難。

比如說，最近有位教師在教學上有些狀況，他在教學上很認真，且本身的求學路途也非常順遂，師院畢業後連續考上兩個研究所，顯示這教師在能力上是很好的，可是他帶的這一班就是沒辦法進入狀況，我們請隔壁班教師、其他主任及有些教師過去幫忙，但由於每位教師都有他自己的工作，沒辦法長期介入，所以我找了該班家長談，從學生的月考成績來看，的確在教學上需要再考量。

家長期待著要換教師，我說不可能，不可能因為這樣就更換教師，我想到另一個方式，就是請退休教師長期介入協助，但這又產生了一個問題，就是如何讓退休教師介入，學生要聽退休教師的還是原來教師的，我猶豫了很久，也和退休教師談了很多，原來的教師也同意接受這樣的方式，我們採用的方式是讓這位退休教師進班去做研究，來觀察這班學生，這班學生基本上是活潑的，要用這樣的方式來帶這個班是最好的方式，所以退休老師就以研究的形式進班觀察，來輔導這位教師，現在已經輔導了三個星期，狀況也已好轉。這是遇到教師在職場上不適應時，我的一種介入方式。

其次，如何鼓勵教師有自發性，除了工作坊之外，各學校使用愈來愈多的方

式來輔導新進教師，尤其是在班級經營方面。我們的教師會自主性安排一些教師來做經驗分享，主題由參與的教師共同提供。從這裡可以看到，有經驗的教師在教學職場上如何轉化，變成教育的輔導者及協助者。

## 曾校長：

　　我的教學領導理念是把一位教師從經師帶到名師，再帶到人師的歷程。什麼叫經師？經師就是要精通課程和教材。什麼是名師？什麼樣的家長、什麼樣的學生交到你手中，你都有辦法處理他、啟發他。什麼是人師？就是道德、人格和精神的典範。有了這樣的歷程，在教師的生涯中是沒辦法逾越這樣連續的發展過程。人的經驗是有限的，所以我在學校把教師定位成三類：第一是帶班教師，要精通國語、數學和班級經營，不管怎麼排課，這兩科是他們的主科。第二是科任的部分，擔任專長的科目和跨領域社團深度經營的部分要能適任。第三就是科任兼行政教師的管理能力。

　　校長在課程與教學領導組織上是一個帶頭，所以我非常重視四處主任扮演的角色，並且參加各年級的學年會議，要大家把資料彙集到我這裡來。另外，就是領域會議和各項研究會，主任要參加，他們有一個固定表格，寫在會議上發現的問題，在行政會報和研究會討論。第二就是針對各個問題成立專案來做。

　　有關有效教學部分，從教師的備課、上課到課後指導，都需注重。根據研究，上課的影響最大，所以我很重視四十分鐘是不是非常扎實的上課，上課時是不是立即進入狀況，掌握主題，給予學生充分練習的機會，有沒有衍伸性的學習，這四十分鐘對學生有沒有意義，我非常重視。我也會從學生學習的成就或是後來的對談，來了解教師是否有掌握到核心目標。有時和學生對談時，學生會說他非常喜歡老師，我就問他說，你喜歡老師什麼，學生就說老師還會去找那些程度差的小朋友來特別指導。我發現他的態度非常正確，我就問他，你回家有沒有複習、練習啊，大部分小朋友說會回家複習半小時，一星期約二至三次，我覺得目標達成了。

　　我覺得教師的經驗是有長有短的，最重要的工作是善用資深教師或有經驗教

師的經驗。過去兩年我們學校一直在做國語、數學、英語基本能力測驗。從蒐集資料、命題，考完分析錯誤類型，到提出補救對策，都是在參與過程中來完成，也都是由資深教師來帶領，希望能把知識擴充到每位教師身上，希望他們將來能獨當一面。當然在這過程中，難免會有比較弱的教師，我們就會安排兩位資深教師協助他跟上隊伍。我比較喜歡拋出一些問題和教師討論，比如數學教材的概念和教師討論，在討論中有些教師非常專注，我就會去蒐集資料提供給教師，我也會從主任去教室觀察給我的資料中，主動去找教師了解教學的概況，勉勵他、支持他，有些問題和他一起討論。我也應用了許多研究來增加自己發言的分量，在此過程中可以得到知識的力量，對整個教學領導我會有著力的方向。

## 王校長：

教師的教學和主任與校長的教學領導，應該是以達成教學目標為依歸，因為唯有達成教學目標才能達成有效的教學。我平常做的兩種比較特殊的策略，就是由校長或主任帶領教師對教學目標做研究。比如說，以現在九年一貫課程來講，我們比較不清楚的就是那個能力指標，它到底是什麼意思，如果連編教科書的人都搞不清楚，所編的教科書水準應該不高。如果我們照本宣科，這樣做下去一定值得堪憂，所以我們會帶領教師針對九年一貫課程目標做一分析研究；到底這個能力指標，它的基本能力是什麼、它重要的教學概念是什麼，我們跟教師一起做分析研究，這有很大的幫助。對目標做分析研究之後，有的教師不惜把教科書教材推翻掉，依據自己對分析結果進行教學，這是我們比較特殊的工作。第二是我們比較不敢做的，比如說訓練教師針對自己的教學做評鑑，我的一個要求就是我不必去看成果，自己評鑑得好不好，我們行政人員不要去看，只是評鑑的成效讓他自己作為檢討的依據。

如果一個教師敢讓家長、同儕教師、學生來評鑑他的教學，但是這個成果只有教師自己知道。一旦我們要看那個成果，教師壓力就來了。如果今天教師自己做自我評鑑，就沒有什麼關係，因為好不好自己心裡知道，這兩項在我的學校中，我會例行性要求他們這樣做，只不過老師會比較辛苦，這是比較特殊的策

略。至於一般性的策略，我覺得要取得必要的教學資源。我看到別的學校班級中有單槍投影機和電腦，我很羨慕，像我們學校就做不到，只要教師提到這個，我就非常汗顏。所以取得必要的教學資源很重要。你沒有給他工具，他怎麼去教學？第二，我想要建立正確的教學理念，這部分可能就是要加強進修。

第三個就是和教師一起討論有效的教學方法，如果教師是用灌輸式的教學方式，成效是會很差的，所以我常常鼓勵教師把教材故事化，好像是在講故事一樣來從事教學。第四個就是組成教學團隊從事行動研究，其實組成教學團隊也很困難，我是採用開放式自由組成，只不過好的以及熱心的老師自然會組成一個團隊，但不熱心的就沒人願意和他組成教學團隊，所以這樣也造成一些困擾。另外，行動研究如果讓教師自己去面對，自己去解決實務上的問題，因為這不是理論，是可以做的；第五個是讓老師們有對話發表的機會，他們有研究成果，願意發表討論，我會找一個學科專家，這個學科專家不一定是教授，而是一位對學科很有經驗的人，當然也許是教授，由這樣的人來帶領教師做研究。

第六點，我們要了解學生的學習成效，要有一個機制，我們不希望用筆試來證明學生學到東西，我覺得不必要重視分數的高低，反倒可以用不同的評量方式來了解學生有沒有學到東西，當然是我們不一定要去看，就讓教師用各種不同方式去評量學生，所以我的學校現在不太重視筆試。

第七點，監督教師教學成效是有必要的，但我覺得我們花很多時間去監督，很多好的教師不用去監督就可以做得很好，對於成效比較差或是懶惰的教師，我是用這種方式。由於學校很大、班級很多，我要去看也沒有那麼多時間，所以我就要求我的四處主任扮演教學輔導者，我要他們把訪視成效報告表給我看。至於訓導主任、教務主任去看什麼？他們去看一定會看到東西的，這是我們監督的機制，減輕我們的負擔，如果我們自己去監督教師，教師會認為校長對他有成見。如果是主任去看，他應該會有所警惕，我也會告訴我們的教師，主任去看是看你的教學成效，不要以為輔導主任就沒有資格去看你的教學成效。所以，我是善用我的四處主任來達到監督教師教學的成效。

**蔡校長：**

　　快樂學習不代表有效的教學，但有效的教學一定會達到快樂學習。在整個教學的理念上，我建議教師要有團隊的概念，因為在學習型組織中，教學團隊的組成是達成有效教學必然的途徑。第二，行政要提供資源，現在整個領導重心已逐漸由行政領導轉為課程領導與教學領導，但行政扮演支援教學的角色不能免，因為我們要讓教師互相磨練自己的教學技能。人不是萬能的，要期待他人給予教學技巧，並不是這個時代應有的態度，教師要懂得對自己的工作或教學上補足他的不足。

　　要如何給教師教學資源呢？第一部分就是要讓教師知道哪裡有資源，也許教師不了解整個教學資源的線和面在哪裡，所以行政有義務告訴教師哪裡有資源，同時要去選擇和分類，透過編輯讓教學更成功。第二部分就是要提供教師機會，讓教師和行政產生某些連結，更重要的是，讓教師互相之間做教學上的互動。第三部分是在影響力。我們都知道領導要發揮影響力，這種影響力不見得是校長，教師之間也會產生某一領域或專長的影響力。我是讓教師自己去互動，所以在我的學校中，各種不同性質的教學群就這樣發展起來了，他們有不同的團隊概念。

　　第四部分，如果教學沒有成就感的話，可能意味著教學沒有目標，所以我希望每位教師都可以在教學中獲得學生的回饋、家長的回饋，更重要的是行政方面要給予鼓勵與互動，讓教師之間形成同儕視導。我希望讓教師教學能有好的表現，教師也會接到我的小條子，不是告訴他哪裡做不好，而是讓他知道我覺得很感動或很好的地方，希望他願意出來和大家分享。在這種情況之下，我們學校在每星期五有一個對話時間，讓教學有經驗的教師或做得很好的教師，在這一時間提出他們的教學心得，然後全校教師再針對他的部分給予正向回饋，這樣他的教學成就感就產生了。再來是家長的部分，對於教師的教學，我也常跟家長說，發現有好的地方、孩子獲得進步，可以請家長告訴我們，這樣可以大大提升教師的成就感。

　　第五部分就是檢核。我強調的是計畫、執行、考核。檢核不能免，教學成效一定會有需要檢討的地方，但是這些檢討一定要歸過於私室。我很習慣把教師請

來校長室，私下討論，不會跟他說哪裡做不好，而是告訴他在某個地方可以怎麼做。當然校長並非萬能，很多問題我也會私下請學校的研究小組或四處主任處理，請他們去輔導某些教師，而他們也都做得到。最後，教育的公德是把每位學生都帶上來，學生哪裡有所不足，教師就應該要幫助他，所以學校裡的補救教學要做。怎麼做呢？我讓教師自己去檢視教學過程與結果之後，發現哪些學生需要協助時，在寒假由家長會出資，找淡江大學教育學程的學生或國北師院的學弟妹們對他們來做補救教學。雖然我們沒有嚴謹的檢核措施，但是我們願意對這些孩子做補救。

## 薛校長：

　　大部分的校長都有巡堂，不過看的大致上說來都是比較表象一點，我們現在的校長不是做監督而是進行了解。校長要知道每位教師的現場有效教學是怎樣的，我第一個一定是從孩子的作業本來看，不過比較有內容的部分，教師比較不想呈現，因為有的孩子錯誤較多，但是一個有效教學會發現孩子作業內容相當豐富，教師教給學生的東西生動活潑，在班上有多樣的表現方式，而不是一致化，這絕對可以從作業本上看得清清楚楚，而且從孩子的表現以及孩子的言語和班上的活動可以看得出來。另外，教師有意義的教學，比如校外活動，也可從計畫中瞭若指掌。另外，也可以從班級比賽，比如音樂科直笛比賽，掌握教師的教學狀況。舉例而言，這個月是二年級的藝文活動，不管是平面作品或立體設計，我們全面都在藝文走廊做，這是我們美勞科的重點工作。從每一班級的平面或立體作品，我會稱讚老師，你的學生怎麼畫得這麼好，畫得不好的，我也不講話。

　　另外，我也可以藉大活動了解整個情況，因為每個人都會分配到工作，校長就可以看出教師認真的情況。再來，藉由教師之間的談話，還有主任之間，有的老師在交學校資料時是全校最慢，從這裡也可以了解學校教師的狀況。再來，從會議中的報告，比如說課發會中，學年、班級、領域所彙集出來的報告，在報告中有的對話與計畫內容是不同的，從這裡可以看出很多歷程與結果的呈現。

　　而講到機制的問題，我用四層機制來講。第一層機制是校長要掌握全局，追

蹤問題，檢討改進。第二層機制是校長絕對無法面面俱到了解學校，這時候一定
要有團隊，團隊的第一層是主任，比如教務處也無法涵蓋全部，這時就要有總務
作為支援系統，所以我們在巡堂時，高年級會請訓導處在巡堂時，了解教師的教
學現場是怎樣子。教務處是屬於整個教學工作面的，但是有時在做整個分工時，
其他處室要來幫忙，組長也要來幫忙，這是第二層機制，也就是行政團隊的機
制。第三層是學年主任和領域之間相互的連結，兩個有經驗的教師配合一個沒有
經驗的教師很重要。最後一層是家長，講到這裡，其實是很悲哀的，因為當家長
發現時，學校就差不多瓦解了。我經常提醒教師，今天家長來找你時，說實在
的，校長也臉上無光，因為就像你是我學生一樣，你表現得不好，我會有什麼
好。所以，家長也是我們的一層機制，但是若到家長這層面，嚴重的話，我可能
會祭出一個不適任教師的方式來處理。

**高校長：**

　　我經歷的學校做教學觀摩變成一種樣板，實質效果是零，因為所有行政其實
是手段，教學才是目的，所以一定要有替代方式。形式上的教學觀摩對任何人都
沒有幫助，對那位教師壓力也很大，他們到最後就用輪流的，輪流的意義並不是
說要把自己優良的教學方法或方式給大家做參考，然後看自我回饋和自我評鑑的
效果，我經歷的學校都不是這種用意，所以取消了教學觀摩，但是用別的方式替
代。替代方式其實我用了很多，因為多元民主後，學校經營上會受到內在或外在
的衝擊，有時候會從衝擊中會得到教訓，現在我的最高準則是落實親師生三者之
間的和諧與團結，這樣對學校才有幫助。

　　為了避免親師生之間的衝突，就必須想到一些替代的方式。我替代教學觀摩
的方式有幾種，第一種是用大型活動來補不足，第二種就是當外力來時，就表示
機會來了，我們不用抽籤就全部上場。再來就是用護照來彌補不足。我的學校這
兩年來的體育教學不是很正常，我就設計體育護照，把基本東西放進去，利用課
餘或課間來實施。體育護照一推出來，體育科教師都上到護照內容，這樣體育的
教學目標就達成了。當學校缺少什麼，我們就補不足，這樣可以產生很好的效

果。每樣東西若要取消都要有替代方式，而非一成不變。

## 陳校長：

　　我是比較贊成教學觀摩的人，張德銳教授有一套教學評鑑輔導系統，這是他在新竹師專時就開始構思，到了市北師院時開始做很多本土性的實驗，做很多精微訓練，裡面的指標少了很多，慢慢的結構化，我就採用這套系統。我自己學校的教師分為兩種，一種是中等教育學程，另一種是幼教學程。中等教育學程的教師在學科上是比較厲害的，但是幼教學程教師在學科知識上則比較缺乏，所以在做教學觀摩時，就會把教師分為幾個層面，比如說有人是注意班級經營，有人則觀察教學上的教學用語，有人注重教學思考，有人看活動設計，有人看概念呈現。

　　曾有一個教師在教次數分配表時，他有一個概念，由於他是幼兒教育系畢業的教師，他就讓每一個學生都要有活動，有活動就會有體驗，有體驗就會有學習，所以有的人就拍球，看一分鐘拍幾下；有人就踢毽子，看一分鐘踢幾下；有人就頂球，看一分鐘頂幾下，然後把每一次數做紀錄，紀錄後做次數分配表，然後做平均。這看起來非常不錯，有活動有體驗，可是他教錯了，因為學科知識錯了，不同的東西他把它做平均，平均的概念是有問題的，用次數統計表的意義何在，等於沒有意義，所以我們必須去分析教師這些問題，如果我們沒有透過不同的層面去做這種精微訓練和分析時，我們的教師很多是在教錯誤的知識。因為他不自知，所以透過不同的觀察和資料的呈現，讓教師可以做不同反省的刺激。

　　這套教學評鑑系統的目的不是在評鑑這個人的好壞，而是要列出教師成長的方向和曲線，透過這樣的系統，我們才能和教師進一步溝通，把我們學科的本質、學校教學的本質，或是本位課程的本質，在會議中或教學觀摩中一起來討論，以這樣實體的案例，才能讓每一個人互相通透，意見通透後才能形成共識。

　　但是，到了一百班的學校，就不可能做這樣的事情，所以我們就授權給教師來做，大學校也會碰到教學觀摩的問題，教學觀摩的目的不是要你展現真實的人生，而是要你展現教學思考的流程，以及處理個別案件中，你的思考、策略、方

法、媒介以及思考的材料，然後去評鑑自己在課程中的地位。所以在這過程中，我們才能依照這個實例來和你溝通，來和你互相學習，來跟你互相提攜，否則我們有很多政策就無法落實，所以在做九年一貫的教學觀摩上，教師有看課程綱要嗎？你看了課程綱要後，有和課程做配對並了解嗎？如果教師對教學手冊有研究過，當教師在處理這些事情、在配合活動當中，你是用過去的舊經驗，還是現在的新架構，這時候我們才能做質疑辯證。

如果教師連課程綱要都沒看過，就反對九年一貫，是在反對什麼？是在反對虛幻的東西，而且這虛幻的東西只存活在你的腦中，不存在於社會中，可惜許多教師就用這種方式去塑造了許多怪物，而怪物是不存在的，我們的建構教學會教成這樣子，是因為形式造成了一種落差，我們沒有去了解實質，因此我們在教學理念的溝通傳導中造成了問題，所以我覺得對話、展示、教學觀摩、學生成就、教師的期望及思維方式，是我們在落實教學時很重要的基礎。因此，我認為課程是學校的架構，教學是學校的靈魂，必須透過教師教學的實踐，而教師教學的實踐必須透過教師和行政之間共同的共識來建立出一個系統，以便把課程落實在我們的學生當中。

## 曹校長：

我個人認為教學觀摩很重要，不論是輪流做教學觀摩或是由新來的教師擔任教學觀摩工作，都有其意義，因為新來的教師藉由一場教學觀摩可了解其教學的專業和能力，從他對整個教學觀摩重視的情形，可以了解這個教師，也可以了解這個教師的作用。不過更大的重點是在於教學之後的檢討會，在檢討會當中，大家會提出各種不同的意見和看法，他教學得很好，獲得很多的肯定，也可以讓其他教師學習，即使沒有很好，有很多教師也會提出很多意見，哪些地方應該要怎樣教，對其他教師或教學觀摩者也是一種幫助。至於教學很好的，我們平常有發現創新教學，或是教學過程很流暢的教師，也就是教學很有效的教師，我們也會找機會請他教。比如說，當有外賓來參觀時，一定要請這些教師出來，他被請出來，也獲得一種尊榮感。

　　我舉一個例子，以前我在明水國小（化名），我開玩笑說是我們國北師院的第二附小，幾乎有時一星期就有好幾個教授帶學生來參觀，這時我就要請很優秀的教師教學給他們看。所以這樣子，教師和學生一起來協助。另外，利用這些寶貴的經驗，我每學期的教師進修一定有一個星期三進行教學經驗分享，全校有六個學年加上科任，分成兩組，一組有四人代表找來有經驗的教師做教學經驗分享，一人三十分鐘，教師會準備很多資料提供給人家，或在現場口述教學現場如何進行創意教學，上下學期都安排這樣的機會，從教學領導中可以提升教師的價值。至於校長主動或不主動，如果校長對某些教學或某些事情很主動，就表示他很重視，不主動的部分可能就表示他忽視。

　　每位校長的辦學理念也許有所不同，但是大目標都是一致的。我認為，校長可以有自己所重視的事項，但是要考慮到真正對團體學習是否有利。比如說，有的校長很重視手球隊，到每一所學校就發展手球，其實每所學校打手球的也只不過是那幾位學生，很多經費卻只投注在這項訓練。我個人比較重視普遍性的學習活動，比如說我比較重視推展直笛，也就是說每位學生畢業時至少要會一項樂器，這項樂器就是直笛。我每到一所學校，一定請音樂教師教三年級以上的學生直笛，讓每個班級都有班級樂隊，甚至還有二年級教師都請家長來教。我讓學生感覺到會音樂絕對是好的，每位學生都有音樂素養、對音樂有興趣，對他未來人生的生活品質絕對是有意義的。所以說，校長應該要注意到你所重視的東西如何對學生真正有幫助，而且是從眾多學生的長遠益處來考量。

## 曾校長：

　　我有三點要做延伸報告。第一就是有關我們的命題，這是校長教學領導的一部分，教學領導雖然是以教師為最主要的對象，但是如果侷限於教師，只是做到必要條件而非充分條件，理由是教師的教學要成功，必須要環境的配合、行政的支援、家長觀念的溝通、服務對象學生情形的掌握。舉一個實際的例子，我們在推展英語教學時，這是一個新興的科目，教師和我們的行政人員是有疑慮的。到底要安排怎樣的條件給學生來學習、給教師來教學？我得到一個經驗，我必須利

用團隊力量組成一個推動委員會，由教師與行政人員共同來確定我們的課程目標、教學型態，到最後達成讓學生開口說英語，這是我們學校的課程目標，我們必須以小班教學、適性化學習，所以才會有班級型態二十人的形成。

　　我們為了與國中課程做銜接，到了五、六年級，學生都要會寫信，要參加學校內的各項比賽或對外的磨練。基於這樣的經驗，校長的教學領導要擴及到家長和學生，以做資源的整合。第二點是關於教室的教學輔導和教室觀察。我有一個機會去看六所學校的英語教學，且實際到一個班級裡坐了一節課，並和學生、家長、教師座談。我覺得家長的期望，學校不見得能了解。教師的需求，行政不一定能夠知道。學生看起來很快樂，但可能還有一個期望，讓我感覺教學領導要有三方對話的機會。再來，我覺得教學觀摩是非常必要的，現在英語教師的素質是非常高的，但是我看了六位教師的教學，其教學的節奏和效能真的差異非常大，有的基本部分還是無法掌握，從一面鏡子可以發現問題，這面鏡子就是督導的部分，我覺得當局者迷，對於一位校長來說，我們可以多宣導，樂觀地、健康地去看待教學視導或評鑑。

　　再來就是有關發展性教學和輔導系統。當時我們在發展這套工具時，我們碰到了瓶頸，我感覺未來的教學領導一定是走專業領導，因為任何一個領域都有其特殊的知識內容，有其內在的思考邏輯。對校長來說，要在每一領域做教學領導是不可能的。就校長的個人生涯發展來講，應該選一、兩個領域來專精研究，其他的就靠團隊來彌補，比如說我對數學和英語有興趣，就專精這兩個領域，當然教師和家長也是很理性，不會期望校長要什麼都會。事實上，校長只要有一、兩個領域非常行，就足夠了。

## 李校長：

　　如果教學領導是校長認為的主要工作之一，我這裡有幾個問題要談。第一，事實上校長不可能面面俱到，教師也是一樣。現今的教育環境，好像我們臺灣是什麼都要，但要的結果卻不是很精。每位校長的領導方塊，應該有一兩面是個人專長或是很專注的，他很關心這部分，這樣成果會很好。第二，教學觀摩一定要

做，教學觀摩可以確認教師能不能教，至於肯不肯教，那是另外一個層次。我曾經看過一位教師，如果我沒有看過他的教學觀摩，我就不會發現他誤人子弟這麼深，因為他是師資班畢業的，看過教學觀摩之後，才發現原來他是這樣教。經過我們長期的追蹤和輔導，先決條件當然是這位教師願意。我曾經服務過很多學校，不管是新進教師或是有經驗的教師，只要他是新進來這所學校，我一定要他做教學觀摩，在這之前我會請現任教師先教給他看，了解我們學校的節奏和方向，這是第一個。

第二個，教學觀摩完，我對他的教學可以對家長說，我不會有懷疑，剩下的就是他的精神層面和態度層面，這是我第二個檢核。我會比較強調，其實教學觀摩是氣氛的營造，我到美麗國小（化名）時，那邊的教師不是很認同，長期下來看了幾年，雖然還是不願意教，但是很喜歡看他人教學觀摩，這表示教師進步的現象。如果教學觀摩是一位教師師資養成或是一個發覺人才的方式，光是課程領導沒有用，一定要有很多書面的資料，把教師培養成為頂尖的人物，這是一個努力的目標。若有一個精神傳承，透過理念的傳承，慢慢就會有一些種籽。

事實上，美麗國小在國語文方面在臺北市已經連續三年都第一名了，後來因為做了閩南語教學後，我才發現原來美麗國小的閩南語這麼有名、這麼厲害。這個東西教師本身就會去研究，你給了他這樣的舞臺、這樣的機會，現在他們不但做教學觀摩，也到處去演講。我覺得這至少是一個榜樣，達到某種地步後，他可以實現他的教學目標，這是我看到的非常典型的例子。教學領導最大的作用就是讓教師成為名師，這就是精神層面的顯現。

最後，當我們去檢核教學領導的好與壞，我有兩個方式。全面性的我就用護照、過關或是考試。如果是用精英式，就要做成果發表，成果發表就是各學年出賽後，把最好的帶出來，其實這樣也會給教師學習的榜樣。很明顯的，教師就知道什麼東西要在這時候顯現，家長也很清楚，當我能力不足時，我就在班級顯現，當我能力很夠時，我就在校際或全國顯現，這些都是很好的機制。

但，校長要不要把這些事情發展成一個正式的作法？校長如何透過行政團隊，讓我們的教師都能夠接受？如果我們的教師都能認同這些東西是他們必要

的，他們就會去做。當初我們在做發展性教學視導時，很多教師認為要他們觀看可以，可是要做相互支援、相互成長的計畫時，就會有困難。談教學領導時，一定要讓教師願意配合，才是工作的重點。我一直認為，如果教師會能夠助我們一臂之力，可能會做得很好，如果到教師會那一關都過不了，後續就會很難，這是人性的考驗，也是使命感的堅持。我可以隨波逐流，也可以有成果表現，到底我是要哪一個，這個是比較難的。

## 趙校長：

教學觀摩很重要，尤其是新的師範生的培育，這部分是一個大重點，包括一般教師也是這樣，以往表格勾一勾，教師的自評和他評之落差很大，所以觀摩之後的討論非常重要。討論的主題是什麼？討論的主題不是說你教得很好就是很好，而是你要能抓到教學目標，有沒有注意到評量和教學結合在一起，有沒有結合到師生間的互動，以及特殊狀況時教師處理的方法，有沒有值得討論或參考的，所以這種討論主題的界定很重要。第二部分，每一個人不要只談那些表面的，而是要真正的從教學的一些要素去探討。若能觸及到這部分，所有教師都會成長。

以實習教師來說，他除了擔任教學者外，自己本身還要當紀錄，而且很具體寫出，把所有紀錄以電子郵件寄給所有教師，一次又一次的累積，對他來說會是很大的成長。所以，教學觀摩不因其形式就放棄，而是要如何改變它的方式，讓教學觀摩得到實質的意義。其次，談到整個教師的輔導或巡堂，所有校長都知道，只要校園繞一兩圈，大概哪些教師需要輔導的都很清楚，很重要的一點就是要如何很技巧的去和他談。我個人是不會把教師請到校長室和他談，因為我第一次請教師到校長室和他談，他淚流滿面。後來教師跟我說，他們到校長室很緊張，所以我一般都會走出去，和教師聊的時候，我會個別式的談到重點。我想非正式的溝通會比在校長室溝通的成效還要好。

**蔡校長：**

　　1990 年，臺北市教育局長提出了一個「精緻教育」，且提出一個名詞：「精微教學」，意思是說不管你的教學方法有沒有創意和效果，透過媒體器材的拍攝讓大家來檢核，教學者從這教學過程重新檢視，或是參觀的人一段段的檢核，會讓教學者有所收穫。所以教學觀摩不是指要不要做，而是教師對這件事情的態度如何。以教師的心態來說，教學觀摩總覺得是多一事不如少一事。教學觀摩怎樣讓教師願意做，這是校長的功能。我的學校在做教學觀摩時，再怎麼忙我一定到，同時在檢討會我一定會舉出這位教師的優點，對他做正向的鼓勵，這樣的話他就願意做。第二，我在當主任時，當時臺北縣有很多教學觀摩機會要讓教師做，我就透過這樣的機會讓大家來告訴我，哪些地方需要改進，在那上面我讓大家告訴我，我的口語表達、和學生的互動，包括我的教學目標上有所偏，從此以後我很喜歡做教學觀摩。

　　我們可以讓教學觀摩變成正向提升力量。校長要怎樣把好的東西帶出來？校長其實很難為。大部分老師，不管是從眾也好，或是好逸惡勞，他們都希望儘量不要做，透過各種管道，搬出冠冕堂皇的理由，說這樣對學生的學習效果不好。我一直覺得只要是對的、是好的，我們就要一直堅持，這是校長要堅守的最後一道公平正義的防線。如果校長太從眾的話，教育氣氛會慢慢的滑落下去，所以我很清楚告訴學校教師，只要是對的就去做，如果不做，我就會透過其他方式，讓他覺得沒有做所要付出的代價，有做的人我一定會讓他得到甜蜜的果實，因為好壞要區別出來。再來，校長不是要帶頭做，而是要提供實質的鼓勵，比如學校研究型的教師可給予減課機會，這是一種實質的鼓勵，同時他也要幫忙做些事情去影響其他教師，帶出好的氣氛。

**秦校長：**

　　在小學校服務時，我非常喜歡看孩子的家庭聯絡簿，每天就擁抱每一個孩子，每天和每位教師去做專業的對話，所以對教師的有效教學和孩子的有效學習瞭如指掌。但我發現現在在大學校中，確實要改變一些策略。我剛到華華國小

（化名）的時候，基於我認為教學觀摩很重要，對新進教師很重要，讓資深教師來做經驗傳承也很重要，但教師認為這是流於形式，我們在課發會、學年會議、教學研究會上討論了幾次，經過腦力激盪之後，在有必要和流於形式之間，找到了折衷點，找出了教師們實際問題的所在，比如把哪一個領域中需要大家互相支援和協助的地方提出來，這個問題就轉化為教學素材來設計教案，而教學演示的這一部分，就讓全學年或全校教師來參與。

　　在教學現場當中比較能落實教學的部分，我會很重視給教師一些回饋。在小學校服務時，我自己本身在看教師教學的時候，我會幫忙幾位教師做錄音錄影的工作。在大學校，教師自主意識較高，有時會反彈，這一部分我多半會先去做溝通，看哪些教師自願做分享，讓大家做些記錄。教學現場的一些東西很能幫助教師提升，像語言的流動，有的教師只會專注在前段的學生或比較喜歡的學生，卻忽視了其他學生，這時我們就會讓教師去了解。我通常都做發問部分，因發問是非常重要的學問。

　　另外，就是教學者是否常給孩子一些正向的語言，我們也都以錄音或錄影做紀錄。我們可以發現教師的口頭禪相當多，一節課當中會重複許多語言，有時候對孩子做指導時不夠正向。孩子提出一些看法，教師會對孩子說，你又不是專家，不要亂批評，久了之後，會給孩子挫折感，這部分我們也會很婉轉的去做討論和溝通。適當的指導是很重要的，但是也要注意孩子批判的能力。另外，教師問問題的技巧也非常重要，我發現大部分教師所發問的問題可以做一整理與分析。教師常常比較偏重記憶性或認知性的問題，對於比較綜合、應用、分析的問題就比較少。所以，我們會發現孩子比較缺乏創造思考、批判的能力，這跟教師發問的技巧是息息相關的。在教學現場的一些問題是我們在教學領導上更要去重視的。

　　提到校長要把美好的東西帶出來，我個人非常重視補救教學，我發現有些孩子不是笨，他只是需要在關鍵時刻有人去指導、拉拔一下。我一直跟教師說，教師是孩子生命中的貴人，只要在適當的關鍵介入，就會改變孩子一生的命運。如果校長重視這一部分，不斷去耳提面命，教師就會重視，孩子就會受惠。

本座談係於 2003 年 11 月 08 日在國立臺北師範學院行政大樓六樓會議室召開，

由林文律副教授擔任主席，林碧榆小姐擔任紀錄。

# 第 5 章

# 課程領導

**教**師的教學與學生的學習是學校的核心工作。課程指的是學生學習的內容，一般而言，課程有分中央層級、地方層級、學校層級，以及教室層級。學生有多樣化的家庭社經背景、知識背景，以及多樣化的能力與心向。大體上，學校以同一年級、同一身心成長的成熟度來提供學習的內容，但常常也需顧及特殊需求學生的學習。而教師身為課程的實施者，除了教育行政及學校行政各層級規定的課程內容之外，教師往往有自己的專業判斷，提供最適合的學習內容給學生。就教師的教學內容與學生的學習而言，身為教育領導者，校長要如何做好課程領導？這就是本章要探討的內容。

## 討論內容

### 江校長：

以現在的課程生態來說，學校本位課程是我比較有興趣的題目。以高興國小（化名）來說，發展課程首先必須要有老師，我目前是把我們學校的書法定為我們學校的本位課程。我們學校這位教師的書法專長曾經得到全國比賽的第一名，現在九年一貫課程把課程領域濃縮到七節或八節課，要再拿出一節，其實必須去說服所有教師，要去說服其他同仁願意把其他的一節拿出來給這個書法，當作一個課程的時候，他們就會問，你到底要怎麼教？我們的五、六年級都是由專任老師來教，因為只有一節課，過去因為從小一就有書法課程，現在三、四、五、六都有，但到五、六年級才正式由科任來教，在這個過程裡面，因為不是每個人都

可以教書法，就要發展出如何來教書法，讓學生在很短的時間能夠學會、教師要有效能，其他三、四年級教師不具備專長，要怎麼去教呢？我們在高興國小就發展出我們的數位教書法，大概是全世界跑得最快的。新加坡、中國大陸，以及香港、日本、韓國，都來請教我們這一方面的教學，所以課程發展，第一，一定要有教師的專長，第二，課程領導應該定位在哪裡？學生要學到什麼程度？教材要自編，我們自己怎麼去編好？

　　第二個本位課程是游泳課。我從 1999 年開始，就在師資方面要求所有的體育老師是專任的以外，高興國小的體育老師，第一，必須具備游泳的教練證和救生員證，然後把體育教材從三年級到六年級做一個統整。先區分各年級要達到什麼樣的程度，每一年級的能力指標都定得很清楚，所有的體育老師都必須遵循這樣的方式去教學。2000 年在高興國小的畢業生是每一個人都要會游十五公尺，到 2001 年是游二十五公尺，2002 和 2003 年是游五十公尺，2004 年要畢業的是二十五公尺自由式、二十五公尺蛙式，所以在 2003 年 6 月畢業的學生他們就可以游到第一次檢測，但正好碰到 SARS，游泳池關了兩個月，在他們 6 月 17 號檢測的時候，停了兩個月再檢測，第一次通過 201 個學生，後來畢業典禮完再補救教學，補救到 7 月底，全校的學生都過，也是利用數位教學的方式。當然，我自己對數位的操弄那麼熟悉，在把那個游泳的分解動作放進去教，哪一種是在什麼時候換氣，他的手腳要怎麼動，再透過數位資訊的方式進行教學，因為一到游泳池裡面，是沒有辦法用小班或個別指導的方式來做，變成效率會比較差。

　　再來，我現在在帶著他們做的，第二個是要怎麼去調整課程，也許技能科的學習可以朝這個方向去做，因為技能科的學習，一旦學會了，遺忘的速度就很慢，但在過去我們很多很多的體育課，大概一年是用點狀的方式，每一週一點點時間。我們不要忘記，學習有學習遺忘的理論，隨著你間隔的時間愈長，學過了而遺忘的就愈多。我現在讓他們做實驗，看看游到二十五公尺連續會游、會換氣，游泳課要花多少的時間。如果這樣把體育課程變成一個區塊、一個區塊來教，教會了以後剩下的要去複習、要去學，就可以到這個社團去。

　　我現在正在帶一些體育老師進行的是，準備把國小體育課程從七十三項歸納

為六到八項，就像水上運動，第一個基本的項目就是游泳，後面的划船或是打水球等，都是後面自己再去從事。球類可能分為大球或小球，韻律和競技的部分，我們大概擇一樣到兩樣，就是要學生完全學會，真的有能力完全去參與。在高興國小，我們的課程發展都是著重能力本位，然後再逐年去調整時數，像這個游泳就是一學期二十節課調整到連續十週，隔週每一週都有兩節課，連續排課，這樣學生學習八十節課，可以游到二十五公尺到五十公尺。我想課程發展的學習領域裡面，我們國民教育是普遍學習，是關照到每一個學生。至於特殊技能，則是另一個發展的方向。

## 郭校長：

　　假如學校有資優生和一般生而學習緩慢或學習障礙、智能不足，學校要做哪些有效的鑑別和安置措施？臺北市的特殊教育鑑定蠻具規模，在 5 月我們就會把各類型的學生鑑定好，6 月就分到各校去，新生入學時所有的特殊孩子就知道是哪一個學校了。這裡面包括資優生和一般生，他們都會根據他的安置狀況編到普通班，而普通班就需要一些融合教育來幫忙。像我們誠實國小（化名），假如他是需要資源班服務，就會以普通班加可愛組；假如是資優生，就是普通班加創意組這樣分。安置到普通班以後，我會要求資源班老師都要參加課程發展委員會（簡稱課發會），因為他要知道學校所有的課程發展，才能幫特殊孩子做課程教學，也因此課發會委員裡有特教班教師代表。

　　在課發會開會的時候，已經確定全校的課程，每一位委員都很清楚，在學生要開學的時候就會辦轉型會議，也就是說這些孩子以前的受教機構或學前學校的人員都會被邀請到學校來，也邀請父母來談一談這個孩子到底需要哪一些服務？或者他的狀況、特質，我們應該怎麼來協助他，大部分在轉型會議裡都會談出來，然後老師跟家長就開始討論要怎麼讓這個孩子在普通班，因為我的學校沒有特教班，就要為這個孩子做一些教學計畫，在普通班能教的就在普通班做，需要資源班服務的就在資源班，而資源班包括資優班和身心障礙班。

　　在普通班有一些孩子不是每一樣課程都可以勝任，所以可能教師對這個孩子

的學習過程要簡化、淺化來讓他學習，假如簡化、淺化還不行，就可能要到資源班，資源班教師就會補充他學習的內容或教他學習的態度、生活紀律的部分。如果這個學生是重度身心障礙，需要更多人手的幫忙，在臺北市是可以申請教師助理，教育局會評估需不需要，需要的話就會給一筆經費，讓我們學校自己請教師助理，助理就要到教室來幫助孩子學習。假如評估他需要專業團隊的進駐，比如需要一些語言治療師的協助、物理治療師的協助，或是其他巡迴老師的協助，又比如他是過動症、自閉症，需要更專業的老師來協助學校老師和家長，然後在課程上有一些設計幫忙這孩子，我們定期有這樣的巡迴老師，來的時候家長跟資源班教師都要一起討論，把專業團隊給我們的知能融入到課程裡面，他們大概一個月會來一次，這樣的運作，感覺有資源班教師的服務真好。

　　像我們學校還有做補救教學。一個學障兒在早自習的時候有補救教學，英文也有補救教學，還有其他補救教學。在補救教學的時候需要愛心媽媽，像我們把英文老師的補救教學排到正式課程，有的時候還是會覺得不足，困難的地方就是有時候家長不希望孩子有標籤，不想接受資源班服務或是補救教學服務，但一般教師覺得蠻需要，所以這種溝通有時候要花很長的時間。第二就是級任教師的級務很忙，和家長溝通很頻繁、學生問題有很多，所以要在他班上來實施個別教學是蠻困難的，需要更多的時間和人手才能滿足我們這樣的理想，目前就是人手和時間非常不足。

## 王校長：

　　課程可以分為四類：第一類是中央層級的，第二類是地方的課程，第三類是學校本位，第四類是老師教室層級的。這四個層級的課程，我們都可能要去了解，可能的話要帶領老師去涉獵。如果只停留在教室層級的話，可能無法掌握中央、地方和學校本位課程的主張。中央層級的課程，目前我覺得九年一貫課程最麻煩的就是沒有頒布各領域的能力指標，到目前為止，老師對這一方面不太了解，我就利用老師的進修時間針對這些部分來做加強，當然不可能每個老師都把每個領域搞清楚，但最主要是讓他了解某一個領域內對目標的認識，甚至於我們

要求他們對這些目標做分析，分析的結果可以清楚知道能力指標的意思是什麼？主要概念是什麼？然後要求學生達到的基本能力是什麼？但到目前為止，國小對能力指標的分析有很多派別，見仁見智，但有去分析總比都不去管它好很多，我們學校要求教師對能力指標要會分析，至少要知道怎麼分析。

　　第二種是地方課程，每個地方政府的主張不一樣，比如說很多縣市很強調具有特色的課程，例如：臺北縣是從三年級開始教英文，也頒布了自己的能力指標；地方政府所頒布的英語科能力指標和中央政府層級的能力指標可能有一些衝突，例如：教育部頒布五年級和六年級的英語能力指標都屬於最基本的，我們三、四年級不知道要教什麼，會有重複的現象，我都要求老師要加以整合，要不然教材都一樣，簡直是在浪費學生的時間。

　　第三個是學校本位層級。我的作法是，老師從指標的分析到建構教材，我會帶領他們走過這些路。第一個就是對目標的分析，分析完之後，將能力指標相同的概念整合在一起，有一點像能力指標主題軸，然後我們就可以建構出教材的大綱；因為我們對能力指標的分析很透徹，也看得出來能力指標的訴求是要學生達到怎樣的能力，所以我們也很容易訂出基本能力和單元目標。當然，教學目標是什麼，我會要求老師去做一個教學活動設計，先做出一個範例來，就可以開始發展教材、發展他們的作業，我就帶他們這樣走一趟，我發現老師也可以對教科書做一些批判，其實目前教科書的品質並不是很好，帶領老師學會了這個方法以後，他們對教科書就不再那麼依賴，至少他有對教科書不好的地方做改進的這種能力。

　　有關教室層級的部分，我就是要求老師對能力指標做一個檢核，把一個單元教學教完了以後，針對那個單元用到幾條能力指標，要求老師去做檢核，檢核的方式容許他們用不同的方法，一般他們都用那些分析能力指標後的基本能力，回過頭去檢核學生有無學到，時間是在上課的時候，等於是一面教、一面檢核，所以老師會感覺時間不夠用。我覺得這一部分很重要，因為教了以後要看學生有無學到那些基本能力，這是我們學校的作法，大部分的老師都能做到，只有少數比較偷懶的老師做得不夠徹底。既然有目標存在，就一定要達成才有教學績效。這

是我們學校對課程的詮釋，也是我們學校課程領導大部分做的事情。

## 薛校長：

　　就課程領導的定位，我從 1989 年當校長的時候，我定位我自己的角色，一定要熟悉我的老師之教學狀況，還有學生的學習狀況，以及我的教學配套，就是學校教學環境。至於外在的部分，除非對我的學校有幫助，我大概會朝這個方面做經營。在小型學校，每一位老師的狀況，包括教學狀況，校長都可以掌握住任何狀況，可以透過單獨跟老師對話，提供老師一些不一樣的教學策略，或者是到別的學校去觀摩人家教學，學生的學習狀況我都很清楚。後來到了中型到大型學校的時候，我就發現到，大型學校尤其是你面對四、五千個孩子，要掌握每一位老師和孩子，事實上有難處。在大型學校，我認為分層負責管理很重要，第一層就是教師的部分。我一直跟老師強調，你是上線的作業員，你什麼事情都要準備好，否則你產出的東西可能會有問題，不能讓你再等待，因為你所有的孩子每天都在成長。所以我一直都在強調老師自己要充分準備、認真教學，然後自己再評估自己的教學狀況。

　　第二層就是班群的部分，第三層就是學年的部分，第四層是教務跟輔導。輔導在我們大型學校占很重要的角色，當發現到學生的學習有一點點緩慢時，輔導的角色就是要從他們班上，不管是外加的或是抽離的，都希望他們一層層做出來。關於這一點，我們大型學校一定要做到徹底，做到分層負責。在學習內容的掌握部分，我從孩子的表現、從學生平日說話的表現、從他的習作成果，包括美勞作品、自然科研究，大概就可以知道這個班級老師所帶的班級是怎樣。我昨天調閱的是我們五、六年級的作業本，從孩子的作文當中我就會發現到，以孩子五、六年級的程度，五、六年級的老師等於都是可以通過的，每一個孩子在寫一篇文章的時候，都可以從蒐集資料到兩、三千字的完整稿，所以這部分是學生的表現。

　　另外還有一部分是家長對老師表現的反映，當家長在說孩子最近的課程明顯的簡化，有這樣的反映，我們會再做討論，想辦法改善。像最近有關數學的部

分，我就希望透過數學的一個提醒，要老師多注意一下，而不是只有在課堂上的數學，希望數學能更生活化。有關我對老師的部分，不管是在小型、中型、大型學校，新手教師一定要職前講習，我要讓他們知道學校的狀況，我要知道你每一科的教學狀況。然後新手旁邊一定有兩個熟手在，這樣可以就近輔導。

再來講到某種領域的資優生，剛好我們學校二、三、四、五年級都有資優班，我們老師的團隊相當健全，他們運作的方式是輔導室在帶領，我們尊重他。至於資源班的部分，我們有抽離式和外加式的資源班，資源班的帶法，我們除了帶領孩子外，還指導媽媽來配合孩子。對於學習緩慢的孩子，我們學校透過很多的退休老師，由退休老師帶領很多愛心志工，對孩子一對一、一對二、一對四或者是一對六，做教學。總之，目前來講，大型學校最重要的是班級這個層級，期望每一位教師在主導教學的時候，是一個很熟悉整個教學事務的作業員。

## 黃校長：

有關課程領導，我想從兩個大方向來說。第一個就是課程改革之前，也就是2000 年實施九年一貫課程之前，在這之前的課程比較是中央層次已經定案，包括教科書；九年一貫新課程的改革，在課程上的空間釋放，也就是「課程鬆綁」，讓學校及教師對學生的教學內容，能夠有一些適應性的著墨，包括教師自己的長處，以及學校特色的發揮。就過去來講，即使是中央層次就界定好的一個內容，以我的校長經驗來說，總會想在原有層次之外，去檢視孩子的需要，是否可以再增加一些資源，提供孩子一個充實性的或者更多元的學習方向。例如：我第一任校長在田園國小（化名），一個山上的六班學校，那邊的孩子感覺天氣冷，或者營養不良、雨天多，三百六十五天有兩百七十天下雨，所以我覺得他們在健康和體育的發展不太夠，戶外活動的時間很少，所以想辦法引進師資，推動學校裡面桌球的體育活動，讓每個孩子都能打桌球，並且在桌球練習的整個課程架構中加強體能訓練、體育技能。後來在冬冬國小（化名），也是在九年一貫課程之前，我覺得校長在課程領導比較順利有效的是資源的應用。

剛剛我提到在田園國小時，我去找一個老師來做桌球教學。但是在冬冬國小

時，我們有機會去申請一個體操教練，我們就引進體操老師，不只讓學校有體操隊，也跟體操老師談如何在中、高年級的體育課裡多加幾次體操的課程，提供給山上的孩子，除了正式課程之外，有更多的休閒以及多元的學習興趣，讓他早期培養休閒的能力。到了九年一貫課程鬆綁之後，學校有更多的空間，但也碰到了蠻多的困難，比如說時數的不足、老師觀念的調整。事實上，以校長在課程領導的角色定位來說，並沒有像課程專家或書本裡面所講的，我們變成九年一貫課程的設計者。我覺得學校的課程領導者不一定能發揮那麼大的功效，特別是我現在在平安國小（化名）八十幾班，我曾聽莊明貞老師講過，她看到小型學校在九年一貫課程經營得比較有成效，在大學校很少看到校本課程經營得非常成功，當然像寧靜國小（化名）和活潑國小（化名）是新設學校，學校的課程架構非常清楚。像我現在的大學校，在課程領導的角色上，我認為我也有我的限制，我盡量做我可以做的。

我的觀念是用整合的觀念，比如說第一，對傳統的延續，就我們平安國小原來圖書館的利用教育部分，有一個國小那邊有跳八佾舞祭孔、孔廟的鄉土教育；在偉偉國小（化名）的時候，我是帶著教師去編輯大同區的鄉土教材，從蒐集、研究到編成書，這樣教師就具備鄉土教材蒐集和整合的能力。第二是課程精神的倡導，因為九年一貫課程要掌握課程的目標，對以前的課程來說，是很大的調整，所以慢慢透過各項會議的倡導、討論，帶動教師革新教學的內容，以及用倡導的力量讓教師從事教學內容的改變。

第三是教師研究的部分，事實上也有老師是課程的先驅者，也就是在班級層次、學年層次他們很用心的去投入，不論是個人的或班群的，他們有成就之後，我就試圖去把他們發掘出來，與其他教師分享，帶動其他教師跟進，所以也可以看到有的學年，例如：五年級，他們對學生的數學課程有理想，他們就自編課程來改革。

第四就是課程願景的形塑，也就是帶動老師一起討論之後，凝聚出學校的課程願景，這裡面當然有強調在地精神。以國民教育來說，有對本鄉本土的了解，也有國際視野的開拓，從這樣的觀點去影響課程，也架構出在這個願景之下的校

本課程綱要，然後每一個綱要再找一個課程研究者一起編擬整個課程的活動，希望這個課程活動做一個示範，未來要求教師在他的教學計畫都能納入校本課程，教師用他的計畫、主題進入教學之後，他所發展、研究、改進的部分，再回頭修正我們校本課程的建構及內容。

## 蔡校長：

　　我從兩個部分來談：第一個部分是我在學校如何跟教師從事課程努力的部分，第二是我以前課程領導遇到哪些困難。首先在課程的部分，以前的領導應該是行政領導，在課程上面，在九年一貫課程之後，課程領導和行政領導是不分秋色。當然，有人會把行政領導凌駕在課程領導上面，但不管如何，我個人覺得課程領導在學校裡頭絕對不能含括一切，我現在就來講在學校課程這個區塊要怎麼樣來進行。

　　我的課程領導分成四個方向。第一個就是掌握課程的核心，學校有願景，這個願景是依據整個國家的指示，希望一定要善盡學校本質而為。我們不會去違反國家教育目標，希望老師依據願景來制定或修正他們班級的課程，不管是地方課程也好、學校本位課程也好，這個願景走下來之後，我所擔心的是教師是不是能掌握願景，是不是做得很好，我們一直很努力告訴教師，把願景背得滾瓜爛熟，大家都很清楚我們的願景，告訴學生、老師、家長，你做任何事情都是這個學校的人，環繞願景的一切都和課程有關係，包括潛在課程、隱性課程。

　　接著我介紹本位課程。這個學校本來就是臺北縣美勞科輔導中心學校，轉型到九年一貫課程後，我們轉為藝術與人文的召集學校，所以我們學校很自然地以藝術與人文作為學校本位課程。照著傳統走下來之後，我們知道在七大領域裡面，藝術與人文的節數是被壓縮的，剩下三節，短時間內要把兩節音樂課、三節美勞課，壓縮為三節的藝術與人文是有困難的，我們很大膽的在三年級以上的藝術與人文加了一節，一方面是本位課程的一種誘惑，同時是在教師部分能夠留住人才。

　　第二就是我們希望能確保課程的本質。九年一貫課程或是課程領導是太多模

式的目標導向，但是在這目標導向裡面缺少人的因素存在。剛才提到藝術與人文，在九年一貫課程裡面，是在藝術裡面看到人文，當然其他部分可以融入，用六大議題來融入，可是可能人文教得少了一點，我們一直希望能力導向裡面能夠含有人的氣息。所以學校不論是潛在課程或是隱性課程，我們一直設計獨立的課程，希望學生在生活教育上能夠深化。到現在為止，我們還一直很堅持以前的整潔、秩序和禮貌，我一直很堅持。在課程和方法上，我們一直告訴教師，雖然以前走過來的開放教育也好，或是小班教學的精神也好，這些都停留在技術層次上，有它的價值，教師要開放心胸以後，接納所有的東西。所以，在這個地方我們希望教師多多善用方法，能夠把教學和課程結合起來，課程就會比較活潑。

第三部分，我一直很希望能夠營造課程領導的影響力。這個影響力就是說，臺北縣曾經要求校長走進教室教學，可是我們不敢說出固定教學的時間，平常我們在跟學生互動，或是老師覺得有需要的時候，我告訴老師你應該怎麼教，所以學校教師經常都會到校長室跟我討論教學方法，我會藉著這個機會把我的理念告訴他。所以在這種情況，領導的魅力就會自然形成。不敢說我們有魅力，至少我們做到關懷和協助。

第四部分，我在深化課程和教學的連結方面很著力。到現在為止，我一直很堅持教學觀摩，每一場教學觀摩我一定要到，到了以後我會給老師很正向的回應。在教學研討的時候，我會跟老師說怎麼做會更好，必要時我會馬上跟老師互動，告訴他們我覺得怎麼教會更好。另外，我堅持三種同儕互動的機制。第一個同儕互動的機制就是教師會，要教師會自己能夠安排教師專業的成長，因此教師會辦了很多教師進修或是經驗分享。再來是讓學年主任在學年裡帶動課程領導。我常跟學年主任說，你是學年的課程領導者，要能帶動教學群深化學習，在全校做經驗分享。所以，我們至少每兩個禮拜有全校性的經驗分享，告訴老師們某一個老師的教學也好、班級經營也好、個案處理也好，有哪些值得分享的部分。所以這三種層次的同儕互動到現在為止，學校氣氛相當活絡。教學研討不能免，是用來彌補老師在高層次理論上的不足。

以下有四點是我在課程領導遇到的問題。第一個是整個課程脈絡的掌握，雖

然我們一直提到中央、地方、班級、個人課程，這個脈絡如何一脈相傳，現在大家一直都在談，但一直無法拉得很近。第二個是課程領導者的認知，以前的校長培養過程一路走來，都沒有辦法了解課程哪些部分是在校長的層次要做的，怎麼樣去讓教師心悅誠服的盡到課程執行者應該扮演的角色、校長課程領導和課程之間如何做連結，倡導跟關懷如何拿捏得準。

第三個是課程參與者的認識，也就是家長、老師、學生對於我們所安排的課程到底吸收了多少，有沒有感受到我們課程領導者的期望，而學生實際所表現出來的行為是否有達到效果，本位課程能力導向，學生真正獲得了多少，這個部分應該是九年一貫課程大家迷失的地方。第四個是我覺得中央、地方也好，每一個人對於課程未來的走向都充滿著不確定性，還有很多人一直在期望九年一貫課程能夠因為改朝換代而消失。不管以後如何，我們一直告訴老師要堅持。但教師一直說，之前開放教育還不是一直說不會人亡政息，可是因為人的因素又不見了。

## 張校長：

在這一波改革裡面，課程變成學校領導最重要的核心。這樣的課程到底要怎麼做，在過去都沒有經驗，在這個部分做課程領導，我是覺得我沒有把領導放在最前面，我認為我想要怎麼做就怎麼做，老師有什麼問題，我們就去解決，這樣就叫做領導。這樣子下來以後，我在想這三年多來我做了哪些事情，我歸納了以下三個重點。

第一個重點，我歸納了一個課程架構，當作課程發展的平臺。會這樣做有兩個理由。第一個理由是課程已經走到了學校的層次。我覺得這一波改革，大家忽略的一點就是國民教育的本質是什麼？本質是政府各個層級有課程發展的責任，但是當我們各個層級，包括學校把責任丟給老師的時候，這樣會做不出來。第二個理由，最近有一個人提到建構一個臺灣平臺，臺灣的留學生畢業以後，薪水是大陸的三倍，是印度的八倍到十倍，如果沒有這樣的平臺，這樣的競爭力就不會有，所以我建構這樣的課程平臺，可以很快把教師拉到這個課程平臺上面，第一個他有方向，第二個他有明確的目標，因為我們第一年初任教師占一半以上，所

以第一個我是去建構出教師發展的平臺，哪些是基本課程？哪些是彈性課程？理念是什麼？要怎麼做？這些都不一樣。要讓老師了解今天在做的不同課程設計，都是存在著不同的意義和價值。

第二個重點，我考慮到的是課程發展之階段性。我們今天不能拿人家最好的。我們上個月去參訪課程與教學改革的前導學校日本愛知縣緒川小學，看他們課程發展了二十六年，課表上面看不到國語數學，但是他全部的教學內容都符合國家的規定，那一種層級我們做不到，要一步一步的來。我就去規劃了一些主題性的東西，比如說我們去做主題統整，跟老師講說，你第一年沒有去統整，你回到單元去教學，那是傳統的，你應該會。主題統整的時候，就研發出一種統整的模式和架構，哪一個學年先出來就分享到各個學年去，重視傳承和發展逐年累積下來，在外面看到那個圖，那個教學流程很像是寧靜國小（化名）的模式，這樣的東西在第二年就把協同教學放進去，在原來的架構裡面就放入了協同教學。我們老師問我說，什麼叫做協同教學，我說你不要管協同教學，協同教學是因為課程的設計而產生，課程設計沒有必要協同教學，為什麼要協同教學。所以第二年就把協同教學放進去，第三年再把多元評量放進去，都是在原來的架構上逐年累積的。

比如以「明水時間」來講，第一年老師就問我說什麼叫「明水時間」。就這樣下去，老師開始討論「明水時間」的指導歷程，很快的就在第一年把明水時間的指導過程全部列出來，然後就做學年的分享。第二年就對每一個過程，教師的指導能力、指導要點、要注意的事項全部討論出來。第三年就開始討論，在這樣的過程裡，這樣子做了以後，還是有少數三、四個小朋友做不到，那些個案應該怎樣去指導。像這些都是一種逐年的累積。所以就是要考慮到教師課程發展的階段性，逐步逐步的累積，直接把最好的東西丟下去，告訴他你一定要這樣做，其實這樣對他們來講壓力太大。

第三個重點，這些都是一種理想，要怎麼去做，就牽涉到課程行政運作的東西。其實我比較強調的是課程行政，而不是課程領導。而課程行政，到底是學校行政包含課程行政，還是課程行政包含學校行政，這兩個其實都可以。最主要是

說，你行政的運作怎麼樣以課程的需求為核心。過去學校行政講得非常好，課程
理論也講得非常好，但這都是空轉，就是沒有產出，沒有以課程做內涵。我沒有
去推像三合一那種大幅度的變化，我是用現有的機制去調整，也就是去分析一下
以前行政是校長、主任、組長、學年主任和教師這樣層層下來，你會發現很多事
情緩不濟急，所以我把學年教師和課程召集人的位階拉高。

　　我去分析的結果，學校有四種層級，第一個是行政組長，主任不算，第二種
行政人員是學年主任，負責學年的行政事務，第三種是領域的召集人，是負責縱
向的，但是我們的第四種是老師的需求。有人說一個學年主任又要管學年行政，
又要管學年課程，會管不來，所以他們希望有兩個學年主任，變成一個是管行政
的，是學年行政召集人，一個是管課程的，叫做學年課程召集人，這個課程召集
人就是負責橫向的整合，我們給他時間，如禮拜三，每一個學年給他共同的時
間，每一個領域給他共同的時間，其他的就是利用放學的時間去討論，然後發現
校長、主任不可能每一個群組都去參加，所以最後我就研發出一種方式，就是禮
拜五的下午我帶著主任坐在會議室裡，這個禮拜行政組長過來，下個禮拜學年行
政過來，再下一個禮拜學科領域召集人過來，再下下個禮拜學年的課程召集人過
來，我就去抓住這四個層級的召集人，這些召集人就有橋樑角色，校長或主任要
宣導什麼事情，就直接宣導下去，教師有什麼反映，也由學年群組帶上來，有什
麼問題就在這個地方討論，討論結果我們認為教師的反映是很有價值的，我就把
它送到課程發展委員會去做議決。我沒有把課程發展委員會當作一個討論的機
制。我認為這個委員會，一年才開四次會緩不濟急，所以到那個地方只能做一個
議決。這樣子的一個制度下來以後，讓課程法制化，讓學校要做的任何事情，經
過一個討論的過程，這有一個目的，讓那些不想做的教師不得不做，這是我整個
課程運作的機制，大概就是這樣來做寧靜國小（化名）的課程。

　　如果說要談到領導的話，我認為第一個，讓老師有一個明確努力的方向，在
那個軌道上去運作，先把老師推上去，因為都是比較沒有經驗的老師。第二個，
在策略上我會去調整節奏，看老師的反映，如果是可以接受，我們就多講一點，
如果他不願意接受，我們就多繞一個彎，如果做不了，就把節奏放慢一點，但是

內心裡面，哪些可以彈性，哪些要執著，還是要很執著，今天要你做這件事情，你不做，改天繞一個彎回來還是要找你做，用各種不同的策略，那個方向跟理念我是堅持的，但是策略是彈性的，我的領導大概是這樣的東西。

最後我也知道，目前有三個東西要去努力的。到底這樣的結果，教育的產出是怎麼樣？當然有很多反映，到光榮高中、順利國中去，美麗國小怎麼樣？寧靜國小怎麼樣（以上校名均為化名）？當然會有很多反映出來。問題是在學校也沒有研究組，沒有多餘的經費去做追蹤調查研究，這是第一個時間和能力都來不及。

其次，這樣子的一套理念，是比較開放的、比較重視孩子思考的。我們非常重視孩子的自我決定，這種東西到國中去，沒有去評量這個部分，還是回到傳統的國語、數學，所以這個地方我們可能還要花更多的時間。我們知道，其實大部分的家長是蠻支持的，這是學生產出的部分。再來，我覺得蠻辛苦的是教師之間的落差、教師群組之間的落差、各學年和各領域之間的落差，當你發現這個小組需要去注意的時候，無形中另外一個小組也產生了，這些落差要怎麼去處理，拉這個另外一個就掉下去，而且每一年都有一些教師進來，課程發展受到一個很大的限制。

第三點就是校長跟主任的時間和體力的問題。像我們學校的老師那麼多，主任和校長很累。主任不去帶、校長不去帶的時候，我們發現那些老師也沒有什麼行政力量、也沒有什麼教學力量。所以接下去要去培養領域召集人，那個層級的部分就很重要，但是那種環境，讓校長去指定也不好，要讓他們自己去選，產生輪流的方式，有的第二年就變成領域召集人。寧靜國小的課程架構因為比較不一樣，剛剛進來的老師不見得知道。第三年開始，我就去說服那些比較早來、有一點資歷的老師，應該去負一點責任的，今年又浮上檯面。所以在這樣領導課程發展的過程當中，其實會遇到很多問題，需要很多策略。所以，我覺得課程領導就像臺灣地位一樣無定論，要隨機應變。

## 曾校長：

臺灣課程的發展，特別是九年一貫以後，因為我們在 1993、1994 年的課程標準之後，變成課程綱要，沒有一個學者有完整的經驗，沒有政府官員有累積過去一個怎麼樣的範例，世界各國更是沒有一個典範，所以我那個時候寫了一篇文章〈摸著石頭過河〉，我覺得還是可以形容那一階段的心情。事實上，大家都在嘗試，而且是邊做邊改。基本上，剛開始我從教育局下來的時候，感覺到這種情勢是相當危險，所以我個人在做這個課程的時候有三個心態，一個是抱持隨時調整、反省、警覺性的心態。剛剛大家都談到，轉換的過程中出現很多新舊銜接、傳承和創新的問題。我覺得活潑國小、寧靜國小和旭日國小（以上校名均為化名）都是新創立的學校，沒有什麼包袱，但也沒有什麼制度，可以在短短時間內獲得家長的信任。我在課程方面有一個信念，就是要鞏固基本能力。當時在課程綱要提出的時候，前言有說基本學力和基本能力當時提出的內涵並不是很清楚，即使我們摸索了四年以後，到底又是什麼？

當時提出來的學者，又繼續發展了，到現在有去詮釋的學者又是不同的人，那時候我就告訴我們老師說，本校的基本能力就是國英數三個科目的基本能力要精熟學習，根據這三個科目的精熟學習，發展了一系列的課程評鑑，還有後來的能力測驗。我們做了兩年，這部分本來是想了解學校學生的真實樣態，但產生的附加價值是，在發展基本能力的過程當中，由資深或是輔導團的老師帶領職前老師去看能力指標，去對課程教材，去發展評鑑題目，到最後結果的解釋，把專業的知識擴散，我覺得這樣的途徑對老師是比較有幫助。

接下來就是整個課程發展的過程當中，校長扮演的角色。就像中文的翻譯，本來認為很清楚，但後來慢慢變得陌生，最後可能是參與者隨時在做調整的角色。第一年 1999 年成立的時候，就知道臺北市要做英語的推動，我知道這一定會牽涉到活潑國小（化名）的組織結構、課程架構、人力配置、資源。後來，我們就自己設想一個模式，可以應用到別的領域去。比如當時英語的推動，我們就不是用一個課程發展委員會，而是另外再成立一個英語推動的小組，學校老師有一半的委員對於學校的英語教學的願景，它的政策、實施、評鑑、課程等都一起

討論，才決定活潑國小的英語教學。並且分析了各國的文獻，知道人數是品質的關鍵，所以我們決定把人數降低到二十個人。

但是這二十個人又牽涉到經費和編制的問題，於是我們就決定要收費，但收費要壓到最低，又涉及到排課和老師人數的問題。想不到這樣的小組居然想到用鐘點費，用我們家長裡面有資深英語教師跟大學教授，組成一個教學團，一個學期才收四百多塊，學校五個教師加上外聘的兩個教師，同時三個班來上，就覺得以前那個要做能力分組，還是一班三十幾個人、組間差異那麼大的情況就被解決掉了。我感覺到，從英語教學推動的成功，來跟我們學校不是新興的領域做比較，比如說國語和數學的部分，我反而覺得課程轉型部分是新的東西，比較容易推動，舊的部分要溝通就困難得多。

有關課程地圖的部分，學術名詞叫課程地圖，當時我想到是課表的問題。九年一貫課程，我現在還把學習綱要帶來。什麼七大領域、各個領域占多少時間，我覺得四年實踐下來，那張表實在應該重做，為什麼？因為像 2005 年的課程，數學的部分要排到五節，在國立編譯館的審查會，我就問他們苗栗人，你們高年級排幾節？四節。在臺北市，我們學校和美麗國小（化名）排五節，我就問那個教務主任你怎麼排的？他就說：彈性課程直接固定化，但綜合活動領域、社會領域和生活時間，在我們的分析感覺到他能力指標的重複性太高，所以綜合活動、社會領域，我就重新再架構，弄到最後低年級的語文，我們加到六節或七節，社會就變成一節，綜合活動時間和生活課程就用那個實施要點的第六點：「學習活動如涵蓋兩個以上的學習領域時，其學習節數可分開計入相關的學習領域」，所以就把社會活動做一些統整。我這樣感覺起來，那個清晰度就會出來，低年級語文學習領域不足的問題可以加進去，高年級的數學 1993 年版的曾經到七節，我們也曾分析過以前舊的課程標準，以現在的孩子，如果到高年級還是四節課的數學，是不可能的事情。以下我要舉出幾個問題。

拿數學課程的能力指標來講，校長在做課程領導面臨的不確定，再具體化一點，第一個能力指標的解讀本身從源頭就不確定，比如說數學本來分作一、二、三、四、五、六、七、八、九這樣，後來教育部在 2002 年 11 月又發了一個公

文，要把六、七年級明確劃分清楚。但六跟七明確劃分，經過我們仔細討論，比如說把第三階段又分成兩個部分，再仔細去看它的內容又有很多矛盾。舉一個簡單的例子，比如說 2005 年版的課程綱要，把圖形與空間以平行四邊形的公式在五年級已經導出來，八年級再弄一次，將來將會是一個災難。我覺得將來校長在做課程領導，或是說未來學生有沒有達到成就標準，課程綱要的問題實在是值得好好檢討。

另外，人員的流動性和不連續性的問題造成一個很大的問題。比如說主任、組長和教學組長的關係，各年級各領域的召集人。事實上，我們校長要轉型為課程領導專業，教務主任也是需要，沒有辦法跳過教務主任去直接領導老師。教學組長也是教務主任的重要助手，比如說我們的教學計畫來講，它不可能是一張空白支票，如果是一張空白支票給老師去填的時候，跟原來填的教學進度是沒有兩樣的，如果要超越教學計畫不是空白支票的時候，你的課程重點、核心概念、發展歷程、指導要領都要一系列的下來，校長和主任所負擔的角色非常重，而且校長和主任不可能在很多領域專精，要去充分了解一、兩個領域都很辛苦。在 1993 年以前，板橋的教師研習會那套推展模式和訓練模式應該再把它拉回來，要不然真是災難深重。

最後，我覺得有關產出的部分，也是令人憂慮。因為基本上課程願景和九年一貫課程標準是那麼高的時候，不管是教師、家長、學校三方面，醞釀期、準備期都不夠，學生的產出也是處於一種迷惘的狀態。我們現在老師的課程或教學整個連貫下來，比較欠缺的部分是如何去連結。據我現在觀察，每個學校生態和相關人員參差不齊，很難掌握到最佳的推進點。如果又要用其中一個方式去指導的話，又回到用量的觀點來領導，變成課程指揮，是沒有辦法達成我們想要的個別化、個性化去培養多樣化的人才，因為多元以後沒有共識就會亂，但你要齊一，就會有很難想像的後果。所以這個部分我們都還在學習，如果沒有辦法把握重點，課程管理或課程領導就是一個很重大的危機。

## 秦校長：

談到課程領導就會想到卓越的領導，也就是所謂第五級領導。第五級領導說要神龍見首不見尾，好像存在又好像不存在，但基本上也不是坐享其成，先決的條件是要有一個謙虛的個性，最重要的是要有專業的堅持。我現在看我們學校的課程領導，好像還定位在第四級領導。所謂第四級領導就是要去激勵屬下的熱情、要塑造清楚動人的學校願景、要去提高績效等。我個人在這方面想分享四點。

第一點，我覺得在作法方面，要讓大家很清楚努力的方向是什麼。所謂「必也狂狷乎，狂者進取，狷者有所不為也」。如果不知道我們的方向是什麼的時候，我們會覺得很慌亂、很茫然、很無聊，所以我覺得在學校這個層級一定要讓我們的親師生知道我們的願景是什麼？學校的教育目標是什麼？本位課程的架構平臺是什麼？譬如說我們華華國小（化名），經過討論之後，我們的學校願景就是人文、自在、多元，我們就把這個願景寫在學校的大門口，然後也反覆去做闡示和宣導，讓大家非常清楚。我們學校的教育目標有三條，一言以蔽之，就是我們希望每個孩子都很快樂的上學，喜歡上學。像現在 12 月份我們的特教月也開鑼了，在一些體育比賽上面，每一個學年都有他們自己設計的課程，孩子們真的很快樂。

另外，在學校本位課程架構方面，我們也是以藝術與人文領域作為學校課程的架構，我想這三樣東西是要讓我們親師生很清楚的。在教室層級方面，我個人非常重視教師教學計畫的設計，我會請老師在開學時候的家長日當天，將教學計畫跟家長做很清楚的報告和分享。其實，在我們一個班級當中，一定會有上智和下愚的學生。在上智部分，要怎麼給孩子做充實的課程，也就是加深加廣的教材，這部分我也會提供一些資料給他們做分享。最重要的，其實是那些學習遲緩的孩子，關鍵時刻的介入，一個關懷、一個輔導是蠻重要的，也就是所謂的補救教學。

我們華華國小非常要求要落實的部分，基本上教師時間不夠、能力不足的部分，目前我們的作法是動用到我們的實習教師和志工，先給他們職前訓練，然後

請他們來做補救教學。另外，班級層次還有一個很重要的是課程評鑑的部分。我們經過不斷的討論和修改，教師比較樂意去接受和完成，我們訂了一些項目和指標，讓教師去做檢視。我本身對全面品質管理是蠻有興趣的，所以我們也依全面品質管理的一些指標，像事先預防、全員參與、顧客滿意、事實管理，最重要的是永續的改進。我們針對這些項目去設計了華華國小的一些課程評鑑指標，運用一個戴明循環圈模式，也就是PDCA（Plan-Do-Check-Act）的模式。怎樣的經過計畫、研究、行動，這樣一個永續改進的過程，我覺得從課程領導到課程評鑑，再回到怎麼去修正領導，這是蠻重要的。

再來在個人層次方面，在入學前對於一些比較有個別差異的孩子，會有一些鑑定，然後在入學後這部分還是需要我們去注意和關切。我們會先請我們的教師們在教室裡進行一些觀察和晤談的記錄，如果有這些特殊的孩子，可以把他提報出來，我們學校現在是沒有資優班，但是有啟智班和資源班。這些孩子提報出來之後，我們會用團體智力測驗的方式去做一個篩選和轉介，再去做鑑定。鑑定就包括了用一些個別的智力測驗、學業成就測驗、行為適應量表，再給這些孩子做一些適當的安置。在安置的過程中，我們還是隨時會去關切，去做一些彈性的處置。

譬如說：我們有一個多重障礙的孩子，他本來是在啟智班的，但經過我們啟智班和普通班老師的互動，到了三年級發現這孩子非常優秀，可以回到普通班來了，他不但會唱歌，還會作曲，還會畫畫，所以聯合報那時還來專訪這個孩子。他回到普通班的時候，老師還設計了一些教學活動，讓其他學生去接納這個孩子，目前這個孩子適應得非常好。另外就是校長的投入與關懷也是蠻重要的，例如：有時候在帶啟智班的孩子，他們會唱歌，我就帶著他們唱，跟他們說校長當你們的經紀人，然後帶著他們到各班去做分享，唱給大家聽。孩子們覺得很快樂，老師也覺得受到重視。所以，以前他們會說，在特教班來說，不但老師特殊，孩子也是很特殊的，就是學校一些普通班的老師是格格不入的。但是經過了我們的關懷和支持，教師們會更樂意去付出。

另外，我們學期開始有一個座談會，請跨學年做一個課程和教學的分享和規

劃。比如說，五、六年級老師在一起座談，他們可以就課程中重複的部分互相做一個經驗交換，重複的部分是可以刪除以節省時間的。另外，在不足的部分，例如：我們五年級老師發現今年教科書選的版本，其中缺少電動機這個部分，他們就會去分享這個經驗給接五年級的教師。所以，我覺得這樣的一個經驗分享是蠻重要的，尤其是不同班級的教師，可以就特殊孩子的情況跟接手的教師做一個提醒，對孩子來講是幫助蠻大的，這是分享和規劃的部分。

　　第三，校長參與支持性的對話很重要。其實，一個課程領導者跟一個實務工作者，在想法上落差很大。我自己有這樣的經驗，我自己講得口沫橫飛，但是教師們可能會有不同的想法，在調整過程中，我覺得去發展我們共同的語言很重要，用別人可以了解的語言，去做正確的溝通可能會比較有效率。剛開始的時候，我覺得專業對話的文化是需要去加強的，老師們會反映時間不夠，我們現在就把共同的大進修減少，把時間改為備課時間，有的時候我或是主任就會去參加他們的備課活動，或是領域的研究活動，經過這樣相互的支持就會產生信念。

　　最後就是學習型組織的形塑。剛開始的時候，我們老師對這方面是蠻冷漠的，我們就會經常爭取公假或公差這種代課的方式，給他們一點經費補助去做課程設計方面的行動研究，老師慢慢發展出興趣，並且得到鼓勵與肯定，他們現在願意自動自發。最近，他們就設計了網際博覽會那種活動，如植物小柯南，或是像昨天遇到教師帶學生去訪問親子成長班，然後設計整個教學活動，整個學習型組織的建立會讓整個學校更有生命力、更活絡起來。

## 曹校長：

　　有關課程領導，坦白講校長還是以行政領導、行政工作為優先考量，行有餘力才去重視課程，當然也要看校長對課程是不是重視。校長對於課程領導的重視也不一定要事必躬親，重要的是如何有策略性、政策性重點的執行，如何讓教務主任、教學組長去帶動教師做課程的選擇、評鑑、發展等。我當教師的時候，尤其是早期，教師只是課程的傳達者，根本就是跟著教科書，課程標準怎麼規定、學校的要求，看考試的平均分數幾分，加以比較，來肯定一個老師。所以，當時

校長和主任的課程領導是標準化的課程，而沒有真正去帶動教師如何對學生有幫助，去做因材施教的教學，也就是說學校如同一個生產線的作業工程，教師就好像作業員，課程圍繞著的工作，就是要管制教室中那個生產線作業的課程是否做得很順，所以課程圍繞的就是教學標準化的課程，看看有沒有達到課程目標，根本就比較不顧及到個別差異，或者因材施教的問題，這樣的課程領導無法滿足學校或社區的需求，或者學生的個別差異。

　　現在時代不同了，學校不是罐頭工廠。我現在一直跟老師講學校不是罐頭工廠，不是生產同樣的罐頭，產品都是一樣，而是因材施教，因為各地區的不同，所以有教科書可以用，但不一定照教科書教。前兩天有一個老師談到，他們選的版本太難、不好，我說你先看課程標準、課程綱要，看學生這個年級要達到的能力是什麼，就你所有的教材，比如說數學，你先了解學生要達到什麼樣的能力，你要用怎麼樣的教材來教好這些學生，不一定要把教科書的教材全部教得很精熟，要看學生的能力，他能夠學習到一定地步就好。

　　現在已經有很大的改變，尤其是開放課程、九年一貫課程的實施，帶來的衝擊就是校長、主任不得不去重視課程領導。如何發展學校課程？如何因應社區需求？在這種情形之下，重要的是如何去培育教師，讓他有發展各種課程和實施課程的能力，教師要有編輯、選擇、統整教材這方面的能力。學校課程領導者，不論是校長或主任，都應該注意培養教師這種能力。尤其應該重視課程發展委員會，透過課程發展委員會來發展學校課程。另外，我覺得應該發展教師選擇課程和評鑑課程的能力。2001 年要開始實施九年一貫課程，2000 年我就請陳木金教授來帶領學校老師做行動研究，研究九年一貫課程如何去評鑑。後來，我就出了一本小書，不管是學校自行發展的課程，或者已經選定好的教科書，教科書如何選擇，教務處、教師或各領域發展來的學校本位課程，如何去評鑑這個課程是不是符合，所以我曾經做過這樣的帶動。

　　另外，我覺得舉辦研習多多少少總是有效果，但是基本概念讓他知道，重要的是透過能夠產出型的研討會或者工作坊的方式，帶領教師來做，真正落實課程發展、編輯、選擇、評鑑的能力。所以我一直覺得，透過行動研究或者是以學年

為單位的課程研究，班群也好、領域也好，我覺得在這樣的推動之中，學年主任很重要，如果學年主任很積極又會帶領，學年所展現出來對課程的研究和發展會有很好的成果。臺北縣每學期的課程都要做教學計畫的核對，每一次我們學校都被評為很好，其中有一個學年的一個教師，他非常積極帶領著該學年，只要這個班級下午沒有課，一定集合老師，自己講或者是找人來講，督學或教授來，我們都儘量支持，所以他們發展出來的課程，這次列為獎勵的對象，學校有六項得獎，他們那個學年就囊括了四項。另外，還有一個社會領域的教師也很會帶，他可以呈現出層級來，所以如果透過教師來帶領教師，好好運用會很有效果。

如何帶領老師展現自發性，即使是讀書會也好，這樣子去推動，或者由學校行政人員真正介入來推動，都可說是課程領導。所以，我們每學期週三下午安排的是領域進修，由領域召集人自己講或請人來講，並由行政相關人員介入到各領域去參與。上禮拜三，社會領域召集人非常認真，到四點多帶領一群教師還在校園裡做研究。另外，我覺得綜合活動可以善加利用，利用綜合活動來發展一些課程，尤其是以主題活動的方式，透過一個主題所延伸出來的，發展到各領域相關的課程，也是一個很好的作法。

## 江校長：

學校的課程發展，校長當然是一個關鍵點，但是執行這些課程的其實是老師，所以課程發展對新學校來講沒有包袱，但沒有包袱也是包袱，因為教師的教學，一個成熟的教師大概有十年的教學經驗，對於課程的體認才會比較深刻；新進教師對於學理上的探討是有這個能力，但是能力跟實務上的了解會有相當大的落差。

高興國小（化名）今年已經九十年，學校的老師老、中、青三代都有，我是最老的一個，對學校的傳統非常清楚，對於社區的情形也可以提供參考的意見。要了解學校本身的課程，就要先對於學校、家長、社區瞭若指掌。因此，我們要訂定一個校本課程的時候，先要有一個 SWOT 的問題做一個確定，有一個發展目標。中央級和地方級是一個普遍的標準，學校本身的課程就要跟社區相關，所

以把學校發展的目標跟課程需求定出來，目標定出來，課程當然可以相對的向下延伸。但課程要由誰來執行？當然是由教師來執行。自從開放教師可以自行甄選以來，我就把這樣的需求定位得非常清楚，先把全校的課程需求估算出來，哪一類老師需要多少人，授課時數有多少，然後再了解現有教師的專長，以為教師甄選設立條件。

我們學校發展本位課程有三大主軸。第一個主軸就是溝通能力以及語文能力，包括本國語文、外國語文，以及鄉土語言。第二個就是資訊能力，要考高興國小的老師，所有老師都要做網頁，可以製作光碟，可以做非線性的剪輯，否則不能考。第三個學校發展的主軸是體能，以我們學校的條件各科都可以，但因為有溫水游泳池，冬天還有暖氣設施，因此我們要求學生今年畢業是五十公尺。所以，以這三個條件來說，雖然現在體育老師是專任，但哪天體育老師請假會請其他老師代課來教游泳，所以要考高興國小的老師，再考二十五公尺，這三個基本的能力先界定清楚。在職前教育裡面，考進來第二天要報到，進來要先做操練，這裡面包含到資訊能力，所有的界面都要去整合，課程的設計從 7 月份開始討論，上學期的課程討論以運動會為主軸，下學期以畢業為核心，課程設計全部從這樣的觀點去結合，這樣的話，像運動會就不用再利用其他時間討論每一年級該教什麼？該表演什麼？節目需要什麼能力？這類能力學生都要具備，也就是體育老師要去負責。

學校課程怎麼去搭配學校發展目標？我認為現在的師資培育機構通通不及格，學生出來的能力幾乎可以說只有三十分。要叫他上體育課，不會整隊，不會去做教學。如果要上音樂課，他放個音樂 CD 就上課。美術系畢業只會教傳統美術，不會教其他的。在高興國小，美術課程、藝術課程，五、六年級是傳統美術、陶藝課程、電腦繪圖等，這三項由兩個老師教學，所以我們畢業生就有三樣這樣的作品各三件，通通都要出來，每一次做完都要放在網路上。教師有這方面的能力都可以做得到。能力的指標定在那個地方，都一定要拿出成果來，因為那些新進教師不具備統合的能力，所以要由那個領域的老師帶著他一起去撐。

高興國小教師本身的學習氣氛是非常濃的。像今年老師的行動研究做了二十

幾篇，年年出版，今年的研究領域好幾個有很特別的研究，對於學生不守常規做一個普遍的調查、分析。高興國小的老師有四十幾個碩士，對研究法相當清楚，所以做出來比較切合實際，又可以用統計的方式來呈現。關於教學的演示，在演示之前先討論要怎麼做，我們希望老師呈現什麼樣東西，說明為什麼要這樣做，我要怎麼達成課程和教材所要完成的目標。課程只是一個工具和手段，培養人才才是最終的目的。不管現在定位如何，教育的最終目的是把一個人教得像一個人，讓每個人能夠去關照別人。課程只是我們教導一個人可以過著普通生活的工具，教學方法只是手段，所以課程領導與否，或者是中央的課程怎麼去變，萬變不離其宗，最後還是把人帶得像一個人，這是它的最終目的。

## 張校長：

剛剛有校長談到課程脈絡的問題，我想整個九年一貫課程或是現階段的課程，我們把教學理念放在一起講的時候，就會不知所措。其實，我分析日本的教育改革，現階段只有兩種方法：一種是把教材按照序列排序好，交給孩子，這是目前傳統的教學；另外一種是從傳統的建構主義來的，讓學生自己去建構他自己的東西，但是當要把這兩種方法同時並用的時候，受到目標、教學進度的限制，就變成目前最大的教改爭論。建構式數學到底要用傳統的方式還是現代的方式好，所以我當時在寧靜國小（化名）考量總體課程的時候，就把它分成基本課程和彈性課程。基本課程就是我們一般的學習領域，我又把綜合活動抽開來，因為我早就看出來綜合活動和健康領域或其他東西的重疊性很高，所以我這邊的基本課程就是六大課程，然後把彈性學習節數加上綜合活動，把彈性課程節數規劃出來。

所以，現在的彈性課程除了「永安學習」、「明水時間」之外，一般我們要做的全校性活動，包含牙齒檢查、健康檢查、安全訓練等，這樣子分開來以後，基本課程就有目標、有教材內容，彈性課程重視人格的成長、個性的發展、潛能的發展。所以「永安學習」，我跟教師說，你們在共同討論中決定，它的範圍可能是鄉土教材的範圍，但是鄉土教學的教學活動就交給孩子，它的性質跟教社會

和教自然是一樣的，但是我們的「永安學習」是老師帶著學生到社區裡面去探索，之後回來討論決定主題。

「明水時間」是完全讓孩子來決定學習主題，決定自己的目標、決定自己的方法。彈性課程主要是把彈性歸給孩子，孩子必須自己去試探自己的興趣、專長，經過這樣的歷程，他決定出來的東西，我們老師看得到，家長也看得到。因為孩子的選擇與決定所呈現出來的，我們了解他，再來協助他，這和傳統我們要替孩子做決定是不一樣的，這是一個孩子自我實現的歷程。

三年來我做過調查，孩子們最喜歡的是「明水時間」，很多家長也反映小朋友在寒暑假結束的前幾天，都非常高興回到學校，家長就很詫異孩子為什麼會反過來喜歡開學，就有學生在聯絡簿寫說，學校是天堂、家裡是地面、安親班是地獄。讓孩子快樂的學習這個部分，我覺得是有效用的。但最重要的一點是，老師跟學生之間在彈性課程所磨練出來的能力和態度，教師的指導能力會慢慢轉移到學生的基本學習，孩子在彈性課程中所培養出來的思考和判斷的能力，也會轉移到國語和數學能力裡，老師也會。

## 郭校長：

有關課程領導的角色地位，我的想法是課程領導是人，那個人我一直覺得不一定是校長一個人來掌握，應該是分工負責的。像我的學校課程要發展，第一個教務主任會來跟我商量，說想跟召集人討論什麼樣的主題，說明課程的主題是怎樣，然後就會召開會議跟他們討論一些重點，討論了假如沒有什麼特殊想法，或有修正大家就修正，修正完了就讓他們帶回去討論，每週五都有領域召集人開會來討論，所以我認為課程的領導者主要應該是校長跟主任先起頭，領導者應該是領域召集人來執行發展，老師來共同發展。這些人我們本來是一年一任，但後來發現建立共識都很難，就是我們之間的對話，對於課程的認識以及實施的方法都很難有共識，所以每一年換人很不好。我們在工作安排的時候，就說要兩年才能換一次，包括行政人員、主任、組長、各學年主任、研究教師、領域召集人等。

這些人以前都是讓他們推選，選一些很年經又熟悉課程的老師，但發現這樣

對課程發展不是很好，後來就採用學校遴選的方式，由校長來發聘書。這樣被邀請的人都覺得很榮耀，這樣被選出來的人也願意去帶領，而且這些人也比較有領導能力。學校的學年有分成學年主任跟群召主任。學年主任就是行政部分的推展，群召就是課程的推展。所以領域會議有時候是群召會議。這樣不同的階層、不同的人員一起參與，讓每一位老師很清楚他的課程。我們也有階段性的要求，第一年是課程理念的建立，就是要了解課綱裡面在說什麼、學校的課程領域是什麼，利用 SWOT 分析，建立自己學校的課程理念。

　　第二年就開始建立課程的架構出來，完成課程的策略是什麼，最後才是多元評量。在這個歷程的時候還要做課程評鑑，在每一個歷程中有一個課程自評，上下學期各一次，然後慢慢養成老師對課程的認知、執行及自我檢核，就會對課程的認識比較清楚。我一直覺得課程的建立，是需要對話、需要有基礎的，學習是要有時間，然後帶領要能有共識，這樣才比較容易成功。

## 邱校長：

　　對於課程領導，既然課程是學校為我們學生所提供的有計畫之學習內容，所以課程是我們學生學習很重要的一部分。在早期，老師和校長其實是蠻幸運的，因為早期的課程是由上而下，由教育部那邊開始往下，我們老師只要拿來教就行了，至於有些東西也是慢慢的在增加，也是由上而下，所以當初老師在課程設計上是比較不需要花腦筋，因此校長在課程領導方面也著力比較少一點。可是自從九年一貫以後，就把這樣的觀念打破了。從課程的設計、執行到評鑑的部分，都還給老師和校長，這樣一個工作最近這幾年交回學校本身以後，說實在的，引起很大的衝擊，最主要是因為早期我們老師和校長在受教育的階段，並沒有學習到課程設計方面的東西，所以難免有一點措手不及，才使九年一貫這樣的改革遭受到比較大的挫折。

　　至於課程領導的部分，校長對於這個過程擔任比較大的角色，尤其現在學校裡面都有本位的課程，校長必須綜觀學校裡面和外面的情勢，去發現有利點和缺點，然後形成學校願景，這是需要和教師討論的，不是行政人員自己關起門來把

它做出來，所以如何鼓舞老師的熱情來參與是很重要的。設計完畢就要加以落實，落實的部分，又因為現在教育生態的改變，教師會勢力比較強，所以在爭取減課，需要有專長專用的訴求，使得校長在課程實施方面的落實力道會削弱一點，所以如何讓教師會能加以配合是非常重要的。

最後一個比較困難的是評鑑的部分。說實在的，因為課程實施以後，評鑑的部分是層次比較高一點的，這部分就要借用專家們，包括我們師院的教授等，能來投入課程評鑑，然後又回到課程設計的部分，這部分是校長更需要著力的部分。我也非常同意課程領導若是校長一個人來的話，實在很辛苦，應該要讓所有同仁，特別是行政同仁、教務主任、教學組長等，在各個領域都需要有經驗的老師來投入，一起參與課程領導，這樣才能達到課程領導全面的效果。

## 王校長：

有校長提到四個層級要怎麼樣連貫的部分，因為四個層級對課程的主張都不太一樣。中央層次大概是比較高的，在經過人為的和其他很多因素，若從教育目標來講是應該要一貫的才對，可是因為很多人為的因素介入，比如包括地方政府教育局加入了許多的課程，我們學校好像也加入不少，在學校本位課程方面，要一貫的話，從實然面是無法達到的，但從應然面最擔憂的應該是對目標的詮釋，有兩派的學者在爭論。

有人認為九年一貫課程是鬆綁，開放更多的自主性。事實上，我們在實施九年一貫課程，政府標榜彈性課程，也容許我們自編教材，以前好像沒有這麼好過，所以有人認為九年一貫課程是多元的、有創意的，甚至有人還主張能力指標不要去解讀它，讓大家用不同的觀點去詮釋能力指標，這是鬆綁的說法。但殘酷的現實是，雖然國民教育的本質不是和升學掛鉤，可是我們看看它卻跟升學主義掛鉤，大概 2005 年的基本能力測驗竟然是以這個為主，另外一派的人大概大多數的家長還不太清楚，未來如果以這些為命題範圍的話，我們很擔憂目前出版教科書的廠商，還有教育部也沒有明確的主張。

另外一派的說法是九年一貫不是鬆綁，是綁得更死，因為如果大家眾說紛

紜，各個出版社的教科書大家的解讀方式都是這樣子的話，我們擔憂將來如果說哪個版本的教科書本身跟能力指標結合得很好，就是依能力指標來解讀課程的話，照道理來講，家長就不需要每個版本的書都讓孩子來讀。事實上，現在教科書的品質差異愈來愈大，不知道未來會變成怎麼樣。所以到底是鬆綁還是綁得更緊，很難有定論。不過我們今天國家定位的目標，都不應該有模糊的空間，有人是故意把它模糊化，反正各種不同的角度去解讀，是發揮多元，所以要回答這個答案是很難的，要四個層級都一貫，是沒有辦法的。

## 薛校長：

　　校本課程的運作，大部分有課程領導觀念的校長，所研發出來的校本課程是不錯的。我有時覺得，在學校這麼大塊的一個課程當中，針對那六大議題，孩子有效的應用在日常生活中，尤其是家政的話，好像是比較弱一點，所以我那時候是有一些課程發展的核心人物，從綱要及能力指標，我們都很詳細分出一到六年級的家政能力，你要上的內容應該在哪一個議題裡面，然後就是教學內容，由我這邊組一個研發小組，找出來一個內容，提供老師來處理。老師這邊都 OK 以後，第二部分是請家長來討論，每次是一個年級二十四個，我們分成五、六組這樣討論，彙整出一到六年級的家政能力檢測。

　　參加討論的家長是一個班級一個代表，家長提出意見，看一年級、二年級到六年級該做什麼，都有具體的東西。討論出來以後，必須要回到班親會裡面去執行。剛開始一到六年級是由我們主導，請各班級的家長每班五個人來幫忙，這是比較辛苦的，因為要讓家長知道不是我學校的教育這樣，是要落實到你的家裡。剛開始，老師要帶領著家長，其實蠻花費老師的時間。到了第二學期開始，因為一、二年級的時間比較充裕，就由家長來幫學生針對五項來做檢測。三、四、五、六年級的檢測，就由家裡的家長來做。但是，為了要確定家長是沒有放水過關的，在學期結束會對每個班級做一個抽測，讓學生在這個學期一定要學會這項能力。

**曾校長：**

　　課程的脈絡或是學習間的脈絡，是我一直關心、也一直擔心的問題。比如說，以現在數學來講，像學生分數的發展，它的脈絡是不是很清楚，如果說我們一到六年級都用同一個版本，叫書商把那個電子檔給我們，然後把一到六年級的分數出現的單元、雙向細目表、能力指標等都調出來，分析它整個分數的發展脈絡，看看是不是很完整，但最近比較麻煩的是像康軒出版社都不太願意提供了，他們說這是商業機密。如果看教師的成長脈絡、教學檔案、研習進修、課程設計等，你可以知道他做了哪些努力。學生也一樣，如果給他從一到六年級累積下來，都可以很清楚地看得到脈絡。不過這些都是大量的工作，如果能夠發展出一套結合現場實施經驗又很簡化的東西，才能避免很多重複。

　　其實，我們外加的東西實在很多，弄到後來教師、學生都很累。我們現在常常也沒有辦法回答這個問題，只能把問題再丟回去。我真的覺得這是很痛苦的一件事情。過去的統編版雖然不是令人滿意，但是我覺得脈絡清楚。現在教科書審查的時候，教師手冊不審查，像數學很多都不敢看，錢實在太好賺，到處都是複製過來的，習作也一樣，故意加深很多難度，弄到後來全部去補習。所以，這個問題實在不清楚，如果真的很清楚，我們大家就不會這麼迷糊了。

**蔡校長：**

　　我就從教科書這個問題開始探討。像我之前去一個學校校務評鑑，那個學校家長會長提出一個問題，他說他們學校那個校長就不願意讓他們的家長會參與他們的教科書評審委員會，可是依規定一定要有家長代表、教師代表組成教科書評審委員會，可是家長會長認為教科書一定要從家長會裡面找人，就有落差，我就問他說為什麼一定要從家長會找人，而不是家長代表，他說家長代表同質性高，家長會裡面比較不會，他給我一個概念，他說因應現在教科書的亂象，他要求家長會的代表進到教科書評審委員會裡面去，堅持六年同一個版本，這讓我想到我們現在都一直在批評教科書的銜接，我聽了以後也覺得很有道理，但實際上又違法了，為什麼違法，因為你在技術上違法，其實現在強調多元，就是彈性，彈性

以後就要求鬆綁，鬆綁以後就解放。

　　剛才我提到的一個問題，課程脈絡怎麼樣去掌握，從鐘擺效應上來說，以前是銜接得很緊，國家課程從上而下，後來又覺得被宰制，要求要解放，所以要求鬆綁。從莫非定律說的，鬆綁是萬變不離其宗，而不是解放，所以現在對鬆綁的解釋，好像是我現在高興怎麼做，那就是我的事，所以這是一個危機，是很可怕的。這就是我要提的第一個問題，從中央、地方、學校到個人課程，什麼才是我們大家共同要堅持的，像剛剛有校長提到教育的本質，但是我覺得這個還不夠，教育的本質我們有共同的信念，可是真正在教育所要的那一塊，我們共同需要的是人而已嗎？還是在領域裡面需要哪些東西，這也不是課程綱要裡面的課程目標所能夠說的。我覺得連我們教育部長官都說不上來，到底要鬆到什麼程度，要綁到多緊，就像剛剛所說的，愈鬆就愈綁，說實在的，我不期待有這個答案，這是第一個部分。

　　第二部分，事實上課程領導者並不一定是校長。如果是校長的話，他可能所有責任都一肩挑，我們校長能不能把課程領導者的角色讓教師來分擔。以我的學校來說，我讓我的學校老師也扮演課程領導者的角色。像我們現在也有研究教師，我讓他減課，讓他有很多機會主動跟教師做經驗分享，在某些教學及課程的專業部分，這樣其實校長是很輕鬆的。

　　我最重要的問題是在問，九年一貫課程到底還要走多久，現在如果說出去會被打，現在的所有官員都認為九年一貫課程非走下去不可，但我們真的要很清楚的問，到底還要走多久，大家都在望變興嘆，希望哪一天九年一貫課程告訴老師們有統一的教材給教師，教師不必自己研發教材。第二，九年一貫課程那能力到底要教多少，學生才真正具備。譬如說要教多難，很多時候我們在研發課程、設計課程、對應能力指標的時候，如果真的全部都要學到，真的是沒辦法。學校要如何去取捨？取捨的時候，又談到是不是能配合學校的願景，依願景去設計下來，家長又會迷惑了，因為我們的升學主義擺在那邊，依規定要配合能力指標來出題，接下來家長又要我們回到能力編班、回到傳統考試、回到舊有的課程，所以九年一貫課程有它潛在的危機在。

**陳校長：**

　　課程走下去，不管它的名稱是不是叫做九年一貫，它都會繼續走下去，本質上的東西它會繼續走。事實上，我一直覺得九年一貫和舊課程之間的東西變化不大，它的變化只是在形式上，內容上真的變化不多，大家是被一些名詞迷惑了，各自解讀協同教學、領域教學等，如果這個不倡導，音樂還是歸音樂、美術還是歸美術，所以科際整合的部分就不會產生，一定要有人去整合這兩個東西，跨在這兩個領域上，它才會整理出來，所以這樣的人才未來十年內就會出現，就像現在的新興科系一樣，為什麼它可以凌駕別的東西，如果臺大再不努力，慈濟大學就會出頭，因為會被比過去，這是第一件事情。

　　第二件事情，我向來不關心國家的課程要明定到什麼程度。事實上，有很多國家課程都一直是綱要式，其他的部分會由地方、教師和學生自動去補足，所以這種自動補足的部分在課程的理論上就已經有了。從一個理想課程到正式課程到經驗課程、實踐課程的時候，事實上是有很多互相互補或是取捨之間的關係，這部分我比較不擔心。我比較擔心的是，在導入教育之後的在職教育，我們給教師的是什麼，最主要的是我們的教師來到了現場，課堂知識本身不足的問題。他教數學，他不知道數學的原理和思考是什麼，一直笨笨的在教形式，所以建構式數學失敗在哪裡，只學到形式沒學到實質，實質的東西就需要有沉澱的時間，那麼現在的學習就很快樂，所以歐用生校長才會說，快樂學習是不是等於安樂死啊。其實這是非常重要的一個反省，凡是有一個改革，就會出現另外一個反彈的聲音，這是作用力和反作用力之間的關係，就看我們的典範在哪個地方。

　　課程這種東西是大眾一定要接受的，用到比較類似更新而又保守的階段，不會太突進性，但突進的觀念會被倡導變成主流要走過去的地方。基本上，我們公立學校所做的都沒有很激進，在課程範圍之內，我們各校教的都大同小異，幾乎各校都一樣，只有一點點不同，例如：有的學校做家政大考驗，我們學校沒有，所以氣質會不太一樣。我現在比較擔心的是我們老師的部分，因為以前都是用統一的教師手冊和教材，現在編譯的時候會產生一些混亂、缺口的現象，這些現象需要一些團體去整治它，這種團體必須要做了一段時間之後才會變成一種經驗，

是前導者必須要去做的。所以，這個部分我們要勇於做一個反省和檢討，這個反省和檢討才能整治我們的沒落，未來教師角色和校長角色扮演的一些關係。對於未來，我一直充滿著信心。人會活下去，生活一定會繼續。既然生活會繼續，我們的能力一定會比以前更為增加，未來的課程一定還是會變、會改。變與改之間就會造成非常大的整合，來自於兩個方面：第一是科技的進步；第二是生活形態的改變，所以一定會改變課程裡面的內涵，應用在我們的生活方面。

本座談係於 2003 年 12 月 13 日在國立臺北師範學院科學館 407 教室召開，
由林文律副教授擔任主席，林碧榆小姐擔任紀錄。

# 第 6 章

# 校長如何引領教師專業成長

學校是為了學生的學習而存在，學生是學校的主體人物，但學生的學習必須透過具有教育與教學專業素養的老師來執行。教師由於其專業身分，對於教學與學生的學習，往往有相當的自信，也有其獨到的看法，而且許多教師往往深信其教學方式與成果是有效的。由於教師有其不可忽略的教學自主性，校長必須展現一番能讓老師信服的領導方式，時時引領老師在教學方面精進其所能，並強化其有待提升之處。對於校長來說，這件引領教師專業成長的工作有時會有些挑戰性，而且不易立竿見影。本章所探討的是校長如何領導教師進行專業成長？如何督導教師提升教學成效？此外，對於教學不力或表現較弱之教師，校長的輔導策略為何？

## 討論內容

### 江校長：

　　校長要如何領導教師進行專業成長？第一個，所謂的專業，我想必須要跟學校的發展與課程做呼應。學校的發展目標非常明確之後，我們再去審慎評估如果要向這目標邁進的話，老師的專業是否足夠，如果不夠，就要仔細分析，針對專業不足的部分進行補救。我回到高興國小（化名）服務時，適逢九年一貫課程實驗的時候，當時，因為高興國小三年之內換了兩任校長，所以老師、家長會和整個校園的氣氛不是那麼好。但是九年一貫課程勢在必行，如何讓老師願意朝向這個目標前進呢？我當時讓老師們進行投票表決。第一個，讓他們表決要不要參加

課程實驗，當時有90%的老師是不願意參加的。事實上，老師們對九年一貫課程的認知是不足的，而且技能也不足。所以，我只好想第二個辦法，就是該如何切入九年一貫課程，讓老師減輕負擔，而接收資訊的能力應該是增加專業最好的部分，我就從這個地方切入，把目標確定清楚。

有老師問我，為什麼要發展資訊能力這樣的東西？我回答說，既然我們自己本身不願意做實驗，我們就必須蒐集其他進行課程實驗的學校之資訊及經驗，讓我們踩在別人的肩膀上再向上提升。既然老師們都排斥這樣的課程實驗，我們就去蒐集資訊，在這樣的情境下，讓老師先有危機感，再按照目標去做成長，把專業的進修及素養的能力一個階段一個階段的提升。在每個學校裡面，每個老師的資訊素養是不同的，我們採取母雞帶小雞的方式，讓這方面素養比較好的老師，一個帶兩、三個，讓其他老師能透過這樣的方式，把資訊素養的能力做提升，不到一年，我們再去和課程及教學需求做一個配合。

另外，在專業成長裡面，第一個，我們在國民小學裡面，哪些是我們的專業，這必須要做一個釐清。第二個，你需要發展的目標有什麼誘因。第三個，教師必須願意配合，否則會落得一頭熱，造成教師的反彈。另外，專業成長的時候，也需要一個舞臺，我們把這些愈來愈有能力的老師推銷到外面去做講座，如此一來，他個人的能力不但具備了，也可以讓他受到尊重，讓他可以把自己的經驗做一個分享。再來，專業的人必須要有一個產出，如果只是研習或是教育提升，沒有做一個考評的話，其實成長與否，是看不到具體的東西。所以，專業成長還是要針對我們的教育、我們的目前需求來當成一個主軸，然後去發展。

## 曹校長：

首先，所謂教師專業成長，我是把它定位在如何提升老師的班級經營、教材教法、輔導知能及溝通能力，包括資訊能力以及協助行政工作的能力。另外，也要注意如何讓老師在專業成長上能夠注意到時代的脈動、抓住主流的教育價值，以及如何培養他對工作的熱忱，以這些方面來提升老師的專業成長。至於如何去推動，我想一定要有個很好的計畫制度，有系統的、多元的來提供教師進行專業

成長的機會。而且，所提的計畫要能夠迎合老師同仁們的需要，又能夠迎合他的興趣，否則空有計畫，沒有一個好的策略，推行效果也未必會佳。尤其是當九年一貫課程即將實施，為了推動九年一貫，而讓老師從觀念上的理解、作法方面去做培養。我認為所提供的東西，如果老師的參與度高，而且也有迫切的需要，是最有成效的。

但是，後來我再觀察一段時間以後，有些老師就會鬆懈下來，而不那麼用心，甚至當我們在推展進修時，他會常常請假，好像認為自己已經沒有需要了。由這個現象看來，當老師需要什麼，我們就會給他什麼，這是非常重要的；當他不再需要時，你若提供給他，是沒有效果的。所以，在這方面的規劃，需要由老師提意見，迎合老師的需求，就像是顧客點菜一樣。另外，在規劃教師的成長進修時，不要有太多置入式的行銷，我們常會主觀的認為他們需要什麼，以此來置入行銷，反而會讓效果不好。

以我多年來的經驗，進修的方式必須要多元，例如：成立成長團體，能夠讓學校的老師依照他們的興趣及需求，自發性的成立成長團體，我覺得這種成長團體效果最佳。譬如說，他們自己成立讀書會或是工作坊來成長，這樣的方式最有效果。另外，我每個學期也會安排一次或兩次的經驗分享。我的作法是由教務處事先規劃行事曆，註明哪次的進修要讓老師做經驗分享，並且事前做規劃準備，就他的班級經營、教學技巧、溝通輔導等方面，提出自己的寶貴經驗與創意做分享。這樣的經驗分享，會讓老師們專心聽取別人的經驗，而要擔任講師的人，也會很用心準備。幾年這樣做下來，我覺得成效非常不錯。

另外，還有影片欣賞的部分。多年來，我會很用心的去找和教育相關的影片，然後安排一次的進修讓老師們觀賞，這樣的影片可以讓老師收穫良多，或是改變原有的觀念，甚至從影片中吸收到的，可能不亞於一個教授的演講。老師們看完之後，如果交了心得報告過來，我會以增加參與研習次數十次來做獎勵。另外，我還會鼓勵老師做專題研究，當他們有一個小組願意做專題研究，我也會在經費上給予適當的支援，這種成果出來，也可以提升他們的專業成長。另外，我要提出來的是推動知識管理。既然我們要讓老師專業成長，要協助這些有成果出

來的老師，我會幫他們出版，這對他們來說是一個很大的鼓勵，而且這些出版品，也可以給有需要的人做參考。

除了出版以外，我們也可以幫助老師有個人的網站，還有學校的網站可以提供平臺，讓他們發表，讓更多人來分享。所以，我認為透過有效的知識管理，可以幫助老師專業成長。最後，有一些教學不力或是表現較弱的老師，我覺得這方面校長能提供的幫助實在不大。有些老師不管你怎麼和他溝通，或是找同仁幫忙協助，對他的成長幫助是很少的，甚至於他會拒絕成長。所以，對於這一類老師的策略，坦白說，我認為是無解的，最有效的方法就是鼓勵他離開學校，去尋找對他更好的生活方式。像是最近我學校裡有一個音樂老師，他的音樂素養是很足夠的，可是上課的方式卻讓學生及導師無法接受，不管我怎麼跟他溝通都無效，所以我就輔導他離開學校，還好後來他也認為該退休了，所以這件事情就解決了。

## 李校長：

教師是教學的主體，校長只能在領導上給他們某種方向與更多的激勵。基本上，我認為老師還是要有這樣的自省能力會比較快。專業成長應該有兩個：一個是基本能力，另一個是專業能力。基本能力包括班級經營、課程設計、教學方法、教學評量、親師互動，以及對特殊學生的管教與輔導，這些屬於老師的基本素養。照理說，除非是很特殊的事情，不然老師在這方面應該都有一定的水準。今天要談的重點，應該是專業的部分，也就是老師在基本能力之外，還要有專業能力。目前的趨勢是給老師的東西愈來愈多，所要求的面向也愈來愈廣。所以，最近我們會建立一個人才資料庫，我們希望每個老師除了基本能力外，還要有兩到三項的人才資料，人才資料是配合學校的發展。

這裡所謂的人才資料，我想電腦方面需要、成果發表也要、各種運動社團帶團的老師也都要，因為既然有了一個團隊，勢必會對外參加比賽，在訓練的時候，必須要有兩個面向。第一個，要注意老師的興趣和專長是否符合，而且他要有意願。所以，我們會鎖定年紀輕的老師，在志願表上，我們會要求他們寫出想

發展的專業方向，會鼓勵老師們去研習進修，並且在經費的允許之下，提供更多物質的資源，讓他們有研究發展的機會。當然，事後要要求他們做出產出，譬如說：重點的項目會要求他負責代表去比賽，或是回來時必須做經驗的分享，以引導更多老師的專業成長。另外是配合教育局，一年裡面會有許多的競賽，我們如何突顯校務經營的績效，從這個地方就可以看得到。

　　目前我們這個部分的規劃，我覺得成效還算不錯，這也可以突顯學校發展的特色，也可以讓老師有個明確的發展方向。也許對於老師來說誘因不是很夠，因為現在整個大環境對於老師的專業成長，誘因是不足的。有些老師如果不考主任、不考校長，對他們來說，是沒有任何誘因的。另外，如果他的表現不是很差，其實也沒有辦法強烈要求他。所以，要如何鼓勵他，必須要有個明確的方向。也就是說，能和他個人的生涯發展做相當程度的結合。譬如說，如果他想往研究所的方面發展，就可以鼓勵他做專業能力的訓練。或者如果他想在教學這個里程中有某種收穫，也許是某個單一領域的專業老師，可以為他提供成果發表的機會等。我想這也是一個鼓勵的方向。如果這個方向明確訂立了，事實上是比較容易達成的。

　　當然，相對的，表現比較不力的老師，以時代的淘汰來說，雖然是愈來愈少，但是說真的，校長沒有多大的能力，除非你用很多種策略，不然是很難去改變的。雖然我們的經驗充足，可是在行政上也會有很多的無奈。

　　接下來，我要提到的是關於教師進修的部分。事實上，每一年都有很多的發展方向，對於老師的要求也是很多的，一年甚至有兩、三個主題。可是學校如果沒有辦法做到單一主題，或是屬於自發性的來做進修，是看不到什麼績效的。所以，我主張一個學年只要一至兩個主題，這個部分是教師進修要特別注意的。

　　可是，令人無奈的是，我們光講教師進修，可是在小學裡面，教師進修是沒有多少經費的，甚至一年下來進修經費不到兩萬，這是令人感到比較缺憾的一點。小學不像大專校院，可以用研究進修來作為教授升等的依據，甚至可以向國科會申請經費補助，我想這是最直接的，不像是一般老師進修，可能只是看看影片、聽聽演講，花的成本是很低的，這樣的話可以有多少績效呢？所以，教師進

修若要有成效，要配合學校的發展，以主題式的或是自發性的為原則，才比較可行。

## 王校長：

　　老師的專業成長，如果用強迫式的，效果會非常不佳。我把帶領老師做專業成長的研究分成三個部分。第一種，做行動研究，我會鼓勵一些優秀老師帶頭做行動研究。行動研究是從教學現場的教育問題找尋研究的項目，譬如說，對於一些班級經營不好的老師，我們可以透過班級經營的行動研究，讓他們去討論，這樣的研究沒有約束性，給予他們充分的自由。但是我會預設一個條件，就是要有一個這領域的教授去指導他們，我們並沒有給他們壓力，但是在他們和教授的長期研究中，有時會引起他們很大的興趣。

　　第二種，就是學校硬性規定的進修方式，這樣的進修，內容和範圍都很大，效果也可能比較差，因為進修的內容不一定是老師們所感興趣的項目，這種進修比較像是形式上的進修。這樣的進修不一定是無效的，對於大部分認真的老師來說，他們也會很用心的在做進修，可是對於某一部分的老師來說，他們可能會抱持著打混的心態。所以，這種政府規定形式上的進修，效果可能會不如理想。

　　第三種，就是針對課程做研究。這方面的東西，我覺得最重要的就是目標，帶領老師對目標做分析研究，這就要敦請相關領域的教授來指導。對目標、對教材做研究，先要了解目標，再去了解教材內容，去想要用什麼方法教，然後來評量學生是否有學到預期的成效，這都是一系列的。我認為課程研究的部分，如果可以讓老師清楚了解教學的目標要達成怎樣的效果，這方面他的教學成效就會很理想了。

　　接下來是關於教師提升教學成效，這是比較難做的。我的作法是，第一個，要求老師做教學團隊的分組，教學成效比較差的老師，把他編到比較優秀的老師那邊，用母雞帶小雞的方式。這樣的話，在團隊的運作中，他也會感受到無形的壓力，團隊要做什麼事，他也勢必要跟著走。

　　第二個方式是同儕的輔導。這有一個好處，會讓他認為我們不是在考核他，

而是找人在幫助他。所以，一方面可以透過教學團隊的運作方式來制約這個老師，另一方面也找同儕來輔導，當這兩種方式都沒有效果的時候，我們就會用實際控管的方式，就是嚴格監督他，才有辦法解決。

回到剛才的主題，關於提升教學績效的部分，我有一些看法。要帶領老師做研究，怎樣去進行有效的教學，我比較傾向於讓老師用科技產品來教。譬如說，用單槍投影機、手提電腦、投影機等器材來教導學生，我想一定會引起學生的興趣。

第二個，就是要懂得學生的心理。有關這一點，我覺得教材的轉化很重要，如果只是照本宣科，唸課本的東西，是沒有什麼意思的。教材轉化有幾個方式：(1)教材故事化，引導學生從故事中學習；(2)利用故事來引起學生的學習動機，尤其是小學生，會比較喜歡這個方式；(3)鼓勵老師將教材做系統的介紹，如此一來，學生學到的東西比較不會凌亂；(4)鼓勵老師做學習成效，就是預設自己教完一個單元後，學生要達到怎樣的成效，由老師去檢核是否達到標準。如果學生有達到預定的成效，就表示老師的教學是成功的。

**曾校長：**

在鼓勵老師專業成長跟成效方面，就技術上來說，我比較堅持要配合政策。譬如說，臺北市前年實施寒假研習三天、暑假研習五天的政策，我就會嚴格要求老師們全部一定要實施，因為對於老師的公平性很重要，不能說只有一、兩個老師去研習，其他的就不要管。制度面如果有這樣的公平問題出來時，如果不公平對待，團隊的士氣就會出現裂痕，當然也要抓住主軸。如此一來，只要制度面能夠建立制度、配合政策，並且堅持到底的話，應該都做得了。但是從 1996 年以後，臺北市推行的政策，如田園教學、小班精神、開放教育到現在的九年一貫，一直被批評很多，也因此，技術層面改很多，但是態度、價值和思維模式的部分，是很難改變的。這一個部分雖然我很努力想要去改變，但是成效尚待進一步考驗。

譬如說，我把老師分成三個成長層次：個人成長、團隊成長和組織學習。而

且，我認為小學老師應該分成三類：帶班老師、科任老師、行政人員兼科任，他
們的專業成長、發展趨向應該是不一樣的，但是共通的部分，我是希望他們能夠
往高附加價值去成長，比如取得證照，這也是未來的發展趨勢。取得證照有這樣
的一個脈絡，他們的動機和規劃也會比較強。在團隊學習的部分，我認為要鼓勵
有能力或是比較資深的老師出來帶領其他的老師，這樣的擴散成長會比較快。

　　另外，對於表現不力或較弱的老師，我會鼓勵他們請假休息，或者鼓勵他們
離開學校，或者請比較資深的老師去教導教學能力比較差的老師，但是這有一個
後遺症，如果長期在教學現場這樣做，會讓這位年輕老師的教學權威無法建立。

　　最後，我想提兩點來思考。第一個，我希望將來的教育政策要和校長一致，
鼓勵寒暑假的進修。現在九年一貫的課程下來，其實學習時間是不足的，如果要
有很多的進修，勢必會造成學生學習質量的降低。如果大家都有共識，把活動都
安排在寒暑假辦理，也可以慢慢導到分級進修、證照制度等的進修，會比較有發
展。第二個，標準要建立，並且要提早公布，還要有個緩衝期，如果檢驗不行的
話，有了緩衝期給他準備，過了緩衝期就要開刀，才會讓他們有警惕心，才會一
直奮鬥下去。

## 蔡校長：

　　最近，臺北縣在進行九年一貫課程訪視，這方面我比較重視專業成長。一般
老師對於專業成長的定義，總是成長大於專業，這是蠻可惜的。我認為如果一個
人的成長是跟著生涯規劃的話，只有成長而無專業，而是應該跟生涯規劃的目標
相結合。談到專業發展的部分，一般有了專業目標，一個老師在教育行業裡，應
該要有專業性，他勢必要為教育而為，為學生的學習而為，同時更重要的，要為
了他未來專業成長的目標來努力。

　　校長如何引導老師的專業成長？我從方法上著手，我會認為只有從支持和倡
導去著手。倡導和支持的關鍵就在提供機會，這樣老師才能在我們有意無意的領
導下進行專業成長。關於提供機會這方面，我的作法有兩個，一個是鼓勵進修。
有一句話說：「登高望遠。」我當老師的時候，當時的校長鼓勵我去插班大學，

因為被這句話所影響，我現在也會告訴老師們要「登高望遠」。假如你一直停留在原地，教學層次、策略等沒有辦法從理論深化，同時也無法了解整個教育的主軸，也許教出來的，只是停留在某個階段的孩子而已，所以我鼓勵老師們一定要進修。

第二個是自己要以身作則。有一次學校的老師告訴我：「校長該要去讀書了。」我問說為什麼我需要讀書？他回答我：「因為每一次你講話，總會讓我們覺得好像沒有辦法提升，我們被你影響之後，好像自己也變得不知所云了。」所以我被老師這樣一刺激以後，便發憤圖強跑去讀書。進修完了以後，老師就過來跟我說，我在上課時和同學的互動或是和老師之間的互動進步了很多，老師認為校長有進步，我自己也覺得很高興，這是一種教學相長的成就感。再來就是我們學校辦的教師進修，我會很強調老師之間的互動。譬如說，我會建議老師多多分享經驗，所以我的學校每個禮拜的教師晨會，我就改成教師的經驗分享，無論老師們是看到什麼教育相關的消息或是教學心得，都可以提出來和大家分享，在分享的時候可以激盪出很多想法的火花，這是非常重要的。

第二，教師的專業進修要經過有計畫的安排及結構性的處理。所以，我也會要求每個月要有一次學校安排的進修活動，這樣的進修活動，當然可以結構性的處理，也可以讓老師提出想法，經由大家共同討論，來決定我們要的是什麼東西。第三，透過某種機制讓老師去成立自發性的成長團體，而且校長要非常支持。這種自發性的成長團體，一方面可以透過教授去辦，另一方面可以由三、五個老師自己成立讀書會。更重要的是，如果他們願意的話，還可以結合校外，打破校際的界線。這樣做下來，老師的專業成長一定可以慢慢的深化。校長要如何領導老師的專業成長，我只有一句話，就是「以身作則」。

**薛校長：**

我先從我怎樣發現這些教學不力或表現較弱的老師來說起。其實，從孩子在團體中的表現，從我們調閱孩子的習作內容，還有平日老師所繳交的任何東西，還有家長的反映，或是我們固定的巡堂，我們大概都可以從這些方面發現到端

倪。再來，要對教學不力或是表現較弱這樣的行為下一個定義。我想，教學不力是有能力而沒有心，或是沒有能力也沒有心這兩種。有能力而沒有心的老師，如果我們可以影響他，他會變成一個教學上非常優秀的老師，而現在在表現較弱的部分來說，是他本身沒有教師的特質、領導能力的表現較弱等。對於這兩種類型的老師，輔導的方式也不太一樣。

有關於輔導的部分，對於偏遠地方或是校地廣大的學校來說，應該都是朝向團體式的輔導。譬如說，像是老師尚未到學校時的職前訓練、研習，或是主任的帶領，但是對於表現較弱這一個人的部分，我們大概會朝向同儕輔導，或是讓他觀摩其他老師的教學，經常讓他們進行對話，或是我們有比較大方向的方法，就是由舊帶新，由較資深的老師帶領這些老師，讓他們每天都可以看到別的老師是怎樣表現的，讓他們隨時做教學現場的觀摩。再來，我用退休老師一對一的輔導。今年來我學校的公費生表現很差，所以我請退休老師來和他一對一的輔導，讓退休老師針對他表現不足的部分加強訓練。我發現這樣的方式收到了很好的效果，這是有關較弱老師的部分。

另外，關於同儕的影響力，我們也一直都在用。還有主任的研習部分，在我們這種大型學校裡，大概都是分組研習，大概什麼方法都用了。如果靜態的聽講，他們覺得厭煩了，我們就改為動態的，像是移地訓練，到植物園去、到博物館去等。當然，這方面的經費是一個很重要的關鍵。若是沒有經費的話，是會有很多問題的。最近，因為我們學校經費比較充裕，所以我就常舉辦動態的研習，並且發現這樣的研習方式，可以收到很大的效果。因為是由專家在講，所以大家的神情都顯得很認真。

最後，如果這些策略都沒有用了，第一個，我就要堅持法律和政策的解釋。譬如說，每一位老師都要有檔案資料的話，我就會說，政策就是這樣子規定，所以每一位老師的檔案都要出來，然後我就一個個看，一個個寫意見。再來是關於獎懲的運用，好的老師我們都會一直去嘉獎。可是目前，老師的心態會認為，嘉獎若不能提供他的加分，其實也沒有什麼用。其實，考核可以這樣子運用，像是之前我的學校裡有一位老師，雖然有能力，但卻沒有心，於是我在考核上給他二

等的評鑑，接下來那一年他的表現就變得很好。再來，用常聘，我們學校有一名老師，他剛好要通過常聘，我就不著痕跡，在他的常聘通過與否上突顯他是否優良。再來是面對問題，藉機開刀，像我之前碰過一名老師在我的面前打人，我就把這個問題擴大，藉機開刀。當然，這樣的策略會讓這名老師對我的印象不好。

## 黃校長：

對於進修的部分，我來提供一些想法。一位老師在教學專業上是需要不斷成長的。我們看看過去和現在，會發現現在的老師在整體情境、個人意願、實際進修的作為來說，是比以前來得進步許多。我也會感覺到，假設我們的政府設置了一些制度以及一些機構，會有助於整個情境更加提升。在制度上，我們小學的週三下午，會留給老師們做一些活動或是進修，因為有這樣的時間，學校會覺得這個時間一定要安排，讓老師能夠有所成長，不管是在身心靈或是專業上。有時候制度上的建立，影響面會比較普遍且深入。我一直希望說，行政要從制度上去建立，而領導是需要的。譬如說，以校長帶動學校的進步、帶動老師的專業成長來說，校長的角色是建立在一個好的制度上，然後再不斷運用一些領導的策略。

所以，在協助老師進修的積極角色上，校長要很積極的去規劃每年的研究主題，以及在每個階段上要怎麼配合政策作為。譬如說，現在推動九年一貫課程，或者在某一階段是在倡導老師的輔導能力要提升，教育部也曾經推動計畫，要求每一位老師的研習時數要夠等，諸如此類，如果說政策有一個積極的作為，校長也非常重視，能夠借力使力，在制度上去領導，成效是非常顯著的。譬如說，九年一貫課程要求老師要進修三十小時，可是只是這樣說一說而已，不像以前會規定，你要進修滿三十小時，才會給你怎樣的東西。其實，我們的腳步也有點亂，像是老師的講習進修還沒做好準備時，就已經開始實施了。這會讓老師覺得，即使他沒有學習相關的東西，也是可以去教九年一貫的新課程，即使後來學校要他去補，他也會覺得可以慢慢來。如此一來，這樣的政策就變得不普遍了，而且學校的一些作為也會變得奇怪，很多東西好像加上「九年一貫」上去之後，似乎就滿足了，任何的研習都可以掛上「九年一貫」，所以政策面是很重要的。

　　再來，校長的激勵也是很重要的。我們去激勵老師做進一步的進修，不論是研究所也好，或是進修行政上的專業也好，鼓勵他去學習主任的行政，甚至找他來代理主任，因為受到這樣的激勵，對他的影響也是很大的。再來就是校長也可以當一名任務交付者，有時候我們會注意到老師的一些能力，如果遇到有相關領域的競賽或議題，就請他們負責帶領學生去比賽，或是帶領其他老師做議題的研究探討。這樣的任務交付過程裡，老師們不會認為他們很辛苦，不會認為校長是故意找麻煩，他們反而覺得很有成就感，因為校長看得起他。所以校長用任務交付的方式，也是可以激勵老師的成長。

　　當然，校長也應該是個考核者。譬如說，我們會發現一些老師不常參與進修，在教學表現上也跟不上時代，這時候，就要用考核者的角度、用制度去堅持要求老師該做到什麼事。再來一個是資源提供者，學校研習的經費是很有限的，我們曾經在市府編列學校預算時，倡議說學校可以類似企業一樣，有固定的研究經費的比率，有比率時，自然會帶動研究的成果，目前可能還做不到，因為整體教育經費是缺少的，大學可以申請國科會的研究經費，如果小學也有類似的機構，研習中心好像也可以申請行動研究的經費，也可以得到教授的指導和發表的機會，不過這個機會太少。所以說，如果這樣的機會可以建構更多的話，是更好的。我們也是一個大型學校，除了一些比較理念性的東西以外，如果全校一起進修研討，成效也不是很好。所以，我嘗試做分組，如此一來就需要更多的經費，而經費的來源就需要校長去找，所以我就去找家長會，希望每年能夠編列一部分的研習進修經費，讓各個研習團隊增加他們的研習，或是聘請師資。

　　總結來看，我還是會建議整個行政體系的目標，要倡導老師的專業成長，一定要落實到制度層面。假設我們說教師分級制是有效的，他的目標應該是教師分級制可以促使老師加強其專業成長的成效。假設分級制在短期內無法達成，我認為可以先有個策略，像是現在老師是領學術研究費，學術研究費要把它拿掉是不太可能的，大陸現在有對老師做績效評估，但是要推翻一個舊制度並且重建一個新制度是很難的。

　　我倒覺得考核是讓政府可以易於切入的部分。假設我們從考核的地方界定一

些基本標準,譬如說,第一個,每一位老師每年都要提一個研究計畫。第二個,我們要評估每一位老師的教學成效,除了平常學生的反映外,還要要求他們每一年度至少有一次的教學觀摩,這是一次正式的專業診斷,讓同儕間互相評估,姑且不論評估的過程是否嚴格,光是這樣的制度建立,就能夠有效了。

如果要求老師去完成這樣的事情,才能夠得到甲等的一個月獎金,不然只能領半個月份的,這樣一定是立即且有效的。有時候行政制度的建立,會比光是談領導來得有效。像是臺北市目前的九年一貫課程用群組的方式,群組裡就有行政研討、工作坊、研習等,帶動各領域或是行政上的互動分享。所以,制度上的實行,通常是更普遍而有效的。

## 郭校長:

一個學校的專業成長,要看學校的組織氣氛和學校平常的機制,以及老師的素質才能做提升。以誠實國小(化名)來說,首先,校長要以身作則,校長要比老師們走得快又好。我常常告訴老師們,我去參加了哪些座談會,或是做了些什麼,讓他們知道別人做了什麼,讓他們有危機意識,警覺自己沒有做的部分。第二,我會從平常的工作中提醒他們目標的追求,譬如說,學生在對外比賽的成績不好,我就會提醒老師們多注意。第三,告訴他們未來的教育制度會怎麼發展,譬如說證照制,所以每個老師要去追求導師的證照及領域的證照,我會激勵他們做個人專長的培養,以及教學專業的成長。除此以外,我也會告訴老師們,當我去觀摩別人的成果以後,再回來檢視我們自己時,有哪些長處及短處。很高興我和平安國小(化名)、活潑國小(化名)以及外縣市的國小有很多交流。

所以,校長以身作則、提醒危機意識,還有把未來趨勢告訴老師,老師心裡會比較有底,知道自己有什麼,還缺了哪些東西。其次,教師專業成長,我會分為個人成長和團隊成長。關於個人成長,我會鼓勵老師去讀書、去考研究所。當然,這方面的名額我們有限制,但是暑假短期進修或是念夜間部的學校是不受名額限制的。所以,我們學校老師的專業成長很不錯,博士老師很多,我會把考研究所的資訊放在辦公室,或是拿給主任、組長,告訴大家最近有什麼議題,大家

可以去考，讓有興趣的人去拿。有些主任或老師就會去考考看，等到他們念完書回來後，教學的品質會比沒有去讀好。我也會鼓勵行政人員去考，也鼓勵各領域的老師去追求發展，讓他們加強自己專長的部分，以便在社會上占有一席之地。如果有別人或是國外來聘請他，我也會讓他去。等他回來後，我會希望他能和大家一起分享在別的地方的經驗。

除此之外，我們學校也有很多的研究，因為很多學校都願意和我們做研究，所以目前大概有十幾項的研究案在進行，每一項研究案都有一個團隊在負責。事實上，這就是在培養老師研究各種主題的能力。學校的發展也讓老師知道，譬如將來國語、數學、英語要進行檢測，我們的檢測成績，大家是不是要開始有一些策略。所以，數學老師是不是專任，讓老師去討論。假如是專任，哪幾位可以勝任，不夠的是哪些地方。現在有一些研究機制是不是要去參與，去參與的老師回來就變成專家了，甚至外面的人會聘他去做科展的評審，因此老師的地位、成長與發展都會得到提升。事實上，他也可以變成研究型的老師。今年我們主要是要推輔導老師，而每一年的主題都不同，我覺得這些機制，在平常和老師討論的時候就要做。我們學校還有一個特點，就是寒暑假的工作坊是要確實運作的，每一位老師都要參加，每次活動結束，就公布老師的簽到單，沒有來的老師，就要跟人事報告理由，每一個處室都做這樣的檢測。所以，專業成長要跟著學校的目標發展，然後跟著學校的老師們一起去規劃設計，這一部分我們一直做得很好，在暑假以前，我們就對進修活動做了完整的規劃。

另外，對於比較弱的老師，我們有幾個機制去因應。第一，我們有教學導師制度，也一直在做教學觀摩會，資深的、資淺的都要做，資深的就是專家，做給大家看，資淺的就是要被同儕認證，你會教國語科混合教學才算是誠實國小的老師，當然，只有教國語是不行的，現在有很多科都要會，所以其他領域的部分，老師也都要開始做。第二，進班觀察。假如有家長反映老師的教學不佳，老師就必須接受進班觀察，由有教學導師證照的老師進去。有些老師或許會對此排斥，我就會跟他說，如果沒有看到你教學好的一面，我們要怎麼跟家長說明？所以他們也只好接受。這樣的觀察至少要持續一學期才行。第三，每次的考核委員會

議，都會有獎勵，都要經過考核委員會，也會注意平常考核比較不好的老師，進去考核後，處室主任要報告他看到什麼進步或退步的地方。

我們平常的制度也在做。假如有一些老師擺錯位置，譬如說，有的老師不適合當導師，可是卻讓他當導師的時候，職務編排委員會會說明這個老師在擔任導師時，發生過什麼狀況，所以職務編排委員會會重新審核他是否該卸任導師之職，去當領域老師。我們學校裡的領域老師，大家都搶著要，所以我們對於領域老師會設限。假如當了領域老師，我們會考核兩年，考核不行的話，他自己也會覺得不恰當，但是因為老師的流動率不高，他自己不得不成長，就會找一個資深或是優秀的老師來做同儕輔導，他也會接受，不然他會沒有生存空間。我們所做的，一般說來，就是用體制、機制來考核老師，校長和行政就不會那麼被討厭。

**張校長：**

如果把剛才大家所說的經驗結合起來，一定是一個非常有效的校長在領導老師的成長，不過校長好像沒有那麼多時間。各校的情況都不太一樣，我一直在想一個問題，我們在談如何引導、協助老師做專業成長時，可能要從三個角度來看，那就是：(1)現階段教育改革、現階段課程改革這兩方面的時空背景不一樣的因素；(2)這個學校的發展目標或是階段性發展的時候，它的任務和性質是不一樣的，譬如說，老的學校和年輕的學校是不一樣的；(3)老師的結構，一個學校裡面的老師，大部分是年資老又不想做的，還是年紀輕且想做的，或是年紀輕又不想做的，其實都不一樣。

從這幾個角度來看出這個學校的老師專業成長的需求，校長再來決定該怎麼做。就我這幾年的心得和作法來說，我會分析九年一貫課程實施後，是這一波課程改革相當大的部分，由這麼大的課程改革，我們來分析老師的專業成長要怎麼做。我知道有很多的學者教授，甚至包括教育局、教育部，一再的做教師評鑑和課程評鑑，要求你要做什麼給他們看，你有沒有達到成效。可是，這次九年一貫課程的改革，大部分老師最大的需求就是：請你告訴我怎麼做。可是事實上，學校本位課程也好、協同教學也好、課程統整也好，在臺灣大家都不知道怎麼做。

像這樣的情形，對於我們這種新設的學校來說，第一年開辦時，有一半的老師是初任老師，另一半是只有約聘兩、三年的任課老師。

現在，我們學校有一半以上都是初任教師，真正教個五、六年以上，認同這個學校的理念而來的老師也沒有幾個。在這種情況之下，怎麼可能帶老師做專業成長呢？我怎麼可能要求老師們要做出什麼來給我看，只能讓校長做給老師看，所以我就花了很多時間，把課程理念和架構建立起來，並且找出課程發展的階段性，甚至要老師們做的部分，都先把案例模擬出來。開辦的時候，老師進來了，暑假就把他們找來研習，做職前訓練，告訴他們該怎麼做。這裡面，我利用團隊文化的約束力換取他對團隊的認同，利用一個團隊整體的成長，來帶這些年輕的老師。

在整個教師專業成長的策略部分，我用學校課程的年度主題的團隊研究，取代零散的教師進修研習，不是說進修研習不重要，只是它太過零散，還要把它轉化為有效的教學，或是轉化為我們學校校本的一個有效策略，事實上還有一段時間的。如果學校有一個年度的研究重點，教師團隊都投入這個研究中，這樣有幾個好處：(1)學校的課程有了一個主軸、目標和策略去發展；(2)老師在這樣一個團隊主軸的研究發展策略上，本身就有無限的教師成長機會。

以我們學校來說，第一年就做主題統整，包括學科領域的課程統整與彈性課程的統整。這樣的統整做出來之後，第二年我們就在這個主題統整上，告訴老師們該如何做協同教學。第一年所發展出來的主題，後來並沒有取消重新再來，而是在第三年的時候，在原來的基礎上做多元評量，第四年再把學習的運用放上去。所以一年一個主題，老師在無形中會更成長，這樣下來以後，再給他們一些激勵措施。譬如說，鼓勵他們把發展出來的課程資料整理出來，留下檔案來傳承。

如此一來，能夠有原來的資料可參考，不必每年都要創新教學、每年都要重來，並且每年維持一個對外發表會。我們會在10月舉辦，會對外發表年度重點，學年團隊和領域團隊也都出來發表。譬如說，一個學年八個班，一發表，八個班都要做教學觀摩。9月份開學，10月份就要參加教學觀摩，教給校外的老師看。

由此可知，老師們的壓力是很大的，但是整個團隊也因此而成長。然後，把這些整理出來發表的資料拿去參加行動研究，得獎了，會給予老師無形中很大的成就感。接下來會安排校內的經驗分享，譬如說，老師晨會的時候，因為時間較短，可以針對班級經營或是內容比較小的部分來做分享，而像是星期三的下午時間比較長，就讓老師分享學科領域的研究以及內容比較多的部分。

接下來就會有校外的人來邀請做演講。老師去了以後，除了可以增加他的成就感，也可以吸收校外的經驗回來。這樣的過程，實施已經有四年了，但是也會面臨到一些現象，譬如說，因為我們學校不是讓老師自發性的成長，而是由學校來主導課程的發展，這樣實施下來，老師的壓力很大，所以我們都感覺很累了。今年我們比較放鬆，把主導性放鬆時，就會發現這些年輕老師，像水一樣到處亂流。所以，這樣的情形和很多的個案，與各位的學校不太一樣，現在我們面臨這樣的轉型期，必須重新調整策略，至於後續要怎麼做，剛好是這段時間，我們學校正在觀察、討論的時候。

## 主持人：

剛才沒有聽清楚，「像水到處亂流」是什麼意思呢？

## 張校長：

過去幾年，學校的課程發展有一個主軸性和方向。後來，我們就把主導性放鬆，因為大家都覺得累了，所以當我們讓老師放鬆一點的時候，就發現學年的討論氣氛和原來的制度會慢慢鬆散，還有他自己成長的方向，已經開始鬆散或是多樣化了。多樣化不是不好，裡面有很多創意和方法。譬如說，去讀研究所的很多，去參加外面研習而有成長的也有很多，但是也可以看到少數的老師已經開始墮落。原來是用團隊群組在帶，後來如果稍微放鬆一點，就會發現這種現象。

## 賴校長：

我們國小是個偏遠的學校，學校老師的資歷都很淺，而且大部分都不是師範

生，有的是幼教的、有的是中教的，所以他們在國小專業上，確實有比較多的成長空間。我們這些擔任校長的、擔任行政工作者，要引導他們的責任就更重。就我個人的想法，其實專業成長若能和工作、生活做結合，可以同步進行的話，比較可以成為他們自主性的力量。從這方面的努力，可以幫助老師比較願意在專業上成長。

校長的角色是重要的媒合者，可以透過資源或觀念的倡導，讓老師自主性的成長。當然，用整個制度的規劃與形成來促進老師的成長，也是必須的，所以校長是很重要的媒合者。在我們學校的整個作法是這樣的，第一個就是讓老師明確知道學校的發展方向、課程的目標，以及哲學的思維。而整理的工夫，通常都是由我來做，讓老師知道學校是怎麼發展，因為老師們都會希望我能夠針對這方面做說明。當然，有一段時間的構思期，並沒有辦法讓他們非常了解，不過就現場探索狀況之後，我個人就提出了我的想法，等到方向確定後，我覺得對老師工作上的專業成長有很大的幫助，老師們會知道學校的方向要怎麼走。

當然，不一定我提出的想法就是對的，可是想法提出之後，都會在一個開放的空間讓大家討論，等到方向確定之後，確實會對老師們的工作方向及成長方向有凝聚的作用。另外，也要讓老師知道目前的重點。就國小階段來說，其實有很多事情要做，每一件事情都要做得完美是不可能的。目前整個學校的階段性發展狀態，要讓老師們了解，才能整合所有老師的力量以及資源，朝一個方向去做努力，如此一來，對於老師的專業成長及工作上會有幫助。第二個部分，要建立專業對話的機制，這個機制很重要，像是我們學校每個星期二下午只上兩節課，是只上最低時數，不過我們也增多了兩個時段的社團時間，所以學生的總上課時數並沒有減少，只是星期二下午上完兩節課後，學生們就可以放學了，而剩下的時間，就是老師們討論課程的時間。

這個時間的增設，對老師之間的互動很有幫助。在共同討論的過程中，對於一些成長比較慢的老師，會形成壓力，他們聽見別人是怎麼做的，而自己尚缺乏怎樣的東西，會激勵他往前進。所以這樣做，可以讓老師們互相激勵，而且透過討論，也有互相激發想法的功能。所以，這樣一個時間的訂定，而且有一些具體

的議題，這些議題是和老師的教學以及學校的課程相結合。因為我們學校比較小，所以全校老師可以一起來討論。

　　第三個部分，我會嘗試用專案來帶動成長課程，這些專案必須要和學校的階段性發展相結合。之前教育資料館有找我們學校做影片拍攝，我也鼓勵老師們去參與。老師在參與的過程中，會感受到其實並不難。因為我們很多老師，可能會認為他是在一個小學校，而且才剛教幾年，所以覺得九年一貫做起來會非常困難。但是，讓他去參與是給他取得自信心的機會，讓他感受到事情並沒有他所想像的那麼困難。所以，透過專案得到一些專家的支援，並且可以和其他學校互動，也可以得到經費上的支援。所以，專案的部分也是我們所努力的方向。

　　第四個部分，我們讓老師能夠感受到成長的需要。他如果覺得自己有成長的需要，他就會去努力。譬如說，學校在推展課程的時候，還是要有一些堅持，像是課程的主體思維，讓老師去做課程的思考，這是一定要做的。有些本位課程必須要發展出形式的東西，我們還是會要求老師去做。但是，他用什麼形式來呈現，可以讓他自主性的發展。所以，有些專業上的堅持是一定要的，而老師也都會接受這樣的力量。有了這樣的力量來引導，其實他還是蠻願意去做的。

　　另外，對於學校的一些課程發展，有時候老師會急著要我們給答案。當然，除了比較方向性的東西，我會很明確的給他們，有一些事情其實不用急著給答案。譬如說，老師會問課程該怎麼教？或是課程要怎麼設定等的問題。由於我們堅持一個方向，老師們會急著希望我們給他一個形式上的東西。我會在經過一個醞釀期之後再給他，這樣的效果會更好，因為對他來說，他會有一種匱乏感，認為自己很需要一些東西。當我們讓他去參觀別的學校，或是請專家學者給他導引時，效果就會非常好。

　　第五個部分，適度的外在刺激也是必要的。譬如說，我們會去參觀標竿型的學校，我們也接受別的學校來參觀。老師們接受別人的參觀，會帶給他們很大的自信。而且，他們也會去思考，自己本身有什麼東西，是可以給人家參觀的，這樣也能讓他們自發性的成長。另外，讓他去參觀社區，或是讓專家給予協助，都是很好的方式。

## 陳校長：

　　我目前的學校是一百零二班的規模，由於一個校長很難撥出很多的時間，我就把這樣規模的教師進修方式分成三個部分，作為教師進修推展的方法。第一個部分，就是普遍性的進修，讓老師們提升對現今比較新的教學方式或是教學理論的探討。探討方式分為三種：(1)我接受了二十八至三十個實習老師，分配在我的學校裡。每一個實習老師進來時，都會有一個輔導老師，輔導老師為了指導實習老師，他本身必須要有足夠的成長能力，否則他在教導別人的時候，會有窒礙難行的地方，也因此會有激勵他成長的一個效果；(2)辦理學校教學性的觀摩，有一些新的教學方式，由領域這邊來推出教學觀摩的方式，作為討論及研討的地方；(3)大概兩個學期，會接受一百個班的入班參觀或是教學觀摩。譬如說，外校以及師院的參觀，每次的參觀都會寫報告或是對教師的觀察，我們會印下來，同時交給老師看，讓他知道，在外人的眼中或是師院生的眼中，他是怎樣的教學方式，這都有辦法來激勵他們。

　　第二個部分是比較實質的進修部分，我就分為五種：(1)主題進修，每學期都設計一個領域主題。譬如說，自然與科技、資訊融入教學、藝術與人文的部分等，每學期大概做這方向的進修，這個進修是學校的本位進修部分；(2)由老師自發式提出個人的進修方式，譬如工作坊，像這個學期我們就做閱讀的進修，有很多老師自己組工作坊，做小說的創作或是其他的東西等；(3)分享。學校老師會在校內或校外做分享，分享的部分有助於他對自己專業的部分做一個統整。透過分享以後，這些東西會變成他實際的能力；(4)出版。如果有老師在某個主題處理得相當不錯，我們就會和外面的出版社共同擬定一個出版計畫。所以，我們老師會因為他自己的研究而成長，同時也讓他的書籍及心得，變成當今可以購買的東西，對他來說，這是一個非常大的自我實現之成長激勵；(5)讓老師在維持到一個平衡穩定的時候，參與一些課後的社團活動。因此，很多老師組了讀書會、體育性的社團、藝術與人文方面的社團。

　　第三個部分，現在的老師有非常多人在讀夜間班、暑期班的在職進修。在職進修的部分，每到一個年度結束的時候，我們就會請他分享，或是主題的發表。

畢業的時候，他們的論文就要交到我們的圖書館，每個人至少交三冊，以便讓其他老師觀摩和欣賞，同時也要對他這兩年來的學習心得，做一場概要性的演講，並且對他自己專業上的成長做反省性的分享，讓我們所有老師對他的進修有所理解。

## 江校長：

第一，教師進修的目的在哪裡？是回應學校發展的目標。第二，學校發展的目標是什麼？當然就是九年一貫課程帶得走的能力。一年級進來的時候，第八週我們就會做注音的檢測，我用行政做檢測，由這樣的檢測看出教學績效。我把標準化的測驗做出來，要求學生的分數起碼要九十五分以上。如果沒有，就當場把學生留下來。二年級有九九乘法表，在九年一貫課程實施後，我也沒有把九九乘法表放掉。在下學期時考九九乘法表，學生一樣要達到九十五分，若達不到，老師也要把學生留下來。如此一來，學校有了這樣的機制，到了哪些時段，就要檢測某樣東西，能力指標可以顯示得非常清楚。如果時間不夠，或者老師不願意把學生留下來的話，也沒關係，你可以不留，可是你要檢討你的教學方法。

我們從哲學觀點去看，我是認為人都有享樂主義，趨樂避苦是人的天性。因此，這樣的目標訂定了，補救教學要他們自己去做，而且六年級的補救教學要在畢業典禮完去做補救，補救完畢後，才發畢業證書。當然，這樣的方式必須要和家長充分溝通，這是用能力指標去貫徹，老師必須具備這個能力。第二個，雖然孟子說人性本善，但是我比較認同人性本惡的觀點，人性本惡的話，就必須用機制、用方法、用策略來帶他。第三個，從這兩個哲學觀點來看，我用了幾個策略。一個是學習型組織，因為目標是貫穿在那個地方，我要求他整個學年就是要這樣，整個討論過後，目標訂清楚了，而有學習型組織讓他去做團隊的分享經驗，進而成長。

再來是用教學觀摩來提供舞臺。我用了比較多的戰術，像是在七大領域裡，我現在做七大領域線上兼視聽教學，大概現在為了適應全臺北市網路居家學習的活動，所以在七大領域裡，我們負責四個領域，把老師們編組，每個老師都要會

用 Producer 軟體，不會的話教材就做不出來，所以這樣軟體的研習是必要的，讓他們用這樣的主題來分工，一人一個單元，我是用制度去強迫他們做。再來，像能力檢測的部分，譬如說藝術裡，書法是每個畢業生都要交作品出來。還有學生資訊應用能力，今年 4 月份，每個學生都要交一份畢業光碟。

從小一生開始，每一樣能力指標都很清楚，我現在就常常把整團的老師拉到外縣市來辦研習，把各科領域的老師的專業素養通通提升。教學本來就是老師的本分，如果老師做不到，就不要留在這個學校。當一個老師不行的時候，我就實施這些策略，讓家長來找他。公費生若能力不足，我就把他退回師院去。當然，對於這樣的老師，第一個還是要找資深老師去輔導；第二個，每天要他把做的東西交來給我，沒有的話就不准他去上課、不准他打混。對於這種有能力但是無心的老師，我就天天去盯他。如果還是做不好，就把整學年的老師找過來，那是他團隊的人，告訴他們團隊沒有成長，讓他們團隊去檢討這個老師的教學。

## 曾校長：

對於比較弱的老師，除了請他退休或是休息，似乎沒有比較積極的作為。我就分享我粗淺的經驗，我認為一個人要改變自己，要先學會面對。我們在學校處理教學不力或較弱的老師，會分為三個階段、五個步驟。第一個階段是「面對」，我們碰到這樣的老師有問題時，如果是老師和家長之間的，我們希望老師跟家長先見面，如果是老師和老師之間的，希望老師跟老師先見面。

譬如說，同儕對你的表現不滿意，認為你不夠專業、不夠盡職，我們了解了這個狀況，不會馬上介入。我認為介入的時機，要看他是否勇於面對。如果他沒辦法勇於面對，我認為問題會非常嚴重。如果他面對問題之後沒有改善，我們就要進行第二個階段，就是「支持」，支持指的是行政的介入。譬如說，如果他是輔導出問題，輔導專業上是不行的，我們就請輔導老師進入，如果是教學不行，就由教務處加進去，如果是訓導，就由訓導處加進去。

當然，要提供給他必要的支援。譬如說，資深老師、實習老師的額外支援，這樣的支持階段，我們大概是給一個多月的時間。如果支持階段還無法解決問

題，就要實行第三個階段，也就是「介入」。我們介入，不會很快做評價，因為我們民族的習性，通常在這個階段裡會公說公有理、婆說婆有理。所以，如果校長馬上做評價，大家會認為校長不尊重老師。因此，我們就利用外部的專家，將之前輔導的所有歷程的檔案交給專家去評估。評估完，將行政、老師和相關人員找過來，再看看行政要做什麼、老師要做什麼，甚至是學生及家長要做什麼，而不是只要求老師。這個歷程也要一個多月。

如果這樣還不行，就要開始尋求對策了，這時候校長就要出來。校長出來的話，通常家長會會長也會出來，老師也會被放到檯面上來。這時候，家長會會長要求老師出來。之後，我們也會把家長會裡面對於教育專精或是有學術背景的家長找出來，就變成一個團體來協商對策，到最後會做一個決定，這個對策如果歷時一、兩個月還不行，通常我們會保留兩個部分：一個是教育局的進入；另一個是我自己的最終決斷。

當然，這個部分對於一個老師從出問題，經過這樣歷程的輔導，通常會耗掉半年至八個月的時間。這樣彼此的協商溝通，通常老師還是會有所成長。如果成長到他認為適合這個環境，他會留下來，如果還成長不起來，他自然會請求校長給予其他的幫助，像是要繼續念書的就會去念等，因為這個過程，有各種積極的介入，不容易破壞他的名譽，他要去考別的學校的話，也是可以的，要不然就是出國去深造，大家好聚好散，這是我的處理方式。

## 蔡校長：

剛才幾位校長都說到，在自我實現的部分，讓老師們當講座，或是在學校發揮他的專長。我現在要分享的是，關於教學不力的老師，我最近處理的一個個案。原來這位老師是別的學校超額進來的，教師會在程序的審查裡，老早就知道他在別的學校的教學就是已經出問題的老師，他來了我們學校之後，我們就先跟他把話說清楚，我們希望他來了這個學校，要跟之前的學校不一樣，他也做了承諾。可是一個月後，發現他在班級經營，以及家長之間的互動都出狀況了，家長的意見就來了。

第一，我就先找他談。我告訴他說，我已經知道了這個消息，希望他不要走回以前的路子。否則，這個學校的機制相當厲害，因為我們學校的教師會對老師的規範是相當嚴格的。第二，跟他談完之後，我再去找教師會會長，教師會會長也知道這件事情了，我們就再給他一次機會。沒想到之後他還是依然故我，沒有任何改善。於是，接下來我就把教師會會長和這位老師再找來，再繼續和他談，他也當著我和教師會會長的面答應我們，會改善他的方式，說他教學前會準備、上課時會讓學生坐下來安靜上課、學生的作業也會按時批改、家長對於學生的表現必須是肯定的等等，他都答應了。可是，最後他還是沒有做到。

第三，我就把家長會會長也找來了，教師會會長被我煩得不得不跳出來處理。我這個教師會會長也覺得這個老師的教學很糟糕，到最後，就變成教師會主動要處理他。臺北縣因為有某一種狀況，所以就把臺北縣本身關於不適任教師的處理流程廢掉了，後來我去請示，他們說用教育部的流程。於是，教師會主動去教育部下載不適任教師處理流程下來給我，告訴我說這要分為三期：觀察期、輔導期和處理期。

剛才所做的那些，通通是觀察期的部分。觀察期可以不必有任何書面資料。教師會會長告訴我，從現在開始，所有的作為都要有書面資料的審查，所以我們開始對他做兩個月的輔導期。我安排一個教師會推派的教師代表、一個家長會推派的家長代表，以及一名行政代表，同時每一節課去觀察他上課。要對他進行觀察教學上課之前，我們跟他溝通過了，他也願意配合，可是他萬萬沒想到，我們在對他做紀錄，同時，我也要求這三種身分的人，每一次看完他教學之後，要跟他討論，跟他說有哪些地方尚須改善，這是一種程序，他也接受了。

前一個月的輔導期結束了，我們再開會。開會時，這些對他教學輔導的老師及人員，對他的評語都是「極不適任」，我就和大家說，沒關係，我們就和他來做一次總整理，把這些資料蒐集起來以後，告訴他教學要怎麼做、對學生的經營、他和學校之間的互動，以及行政之間的聯繫管道等。

到了第二個月，也就是下半段的輔導期時，連我都去觀察他了，這也是在告訴他說，我已經要對他採取行動了。後來，那三種身分的人繼續對他做第二階段

的輔導,每一次的紀錄我也都給他看。兩個月的輔導期後,我們再開一次會,接下來就進行到處理期了,所以就把所有的資料提供給教評會。教評會在審查所有的書面資料以及相關人員對他的評價以後,他才開始緊張,他發現送到教評會就麻煩了,因為這個老師一直覺得學校對他莫可奈何,他對我們都是虛與委蛇,他總覺得我們對他沒辦法。等到我們按照教育部不適任教師處理的流程走完後,教評會開會要給予解決,這時候他緊張了。他哥哥在臺東市當人事室主任,就找上我,我就把所有資料給他看。最後,知道事態嚴重以後,他哥哥要尋求翻轉,他告訴我兩條路,一個是如果學校決定解聘案一定要送的話,他就只有走申訴管道,因為如果走申訴管道,以教學不力來做不適任教師處理的話,成功的機會很少。

第二個就是告訴我說,我就只有繼續讓他留在學校裡,可是如此一來,對於老師的士氣影響很大,如果以後有老師的教學發生狀況,我們無法對他做處理。可是,基於對學校負責的態度,我認為不能讓他繼續待在學校裡。所以我告訴他哥哥,要他哥哥勸他,如果可以的話,要他趕快自行辭職,他哥哥可能也不太懂教育法令,他告訴我這名老師家裡的狀況因素,讓我一度想心軟。可是,因為教師會會長告訴我,如果我要讓他輕鬆過關的話,以後如果有任何事情,他都不管了。因為教師會會長也告訴我該處理,所以我也就借力使力。當我們的解聘案送上去以後,督學來我的學校查,也問我們是否有第二條管道可以幫助他,因為他家裡的環境實在是不好,如果解聘的話,是永不錄用,而且他一切該得到的福利都沒有了,所以我們問他要不要自行資遣,他也選擇了資遣。

而資遣的話,必須得到公立醫院的診斷證明,而且要自行申請,所以我請他去拿公立醫院的診斷證明,他也拿來了,那時候我才知道,原來他得到了憂鬱症。不適任教師處理的時候,我們雖然明知道他有精神方面的疾病,可是我們沒辦法強押著他去檢查,除非透過一定的程序,要求醫院診所對他做檢查。診斷書拿來了以後,最近他的資遣已經獲准,他也拿到了資遣費用,他就跟我說,感謝我救了他。為什麼這麼說呢?因為他曾經一度要自殺,如果他自殺成功的話,這個事情就麻煩了。所以,我一直覺得,對於教學不力的老師,第一個我們必須要

懂法，如果不懂法，處理的時候麻煩會更多。

　　第二個，以現在這種教學不力或表現較弱的老師，依照我的判斷，應該是動力和能力的問題。像剛才那名老師，以我來看是沒有動力也沒有能力，以現階段的教育環境來說，有些老師沒有動力，可是他有能力，有一種是沒有能力，可是他有動力。對於這三種，我最近的想法是，對於那些有動力而無能力的人，我準備用激發的方式，讓他自己去成長，因為對於有動力而無能力的人是可以救的。至於有能力而無動力的，對於這種人，我會透過包圍的手段。

　　最近我有一個老師，他告訴我說他準備要退休。那個老師剛到學校時，是個非常有問題的老師，當你告訴他要怎麼做時，他動不動就說，他是臺大畢業的，可是我會跟他說，雖然你學歷很高，可是你教出來的東西，是不是可以讓學生都上臺大呢？後來，我用了一招，我從她的先生著手。我告訴她先生說，你的太太是臺大畢業的，你告訴她，如果她有辦法教出一個臺大的學生，我佩服她。這樣一激勵之後，我發現最近她成了一個非常棒的老師。因此，對於這種老師要用激勵的方式。至於對無能力也無動力的老師，老實說，我們就放棄，所以剛才那個老師，我們就放棄他，因為他既然在這個地方無法適任，或許別的地方會更適合他。

## 薛校長：

　　記得 2000 年的時候，我碰到一位不適任老師。我們在處理不適任老師，通常要經過半年到一年的時間。我在經過半年後，不得已把那個老師調為科任老師，既然他不好的話，我就找一個最適合的位置給他。因為在那樣的狀況下，他導師班的學生一直到現在我還在做觀察，發現這半年來的教導，影響學生的程度相當嚴重，所以既然他沒有能力也沒有心的話，實在是該早點解決，我想政府要多幫忙。

　　現在我想說的是專家輔導的部分。去年，我們學校要做一個幼兒園的評鑑，我們教育局有一個習慣，如果要資遣的話，要做先期輔導，我們碰到一個薛教授，他給我們做整天的輔導，後來他跟我說，我的學校有兩個不適任老師，一個

一個點出來，然後把所有的情形都說出來。因為我們學校幼兒園的老師成員，在早期是由學校自辦的幼兒園老師，也有新聘的，也有考進來第一名的，那名考進來第一名的是有能力考，但是沒有心教，教授也都把他點出來了。

後來，我們將他的意見做了整理。我告訴每一名老師，不好的地方我們要做改變。如此一來，便對老師們形成了壓力，因為在一年以後，還要接受從縣政府來的專家評鑑，因此我們整個組織的氣氛扭轉了。事實上，我記得第二次專家來評鑑的時候，有一名吳教授跟我說，他很佩服我，因為我們學校本身的幼兒園，是整個團隊的力量、氣氛、還有學習的態度，對每個孩子的照顧都是很好的。我們這次的幼兒園評鑑拿到很好的成績。所以我認為，在一個學校裡，要如何讓認真的老師抬頭、不認真的老師下來，這是校長要花很多腦筋思考的地方。原則上，不好的一定要說，無形中組織的氣氛是會改變的，如果一說再說都沒有用的話，就要殺雞儆猴了。

## 李校長：

每個學校都有教學不力的老師。一般我們的處理狀況，是班導師的影響比較大，所以我們就把他轉成科任。曾經有三位老師從級任轉科任，科任表現不錯再轉回級任，可是再轉回級任的第一年雖然表現不錯，到了第二年又會開始出現問題，所以只好再把他調回科任。現在有憂鬱症的人相當多，只是深淺程度不同而已。之前我處理過一個校警的問題，那時候對他的觀察期很長、輔導期也很長，可是處理完後，大家都非常的愉快，因為他的太太是我學校幼兒園的園長，大家也覺得結果很圓滿。他也是患了憂鬱症，在我任期的第三年時，他的情形開始嚴重，也開始在吃藥了，如果不吃藥的話，他晚上會失眠，第二天上班的時候，他就會躲起來睡覺，而且上下班也都不準時，我發現不太對，便開始對他進行觀察，也一而再再而三的記錄，並且知會他，可是沒有多大的效果。當時的事情嚴重到督學來學校時，發現他進出學校不亮證件，校警都沒有管，所以督學也把事情反映給我。

第二個就是校務評鑑的資訊評鑑，教授進來學校了，來二十分鐘，才到校長

室，因為沒有任何訊息告訴我評鑑委員進來了，所以我就知道又是校警的問題。他的問題是時好時壞的，吃藥就正常，不吃藥就出狀況。我比較擔心的是，憂鬱症嚴重的話會變成躁鬱症，躁鬱症可能會對學生、其他人有不利的行為。後來，我詢問一位督學這件事情，也把相關紀錄給他看，督學告訴我，這樣的強度是不夠的，如果我之後還是要對簿公堂，要把他資遣掉，他一定會上訴。我就問他說，如果到法院，我是否可以拿到診斷證明？好像透過司法程序的話，是可以跟醫院要證明的，這也是比較有利的地方。

可是，我們沒有懲戒他，光是給他考績乙等是不夠的。後來我想，既然那麼不好處理，就在一次校務會議裡，很嚴正的跟我們學校同仁說，大家都知道這位校警的服務品質不好，可是目前我們掌握的證據不足，如果每個老師都花一點心思去注意他，發現不好的地方，就把資料給總務處。原本我們收到的訊息是，那位校警會在 12 月的時候資遣，可是過了好幾個月都沒有動作，他的太太園長跟我說，她也和她先生談過了，可是她先生不願意資遣，所以沒有提出報告。後來，他們兩位自己談了很久，他後來就打電話說同意資遣，最後這件事情也就完成了。其實這件事情的過程很艱辛，前後經過了三年，剛開始時我還認為可以接受輔導，可是到了後來，我發現是沒有辦法的，最後能有這樣的處理結果，我認為是很圓滿的。

## 王校長：

我來說一個爛蘋果被丟來丟去的故事。事實上，教評會自己選的老師絕對不會有這種情況，我發現不適任都是以前留下來的，所以說，教評會也是有它的功能的。有一個男老師是師大英文系畢業的，可是他不會教英文，什麼都不會教，成績也是隨便打，好學生成績就很高，壞學生成績就很低。有一天，我把他的教師手冊拿來看，他成績就是這樣隨便打的，他把學生分成三種，就是好學生、中等程度的學生，以及壞學生，我就跟教務主任說，把他的教師手冊影印下來。

另外，還有一名男老師，沒有結婚、很節儉，平常穿的衣服就是學校發的運動服，也都沒有洗，渾身有臭味，吃飯也不花一毛錢，因為我們中央餐廚，他一

次都吃兩至三份，然後晚上就不吃了，其實這也算是某種的精神疾病，他也會偷拿其他老師抽屜裡的食物，或是老師的皮包，他們就寫了一個報告給總務主任，因為他們抓到他拿別人東西的證據，這其實已經很嚴重了。

第二個就是他都會慢十五分鐘上課，我就和家長會會長去抓他，他被抓到證據以後也不以為意，因為我們只抓到一次，其實證據是不足的，所以我們就找學生做問卷，因為他是科任的，所以我們也找他任教班級的級任老師做問卷，把這些資料蒐集齊全後，就開始辦他。要辦他的時候，我們碰到一個難題，就是他的哥哥是一名司法官，然後他也打電話跟我說，希望校長處理事情要小心。這樣一來，我更決心要辦他，後來他也妥協了。他跟我說，不然他自己離開，考績讓我打，可是不要把他解聘，後來他就自己離開了。可是，後來他也調了好幾個學校，重複的事情不斷發生，這樣的爛蘋果就被丟來丟去。

## 江校長：

人都是享樂主義，人性是本惡的，因為人性本惡，除惡必定要務盡。爛蘋果丟到別的學校去，問題是很大的。當然，我們不讓這種老師進到學校來是最根本的作法。在教師甄試時，他們教案做好了，拿進來做教學，我認為教案看不看都一樣，因為這種教學裡面，都是在看教案來教學的，所以在這二十分鐘的試教時間，我會去評他的情緒。由校長帶頭提出很多狀況給他，看他如何因應。二十分鐘內絕不會超過兩分鐘是讓他提到自己的教學，看他怎麼去處理這樣的情境，有些老師因此而被搞到昏頭。如此可以從他整個表現去分析。

目前，我對於教師甄試的處理方式是這樣，請兩個我認為最差的老師，和五個很好的老師去測驗，並且請十幾個老師一起觀看。最後，大家一起評分。評分出來後，我是看名次而不看積分，因為名次排出來，那七名老師以及後面的十幾名老師，他們做出來的東西都是一樣的。所以，進來的老師能力和情緒管理都會不錯。因為，教師的專業是基本的知識夠、能力好，考進來的老師對於資訊能力、英語、游泳都要會。另外，我剛剛說要「除惡務盡」，有一個女老師，在2000 年的時候從臺南縣考進來，他的叔叔在當立法委員，她上課的時候會不斷

的敲桌子，並且教學的方式我們也不太能接受，跟她提醒了好多次也一樣。後來，我就把她停課，並且跟她做溝通。

我高興國小（化名）的發聘是這樣的。4月1日的時候，在教評會底下看有哪些老師要續聘，5月份就開始發聘，給她兩個星期的時間回聘，回聘回來，她要去參加其他學校考試，我們同意在幾號之前，以後就不行了。那個老師因為受不了學校的要求，所以她就要回去找別的學校，並且已經找好學校了，因為我同意到7月15日，可是她要我同意到17日，可是並不是那麼容易，因為教評會通過是7月15日以前，結果她就找立法委員以及臺南縣縣長，打電話跟我們李局長說，希望我能同意到17日，我就和局長的機要秘書說，不然請局長蓋章。

後來臺南縣教育局長就打電話給我，告訴我說，我們局長也同意17日，我就跟他說，那麼她就請我們局長蓋章啊，結果她就找了一個監察委員要來彈劾我，他們說，因為我太早發聘，可是我反駁，有哪一條法令規定學校要在哪天發聘嗎？後來這名老師就沒有成功轉聘，可是整年的臉色都不太好看，我也不在意，只要她的教學在水準之上就好。我想有些時候，我們當校長真的要除惡務盡，我不會把有問題的老師丟到別的學校，我會把他處理好，不讓他得逞。如此一來，教育界才能真的稱得上清流。

本座談係於 2004 年 4 月 10 日在國立臺北師範學院行政大樓 605 會議室召開，
由林文律副教授擔任主席，林碧榆小姐擔任紀錄。

# 第 **7** 章

# 校長對內及對外公共關係之經營

**眾**所周知，任何一個組織都無法自外於其所處的環境。一般而言，環境可分為內部環境及外部環境。學校是一個教育組織，學校的內部環境即其組織成員所形成的校內繽紛世界。學校內有老師、有學生、有職工，甚至有一批批為學校提供各項服務、同時也關心學校運作的熱心志工。另外，環繞著學校組織運作的是學校外面更加繽紛的世界，包括緊臨著學校的社區仕紳與家長，也包括媒體、民意代表，甚至還包括上級單位，這些都是學校外面、時時在留意學校運作，甚至不乏時時會對學校提出各種指點的團體或個人。不論是針對校內各個組織成員，或是對於學校外面關心學校運作的利害關係人或團體，身為組織領導者，校長要如何展現其靈活的身段，化各種有形或無形的干擾於無形，並吸納各種有形或無形的資源，轉化為對組織的助力。本章主要在於探討校長對內及對外公共關係之經營，同時也觸及學校在社區中的定位。

## 江校長：

選舉是一時的，教育是一輩子的事情。我認為學校的公共關係經營裡，學校人員的政治立場不應太明顯，因為行政是要保持中立的。如果碰到選舉期間，學校正好要舉辦大型活動，各方的候選人都要邀請，但是必須要先和他們約定好，只做介紹而不讓他們把活動變成造勢的場地，免得遭人非議。在學校這樣的地方，應該只談學校的發展、社區及教育的方針，而不應該替政治人物做拉票的動

作。

　　說到對外的公共關係，首先，這部分可能和地方的政治人物比較有密切相關，因為臺北市的議員對學校的干預並不強烈，所以比較沒有這方面的問題。第二個，是學校在社區的定位，因為家長難免會有政治立場或是宗教信仰，所以在和他們開會的時候，儘量不要談到這方面的東西。第三個，是對媒體的關係，臺北市教育局就有個新聞秘書室，是文教記者的集中地，如果學校裡面有什麼活動，或是有什麼訊息想發布，就透過教育局裡的新聞秘書，將新聞稿發布給各大媒體，避免只給幾個媒體當獨家新聞，否則容易引起其他媒體的不滿，從而產生一些不必要的困擾。

　　學校要跟各個新聞媒體保持等距的關係，在新聞媒體的採訪上，給予同樣的訊息，而不特別偏向某些特定媒體。關於和新聞媒體的操作過程上，我有些經驗和大家分享。經常有媒體來訪問我，採訪一些關於教育的問題，我便曾經對建構式數學、九年一貫課程等的問題，在媒體上表示過意見。在採訪的過程中，我常會澄清說，這是我個人的意見，不代表高興國小（化名）的意見，也不代表臺北市所有校長的意見，我強調這些是我個人的想法。而且，我對他們的關係是被動的，不主動找他們聊問題，不然容易引起一些後續的問題。

　　第四點，就是和民意代表的關係。當我們有活動要舉行，如果要發布訊息，就要公平的將邀請函發給每個民意代表，不能有所缺漏，不然也容易引起一些問題。其次，家長會成員的活動，我希望能透過單一窗口來發布，管道太多只會造成紊亂的局面。最後，在對政黨的公共關係亦是如上述的原則，在公開的場合裡最好不要鮮明的表達自己的政治立場。在對外的公共關係裡面，我得到媒體的幫助或是議員的支持其實蠻多的，在這方面要把握好一個原則，就是「誠實」。只要說了一個謊話，後面就必須用很多的謊話去圓謊，所以一定要坦誠以對。因此，在對外公共關係的經營，要誠實以對，而且對所有人都是公平公正的，如此一來，才能得到比較多人的認同。

## 曹校長：

所謂公共關係，以簡單的定義來說，就是運用管理制度和企業哲學，加上一些行銷的技術，讓我們的單位、學校可以受到相關人員的肯定、關懷、了解、參與、支持及協助，以便對學校的發展形成有利的條件，這就是公共關係的一環。公共關係所面對的對象，有對內、對外的區分。我們的上級主管單位，其實也是我們公關的對象之一，當然還包括校內的同仁、學生、家長、社區的民眾等。另外，如果學校還有校友會，或是基金會、媒體記者、社區的社團、民意代表、學者專家、學校很多的退休同仁，或是和學校有生意往來的商人，以及不認識、和學校不相干的其他人，都是學校經營公共關係的對象。雖然有些人不認識，但是這些人可能有機會替學校做正面或負面的宣傳。

至於是否要有國王的人馬，我一直認為，身為校長，最好不要讓其他人感覺哪些人是校長的親信，因為如果給別人這樣的觀感，便容易把自己給設限和隔閡了。我會致力於不讓同仁認為我和某些人特別親近，或是會故意找某些人的麻煩。我會強調，當主管的人就要去愛那些不可愛的同仁，你也許不喜歡他，可是身為主管，你就要去愛他、去關懷他，就像是耶穌所說的：「要愛自己的敵人。」既然當了主管，就不要有國王的人馬之分。如果我們能關懷到每一位同仁，讓每一位同仁都感覺校長對他特別的關懷，校長的對內公關就很成功，但是事實上，要真能做到這樣子是很困難的。

到底要不要參加同事的喜慶，我個人認為，既然同事一場，身為主管，學校同仁有喜事，尤其是他本人結婚，除非有特別的原因無法參加，也要事先跟他說明，是基於什麼樣的情況無法到場。至於喪事，如果是他的直系親屬，我都會在可能的範圍內到場，如果不能到場也要事先給予致意，這樣讓他感受到一些關懷。除了這些以外，平常我也常打電話或用生日卡片來給予關懷，我想這些大家也都有在做。

至於對媒體記者，我個人認為有個原則，就是不去得罪他。大家對於媒體記者，應該是既期待又怕受傷害的心情，其實不管是對媒體記者也好，或是其他人也好，和他們互動，最重要的就是誠信待人的原則。一個主管做公共關係，要能

夠誠懇對待，彼此的關係才能長長久久。耍花招、耍手段、用欺騙的謊言只能一時，而且只能一次，被拆穿之後就很糟糕了。所以對於記者，我的原則是，當學校有好的訊息，就讓他們知道，或者學校有大活動要舉行，就先通知他們，也許他們有時間，或是沒有特別要跑的新聞時，就會過來了解一下。至於他們會不會報導，就隨他們去。

至於有些負面的新聞，我們也要坦然去面對。如果他們問到了，該說的也要說，不能將之隱藏，但是要誠懇跟他們溝通。假如對學校或對當事人有很大的傷害，要請他們注意，能不報導就不報導。若要報導，也要注意遣詞用字，將傷害減到最低。如果可以和媒體記者做誠實的互動，相信他們也會對你有所回應。我個人的經驗是，記者似乎沒有對我特別排斥，有時也會主動和我聯絡。

至於說到民意代表，他們也和記者一樣，尤其是地方上的民意代表，我們學校又是基層的學校，和他們的互動是無法避免的，但是在互動中，假如他們有事情找你幫忙，若不是影響到學校的違法事情，也不影響到整個制度，可以給予小幫助，能夠去滿足他的需求，因為我們的社會風氣就是常有這樣的制度。讓他們感覺到校長真的賣面子給他，如果不行的話，就誠懇的跟他們說不行，讓他們也了解我們的困難之處。這樣子的話，事情就不會帶來很大的困擾。至於學校在社區的定位，因為國小幾乎可以說是最基層的教育單位，和社區的互動是最頻繁的，如果把學校定位是社區的公共空間，社區也是學校學習的場域，如何讓學校社區化，甚至於讓社區學校化，如果可以如此和他們頻繁互動，善用社區的資源，對學校就會有所幫助，從而建立良好的公共關係。

關於政治選舉的事情，今天我就在一個活動裡面遇到一位立法委員，他跟我說，我們國小校門口的馬路旁有插一些競選的旗幟，他希望我可以處理。我就跟他說明這些旗子不是我插的，而是有競選活動的人員來插的。他就跟我說，他也知道這些旗幟不是我插的，可是因為這些旗幟插在校門口，大家都說是學校插的，所以他接到很多民眾的電話通知。可是，因為我認為即使要處理這些旗幟，也應該由警察單位或是清潔隊來處理，所以我就沒有去管它。但是，今天那名立法委員就跟我說了這件事，他認為既然插在校門口，那麼校長就應該要處理，不

該不聞不問的。所以說，有時候就會有像這一類的問題出來，去挑戰你處理公共關係的智慧。我現在就會想，該如何去處理這些旗幟，而能不得罪任何一邊呢？

## 曾校長：

我比較有興趣的是學校在社區定位的課題。原來我們活潑國小（化名）在創辦時，曾經去日本學習，後來大家就把我們學校定位為社區型的開放學校。我感覺到這個部分，現在比較有體會的，第一點，當時喊出沒圍牆的學校，後來我們學校真正的實現出來，在都會區沒有圍牆。沒有圍牆的原因，其實是和校地小的原因有關，因為校地太小，連圍牆都蓋不起來，就乾脆不蓋了，這樣的結果其實讓我們學校變得非常的開放，所以校園是二十四小時可以進出的，而且來我們學校運動的居民也很友善，彼此之間也互動得很愉快。

第二個是資源共享的部分，因為當初我們的地下停車場是設定和當地的居民一起共用的，所以兩百個停車位也如期開放讓居民使用。每次月底月初的時候，居民來排隊抽籤，雖然他們對停管處只有提供兩百個停車位有所怨言，但是對於學校願意把與停管處共建的停車場提供出來，還是心存感激的，讓他們有個很方便的停車空間。再來是我們的游泳池，其實我們不只是想當地方的社區型學校而已，我們還想當鄰近學校的一個很友善的夥伴，所以我們的游泳池也給附近的國中小使用。因此，我們游泳池的開放使用率是很高的，而且水準也維持在一定程度以上，我們也朝著這方面的理想在做。

第三個層次就是，我們還想當社區的學習中心。有幾點讓我們感到很欣慰。第一個就是我們原來構想的終生學習中心，放在一樓的地方，我們不用很大的人力去操作，也有很多單位願意來這裡，然後慢慢形成他們學習的地點。我們和衛生局合辦的社區心理衛生教室，事實上等於是在做家庭和親子教育的輔導，未來可能也有心理醫生會定期常駐。於是，學校變成了社區成長、資訊交換的地方，原來的地方我們也做過親子上網、親子閱讀的活動，也許學校的資源比較豐富，能夠讓這樣的學習不斷的成長和開放。所以，我把活潑國小定位為社區型的開放學校，在這些充分條件的配合下，可以慢慢形成它的特色。

　　再來是學校公共關係的經營，我只說兩項。我比較有體會的是，除了我在教育局各方面看過以外，我認為很欣慰的一點是，和學界的關係不錯。像是教授給了很多的窗口讓我們有機會參與一些活動，和很多校長見面，我本身也參與教育局的研究計畫，或是各大學的研究計畫。這些學者和我們的互動，變成是資訊和服務的轉換平臺，對於開闊老師的視野以及新知的引進，都是很正向的影響。第二個就是這些年我嘗試把家長會的親師溝通小組制度化，當學校有爭端時，讓德高望重的人或是學者來當溝通的橋樑，學校的教師會也有類似的機制，然後配合行政，在校內校外有爭端時，讓校長不用直接跳到第一線，但也有一個合理運作的程序，讓爭執的事件回到本質，或是有理性空間探討的機制來處理，不會造成如訴諸媒體、告到教育局或是以互相毀滅的方式來解決。

## 蔡校長：

　　我要談校長公關和公關校長的問題。之前有機會參與臺北縣的校務評鑑，到了一個很大型的學校，那個學校的校長今年 8 月就要退休了。那位校長很感性的跟我說，現在的校長都要做人際關係，如果做不好，也許學校就辦不下去了。之後，我也很深切感受到，校長的人際關係真的很重要。和老師的互動、和家長的互動、對外的互動，更重要的是和孩子之間的互動。一個校長如果和學生的關係不好，即使和老師、家長的關係再好，也是枉然。我曾經去過一個學校，學生在廁所裡面寫了一些話罵校長，我發現了就跟校長談，那個校長就過去看。其實，我認為學生的言語可以透露出一些訊息。

　　我認為校長的公共關係，對內最重要的還是和學生維持良好的關係，這裡頭也許是透過老師、家長來傳遞訊息。對內的部分，和學校同仁之間的溝通，我學蔣經國先生的那一套方法，進來學校裡，一定先找幾個比較牢靠的人，也許透過私底下，或是危機處理的時候，把他們召集過來，問他們關於學校的一些建議，要如何和老師、家長建立良好的關係。再來就是這種默契的建立。其實我在和他們互動的時候，沒有給予他們任何的好處，剛剛提到關於國王人馬的事情，可是我並沒有給予他們好處，或許他們有時候可以從我這裡學習到處理的方法，更重

要的是彼此的信賴關係。

　　再來就是和同仁之間維繫感情。我們可以不喜歡某個同仁，但是我們一定要愛他。所以，同仁有婚喪喜慶時，我比較喜歡雪中送炭。錦上添花當然是儘量抽時間去，但是如有喪事時，我一定會到場，而且會到兩次。我們這種關懷是可以給予他們刻骨銘心的印象的。

　　再來是提到關於學校內有爭端時，如何去解決問題。最近，我跟學校的同仁之間有些意見不同，讓我想到，在古時候民間，當家庭裡、宗族間發生了爭吵，總會有仲裁的長老出來協調，可是現在這個社會好像沒有大人了。校長在一個學校裡，如何跳脫而成為一個客觀超然的角色，這是很重要的。最近我發現，很多時候自己進到某些爭端或是討論的場域裡時，會忘了自己的角色，很難維持超然公正的角色。所以，當我們在處理爭端的時候，校長在角色拿捏的分寸上，要有態度上的超然，包括如何善用校長的影響力是很重要的，否則很難去完善處理爭端。

　　有關跟媒體之間的定位，其實學校對於媒體是既愛又怕，因此我們會對於媒體保持一種似乎黏、又不太黏的關係，因為我們知道他們要的是消息，希望學校可以提供給他們新聞的訊息，但是媒體也會對學校有所求，很多時候，他們也會希望透過學校，那怕是給他們一些支援，或是透過學校來表達對他們的一些看法，可是要秉持著一個利益的立場，如果今天對學校沒有好處，那就不做。在學校裡，誰的利益為先呢？當然是以學生為主。剛才提到校外的人士、團體進入學校，不管是關心也好、介入也好，我認為如果是對學生有幫助，也是可以去做的，不管是民意代表的關說，還是商人透過民意代表來商量提供資源，甚至於他們希望學校能幫忙做某些事情時，如果對學校和學生有幫助，我當然是極力歡迎。但是，若是侵犯到學生的受教權、影響到老師工作的專業時，我是絕對不做的。在此我做一個結論，不管是營造對內或對外的關係，其原則就是：要敢說不，要有所為有所不為。

## 黃校長：

　　公共關係的基礎就是良好的公共形象，這兩者的關係是可溯的，也就是說，具有好的公共形象就有好的公共關係。學校有學校的公共關係，校長也是有自我的公共形象，我認為擔任校長，必須長期累積自己的公共形象，可能要從擔任老師、主任時，就要慢慢建立起這樣的形象。這樣的形象，就校長本身來說，他可能要透過不斷的自我修練、不斷的檢視自己是否誠懇、是否大公無私、是否有不斷的進修、對教育不斷的有在研究，這樣所綜合得到的一種公共形象，有助於在經營學校時，有一個好的公共關係之基礎，這是在校長的部分。至於對於學校來說，如果學校因為校長謹慎、努力的經營，經常有好的表現，自然家長、社區、媒體、民意代表、甚至於長官的部分，也會對學校留下好印象。所以說公共關係的基礎，就是從校長做起的誠懇之自我修練。

　　再來談到公共關係也是危機預防的一個好的開始。其實，學校經常會出現一些危機的狀況，但是在那樣情形發生的當下，若能有良好的公共關係，就能有助於減低傷害。在我經營過的幾個學校，也曾經碰過要處理危機的狀況，像是去年SARS的時候，我們學校也是第一批被衝擊到的學校，所以有一些問題，社會上要討論的，在他們要發表的過程裡，至少把校園就先提出來，也許第一時間就呈現效果了，但是事實上媒體的報導不一定是傷害，可是也變成了一個討論的焦點。所以，這從公共關係的目的跟功能來看是這樣的。至於談到和學校同仁溝通的部分，我還是服膺一個原則：溝通的目的是在建立關係。從我過去在學輔導的背景裡，就有一個感覺，在教育的工作裡，不管是要對學生或對同事有影響，首先一定要建立一個好關係。

　　每個人都有不同的情感，或是人格狀況上的不同，其實不一定可以和每個人都能建立好關係，可是對於大多數的人來說，一個學校裡的同事和老師的部分，絕大部分的人其實都是屬於普通人，也就是說，一般人比較容易被感動，只要你對他非常用心、關心，他通常都是能體會感受到的，相對的，他也會對你非常尊重。當然，溝通困難的部分，可能就是面臨比較少數的人或是個人的利害關係時，這時候就要特別用心。所以，對於和普通同仁維繫感情的這部分，我也非常

重視在我們文化裡所注重的婚喪喜慶的事情。透過喜事、喪事的一個關懷，也是建立好關係的一個非常好的機會。

另外一點就是，在同仁的相處中，我認為可以從一個角度切入，就是在同仁生日時給予關心、祝福。基本上，我認為生日和一般的婚喪喜慶是不同的，生日是否要慶祝，其實也是可有可無。所以，如果能在同仁生日時祝福他們，可以讓他們有意外的驚喜。像我目前已經連續六、七年，親自為每一位同仁寫生日賀卡，祝福他們。或許親自寫賀卡這件事的本身並沒有什麼，但是我會透過賀卡，除了表達對他們的感恩，其實最重要的是真正抓到對他們的讚美，真正能說出別人沒看到、可是校長看到他對學生的關心，或是對於學校的貢獻。如果可以這麼寫，他就會認為，校長是真的很了解我、關心我的。

我過去曾在一所老學校服務，裡面有很多資深的老師，那時我才四十歲出頭，所以去那所學校服務時的壓力很大。在那裡我得到了不少經驗。我認為對長者的部分，和他們的公共關係也是蠻好建立的，只要多找他們來、多向他們請教一些問題，因為我們總是新到的，新到就有很多點可以請教，所以對於長者的請益若能很誠懇，他們很快就能接受你的領導。那時候學校裡有一個資深老師，在我過去半年後，他就很肯定我的作為，願意配合我。

所以，基本上我們做事之前，是要先做人的，能夠做人做得好，大家能夠相信你，後面就會有一群人跟隨你，這樣的話才能夠把事情做得好。至於做人的基礎就是誠懇，一個學校裡常常老、中、青三代都有，有些老師的兒女可能就在學校裡念書，或是尚在升學，所以有時候可以和他們聊一聊這方面的事情，關心他們兒女的情況，他們也會覺得很高興。總之，就是要把學校的同仁當成家人來對待，以此建立一個好基礎，這樣下來，對於校內各項事務的處理，都會有很大的助益。

**陳校長：**

最近 3 月 8 日的晚上，有候選人透過 SOP 的流程，向我們學校租借場地，我們也非常慎重地請他們到學校會商，說明一些規則，但是那些公關公司卻不按

照程序來，將競選的旗幟掛在學校裡，我們要他們撤除，他們也不理，於是我們便拍照存證，要寄去選委會，如果他們不進行撤除，我就跟他們的黨部反映，讓他們親自來處理，看你是否還要繼續進行活動。用這樣的處理方式，為的是避免這樣的事情影響到學校。

在這樣的活動過程中，我們不能說要保持等距的方式。因為我們是非常被動的單位，人家看上了我們學校的場地，而來申請租借，我們也根據學校的各項辦法而開了一個委員會，決定了要出租這個場地後，才向教育局來做個報備，說明學校有這麼一個活動，可能會有一些困難產生，我願意負所有的責任。對於政治選舉的議題，我認為要保持中立，才能維持學校的永續經營，所以在學校裡，我會希望大家絕口不談政治，這是第一件事。

第二個就是牽涉到議員，議員和學校的關係就非常多。像是有一位議員，對於學校工程就非常有興趣，像是中央餐廚、合作社等事務，他都有興趣參加。他曾經對我們學校的工程干涉很多，甚至動之以政府機關的力量來干涉。當時，這樣的過程是很辛苦的。如果自己的耐性、清廉度和教育的認知不夠的話，大概就會離開這個崗位了。也許我們的公關做得不夠。但是什麼叫做公關？我認為要有一個標準，要將之定義出來，否則只會當爛好人，對於學生、對於教師的影響就會非常大。

第三個就是涉及到內部人員的黨派色彩。校長在談話時，可能不到十分鐘，校長所說的話已經在外面流傳了。因此，這方面可能會被一些議員拿來做文章，造成一些問題。在這樣的過程中，即使你很真誠的去關心他，也都還不見得能收到效果，因為他已經有了立場、有利害的關係了，而且你因為相當秉持教育的理念做事，這是影響他的利益的，因此在某個部分，他就會去處理你。我們的教師會在今年我的任期要屆滿時，就拿了一份臺北縣對教師適不適任的評鑑給我，知會我說，這份評鑑是要發給所有同仁，我連內容都沒看，既然是教師會要發的，我就跟他說，你就拿去發吧。總共有一百六十張，回收了一百一十張。評鑑做完了，他們也送了一份給我參考。我在還沒看的時候，就建議他說，你要不要公布？讓所有的成員都知道這份問卷的結果。他跟我說不需要公布，可是我跟他

說，這一份資料，他給了我，就變成了我的資料，我是會公布的。

今天我對於公關的概念，對於一個學校的校長或是校務，不論是好是壞，都是可以公布的，讓大家去公評。因為集多數的主觀就會變成客觀，就會形成一個平臺，大家會對這個事情去進行論述。我打開來一看，發現有兩個人給我打的分數是不及格的，認為我是極不適任的，可是有更多人給我打的分數，認為我是極適任的。從這個過程中，我們可以判斷一件事，如果我們往右邊移，左邊是不會變中道的，左邊只會變成另外一邊。所以，在處理一件事時，如果你往右端移，左端會變成更右端，也就是說他會馬上換過來。

我們在做統計學或是在做公關都一樣，平常的人對我們大概都是取中間、中道的分數。這份評鑑之所以會有偏低的分數，我在想，大概因為在學校裡，在我剛繼任時，有一些老師，我經常會走過去在他的班上留下我的e-mail，因為他們在快上課時還看不到人影，我認為這樣的情形很不好。如果你待的是新學校，很多事情是可以自己主導的，可是在老學校裡，因為我們是後進，人家就想主導你，在這個過程中，到底要不要有國王的人馬，就會出現，所以在每個學年裡，因為我們非常民主，就會讓大家各自去推學年的主任，其實校長的掌控權力並沒有那麼高，都要靠大家的共識，因此我在不同的學年間，會建立一個對話管道，或溝通頻率比較多的老師，因為我不可能面面俱到。所以，必須透過幾個比較常談話的老師，來諮詢學校的一些事務，如果這算是一個國王的人馬，我認為這也是建立一個互相了解的溝通管道的方法。

因為學年主任都有一個正常的管道，可以透過開會來互相了解，有些比較私下的管道，通常會因為了解你的理念、作法，會比較支持你和同情你。另外一端，我們也可以看出來說，他們是比較反對你的。對於這些人，我就必須經常走入他的教室，去理解他對於這個學校，究竟抱持著怎樣的態度。不過，以我這麼久的觀察了解，會發現這些人主要還是基本教義派，只問立場、不問是非。這些人我都認為該儘早離職，因為他們的腦中只有鬥爭的觀念，很少有協商的意願。

我們要用遊說的觀念來建立一個學校。當我們有一個問題提出來，要成為一個議案，應該要拿來遊說別人，讓別人充分懂得這個議案的內容，不是在校務會

議或是委員會時才做這種事，而是要建立一個遊說團體，變成大家一個普通的共識，這個學校才能夠運轉順利。建立了這個系統之後，我們就會發現，雖然我們平常會公布一些學校辦事的內容給記者，但是記者看到了紛爭，他就會進來，因為記者是嗜血的，他絕對不會因為學校的各項成績很耀眼，就不報導壞的地方，反而負面新聞他們報導得更好，這也和社會的風氣有關。如果他們不報導，就會生存不下去，所以兩者之間就要互相包容，主要是以誠實為上策，有就有、沒有就沒有，該解釋就解釋，該保護老師我們就要保護，該有什麼行政程序及倫理，我們就要去處理，要把該有的程序做好，避免內部產生危機。我們寧願將這種問題當作公共議題，讓大家透過透明的程序來討論整個事情。

　　因此，在學校裡有一些公共關係，不管是校長、老師、主任或是行政跟教學之間，會有一些危機跟衝突產生。這些折衝跟協商到了一定的程度，我們有了一定的口戰結果的時候、該讓它燒出來的時候，就讓它一次燒光，不要讓它繼續在那裡悶燒，這樣的傷害力太大了。我們最重要的一個原則是：讓成本降低、利益升高，當我們為了學校的一個長程發展，在學校的發展階段裡，我們在思考自己該扮演什麼角色的時候，有時候會違背了我們想當一個和事佬，或是一個忍耐負重的基礎。其實，到底要扮演一種比較大氣的角色，或是忍耐負重的角色，應該要看學校的發展階段去充分調適。

## 邱校長：

　　學校本身就是一個系統，就我們學校外部的超級系統來說，例如：教育局、社區、家長會、媒體等，都是超級系統的成員，這個超級系統控制著學校這一個系統的資源，資源的品質與多寡，其實都是這些外部的超級系統在控制。因此，要讓學校的系統發揮應有的功能，就要和他們建立良好的關係，那麼校長就有非常重要的責任，如何把超級系統裡的資源引用到我們的系統裡，並且避免不好的東西進入學校，就是校長發揮公共關係的一個任務。剛剛陳校長所說的一些困擾，其實在臺北市比較少一點，可能是因為臺北市裡的一些設計所致，例如：有些民意代表會對學校有些要求，但是因為我們單位預算的一個特別設計，讓我們

學區裡的民意代表去爭取，當別的學區的代表攻擊我們時，我們學區的代表就會為我們學校說話、爭取，因此有一個制衡的力量在。雖然說，民意代表不適當介入學校事務的事情還是會發生，可是會比較少。

因為公共關係的對象不同，我們也會有不同的策略去因應。以民意代表來說，假設他真的對學校形成一個很大的壓力時，因為民意代表本身就有個生態關係，如果可以運用這樣的一個生態關係，也許不必校長出面，就可以解決。我曾經有一個案例是：有個民意代表給了我們很大的壓力，但是我們分析的結果是，民意代表怕的是樁腳，假設我們的家長會裡面，有家長是當樁腳的話，就請他出面居中斡旋，這樣子做通常都是有效果的。所以說，像這一類的公共關係，不一定要由校長擔負全部的責任，有時候家長會或是行政同仁等，都可以變成校長公共關係的一分子，來為學校的公共關係努力，這是關於民意代表的部分。

再來是社區的公共關係。我認為社區和學校的公共關係是很密切的，社區和學校應該是共同生命體的關係。掀開報紙的廣告，如果要蓋大樓，或是介紹社區時，都會說明這是什麼學校的學區。我們家長會也常說，學校經營的好壞，和當地的房價是有關係的。我第一天上任時，家長會會長就跟我開玩笑說：校長，我們這邊房價的高低，你是有責任的，如果學校經營不好，房價是會下跌的。因為有這樣的想法，所以學校有採購的需求時，我會在社區裡面買，這樣子社區裡的人就會覺得，校長是和我們在一起的。

另外，社區裡有活動時，我們可以去參與。社區也會希望幫學校做一些事情，若我們有需要可以請求社區的幫忙，如此一來，也會讓彼此之間的關係更密切。我們學校前幾年的陳校長，有一個非常好的想法，就是讓社區一起為建立兒童的安全網來努力。因此，我們在學生的上學途中，設有安全愛心站，可以提供學生一些援助。

最後，再說到家長會的部分，因為學校和社區不一樣，家長會的組織也不完全相同。但近幾年來新的家長會的辦法成立以後，家長會的水準也不斷在提升，最重要的是讓家長會有參與的機會，有了參與的機會，就不會覺得和學校的關係疏離，學校如果有一個願景，可以讓家長會參與的話，家長會也會傾全力來協

助。在鄉下地方也是一樣的，以前我在鄉下地區的國小服務時，那邊的人很喜歡賭博，後來我們跟老師提出一個願景，就是成立一個布袋戲團，結果他們也支持，大人小孩一起來玩，讓家長會和學校緊密的結合在一起。後來，我到了另一個學校，那裡的社區型態又不一樣，家長會的水準也比較高，他們把家長會的力量提升，協助學校做了許多的事情。所以，我認為家長會對於我們做好公共關係是有影響的。

## 張校長：

關係是很重要的，但如果校長把關係弄得很好，可是卻沒有教育產出的話，這樣的公關校長不做也罷。但是，如果這個校長的教育辦得很認真，可是付出的努力得不到別人的讚美，也是沒有什麼好結果的。所以我在想，這個關係要怎麼拿捏得好，還是要從學校的背景、文化、自己的人格特質做一個綜合的考量。所以，剛才有校長提到說，要看這個學校的階段性任務是什麼，那麼公關就做到什麼程度，我大概會從這個角度來考量。經過這樣子的思考之後，自己再來確定一些原則，原則確定以後，還要再跟相關人員做一些說明，或者是有些不能說明，只能用做的來表示，也慢慢的做給他們看，讓大家都理解後，才會比較好一點。

剛剛有校長談到四年級的校長有兩個特色：一個是最不會溝通的人，然後我們又遇到變動最激烈的時候要當校長；另外一個就是戰後嬰兒潮，許多制度到現在都改變了。我一直在想，寧靜國小（化名）成立，有什麼事情是我這階段的任務呢？當然，最重要的是完成課程架構、把老師帶起來，可是因為一個人的能力、時間都有限，所以我就把社區的資源、社區的關係都委託給家長會去做，所以我很少去和社區打電話，連我們家長會會長，我也很少跟他聯絡，以做一種切割，節省一些時間和精力。

家長參加家長會，一定是因為想要參與，我就會切割兩件事情，讓他們去處理：一個是餐廳，另一個是服裝的事情，可是我不讓他們參與課程和教學的事情，這部分的事情，我會自行架構好，再跟他們說明我要怎麼做，然後做給他們看。我發現做給他們看之後，他們的意見會比較少。另外一個要考慮到的，就是

哪些事可以做，哪些事情不可以做。還有人的因素很重要，一堆人之中，究竟問題是出在哪幾個人身上。剛剛有校長提到，有所為、有所不為，這是很重要的。如果大多數的人都有共同的聲音時，我們就要去考慮調整步驟。但是如果只是少數一、兩個人的問題，恐怕就要有魄力的去解決這種事情。家長也是一樣，家長的意見也是很多，像我們學校就有一個家長，對學校有任何反映，就會e-mail到學校、到政府機關去，所以，你要完全把關係處理好是不可能的。目前的階段性任務是什麼？我把課程、教學和老師帶起來，所以我跟老師說，如果家長的問題處理不來，就交給我來處理，我一定會擋到最前面；我也會和家長說，請他們給老師成長的機會。

再來是學校在社區的地位。我的看法和大家不太一樣。我們學校一直把功能膨脹，可是到時候一定會做不來，做不來時，你真正能帶老師做教學改善、教學研究的精力就會減少。我跟社區家長這麼說：學校是社區裡面最大的住家。曾經我認為學校經營要社區化，後來我認為，應該要教育經營社區化才對，讓社區的教育活力出來，讓社區裡的家長把學校當作社區居民的一部分，去處理一些教育的問題，不要什麼事情都要學校來做，如果什麼事都要學校做，事實上是有很多困難，我們大部分的老師都不住在社區內，大部分的活動都是放學以後、假日的時間。如果什麼事情都要學校來做，學校功能就會膨脹太多，屆時只會什麼事都做不了。所以，學校在社區中的定位，最好是能喚起社區的意識。當然這樣說是比較理想化，也比較難實行的。

## 鄭校長：

如何和學校的同仁溝通，以及在校內如果發生爭端時，要如何去解決問題，是我最近比較有感觸的議題。我認為危機管理要重於危機處理，要怎樣減少甚至避免爭端的發生是比較重要的。我剛調到這所學校時，因為要入境隨俗，所以要先了解學校的文化，老師們就告訴我說：他們非常討厭校長囉囉唆唆、嘮叨，或許是因為校長真的是愈做愈小，所以我就引以為鑑、銘記在心。在各種場合說話時，儘量只說重點。但是過了一段時間後，我就發現不太對勁，因為每個老師的

素質不同，而且認知的落差也蠻大的，所以可能我說了一句話，聽進每位老師的耳裡，卻是各自解讀、各自表述，結果便和我原本的預期與想法南轅北轍。有了這樣的危機意識後，我便開始改變策略。後來，我發現效果果然顯現。

首先，如果學校裡有一些重要的活動要推動時，在全校性的場合裡，一定要非常清楚傳達這個訊息，包括目的、內容、方法等，都要說清楚，例如：前陣子我推了一件事，要每一位老師都要準備教學檔案，其實教學檔案是老師本來就要做的，可是那時候老師們的反彈蠻大的，他們會認為說，校長是因為有其他的目的才會要求做這種事情，也因為他們的排斥，而導致一些爭端發生。就這些部分，我會和老師們做好溝通，把這樣的東西內化成他自己的一個需求。

譬如說，他可能是因為要迎接教師分級制，或是臺北縣在 2005 年度要實施教師的教學評鑑，或是他本身在做教學的時候，這些教學檔案就是很好的備課資料，可以減少他們很多準備的時間，也許未來他要參加別的學校的教師甄選時，這也是他可以加分的一個資料，所以在目的上面儘量給老師做個加強，變成是他自己的需求，而不是為了學校或是校長在做這樣的事情。至於在作法上，我也特別用 PowerPoint 跟老師們做一個介紹，譬如說教學檔案到底要做到什麼樣的程度，要告訴他們，我們的需求是什麼，並且協助他們如何去做這樣的教學檔案。我會先開宗明義告訴他們，這個教學檔案基本上是來自於檔案評量的概念，所以不要把它弄成像是一個資料夾，因為很多老師可能會去複製一大堆的資料或是學習單，將它們塞進檔案裡面，所以首先我會先聲明，這不是一個資料夾。

另外，這也不是一個剪貼簿，請他們不要把它弄得琳瑯滿目，卻看不到重點在哪裡。所以，這方面我會把整個系統跟老師們做一個很清楚的說明，包括形式部分：要如何寫目錄？要如何做封面？以及他們對教育的看法及心得。另外，在內涵的部分，在教學之前，你的班級經營有哪些計畫，要先將它們列出，然後在教學當中，你整個教學的活動，你的資料、紀錄要如何去彙整。最重要的是，教學後要怎麼做教學評鑑、自我檢視，尤其是要首尾呼應，不能看起來很沒有系統、雜亂無章。最後，對於那些反彈比較強烈的老師，我會送給他們一句話：「盡力而為，雖不能至，而心嚮往之。」這樣，他們就動起來了，每個老師幾乎

是沒有什麼聲音的，並且很盡力在做。所以在這方面來說，我認為，把訊息傳達清楚，在溝通上是一個很重要的技巧。

第二，很多時候我們沒有辦法事必躬親，所以要藉由行政人員或是老師幫忙傳話，但是有時候傳話的人的主觀意識，會把我們要傳達的意思扭曲了。針對這個部分，我發現有這樣的問題存在時，就會利用行政會議的時間，以這樣的主題和老師做分享。例如說，今天我要談的主題是校園的化妝師。然後我告訴老師，你們都是很重要的，你們都是校長的分身，所以如果你們傳達的都是正向的訊息，我們校園就會多彩繽紛；如果傳達的是負面的訊息，我們的校園就會雞飛狗跳。我不斷的這樣和他們溝通之後，發現效果真的有彰顯。另外，關於家長 e-mail 的事情，可能我們學校在這方面的問題比較少一點，我也很重視 e-mail 的事情，所以這部分的事情都是我親自來處理的，因為跟家長、跟老師之間的互動很重要，因此我會親自處理這種事情。

另外，老師會希望校長下班後，也能和他們一起泡茶、聚餐之類的。剛開始時，我是順從民意，可是後來會發現，雖然我們強調男女平權，但是對於職業婦女尤其是女校長來說，我覺得每天真的會疲累不堪，除了公事上面，回家還要處理家務事，因為感覺到自己吃不消，所以我就改變策略，改成早餐會報，或是看課表，如果發現有哪位老師沒課時，就會請他來校長室聊天，這樣做的結果也是蠻好的。他們會發現，校長願意傾聽大家的意見，就可以拉近彼此的距離了。

當然最重要的，是要他們覺得校長是可以信賴的。還有，以往行政人員和老師之間，多少會有一些對立，在這方面我們也做了蠻多的努力。譬如說，我會盡可能參與學年會議，如果不行的話，我也會去看會議紀錄，我也會要求主任對老師提出的事項一定要回應，即使有些事情是窒礙難行的，也要告訴老師窒礙難行的原因。然後，我會特別製作一本追蹤執行的紀錄簿，記錄每個階段的進度，然後會對老師們做具體的報告跟回應。這麼做是讓老師認為自己受到重視，他會願意為了學校的成長來努力。除了對老師的意見做回應之外，他們也會很在乎讚美的部分，所以有時候紀錄上也要給他們讚美的話，老師們有時候為了期待校長讚美的話，他們會很認真開會、寫學年紀錄，這就是一個很正向的良性互動。

最後一點，以往我的個性會認為，很多事情儘量不要增加別人的負擔，校長能處理的就親自處理。可是後來我發現，這樣的效果其實不是很好。所以有時候，校長儘量不要跳到最前線，而是儘量組織委員會或是一些小組，善用教評會、考核委員會的力量，讓大家集思廣益，這樣可以減少一些對校長的衝擊和指責。

## 王校長：

我一直傾向千山我獨行。有些校長可能喜歡每到一所學校，就把一批人帶來，或許原來的本意是想早點上軌道，可是若別人用另外的角度看你，就不一定會這麼認為了。尤其是總務主任這個職位，千萬不能自己帶。大型的學校問題比較多，如果我們儘量不用自己的人馬，大概問題就解決掉一半了。我之前待的學校，裡面的人員基本上分成兩個派系，一派是國王的人馬，一派就是所謂的反對派。我去的時候，就感受到了對校長的敵意。當時我去的時候，裡面的行政人員、老師約有兩百多個，算是人數蠻龐大的，因為我不用自己的人馬，所以我會和他們都保持著一種等距的關係。後來我發現，無形中會有一些想拍馬屁的人主動親近我，我也會以適當的距離來處理那些人的問題。

另外，婚喪喜慶的部分，我都很公平，給的紅包或是白包內容都是一樣的，而且一定到場，如果是喪事，即使是在高雄、屏東，我都會去的，如此一來，大家也慢慢的認同我，派系也就慢慢消弭了。假使遇到爭端時，我會用是非善惡來判斷，不是用我自己的感覺來判斷，而是找一個小組來判斷。因為若是由校長來判斷很容易得罪人，所以我會找一批人，包括：家長、行政同仁、老師等人在內，大家一起來解決。這樣下來，我和同仁相處的結果，也不會發現有誰對我特別好。至少學校裡沒有了派系，他們會認為校長是很公平的。

再來是和家長會的關係。如果和家長會運用得好，就很順利，如果運用得不好，就會比和民意代表處不好還慘。家長會最可怕的是，他們會為了會長的選舉，搞成兩個派系，這樣的話校長就變得很為難。基本上，校長都會支持比較正派的一方，即使你說你不站在哪一邊，事實上他也會主動把你劃分，認為你是站

在某一方的,而那一方就是會選上的,會選上是因為校長在左右選舉。所以,如果結果出來,他沒選上的話,校長就慘了。我就碰過這樣的會長,後來印證,很會鑽營當會長的這種人,其實他的目的就是想掌控學校,他想掌控的就是學校裡和錢有關的東西,至於課程和教學的部分,他才不管。碰到這樣的人,我就很頭痛,之前我碰過一位,他就會在縣長信箱、網路上一直攻擊,並且找記者召開記者會。因為他發現他沒辦法掌控任何一個工程的時候,就會無所不用其極的做這些攻擊。

我們當校長的沒有事先防範是不對的,雖然校長沒有權力去掌控家長會,但是適當的去引導一個好人進來,是有必要的。這當然是一個衝突的例子,會長若有兩派在爭的時候,勢力就分裂為兩邊,為什麼會爭呢?我們可能就要去思考,那個很想得到會長這個位子的人,可能就是懷有某些目的的。所以,為了改變這樣的情況,我對於家長會的辦法是這樣的:我讓家長參與各種活動和會議,但是專業的部分就不讓他掌控或影響,而且將學校的事務透明化,讓家長了解之後,他們就不會去抹黑你。

而課程的部分,不管他們懂不懂,也要讓他們參與,但是不讓他們干預。另外,我想很難去排除學校和家長委員會有商業上的往來。用世俗的眼光來看,有些人是真的想來學校做生意,問題是看我們怎麼去看待。我們要以平常心去看待,不要故意去迴避,因為這樣容易引起他們的誤會。我就跟總務主任說,如果那些家長委員的品質比較好、價格比較優惠,那就給他做沒關係。有時候,這些委員還會免費幫學校,所以我們對待委員,也別用有色眼光去看他們。

另外有些委員,他們出錢出力的目的,可能是想挑好老師或是其他的目的,我有時候會交代教務主任處理時要小心一點,如果說合法合情合理,就姑且幫他們做。而在對待惡劣的人時,你要很明確的拒絕他們無理的要求,這樣才會達到殺雞儆猴的效果。在對待家長會時,要有所堅持,也要適當的有所妥協,妥協的部分是要不違法的,該得罪的部分也要得罪,要不然辛苦的是自己。

## 趙校長：

　　對於公關的部分，當了這麼久的校長，不管是老師也好，或是社區的民眾、家長，對你已經有很深的認識，人家認為你是怎樣的校長，大家都已有一定的認識，這是累積下來的。所以，我會跟新進的校長說：你第一任的校長是很重要的。因為現在實行遴選制度，第一任的校長要怎樣去作為，得到人家的認同很重要。再來，家長會若能運作得好，是一股很大的助力。以臺北市來說，能夠干擾學校的外力會愈來愈少，有的最多只是編班的問題，或是幹事的選舉而已，幹事的出缺，屆時一定有很多介紹信，你只要告知他們來報名就好，所以也愈來愈沒有問題。

　　說到家長會的經營，我個人會在這裡花很多的心力去建立一個制度，把它制度化以後，就能有一個常軌在運轉。我曾經碰過一個人，當了十年的家長會會長，家長會會長規定是兩年，以前的不算，他在那一年剛好滿第二年要退下來了，我剛好去當校長，那一次的家長會會長改選，其實他參與學校活動的意願很高，所以還想繼續當會長，於是便用他妻子的名字出來選，那時候還沒有法規限定，所以沒有辦法去反對他，不過有一些家長認為，應該要合法，所以就分成了兩派。原則上，我們不要介入這些事情，但很重要的一點是，學生家長委員的名冊，我就不給。後來到了選舉那一天，可能他們已經有了一個共識，就推選出一個不錯的人來支持，後來也如願選上了，原先的會長下來了之後，就變成了榮譽會長，那時候我們每個月都有一個會議，和榮譽會長與現任的家長會會長一起開會，過程真的很辛苦。

　　所以說，當校長的如何在兩者之間去找平衡點很重要。當時我就和那位當選的會長談了幾次話，希望他能夠尊重原來的會長，談的時候也是有一點小衝突，不過當兩邊一起坐下來後，其實對我都還蠻支持的。因此，我們慢慢建立起制度後，整個家長會的運作就變順暢的。另外，我們學校對於家長會本身，必須要堅持一點，就是家長會不能決議學校做什麼事情，這一部分他們只能建議，不能決議，至於要不要做，是由學校和老師來討論的。所以，有些地方要堅持，家長會不是可以決定學校做什麼的。

再來就是學年的家長會，我們學校的家長會是用推選制的，先討論各年級幾個名額以後，再由各個年級的家長去推選代表，常委要和各年級的代表開會，讓很多意見都能夠反映出來，讓他們整合意見再從家長委員會裡報告出來，出來以後再由各處室主任或是會長去做回答，這樣的動作可以讓各班家長的問題有個管道可以發聲，才能避免這些聲音在外面亂竄。另外，一旦有問題發生，一定要有個回應的機制，一定要很誠懇地馬上回應。

像今年我們的家長會會長是蠻有企業經營理念的。他去年和家長會有一些衝突，因此他就從副會長的職位被降到委員去。那時候，我就聘他當我們一個噪音改善工程小組的成員，因為他這方面也有很多不錯的意見，當時也幫了我們不少忙。到了今年他當上會長，我就和他談，他就跟我說，他認為處理有關老師的部分，第一線不要擺主任、校長，而是教師會，讓教師會會長去處理。這樣無形中，教師會也有了他們服務的空間，一般教師和家長處得不好，就先讓教師會和他們去談，萬一談不攏，再到主任、校長這裡來解決，校長是最後一線。

在學校裡很多的事務，我們是分層負責，我們的授權是蠻完全的。所以，家長會的運用可以成為助力。我們學校附近有一個大賣場，他們在興建的時候因為某些設計而衝擊到我們學校，所以我們那時候就藉由家長會的名義，去找一名議員幫忙，雖然實際上是學校在主導的，可是對外的名義都是用家長會的名義去說明，後來也因為我們的抗爭，整個大賣場的設計也就改掉了。

## 江校長：

大家都是為了危機發生才去做公關，我的整個概念是比較不一樣的。公關是會影響政策，是去決定政策、制訂政策，然後這個政策可以事先將很多危機都消弭掉。大家最近看報紙就會知道，臺北市有關學藝活動、課務活動、社團活動，通通收歸回學校主導，當然學校的行政人員會增加工作量，但是在臺北市的社團活動非常多，有很多是家長代辦的，但是只要牽扯到錢，而學校又監督不到，就會產生很多問題的。所以，有部分的學校，它的課後活動、社團活動，指導的鐘點費可以高達兩千八百元，這個部分就變成大家覬覦的地方，所以我們不斷的去

突顯這樣的問題，讓政府正視這樣的問題，並進而修法改善。我想這一部分的公關，就是在發揮影響力來制訂政策，雖然少數的家長會會反對，但是我們透過和臺北市家長聯合會的合作，採取策略，逼著教育局去制訂這樣的法令，也把大家的痛苦都拿掉了。

　　第二個，之前的教育部部長曾志朗來我的學校演講，談教育政策的問題，有家長問他，他當教育部長的時候，聽到有民代要去分工程的壓力有什麼感受？他就說：「我也有聽到有部分的立法委員，有在要幾千萬的工程費用。臺北縣有部分的預算是掌握在議員的手裡。」當時我在現場也聽到了，在現場也有媒體記者在，結果第二天報紙就登出來了。因此，曾志朗第二天去做施政報告時，就被立法委員群起圍攻，當時沒有人敢出來替他說話。這時候你要怎麼辦呢？最好的方法就是「重建現場」了，因為當時我有全程錄影錄音，立法院當時就跟我要錄音、錄影帶。像這個時候做公關，你必須要讓你的主管機關知道這種事情，不然只會傷到自己。所以，那時候我跟立法院說，要他們跟教育局要，我們局裡面同意，我才提供。所以，做公關也要懂得保護自己。在這件事情的處理上，做公關你要怎麼把每一個眉角都拿捏得很準，而且你也要和局裡面的人溝通好，尊重他們的意見。

　　另外，我有一個人事主任被檢舉喝花酒，第二天媒體記者就發布新聞了，標題寫著：高興國小（化名）主任喝花酒被檢舉。當時我就立即跟記者說，請他弄清楚後再發布，因為人事人員不屬於教育人員，他們只是配屬在學校，我只有監督他，沒有資格決定他的去留，他非教育人員，和學校無關。先把責任撇掉，才不會傷害到其他的教育人員，然後再聯合其他的人事主任，三天內把他調走。新聞發布的第二天，新聞記者就來了，我只跟他說一句話，你如果有就說有，然後承認錯誤，表明願意接受最嚴屬的處分。記者就問我，要怎麼處分？我就說，依照《公務員服務法》第五條，加重處分。最後處分了，是記他一個小過。只是你在媒體記者前要說「加重處分」，所以有時候和媒體幹旋，必須要對法律規章非常清楚。我們這樣子做了以後，他被調到其他地方，對於學校的傷害也減到最低。

　　第三個，對學生做公關的部分。當校長不要整天罵人，要罵讓訓導主任去罵，校長只要隨時去關心學生，隨時跟他是很親近的，你如果去罵學生，學生當然會討厭你。所以，這也是一種公關的技巧。因為班級經營是級任老師的事，學生的生活常規是訓導主任去做的，你可以跟訓導主任要求，但是要時時去關心學生，並且真心喜歡學生，不要整天只會做黑臉。

## 黃校長：

　　關於對內的公共關係，在我經營過的學校，我非常重視老師的退休，那是人生工作上劃下一個句點的時候，因此，透過一種溫馨的退休儀式來歡送老師，會讓退休的人覺得很感動之外，也會讓其他的同仁覺得，他們也會有這麼美好的結束。因此，這裡面如果只從理論去探討，大概就是說，我們在校內對老師關懷，其實是重視他們的個人需求。在一個團體裡，如果老師認為他們被重視了，情感就會有所依歸，所以要用情感面去滿足他。

　　再來就是從組織目標來看，組織目標跟個人需求是不衝突的。譬如說，一個老師可能在學校裡是年輕老師，但是他也可以透過學校來發揮他的專業，建立他的專業地位。他可能在社團的指導或是課程研究上，有他專業發揮的位置，也就是說，讓他有成就感，滿足他對於成就的需求。

　　其次，我在十幾年的校長歷程裡，當我回頭去想，會覺得很慶幸，當中都很平和，但是還是會碰到一些爭端。譬如說，我在第一個學校裡，就碰過兩個資深老師彼此衝突的事情，其實他們之間的問題是屬於比較私人的。後來我在想，當時如果我更有經驗一點，就應該禁止他們在學校裡找同事談這些爭端，因為沒有這樣的話，所以雖然校長想儘量站在他們兩人中間，和他們保持等距的關係，後來還是發現有爭議，因為有一個人已經告到監察院去了。這種爭端，現在想起來，會認為當時應該要有個果決的策略出來，雖然我曾經找了他們兩人共同的長官來做調解，可是也沒有什麼用。

　　再來談到校園的情境，既然談到公共關係，我認為從獨立思考來看，其實不只國內一般人民的素養不夠，老師的民主素養也很欠缺。譬如說，在學校的文化

裡，可能是產生一種決議或風氣，但不見得每一個老師都很贊成，他可能是站在比較反對或是拒絕變革的立場，可能有一些老師是想要配合的，但是在那種情境下，大聲說話的人就掌控了一切。所以，我們並不是真正的有民主素養，老師不見得可以有獨立思考，理性的說這件事情應該如何才好。

譬如說，我曾經處理過親師衝突的問題，是家長對老師的要求比較高，老師如果不夠優秀，他就會被質疑。我舉其中的兩個案例。第一個，老師本身就不是非常盡力，我也嗅到了這樣的訊息，我從老師的管道了解，在這樣的過程中，我會運用教師會。如果在當下可以很妥善的運用教師會，就可以解決這個問題。在親師衝突的部分，像這種老師本身就不敬業的例子，可以透過教師會的歷程、行政的歷程、家長的歷程，來迫使這個老師接受調整。

後來處理的另一個案例就不一樣了。一個年輕的老師，雖然對應行政工作上是有問題的，行政主管也對他有所批評，但是據我的觀察，他算是一個很認真、願意投入的老師，態度也是兢兢業業的，我就支持他。雖然家長告到教育局去，教育局也派了督學來了解，不過我都儘量支持這個老師，後來這個案子也消弭了。所以，這也讓同仁了解，只要他們夠努力，校長是會和他們站在一起的。

再來，校長對上的關係，如果可以很積極性的去建立，也可以透過政策的變革，營造一個良好的公共關係。譬如說，過去有一個國小主管科，有一次科長召集我們幾個校長，談到底校長會議我們要說什麼議題，我當時是建議，過去的校長會議都是局裡面交辦的一些政策的宣導，比較沒有辦法對教育有一些生產力。我建議校長會議要有生產力。他就問說，到底我們認為要有怎樣的生產力。當時我認為，那時候的臺北市，各項教育都已經蠻上軌道了，唯一就是編班的部分，很多人會透過關說來達成目的，這樣一來容易造成不公平的現象，而且也會造成學校行政上的困擾。科長也贊成我的意見，於是我們便在校長會議上做一些正式的宣示，並且透過校長會議的決議，造成了學校改革的機會。

當校長是否會有很多應酬呢？其實不然，像我的應酬非常少，算是蠻單純的。在跟議員和記者的關係，有人說，議員是怕記者的，而學校是屬於行政單位，行政單位是受議員管控的。我過去的經驗，其實也是順其自然，而不是刻意

營造的。你在議員和媒體裡都要有重要的好朋友,而且他們的形象都要是良好的,如此的話,不管在議會裡或是媒體裡,必要時會得到幫助。

另外,談到社區運用的部分,我認為學校是一個教育單位,孩子也少、資源也少,所以社區的資源為我們所用。基本上,我們是運用社區的資源的。當然,各校在運用社區的資源時,不管是人的資源、物的資源、財力或是教育資源來說,都還算不少,學校可以回饋給社區的就是場地了。當然,在和社區的關係裡面,也會因為選舉而難免有所得罪,例如:我去平安國小(化名)時,也得罪了地方的里長,因為他們里長的選舉也有競爭的,其中一個競選人就是學校裡的家長,這時候我們就要盡量站在中立的立場,盡量兩面去平衡。所以,我認為在公共關係的運作上,要懂得掌握一些機會,而且我們做公共行政,也是要靠朋友,所以要交一些必要、好的朋友,這也是維持良好公共關係的方法。

本座談係於 2004 年 3 月 13 日在國立臺北師範學院行政大樓 605 會議室召開,
由林文律副教授擔任主席,林碧榆小姐擔任紀錄。

# 第 **8** 章

# 學校校園規劃與建築管理

學校為學生所提供的各種學習空間與環境，包括有形的物理環境與無形的人文氣息，一切都是為了教育的目的而存在。簡單的說，除了提供必要的教學與學習設施之外，學校也必須有豐富的境教功能，或許學校也可以像個公園一樣，既綠化又美化，校園碧草如茵，青青校樹，展現舒適宜人的氣氛。學生與老師整天都在學校進行教學活動與學習活動，學校在物理外觀與人文氣息上，究竟要如何為師生（甚至訪客）創造一個愉悅的環境？校長是否可以扮演一個校園設計師的角色？此外，學校常常會需要拆除或增建校舍，一些工程上的細節，校長要如何處理得當？以上這些都是本章要探討的課題。

## 討論內容

**曹校長：**

　　學校是學生學習的空間，也是生活的空間，涵蓋了整個學習的活動，他們一整天的時間都在學校，整個環境教育對一個學生的影響很大。校園規劃方面，第一個該注重的就是教學的空間，以及整個庭園的規劃必須要符合教學的需求，更要有長遠的考量，還要人性化，甚至現在還會強調「綠色校園」，以及永續經營等。我在這裡特別強調的是「校園該要教材化，還是公園化」？兩者兼顧當然是最好的。有時候我和老師們討論，老師們常會基於教材的需求，而主張校園能夠符合教學的需求，偏向校園教材化。但是，有時候又會重視校園給人的感覺，校園的景觀能夠做好，也是很重要的。

　　另外，校園再怎麼用心規劃，沒有一所學校的校舍會是完美的。我認為種植樹木是最重要的，而且要種本土的植物，不要種外來種的，因為外來種的，本來就不適合在這裡生長，有時候只是為了美觀才種的，因此我認為種樹必須要有規劃。這棵樹種了，可以隨著學校一起成長，不會因為未來校園的使用而把它砍掉，這些樹種的位置要衡量好，不要以後長大了影響到校舍，這些樹也許可以活上百年，跟著學校一起存在。再好的校舍經過百年也許都會打掉，但是樹卻可以存活很久，所以校樹的規劃非常重要。

## 薛校長：

　　不管哪一個人接下任何一所學校，第一個觀念，應該全面了解校園環境，才能訂定中、長程計畫。接下來，才能在年度中訂定擴充計畫，擴充計畫一定要做，因為擴充計畫，相對可以讓自己有更多機會。在 2000 年、2001 年時的經費都不夠，經費都是零，但是因為有這樣的計畫，每一年都去申請，就得到了一千七百多萬，而其他學校就沒有錢，這是我從中、長程的擴充計畫尋求來的經費。接下來是找對人、做對事，這個大家都很清楚。要找對什麼呢？包括主任操守的問題、執行力的問題，對於法令的嫻熟、整個現場的用心度，都是很重要的考量。

　　再來就是校長需要有智囊團，不管是工程師、景觀設計師或者是一些其他的支援。另外，還要有一些資深的老師，因為很多狀況，資深老師相當清楚，很慶幸我的主任在學校的時間相當長，所以他知道學校裡有哪些部分是需要馬上改進的，所以說智囊團很重要。另外就是校長要兼顧到教學及美化的結合。一般來說，1976 年之前的校園能用就好了，不過現在的校園又要兼顧美化、兼顧到教學層面，設備也好、植栽也好，絕對不能單一化，要用生物多樣化的觀念進來，美化能使孩子喜歡校園，我覺得這個是需要的。第五點，校區需要動靜分明，場地本身是運動區的話，不能干擾到教學區，靜態部分的室內教學區，以及戶外教學區也是要注意到。我曾經把一個戶外躲避球場改成戶外教學區，變成教學植物園，在這個部分，我用三點來說明。

　　第一部分，我認為我的校園規劃，叫做補充式的校園規劃，第一任校長在校

園裡面已經投注了很多觀念在裡面，為什麼說我是補充式的呢？因為這個學校缺少植物教材園、缺少小朋友的遊樂區、缺少植栽，校長必須要補充進去。第二部分是修繕式的，修繕包含老舊修繕以及維護的部分，要怎麼樣配合校齡，我覺得這個部分我們學校是屬於修繕式的，用了三十年的學校、用了三十年的電源，議員不准我們更改，事實上三十年來我們增加很多電腦設備，增加很多電源部位，勢必要對這部分做修繕。第三個，搭便車式的觀念，關於校園的建築規劃，曹校長常常說，明水國小（化名）的校園會因為地下停車場的開發而做改變，所以縣政府會做這樣的活動，我就順便把中央川堂變成原木的，全校也油漆了，做一個搭便車式的改變。

## 王校長：

關於校園規劃的問題，因為我們當一個校長，是和校園規劃脫不了關係的。我認為校園規劃裡面，從大的主題來看，可以分為校地部分、校舍部分，以及校園這三大部分。校園規劃裡面，影響最大的，以校地部分來說，譬如地形、地質、地上物、面積大小等，都會有影響的。校舍的話，不管新舊，它的堪用情形、是否有危險性、是否有歷史價值、空間規劃的好壞，或是災害發生的防範，都是要注意到的。校園的部分，大概是我們學校做得比較弱的，譬如說，校園的大小是否有成比例、校園規劃的教育性、它和社區之間的關係，是否能提供一些休閒的功能。校園既然要開放給社區使用，是否有安全上的顧慮。還有，校園規劃是否有方便性、是否有和教學區隔開等。所以校園規劃是一門很大的學問，除了新設學校可以去好好思考外，老學校也可以好好去衡量的，因為老學校也是會更新。

其次，新建教室或是修繕工程的問題也是校長能力比較弱的部分。我們有教室新建、有修繕工程，可是看不懂建築圖、水電圖，看不懂的話，怎麼知道工程有無偷工減料呢？第二個問題是，我們是否有時間去監督？即使有時間去監督，我們也看不懂，這的確是很困難的一件事。可是這些工程卻要我們去負責。第三個，材料是否符合規定，我們也不知道。第四個，這個建築的品質到底好不好，

我們大概也不是很清楚。所以，這是未來儲備校長或是校長的訓練中，必須要去面對的。第三部分，就是關於維修校舍的部分，因為維修也牽扯到美化的部分，除了要美化、綠化，也要整齊清潔，有的東西有安全性的考量，不去維修的話也不行，這部分是我們當校長會碰到最多的部分。

　　第四部分，就是美化、綠化。有所謂的平面的綠化、平面的美化、綠面的美化，以及綠面的綠化，所以有些學校的校園就會有一些造型，感覺起來就很舒服，像是大家去看宜蘭縣，以及九二一之後南投縣一些學校的重建，看起來就很有特色。宜蘭縣就是那種斜屋頂式，是全縣統一的格調。還有九二一以後，教育部有一個「新校園運動」，所以說，我們要學校漂亮，其實我們要顧慮平面的綠化、綠面的綠化。所謂綠面的綠化，就是整個校園看起來，有花、有草、有樹。如果機會許可，我認為這個部分是可以去改善的。校園的營建部分是比較難的。

## 趙校長：

　　講到校園規劃以及營建工程，說真的，我個人去的學校校舍都已經蓋好了，所以都不太操這個心。我常常說辦活動沒問題，因為活動辦完就沒有事了，可是校園一蓋就要背一輩子的責任。校園從上任起就開始蓋，也是會有感情的，現在卻愈來愈辛苦，上面的公公婆婆愈來愈多，關於這個部分，每到一個新的學校，我個人會比較注意。舉個例子，我到了一個學校，原來的總務主任已經規劃在地下室蓋視聽教室的工程，我就說不行，因為地下室要作為防空的用途，不得隔間，所以我們將視聽教室移到自然教室的準備室。

　　第二個部分，我會注意到學生在使用上有哪些問題，需要馬上解決的。所以我會花很長的時間做研究，自己在這過程中也增長很多見識。比如說，我之前在美麗國小（化名）期間，旁邊的馬路噪音非常大，而且教室緊鄰著馬路，完全沒有緩衝空間，所以無形中噪音非常嚴重，因此我就花了一年時間到新竹、臺中做考察，機場旁邊有學校因為噪音相當大，三級是要馬上遷校，二級是民航局要馬上補助，一級是沒有，但大大國小（化名）是一級地區，但是教育局又沒有那麼多經費，而且這是車流噪音，不是航空噪音，該運用什麼方式解決呢？

這時候我用了抽風機的方式，不過因為這是頻率式噪音，很容易讓同學打瞌睡，所以當時我們將主機裝在樓頂，用抽風的方式，將噪音源以氣密隔音窗隔住，目前美麗國小就是用這樣的方式來阻絕噪音，而且又很省錢，效果也還不錯。我到了大大國小之後，不但有車流噪音，也有航空噪音，也試過做了這套系統，在大大國小努力了六年多，也有不少立法委員幫忙，現在民航局也開始補助一級管制區的噪音問題，本來一間教室補助四十五萬，後來因為噪音值沒有那麼高，一間教室補助四十萬，現在正在工程中。我開玩笑說我不適合接大工程，因為我一接了三、四千萬大工程，就遇到物價上漲，到現在還沒有標出去，接工程真的是很辛苦。

原有的校舍，我要如何規劃成最適合學生的學習環境？以美美國小（化名）來說，它的校園分布圖像是「之」字形的設計，在我任內本來應該把剩下的兩行筆畫完成，成為一個之字形，不過我沒有答應，為什麼呢？因為這部分的噪音干擾很嚴重，且附近有新的國小要成立，所以學校的學生人數會減少，也保留了我不蓋房子的紀錄。我想這問題該怎麼考量，因為密閉式的規劃，除非間距夠大，否則噪音非常嚴重，特別是在三、四樓。舉例來說，誠信國小（化名）在圓樓的四樓教室幾乎沒辦法上課，噪音太大了，我想對於這些圖應該好好研究。

以大誠國小（化名）來說，要蓋溫水游泳池。理論上，前年就應該把經費給我，不過只有四、五百萬，根本不夠，那一定不能收，否則蓋起來很痛苦，在去年原本預計要給我一千兩百萬，可是到最後只給我九百多萬，等於工程款只有八百多萬，又遇到鋼筋上漲，經費真的不夠，標了八次也沒有標成，局裡面也給我不少壓力，不過我個人也相當堅持，就像美麗國小的游泳池，把高度降低，改成浪板等，不過要考慮到整個總體性，一個突兀的東西在那裡，絕對不合適，我是很堅持的，當時我們的家長會張會長也很了解，他知道如果沒有蓋成，款項就要收回，他就跑來跟我談，說他要幫忙，他孩子今年畢業，而我明年也要退休，希望好好做，不要留個東西在那裡，他個人捐了五十萬，家長會基金又捐了八十萬，又加上這次母親節園遊會的捐款，湊成兩百萬，就可以按照原來的設計規劃。

不過，我跟局裡說要處分可以，就請處分我自己就好，不要處分總務人員。

尤其是我做了地質改良的工程，教育局說鋼構工程與地質無關，與風力有關，可是我們問建築師，建築師說一定要，後來教育局要我們找○○，○○說了很簡單的一句話：聽建築師的。所以我很堅持，不然改良工程的那部分大約要一百多萬，刪掉之後，早就發標出去，可是我認為安全是很重要的。

## 邱校長：

工程是比較辛苦的一件工作，特別是要蓋一所學校，像我個人就是蓋了一所學校。那時候大誠國小（化名）要開始籌備，我就過去參與，因為我認為，其實蓋一所新學校蠻好的，個人理想有百分之八、九十可以在這個學校呈現出來，這是很有吸引力的。尤其是在臺北市，整個校地都幫你弄好了，有違建也都拆除了，學區都幫你劃分好了，甚至成立以後會有多少班級、需要多少老師，都幫你編好了，我認為這是很不錯的事，所以就接了這個工作。後來去參觀的這個過程中，我也思考到了，你蓋了一所新學校，這所學校，也許會經歷五十年、八十年，甚至是一百年的時間，這段時間內，有多少人會經過那裡，如果蓋不好的話，會被埋怨。有多少老師、學生會來使用這個空間，如果沒有設計好，是會被人罵一輩子的，所以這個壓力也是很大的。

所以，後來我認為蓋一所新學校，很重要的因素要考慮，就是從永久性出發，為什麼要蓋這個學校？這個學校會在社區裡面擔任怎樣的角色？要從這些地方開始著手去思考規劃。譬如說，我把這個學校在社區裡所肩負的使命，把它整理出一個精神出來，當成這個學校的願景，當時大誠國小就是規劃成一個溫暖的學習環境，於是就從這裡開始往下發展，去設計環境，像是校舍的顏色以及學校的很多設施，都以溫暖為出發點來發展下去，所以首先一定要抓住一個精神。

接下來是要有教育性，因為在教室裡面是最不好的學習環境，最好的學習環境應該是在大自然裡。我們要如何克服學習環境的問題呢？就是儘量把一些東西放進教室裡、放進校園裡，讓學生不用跑到很遠的地方，就可以去學習。所以學校裡面會有教材園、水生植物教材園，甚至要有動物進駐，所以我認為教育性是很重要的。再來要談的，就是社區性，我們國家的學校和國外的學校不一樣，我

們的學校要擔負社區文化精神堡壘的重任,開放給社區使用,所以學校也要兼顧這樣的功能,在放學或假日時,要開放給社區使用,所以有一些設施就要顧及大人,像是籃球框,不只要有小孩子的規格,也要有大人的規格。

因為這樣的社區性,你考慮到了以後,這個社區就會認同這個學校,會愛這個學校,這個學校就會陪著這個社區的孩子走一生,他們一輩子會把這個學校當成一個成長的陪伴者。另外一個是實用性,我非常的重視,因為使用的人不只是老師及學生,還有家長和來學校的客人,讓他們來到學校裡,可以覺得非常的方便,而且感覺到溫暖,我認為這些都是應該要考慮的。譬如說,從我們學校前面走過的行人,我們也應該顧慮到,譬如說有樹蔭、有街道的指示牌、還有寬廣的行人道等。我有這樣的想法以後,開始去做規劃,這樣的歷程也是很不錯的。只是很可惜的一點,我和各位一樣,都不是工程的專家,所以會面臨這樣的問題。

當時黃大洲市長說,你們校長都不行,工程都非專業,所以要把工程交給興工處辦理,但是興工處的人手太少,他們也不接,所以大誠國小就變成了大家互踢皮球的對象。後來,我們就用一個方式,就是把大誠國小變成了很多人一起在蓋的方式。譬如說,我們就找社區人士、里長、民意代表的支持,我們也去請教建築師,他們也很樂意提供我們關於工程的一些經驗,以及去尋求一些朋友的支援及諮詢。所以蓋一所學校,不是只有你一個人在埋頭苦幹,也可以成立一個團隊,大家一起來幫忙把學校蓋成了,曾經幫忙過的人也會覺得很光榮。另外一個就是廠商,如果你能給予廠商使命感,讓廠商認為蓋這個學校,是這個廠商的一個重要標竿時,他就會很努力去做,不會偷工減料,甚至在監督工程時,會比我們還嚴格。所以我認為,在工程營繕方面,雖然說我們不是專家,可是還是有辦法蓋得很好。

## 黃校長:

學校校園的規劃與營繕,我跟很多校長一樣,不敢去接受一個新的建設,但是不是對於校園的建築沒有興趣。就我的觀察,現在如果要興建一個校園,目前的環境會比十幾二十年前好得太多了,因為現在有很多好的校園建築模範,以及

現在的建築師、現在市政府的審查觀念，以及整個社會對於學校的期許壓力，現在的情境比以前進步很多。九二一地震之後，像宜蘭這樣，很多地方、很多社區、地方政府、主辦者，比如說慈濟，他們的堅持，都可以營建出校園的特色，像慈濟就堅持要鋼骨架鋼筋，一定要非常牢固，也非常肅靜，去參觀的時候，也覺得很有特色。

我走過的幾個學校很少有興建工程，大多都是一般修繕，在校園或是校舍的規劃裡面，跟教學有很大的關係，對師生在裡面活動、生活、學習真的是影響深遠。我覺得每位校長接了學校之後，要時常去關心校舍或者是校園是否可用。所謂堪用，是不是能善用各種空間去輔助教學。我在當時選學校的時候，也都選擇最好沒有在興建校舍的學校才去。所謂的老學校，也就是以前沒有整體規劃的學校，在這樣的一個校園空間裡面，接的時候是不是有空間可以做符合教學理想，或者是符合自己理念的一些營繕。

比如說，我接的第一個國小是一所田園小學，山上的田園國小（化名）。田園國小原來只有一排教室，一個很小的操場，是一個很小的鄉下學校。後來我們不停努力，將列在校園內的中央廣播電臺的地，以及一些民地回收，收回來的校地讓我們增建了操場，也加建了一些自然教室，使得我們在教學的空間更為改善，孩子有個運動空間，又在後面的山建立步道，接任的校長又更努力的把後山改為可以作為植物教學的場地。

另外，把危險的樓梯拆除，改善上、下樓的動線。在山上一年有超過兩百多天，雲、霧、雨都會飄進來，學生的簿本都是濕的，所以加裝防風窗，目前都還在運用，我覺得在校園裡面有一些實質上的改變。第二個是我在冬冬國小（化名），冬冬國小也是沒有整體規劃而且老舊的學校，雖然新建了一棟活動中心。因為冬冬國小所在的地方是一個特勤地區，有一個憲兵營房，經過多年的努力把營房以及宿舍回收之後，我們的孩子有了更寬闊的空間，可以改建操場，以及增加操場四周的遊樂設施。教室空間的改善方面，就是努力去增設電腦教室、音樂教室，讓兩個孩子就可以共用一個電子琴，算是教學上的創見，也算是理想上的實踐。我們準備辦理一百年校慶，不過也因為是百年校舍很老舊，因此我們很著

急，不過透過這個校慶，我們號召家長一起來，在沒有經費的情況之下，大家一起來粉刷教室，把教室內部漆得煥然一新，每個孩子在教室上課的時候，都有不一樣的感覺。再來就是整修排球場，原本是硬地的水泥面做了處理，也興建了新的籃球場，我相信對於孩子運動空間上有所幫助，而游泳池的部分也做了整修維護，這是在體育的部分。

這棟大樓是在日據時期蓋的。當時小學的概念就是很小的門、很小的空間，在小空間中還要種下一排灌木，整體門面需要改造。這些都需要跟在這裡待很久的老師溝通，比如說讓門面更開闊，再去規劃整個校園空間。比較特別的是，去設計孩子從社區來學校的上學路線，去整理出一條不錯的上、下學步道，原本是要經過擁擠的校門，造成人車混道，現在改造成人車分道，開闢一側門，經過一個公園，讓孩子從人行道經過公園直接進入校門，進入學校的步道的時候，又讓它公園化，在孩子上學的路上去做經營，維護孩子的安全，我想這些每一位校長都會去用心的。

在大樓方面，配合整個教學方式的改變，去增建視聽教室。有了視聽教室以後，整個教學就會活化。然後去擴充圖書館，再把所有的圖書館、視聽教室、校史室、教具室作為一個系列，搬移到同一個樓層。因為我們人力不足，讓一個人可以監管所有的教室，在管理上有去考量，也把多年不用的木工房清理掉，也因為清了這個房間，多了一間教室，在少數的空間裡面做這樣的整理。平安國小（化名）其實是有規劃的學校，它也是「日」字形的學校，我們看到前任校長的努力，他在中庭做了改造，中間有蔣公銅像，是規規矩矩的庭園，後來運用經費去把它改造成比較自然的生態園，像這樣的生態園改造，讓校園裡充滿了生氣，另外他在校園進來的另一面，種了使君子，使君子會攀爬，綠化了整個牆面，而且會開花有香氣，這樣的效果讓人很感動。我去了之後，校園也沒什麼比較可以做的。不過在校園外的空地，除了步道之外，圍牆和步道間也有綠地，我和社區里長把四周原本只有土的區域，種花綠化起來，社區的阿公也在外面加掛上蝴蝶蘭，等於是整個社區大家一起來維護這個學校，這是在校園的部分。

在校內的部分，我比較重視的是遊戲器具的整理。譬如說，階梯止滑條是否

已經消耗，容易讓小朋友跌倒，要做一些安全上的處理。另外有一個創新構想，就是我們的辦公室很大，差不多可以容納一百七十幾個座位，但是因為一個禮拜只有開星期一、四兩天的晨會，大家都很少去，因為遠離教學區，所以經過多次考慮就將辦公室營造成為圖書館，而且是很大的圖書館。有了新的圖書館之後，舊的圖書館就作為英語教室，不分級教學，而且可以在兩間教室中間，另闢一間自學模式的視聽電腦教室，作為程度很好的孩子以自學模式學習的地方。

　　臺北市現在正在推動游泳池。我們是沒有游泳池的大學校，這麼大的學校卻沒有游泳池已經很少了，但是我們又沒有校地，當初在蓋活動中心的時候也沒有，所以我提了一個企畫案，希望能把我們原本有落差 1.5 公尺的操場架高，與停管處合作，來蓋地下停車場以及溫水游泳池，不過停管處的資金恰好用完，所以可能無法達成，若是教育局自己出經費，大概要花一億多元，不過也不是不行，因為有些國小三十幾班要蓋活動中心，也要花一億多元，只是說校長勇於提出一個構想，算是校長的一個責任。在校園的規劃應用上，我是比較從教學空間上來調整，讓它更方便使用，讓教學更便利使用。

## 蔡校長：

　　1990 年，我跟幾個朋友參觀日本最紅的一所小學，這所小學有室內地板，學生到了學校之後，完全換成室內鞋，因為日本民風比較愛乾淨，而且緯度高，所以我就想以後我當校長，可不可以讓我的學校朝整齊清潔的方向走。今天恰巧談校園規劃的部分，我去參觀的日本這所學校從幼兒園到博士班通通都在一個區域，把整個地方二十幾甲的山坡都買下來，如果我當這所學校校長，我會把學校做成花園，從這頭到那頭要坐公車，那時候我還沒當校長，後來就一直朝校長的方向走，一直期盼能夠像這所小學一樣，小朋友都穿室內鞋。但是，自己當了校長以後，這些期望就完全破滅，因為我到的學校是已經蓋好的學校，以臺灣現有狀況來說，校舍建築是延續日本時代的精神，但是臺灣的氣候、臺灣的民族性，以及當時整體的規劃，比較像是火柴盒式的建築。這火柴盒式的建築，後來的整體教育觀念沒有融入進去，教室僅止於是教室，只是上課的場所而已。所以我到

了新學校，我會隨時去想如何讓學校呈現得更美，這個美具有教育意義。

　　就以我待過的第一個學校真真國小（化名）來說，剛開始的時候覺得這個學校的樹木很多，但是教室很破舊，所以今天我們談論校園規劃建築，臺北縣及臺北市的校長，談起來就覺得心有戚戚焉，因為臺北市的經費非常充裕。像我去過的真真國小，山林資源非常豐富，所以我們就發揮了學校現有的特色，整個學校營造得像個公園一樣，我也把日本印象帶了過來，把學校本來的圍牆去除掉，特別是在山上，怎麼讓社區的人保護這個學校，同時和學校之間的距離完全去除掉。圍牆去除之後，校門只是擺樣子而已，幾乎是不用關上的。校門不關了以後，和社區的距離更接近，他們反過頭來保護學校。

　　所以，我在第一任學校，感覺到學校可以作為社區的鄰居，不見得是社區的公園，但是最起碼民眾假日的時候可以過來。原先我還沒當校長以前，去參觀過其他學校，包括日本的學校，想法其實是很接近。到第二個學校之後，不停地在想如何讓這學校更具軟性，畢竟它是硬體建築。硬體建築除了人為的因素讓它稍微具有人文氣息之外，我發現還可以做幾件事情。譬如說，原來的校舍雖然老舊，但是可以讓它不要呈現那麼破的外觀，可以老舊但是不要破，沒錢有沒錢的作法。

　　臺北縣的一位專家對於工程建築相當有研究，他在演講的時候說，一般的管線最好能夠收起來，在校舍建築規劃的時候，讓管線走地下或走管路，不要亂拉管線，像蜘蛛網一樣過於雜亂，畢竟管線裡有一些東西，甚至會塞住，維修不易。我到了這個學校之後，我就告訴總務處，水管或電線一定要走直線，兩端相拉，一定是走牆角，垂直的走，如此一來會稍微整齊一些，正好呼應了臺北縣在前年的點線面整潔年的大計畫。當時的督學也好、督導人員也好，對於我的作法：一個學校裡面所有管線並沒有看到交錯或是斜線走，感到非常佩服。其實我就是聽了一些人給我建議，跟老師談、跟社區談，因為住在宿舍的關係，假日的時候、傍晚的時候出來運動，問路人說這間學校如何如何，外人看學校一定是看外觀，他們就會建議樹怎麼種、怎麼剪裁，牆角要怎麼做會比較安全，不要讓孩子碰觸到。

　　對於校園建築規劃，第一個就是要有教育性。學校是一個教育場所，如果不

具有教育性，只是一棟房子而已。要如何具有教育性？除了教室本身的配置之外，要如何具有境教的內涵，哪怕是每一個地方的標示。再來就是讓這個地方的教育意義呈現出來。我舉個例子，譬如說校長室的門口、校長室的牌子，要讓孩子知道這個牌子所代表的意義。他看到校長室的牌子之外，還要校長告訴他們什麼話，我會告訴孩子一些話，這是具有教育意義的方面。

　　第二個部分就是要整齊清潔。我到了學校去以後，很喜歡去看學校哪些地方是死角，然後去清理那些死角，因為那些東西留下來除了造成髒亂，也沒有用。後來，有一次要整理學校的校史室，必須要補充一些東西，可是那些東西已經找不到，因為都已經丟掉了。所以，學校裡沒有一個儲藏室也不對，可是那個儲藏室要怎麼擺呢？我告訴學校裡的人，一個學校除了校園美化之外，學校的管理要做得好，要看儲藏室。儲藏室裡的東西若是擺得有條不紊，表示這個學校的管理是相當上軌道的。

　　第三點就是使用管理要方便。一個校園建築規劃如果說使用不方便，容易浪費人力，也可能會讓很多事情無法連貫起來。我儘量讓學校的動線順暢，空橋連接以及教室配置的安排也很重要。我現在這所學校的班級很奇怪，別校都是一層樓一個學年，或者是一棟樓一個學年，我的安排是跳來跳去的。老師們依據班級教學特色，提出教學計畫之後，如果這個班級的特色是電腦，我安排靠近電腦教室，如果特色是閱讀，就會靠近圖書館。

　　第四點就是這所國小的地方特色比較濃厚，學校在淡水地區，如果一個地方的建築沒有辦法融入地方特色，就沒有辦法讓地方上的人喜歡這所學校。這所學校曾經有新蓋一棟大樓的機會，因為當地有紅毛城的關係，準備把新大樓改為紅磚，因為要融入地方特色。要融入地方特色的時候，造成新舊之間不協調，原來舊的建築是淺灰色磁磚，新大樓是紅色磁磚，與舊大樓格格不入。我後來緊急煞車，因為我擔心新大樓蓋起來之後，變成一棟怪物，與原本的主體建築不相容。後來，又修改為與原來舊的主體建築相同顏色。融入地方特色之後，校舍建築要考慮到整體性，否則一所學校就會分為很多不同部分，沒有辦法有整體感。之後不只硬體分崩離析，人心也會跟著往下走。有人說硬體會影響軟體的部分，其實

很有道理。

　　最後在校舍建築規劃的部分，我很強調未來發展的永久性。一個學校蓋的是基於現任校長的辦學理念，呈現自己的專業理想之外，仍需強調永續的經營，不要短視。未來長遠發展，不管是五年、十年、二十年、一百年之後，它所展現出來的是什麼樣的面貌，或者是後來的人怎麼看你，是很重要的考慮。我現在在做的事情，不希望後面來接我的人罵我，因為我的一己之私，讓後面使用的人不方便，如果一切按照教育的腳步出發，「雖不中，亦不遠矣」。事實上，校園建築規劃有幾個因素，雖然自己沒有籌辦新學校的經驗，但是總有蓋教室的經驗。我不怕蓋新教室，看到平地起高樓，從無到有，好像是新生的喜悅，這些喜悅是一點一滴，哪怕是穿雨鞋、半夜去監工、跟工人吵架，一路走來發現自己能力還可以，有機會的話，我不怕蓋新學校。

　　另外，影響整個校園規劃的因素，第一個就是現況，這個學校的現況以及未來發展。如果有正當需要，或是將來要轉型，要讓學校走向國際化或是未來化的建築，這時候的校園建築要朝這個方向走。第二，社區的因素要考慮，畢竟學校蓋出來是要和社區互動的，如果這個社區不喜歡這個學校，或者是蓋完了之後一經過就罵，這個學校就變成這地方的累贅，我們寧可不要。所以，我們在規劃建築的時候，要融入地方特色，要聽取社區的聲音。

　　第三個就是不得不考慮政治因素，也許是地方上的民意代表，或者是某些政治勢力，那怕是地方派系，在角力拔河的情況下，因為他們有自己的意識型態在，他希望蓋出來的東西能迎合他們本身的想法。依我現在蓋新教室的情況，兩派之間僵持不下的時候，我那棟教室延宕了一年，差點蓋不下去，因為被一個包商得標之後，去縣政府要申請開工，結果某位議員就去跟縣政府說：這個學校不能蓋，因為蓋了之後，如果蓋倒了，你要負責。他認為說這個地基建築等因素，不應該是這包商所能得標，甚至認為會影響這地方的風水，他們也認為對於自己的施政政績沒有幫助，因為是別人幫學校爭取的，所以政治因素不得不去考慮。

　　第四個就是廠商因素。這個廠商如果很有口碑或很有責任感，甚至於他跟我們的理念相連接的話，一個校長在建築規劃學校的時候，進行工程會相當順利。

　　我有一次差一點和廠商起衝突，因為我要求非常嚴格，而且我搬出法令來，他卻對那個法令不屑。我一直在想，廠商跟校長之間的互動絕對要保持黏而不膩的關係，如果不這樣的話，廠商會吃定校長，而且會為所欲為。

　　最後，面對校舍建築，如果說我們沒有接受挑戰、沒有前瞻的企圖心的話，校舍建築蓋了之後，回過頭來會後悔，當初想的沒有做，未來想到的還沒有做好。總而言之，校舍建築規劃應該融入人的因素，要大於物的因素。

## 賴校長：

　　以前我服務的兩個學校，我去的時候整體規劃都完成了。在擔任總務主任的那段時間，其實只剩後段工程，之前的都已經規劃完畢。有關營繕工程的管理以及執行的部分，在做那個工程的時候，當時那位建築師也是借牌的，有幾次要灌漿他都不太來，不過我都堅持一定要建築師來才灌漿，不然有些專業知識我們不懂。後來，第四期的工程，水電的部分，他有偷工減料，因為他標得很低，但是他偷工減料一開始，就被我們查到了。可是，後來的工程還是可以很順利的進行，我想是因為有幾個因素。

　　第一個，我們的校長很清廉，他都不跟廠商作私下的接觸，而我們用主任也是同樣的道理，如果我們要用一個主任，品德真的非常重要，如果我們校長和主任的品德操守是很清廉的，我們在要求上就比較站得住腳。另外，我們個人要去不斷的學習，像我們對工程不內行，要怎麼綁鋼筋我們也不懂。不過，你面對它，就得要去了解它。我剛開始當總務時，一本工程合約，那些圖我都看不懂，於是我就一張一張的問，問到後來，工人和廠商知道你懂，他就比較不敢亂來。所以，我認為不斷的學習是很重要的。

　　另外，還要不斷的打電話、不斷的聯繫，可以幫助你更加了解情況，因為有些工程要接觸的層面很多，不是只有教育單位而已，還包括工程單位以及很多單位。你要經常和這些單位聯繫，跟廠商經常聯繫，以便清楚掌握狀況。另外，跟社區的關係也很重要。如果跟社區關係好，社區人士也會幫你監工。社區的人如果看到什麼狀況，會趕快通知你。有一次我們在挖地下室，我剛好不在，社區的

人士懷疑他們挖太深了，趕快通知我們。所以說，和社區的關係也是非常重要。

　　另外，我擔任校長時，其實學校都整理好、蓋好了，我們後續要做什麼呢？我就想，能不能賦予它教育意義，和地方做一個結合，繼續去發展，在課程裡融入，這是我的思考點。關於校園要呈現什麼面貌，我有幾個想法。第一個，我希望學校具有生命，因為我們學校在自然界，自然界裡的生命會自然進入到這個場域裡面，所以這個地方，我們就種了很多植物。很多生命進入到了這個場域，學生就可以從中做觀察，這是第一種生命。第二種生命，是包括學生一起共同經營的生命，如果說有一些生物進入到這個場域裡來，學生就近觀察，在這樣的過程中，他們學習怎麼跟這些生物互動，去了解牠們。在學生的想法裡面，就會把自然界裡的河流、昆蟲、花類、鳥類這些東西，融入他的設計裡。在這樣的校園裡面，其實很多昆蟲就在四周，我們也不用把牠抓進來，我們只要整理出一個好的場域，牠自然就會進來，後來我們就延續這個畢業牆的功能，讓學生發揮。

　　後續有關學校的硬體建築，其實學生是可以提供意見的。像我們學校，有一個溜滑梯已經廢棄，後來我們希望那個溜滑梯可以發揮一些藝術性的功能，就讓學生參與如何去改造這個溜滑梯。在這個溜滑梯的改造中，讓學生來參與、來設計，對學生來說，可以提高他的自信心，這是一個良性的活動。

　　第二，要和地區的特性做融合，能不能把地區性的生物引進校園來，簡單弄一個水溝，就會有許多的蝌蚪在裡面。我們學生把爛掉的蕃茄丟進花圃裡，後來就長了一棵蕃茄樹出來。地區特性是非常豐富的，怎樣把這樣的特性引進校園也很重要。另外，就整個環境建築來說，有學生的參與，和課程做融合，也是一個可以做的地方。剛才所說的溜滑梯的設計讓學生參與，也算是藝術課程及自然課程的一部分。

　　另外，我們現在學校做了一個生態地圖，也是有留白的觀念，我們生態地圖的作法是先以整個校園為底圖，這整個校園圖裡會出現什麼生物，其實後續的東西要靠師生共同來形成。譬如說，他看見了一種昆蟲，就把牠畫出來、照出來，再貼上地圖，因為整個建築物都已經完成了，其他留白的部分就留給學生來學習，讓師生共同參與，這也是學校教育可以發揮的功能。

## 陳校長：

　　我當總務主任四年、當校長七年，都在忙著修補教室。我沒有蓋教室，因為以前服務的學校，校地是人家捐的地，產權不完整，後來因為被地區的居民提告，所以要拆屋還地，把土地產權再過戶一次，過戶的時候又怕涉嫌圖利他人，最後達成協議，縣政府以補償費的方式，把土地過戶回來，中間就會碰到很多法律問題以及繼承的問題，那已經是五、六十年以前的事情了，因為已經傳到了第三代，以前不知道有這筆錢，現在知道有這筆錢，他們開始爭奪財產，學校也就捲入其中的糾紛，這是比較難以處理的部分。

　　第二個是灣灣國小（化名）。灣灣國小是一座很老舊的學校，又位於海邊，裡面的鋼筋都已經鏽蝕，而且這間學校因為在山坡上面，無法拆掉重建，所以當地居民非常害怕以後會沒有學校，我們只好以修改的方式處理。從我當校長開始，每一個我遇到的廠商都會倒，每一個都要去收拾前一個建商所留下來的瑣碎事情，要上法院、要告訴等，非常麻煩。所以在這個地方，我們對於修補老舊學校，都要有一個非常好的計畫，因為臺北縣政府不是一個單位預算，無法補足這個經費。每次我們去申請的時候，都需要考慮再三。我就拿灣灣國小修改教室的計畫去找局長，局長很忙沒有空見我，有一次我就趁他開完議會之後去見他，我跟他說：給我三分鐘，我給你一間快倒的學校，他才很快聽了我一下，後來才要督學趕快去了解一下情況，原本需要兩千四百萬，後來變成六百萬，這經費大約只能做縫縫補補的作業。

　　我們灣灣國小大約只能維持十幾年，因為裡頭的鋼筋都已經鏽蝕，現在是用碳纖維包覆的方式，植入鋼筋再用碳纖維橫向包覆，所以那棟的學生必須要好好的使用，否則那棟校舍就會倒掉。後來來到歡歡國小（化名），歡歡國小更慘，有一棟大樓就停工在那裡，裡面的玻璃跟鋁門窗也都被偷光了，廁所也堆滿垃圾，留在那裡沒辦法蓋，都已經發包完畢，現在就等廠商告我們，為什麼違約不給他開工呢？原因就是我們有一位會計室主任，前任校長以及總務主任每次要開工，他就簽了很多理由不給他開工，說是違反國家採購法，違反什麼什麼的，可是最後還不是發包了嗎，還簽約了，所以最後就寫合約辦理開工。開工完畢之

後，臺北縣有一個很奇怪的地方，開工之後發現有問題了，不能修改，修改了要處分人員，但是人都退休了，前任校長、總務主任都退休了，變成都處分到現任的，所以最後就讓他整個蓋完，最後再修繕。打個比方說，鋼構與混凝土膨脹係數不一樣，造成漏水，我從蓋好到現在三年的期間，前前後後處理了五次，照樣在漏水，所以這個漏水的問題，就是每屆校長的問題，每個地方都是在解決漏水方面的問題，因此在維護一個學校漏水的部分非常重要。歡歡國小就是從重建一直到現在，都在處理漏水的問題。現在地下室漏水漏雨的情況很嚴重，縣政府來看了四年，根據他的要求寫計畫，到現在還沒有補助半毛錢，這就是沒有單位預算很痛苦的經驗。另外就是學校的樹木太茂密，我們要把學校的樹木從一樓修剪到二樓，讓陽光能夠進入到教室裡面去。

　　第三是遇到轉角的廁所，請工友七點一來就把燈全部打開，等到五、六點學生都已經回去了，才把燈關掉，才不會疑心生暗鬼。另外就是土地公廟，我們的議長說，這間土地公廟是地方上的信仰中心，所以還沒有拆，但是我做了一件事情，就是把這地方公園化，每年要去拜拜。拜拜的意思是說：地主某某校長來這裡打聲招呼，這是我們的土地，希望大家維護這塊土地，每年花燈做完了，都要去掛歡歡國小，掛在那裡，變成民俗教育區，市公所為了讓人行道能開闊一些，學校內縮的那塊地就把它鋪成人行道，本來是一塊綠帶，綠帶的目的就是為了減少噪音，四年來一直要不回來，不過現在要把它全新做成綠帶，種植小葉蘭。種起來以後，比較靠近馬路的教室，就可以阻隔噪音。

　　學校後面有個原野公園，學校有三千六百人、一百零五班、二點五公頃而已，所以現在做了一個樓梯以及步道，連接後面的一點五公頃，裡面的一些設計以及設施，我們就和市公所做協調，讓它不光只是娛樂而已，也能有一些教育的功能，所以我的學生就可以通過階梯到原野公園，這個公園就成為學生上課的地方。

　　歡歡國小學生的受傷率這麼高，還有一個原因，在當初設計的時候，這個學校非常重視藝術性，所以學校採取小圓窗，稜稜角角的建築物很多，所以學生容易碰傷跌倒。為了讓階梯好看，階梯有下有上，希望能爭取經費把階梯填平，學生直接走到平地上，不必先下再上。所以，這種稜稜角角的部分，尤其是一年級

經常活動的空間，需要經常修正、修補。

## 張校長：

　　叫我重來的話，我不會再去蓋學校。若不是從日本回來，對於開放空間以及學校建築充滿理想跟抱負，不會花這個時間去蓋學校。不過，一路走來還算是順利。當年局長叫我去的時候，剛好陳水扁當市長，突破了一間教室多少錢的規定，突破了之後，才有所謂開放空間的可能。在接的前半年已經參與這個開放空間的規劃案，接了之後已經通過都市空間的計畫審理，我只是從空間裡面的教育功能去做。我就簡單講一下一些原則。

　　第一個，把學校跟公園做一個完整的規劃，不過很可惜的，在那個同時，我們沒有那個能力，也沒有那種理念去規劃公園的部分。學校只是沒有圍牆而已，公園還是公園，還是由路燈管理處去做。如果時間允許，那個地方應該可以變成更具有教育意義的公園。

　　另外一個是校園開放，校舍區以及操場區是完全獨立的，我們放學之後，鐵門一拉，整個校園以及公園完全開放。另外一個安全的問題，當時開放教育認為校園應該絕對開放，不應該有圍牆。因此，操場的地方用樹籬的寬度和高度來當圍牆，校舍這邊我還是有圍牆，動土典禮時，陳水扁市長來，建築師就說我們這邊都開放、都種樹，市長問說這邊為什麼有圍牆，把圍牆拿掉也一起種樹。

　　第二天，報紙就登出來了，說市長建議把圍牆拿掉，要用樹籬，但是我沒有理會它，因為校舍這邊的安全我們看不到，操場這裡的安全我們看得到。整個規劃裡面，有一個重點就是，它是新的社區，新移民有一個共同的歷史記憶，所以盡量維持，除了資訊化、校園網路以外，維持看看他們有沒有共同的歷史記憶，所以我們的植栽有一百種，全部都是本土樹種，不用一棵外國的樹種。

　　第二個部分，我要談到開放空間。學校建築裡面一個很重要的概念，就是班群空間。班群空間的概念來自於第三種空間概念。第一種空間概念叫做「普通教室」，第二種空間概念叫做「專科教室」，第三種空間概念叫做「多用途空間」、「多目的空間」，也就是不指定用途的空間。當時，我請到三位日本教授

到臺灣來，一位是學校建築的教授、一位是建築師、一位是課程教授，我把我們學校的圖拿給他們看，所以基本上不會有太大的問題。

後來我才發現，臺灣有一些開放空間學校的班群空間之空間概念，跟我們的想法不太一樣。很多學校都怕吵，所以在教室外面隔了一條走廊，後面才再加空間。空間有幾個原則，第一個，空間要延續。第二個，空間的使用要保持空間的彈性。很多人把空間拿去當學習角落，採用幼兒園的那種角落，會造成那個空間沒有辦法用。所以，班群空間有一套理論，在日本已經出現了二十六年，但是在國內並沒有精確抓準這個概念，因為空間的改變會造成教與學無限的思考。

現在我來談我與建築師的關係。我們的建築師是哈佛大學畢業，在美國執業後回臺，所以也算是老牌的，可是他從來沒有蓋過學校，不像日本的建築師，如果他是蓋幼兒園的，他就不會去蓋小學的學校。我們的建築師則不一樣，他只是把學校的外表蓋得很好，其他像是廁所的高度、洗手臺的高度他都不管的，所以從前我曾有一段時間是和他起衝突的，後來我跟他說，外表看他的，裡面看我的，要他不要跟我吵，因為當時我在日本看了一百個學校，所有的印象都還在，照片也都還在，所以我花了很多時間，把班群空間、將來教學的可能，甚至連一個插座的位置，都整個去設計過，跟傳統的學校不一樣，傳統的學校可能是校長室和教室的大小是一樣的，連插座的位置也一樣。但是，我們的空間是每一間都仔細去規劃的，專科教室也是每一間去規劃的，音樂教室四間，四間的設計都不一樣，這樣整個規劃好了，和建築師之間不相干涉，我們裡面的規劃也做得很好。

另外一個我要說的，是工程發包跟監工的部分。我沒有像學長這麼幸運，他那時候是興工處，後面幾個學校是捷運局，中間是我們自己蓋，我們比較倒楣是在總價決標之後，才公布採購法，採購法之後有一些公平交易的原則都不一樣，我有四個廠商都很不錯，主體工程、裝修工程、水電工程跟後面的周邊工程都非常好，都做得不錯。水電工程這家廠商很特別，他有一群法律人來解釋合約，用採購法的精神、公平交易法的精神一直玩，現場一直跟你發文，一開始我們就知道，每天不但要監工，還要回文，然後他又不願寫得很清楚，他寫了五點，重點是在第五點，然後你就回第一點，接著每天市政府、工務局，今天是法規會，明

天是研考會，後天教育局、局長、各分局長，這樣每天跟你玩，然後走上仲裁，到昨天錢才付給他，蓋了四年，他要四千五百萬，我付給他一千一百多萬，我為國家省了三千多萬。

最後一個感想。臺北市非常有錢，臺北市的校長說我們蓋學校花了他們很多的錢，所以他們很多學校沒有錢去修教室。我花了這麼多的精神去蓋這個學校，不是傳統的學校，所有的空間跟課程都是重新思考的，我花那麼多的時間，除了應付採購法之外，又去應付開放空間，我們的課程與工程是在同步思考，然後又遇到臺灣史上最大的兩個法，一個是採購法，號稱是行憲以來最大的行政法，另一個是在課程上遇到臺灣課程史上教育課程改革最大的九年一貫。

此外，開辦的時候還要自己招考老師，自己弄課程，不像當初課本是教育局送來的。所有東西是自己做，早上又仲裁說，設備先行使用，延遲驗收，他都可以找很多理由，當初他答應做的，事後都不承認，他去照相說，你都已經驗收了，表示這項施工已經有做了，用這樣的方式，現在的仲裁也不是絕對的對或者是不對，他都是打百分比，例如多少百分比的責任、多少百分比的責任，用打折的方式，不過昨天也告一段落了。

我跟我的主任一開始就說好三個原則。第一個，錢不要進自己的口袋，不要圖利自己。第二個，不要圖利廠商，仲裁以後錢再給他，不要當時給。第三個，避免行政疏失，整個工程在做的時候，其實不怕大問題，怕有小事情，前面有建築師，依照設計、監造，所有的解釋權在建築師，後面有教育局，所以自己在這邊不需負太多的責任。問題愈大，愈是有人幫你去解決。有人遇到廢棄土沒有辦法找到廢棄場，我們動土之後拖了半年，最後送簽市政府核准，暫時把泥土挖出來放在操場。整體來講，應該還算順利。

## 周校長：

我看過日本以及美國的學校，看了很多宜蘭的學校，曾經花一整天的時間在宜蘭某國小，也曾經到了災後重建的學校裡看過。我發現國內與國外的學校在建築上有很大的差異性，國內校長很辛苦，思考的面向很多，包括硬體、景觀等，

都要做一個全方位的思考,但是國外的校長比較單純,校長在這部分的負擔比較輕一點。反觀國內這部分,比較像是我們的重擔,往後是不是也能在這個部分去想想看,哪些部分能夠不需花太多時間去著墨的,可能還是要回歸到教育的本質上面,我自己在當主任的時候,自己動手、自己動腦去規劃。

我在美麗國小(化名)當總務主任的時候,學校籃球場四周有一些花臺,我們把我們的想法告訴建築師,建築師把我們的想法畫出來,我們一看覺得這個想法比較制式,沒有什麼創意,我就自己畫給他,自己動手做,好像也比他做得好,從此以後就開始了一連串我自己的工作,包括圖書室我也自己去畫、自己去弄,播音室也是如此,一路下來,累積了很多實作的經驗,這些經驗不在於建築的部分,大部分在於規劃跟一些小作品的地方,可是我覺得這些小東西對於學校的規劃以及對師生的影響很大,所以我比較把重點放在這個部分,如果這個部分能夠注意到,老師與學生馬上就能夠獲益、馬上就能接觸到。

到了大型學校之後,我發現我們能在建築上面的著力點更少了。就以欣欣國小(化名)來說,這是非常老的學校,當初學校的規劃也沒有想到會發展到一百多班,大概想說三、四十班就可以了,現在已經有了一百多班,所有可以蓋的地方都已經蓋完了,不同時期蓋的地方,也有不同的風格,很難統一,所以目前的情況下,我們可以做的,就是如何加以美化、綠化還有在修繕的部分,能夠比較有效率。但是在這個部分,我比較避免自己過度主觀,去影響到學校的發展,所以我不會去徵詢一些老師、建築師的意見,我大概是站在旁邊以一個發問者的角色,提出問題引領大家去走這條路,我們有這個團隊,在團隊之中我把問題拋出來,大家就開始思考,會提出很多答案,這些答案我會去追問,不停的辯證,從這裡面發展出來欣欣國小自己的方向,這個方法我覺得蠻好的,因為可以凝聚很多老師的共識,讓他們有參與感,提高對學校的向心力,也可以避免自己過度的主觀。今年的這任校長有自己的想法,就做了這樣的東西,到下任校長又不認同,又做了不一樣的東西,幾任校長下來,整個學校就出現了幾種不同的風貌,所以我希望在我任內可以避免這種問題發生,讓同仁及一些家長有機會,還有專業的建築師可以參與,大家共同討論、共同思考,讓未來成為一個比較永續的發

展，這是我在欣欣國小目前走的路線。

　　第二個，學校其實不要全部蓋完，全部蓋完，以後就比較沒有發展的空間，這比較抽象。我舉例來說，我在文文國小（化名）的時候，曾經在校園裡面有一個畢業牆，這是我參觀美國矽谷旁邊的一所國小，看到他們教學上的一個成果，特別可以用在中小型學校，他們的畢業生要畢業的時候，其實沒什麼可以回憶的。基於這個例子，我們做了一個畢業牆，策劃了一個畢業前的學習活動，讓他們的陶瓷作品可以鑲在牆上，但是當初的牆面已經貼了二丁掛，牆面都已經完成了，如果要貼上去就要敲土，如果說我們在設計的時候，能把教育理念放在這個位置，我們不見得要把所有牆面貼滿。

　　各位如果有機會到東海岸，東海岸那裡有兩棟建築物，前年在法國的一個建築展有得獎的作品，遠遠看起來好像兩座碉堡，完全沒有貼任何的磁磚，是一個很簡單的造型，一個長方形的建築物外面沒有任何磁磚，就只有水泥的本色，所以我們將來也可以考慮，在學校的某些外觀部分不要做太多人為的規劃，說不定在教學上可以有發展的空間。

　　第三個就是學校的歷史能不能呈現在校園裡面，這也是大家比較沒有考慮到的地方。以欣欣國小來說，它有一百零六年的歷史，我來到欣欣國小兩年以後，有兩面油漆牆就逐漸斑駁，變得非常難看。我請了五、六個老師來思考學校美化的問題，其中有一位老師說，這面牆的油漆畫得不好，我們要重新畫是很簡單，但是做出來之後有什麼特別的意義沒有，我非常感謝這位老師對於問題的思考非常深入，當天我們五、六個人在校長室裡討論了兩個多小時，後來我們為欣欣國小的校園規劃找到了新路，我們希望把欣欣國小一百零六年的歷史，帶給每一位社區的人，讓他們走進欣欣國小，就走進了欣欣的時光隧道，所以下學期我們規劃了一些欣欣國小的老照片、老文物。照片我們可能翻拍，去做磁磚，這個磁磚按照欣欣國小的發展歷史一路貼下去，在我們學校的校園建築來說，才有其定位，否則就只是不停的模仿別人。

　　另外就是關於能源節約的問題。前一陣子我們去參觀臺大的綠房子，看了之後才發現，其實我們對於建材以及學校裡面的一些教室、空間微氣候的了解太

少，建築師對這部分也不是很了解。如果我們在這部分多找一些人進來，在建材的設計上，對於能源的節約、能源的有效利用會非常好。像剛剛提到的管線維護的問題，綠房子裡面的管線維護相當簡單，就在兩面牆中間，一拉開，電線管路、水管都在裡面，標示得相當清楚，要維修或者是要換裝都很容易，而且這些材料有些還是資源回收再利用的東西。我到日本去參訪時，他們有一個圍牆，牆壁是一塊一塊鑲上去，然後鎖起來的，他們是利用垃圾經過一個高科技的處理，做成建材，這個現成的建材就可以立刻安裝。臺大綠房子所用的建材是用石化下游的物品，當天的簡報室說，這項技術發展不久，壽命可以用多長不清楚，但是目前臺大使用最長的壽命已經二十年，目前尚完好。

## 曾校長：

將來如果要我蓋一棟學校，如果我的孩子已經長大了，我會願意去，為什麼？因為蓋學校好像生一個孩子一樣，或者是像古代鍊一把劍一樣，是要把生命投入的，這是很有意義的。雖然有人說，一個好建築出現的機率是萬分之一，要有好的建築師，還要有好的業主，還要一個好的廠商。根據他的計算，這個在臺灣出現的機率大約只有萬分之一。我覺得就算是只有萬分之一的機率也值得做，因為這個部分真的很有挑戰性。另外，我很感動的就是，建築是有生命的，因為建築不是自然物，它是一個人跟環境互動的結果，它會有生老病死，看一棟建築就像看一個人一樣，建築本身經過歲月也會有生命。我覺得我這一輩子都是靠學校吃飯，我在學校裡面感覺到生命的存在，相當舒服。

臺灣的公共空間裡面，學校建築是一項大宗，我覺得這也是一種責任感。最近有些事情，讓我覺得心有戚戚焉，為什麼說學校有生命？今天的報紙說圓圓國小（化名）要合併了，有刊登一些老照片，像中南部九二一重建有間得到遠東建築獎，可是我看到的是學生在使用的時候，學生很熱的跑出來，頂著書包在外面上課，我覺得學校是特殊建築，在臺灣的環境恐怕是要做很多的科技整合，我們是有經驗的人，應該多做一些，我覺得每個學校的校地，跟每個人一樣，風格會非常不一樣。至於提到校長會不會把自己看成是校園的設計師，我會說，在活潑

國小（化名）的時候，我是這麼蓋的，但是我已經修正了我的價值觀，既然建築是人與環境互動的結合，將來一個規劃的醞釀期愈長愈好，太急就章或者是太急躁，都沒有辦法蓋出一個長遠或前瞻性的建築，當然我們教育的機能一定是在主導地位。學校的建築走向，應該是科技化、人文化、生態化，不過我要做一個修正，科技不是指資訊電腦管理這些東西，這些輔助系統保全、冷氣等愈是科技化愈不好，反而是機械式的，堅固耐用比較好。

我覺得臺灣的學校建築愈來愈沒有靈魂，也許早期很八股，有什麼四維八德、禮義廉恥，但是臺灣的建築文化裡面要傳遞什麼精神呢？比如說，我去過日本很多次，裡面劍道、茶道等教室，確實是有個固定空間的課程在那裡，我覺得臺灣的這個部分，如果繼續走下去，難免有一天也會變得市場化，所以我們要把學校裡面核心的文化找回來。

最後，我感覺到建築雖然是人為的構造物，但是一定要生態化，與周邊的人和平共存，包括人與一切存在的動物、植物，這是我的理想。我希望臺灣的建築能夠走到這一天。學校建築規劃是團隊整合的工作，絕對不是校長個人及家長的參與而已，因為裡面涉及到電子規劃、材料應用、系統整合等，現在的制度靠個人去做的話，很難出現很好的建築，我覺得這是致命傷。

根據這種團隊整合，我提到一個複合的概念。學校建築的取向不只是要考慮到學校使用而已，必須要考慮到歷史、現在人用的，他們對於教育的心態是如何。日本的學校愈來愈整合，我一直想複合建築的概念，也想應用在活潑國小。近來我做了一些修正。以臺北市來說，雖然有錢去蓋很多游泳池、校舍或是活動中心，我一開始的定位是，白天是學生學習，晚上是家長學習。

我舉個簡單的例子來說，馬市長很喜歡游泳運動，所以蓋了很多地區的運動中心。我覺得從都市計畫整體配置的觀點來說，萬一將來的學校建築自己一軌，公共建築自己一軌的話，一定會有人先倒下來，因為所有的公共建築都是靠政府機關經費去應用，這樣的系統沒有整合的時候，是無法維持下去的。一棟建築不是只有蓋在那裡就沒事了。有些建築會變成廢棄物，是因為你只有生它，而沒有養它。學校公共建築危機愈來愈大，這部分我看到了危機，但是教育行政單位及

市政府的系統，又沒有辦法整合這項危機，我覺得未來的問題會非常大。

　　另外就是永續經營的部分，我很佩服剛剛學長提到的空間留白、永續經營的概念，我覺得這是真的需要的，因為學校的建築一定要能夠容納現在、過去、未來等空間，這些空間有的是短暫的，有的是永恆的，人與建築必須互動，互動關係在很多建築藝術裡面是存在的。剛剛提到的，不是一次就把空間貼掉的觀念，如果能在學校的機制裡面傳承下去，學校的風貌才會有穩定性；如果傳承不下去，有錢就拼命蓋得東倒西歪，我是深以為憂。我感覺師院如果要發展一個比較有特色的課程，這種部分也可以去參考。

　　現在管理成本太高的問題，我也是深以為憂。如果學校建築與設備管理成本太高的話，未來絕對不具有競爭力，絕對是要低成本、高效能。低成本、高效能也是系統整合的問題。臺北市一直在蓋游泳池，地下也有廚房，我很早就建議把能源系統串接在一起的概念，也許有問我的人都會去做，但是沒有的還是要兩套系統，就經營不下去。能源整合或者是低成本的概念，我希望讓行政單位了解，但是維護費用、定期保養通通沒有，將來壞的話，就一次打掉，歷史就沒有了，但是一代一代這樣翻修的時候，也是很痛苦的事情。

　　最後講課程的部分，我覺得學校機能的部分，絕對是以課程發展作為第一考量。我感覺到學習的型態部分，不管是小組的、個人的、團體的、社區整合的學習，通通在學校建築裡面，一定要考慮到彈性，在教育行政單位要趕快形成共識，未來臺北縣很多學校變成空學校的時候，才不會被收掉，在日本有很好的研究可以做成國家制度。


## 李校長：

　　我也沒有蓋過新校舍，也對新校舍感到畏懼，因此我很佩服曾校長。但是有個東西也是需要思考的：大陸蓋一所學校，快則半年的時間，我們臺北市蓋了六年還蓋不出來，當然其中也牽涉到很多制度的問題，六個月感覺上可能是短了一點，可是六年究竟能蓋出什麼樣的一個校舍？以校長的生涯或是專業成長來說，蓋一所學校如果花六年，這麼盡心盡力，那最近這十五年裡所蓋的學校都會很有

特色，很遺憾，我怕校長蓋出這麼有特色的校舍，可是家長、主任、老師都說不出所以然。

　　其實，今天早上我在口試校長的時候，有一個主任就從一個很新的學校出來。我問他，他的學校有什麼特色，他卻說不出個所以然來，我覺得有點可惜，因為這個主任對這個學校的建築沒有任何的情感。我覺得在新校舍裡，蓋得好不好有幾個面向，因為我們都要求全面品質、要求全能發展，最後的結果就是要求校長是一個聖人。

　　在蓋校舍的成敗裡面，有幾個重要的因素。第一個，就是人的品質。我想我們在座的校長本身都有這樣的堅持和專業，可是建築師是否有這樣的能耐和品質呢？第二個就是廠商的商業道德。第三個就是臺灣法律的周延性和可行性，如果法律變來變去，說真的，實在是很為難的。這三個是我們不能掌控的因素。

　　關於舊校舍，我認為有幾個原則。第一個，安全是最重要的。第二是實用性，所以修建後，要怎麼去維護和管理很重要。第三個是民主參與，讓更多人參與這樣的修建工程，我想老師會對它有感情。最後一個，是不是我們的舊校舍，不管怎麼做，都是從點、線、面。最近，我們的重點都是改造教室的工程，我們臺北市比較好的是有單位預算，可以掌控，不會東一個、西一個弄弄之後，其實看不到重點。最好還有一個是能夠明亮、清新、適當的開放空間。最近有很多新校舍，有些像是城堡，感覺不太像學校，它沒有太多的開闊性，臺北市因為很擁擠，所以學生的心境、老師的心境會比較狹窄，現在也許看不到，可是以後可以感覺出來。

本座談係於 2004 年 6 月 12 日在國立臺北師範學院行政大樓四樓教室召開，
由林文律副教授擔任主席，林碧榆小姐擔任紀錄。

# 第 **9** 章
# 學校經營的法律層面

**當**今這個世界，各行各業的運作都要受到法律的規範。學校是一個教育單位，不論是公立或私立學校，都有適用的法規。對教育單位而言，普遍適用的法律與規定，包括：《國民教育法》、《教育基本法》、《教育人員任用條例》、《教師法》、《勞工法》、《政府採購法》、《師資培育法》、《公平交易法》、《高級中等以下學校教師評審委員會設置辦法》、《處理高級中等以下學校不適任教師應行注意事項》等不一而足。另外，學校遇有緊急事件，比如小孩子在校園內受傷甚至身故，尤需藉助學校法律顧問的專業意見，以及時化解危機並避免學校陷於被告訴的窘境與困境。學校林林總總的行政程序，包括簽訂各種合約要注意哪些細節，哪些法律上的規定必須遵循，甚至日常議事的運作，也有嚴謹的法律規範。常言道：「有法依法，無法依例，無例依理。」其實，校長所需面對的各種法律有其相當的複雜性，本章所探討的即是學校經營的各種法律層面。

## 江校長：

第一個談到《國民教育法》，因為我們現在的《國民教育法》，依據的是《國民教育基本法》[註1]。《國民教育基本法》裡面把家長、老師、學生的權利都談得蠻清楚的，不過長久以來在國民中、小學當中，我們老師都會以為我最大，多數的老師沒有去研讀法律。最近十年來，大家對於一般的法律常識不太關

心，因為現在都忙於內鬥，這兩年稍好一些，前幾年都忙於內鬥，95%的教職同仁對於內鬥是漠不關心的，因為要鬥的人是那 3%左右，2%跟著起鬨，這些 3%的人就是強力主導教師會的人，這些人對於整個國民教育法令是非常清楚的，對於《教育基本法》，他們只挑對自己有利的部分去積極爭取。

現在在《教育基本法》裡面，他們想要爭的是把教師的位階拉得跟勞工一樣，勞工三權他都想要。但是，這個勞工三權他都要的時候，有些問題他們沒考慮過，因為在《勞動基準法》裡面，提到若是關門或是歇業、停業的話[註 2]，只要在一個月前[註 3]通告就可以了，這樣通告可以的話，就是只領資遣費，不用任何的轉置，在《教師法》裡面提到學校要減班、併班或廢校等，教育主管機關有義務要為老師安排後面的這些工作，這樣的方式有點像是把老師當作準公務人員，因為文官的任用保有這樣的權利，政府有義務去做這件事。

現在他們想要爭取最多的是要有罷教權，要有工時等，其實不可能腳踏兩條船[註 4]，畢竟只能選一邊，若是依照《勞動基準法》來走的話，將來學校減班或是其他因素發生時，教育主管機關會幫忙。整個教育的歷程裡面，在師資的培訓過程中，我們很少會去教老師一些法律常識，我也請教過法學的專家，他們表示教師只能選擇一樣，不能選擇兩樣，他們大多還沒看到這一點。

對於《教師法》、教評會人員甄選、聘用、解聘等，以臺北市今年的教師徵選來說，必須要先上網公告，把所有的任用程序說得很清楚，不然到時候拿到簡章，會告不完。以我們來說，其實我們在 2 月份就上網公告了，目前尚未有人對我們有所抱怨。任用過程在過去可以有很多的限制，現在性別不能限制、身心狀況也不能限制、智力殘障也不能限制，只要他取得教育證書[註 5]，你就沒辦法限制他是哪一種人[註 6]，除非是專業領域的部分才可以限制，各級公立學校滿五十歲[註 7]就可以退休，所以在教師甄試滿五十歲就可以排除在外。

特別是當校長，對於法律規章不是那麼熟悉，對於程序法不是那麼清楚，只要程序不對，所有的決定都會有問題。先談談法律方面，再說行政應用上面，我們必須對這些法令都非常清楚，更重要的是這些法不是只會受到行政處分，特別是《公平交易法》[註 8]，違反《公平交易法》處七年以下有期徒刑，只要一個採

購案，就會讓校長前功盡棄、身敗名裂，我想法律在行政上面的應用特別要注意這幾點。

## 曹校長：

經營學校的法令問題，首先從老師談起。老師對於法令的觀念非常不足，舉例來說，全校老師讀過《教育基本法》的有多少？我相信有很大比例的老師，連《教育基本法》規定什麼都不懂。再來是《國民教育法》，哪些老師看過？哪怕是關係最密切的《教師法》，都不知道有沒有看過，即使有看過，對於這些法令有沒有正確了解，恐怕是非常缺乏，所以我從這裡開始來談。

我覺得在師範的教育中，應該開法學概論以及一些相關的教育法令課程，讓將來要為人師表的這群學生，能有基本上的認知，並且熟悉這些法令。回過頭來說，即使有的當了校長，從事教育工作，關於教育的法令，包括：《教育基本法》、《國民教育法》、《師資培育法》、《教師法》、《教師法施行細則》、《教育人員任用條例》、《教育人員任用條例施行細則》等，我想這些法令是最基本的觀念，必須要去了解，校長應該比老師更深入了解。

不僅如此，身為一個校長，甚至連《公務人員法》、《刑法》、《民法》、《刑事訴訟法》都應該有基本概念，若沒有這些概念，則違法了或是觸犯法律時，自己往往還不清楚，哪天被調查了，還覺得莫名其妙。所以，從事教育行政工作的人員，很需要這方面的基本法令概念。至於當學校遇到了問題，或是採購方面的問題，則必須對於《政府採購法》有基本的了解，尤其擔任總務主任或是事務組長的人，也必須知道。

有關公務人員的法令，我們也都必須了解，處理時才會較妥善。學校也應該聘用法律顧問，我的作法是從自己的人脈、朋友或是同事相關當中，尋找可以當學校的顧問，這是不給薪的，是義務的，可以有一張法律顧問證書掛在學校，好處是當我們遇到法律上不懂的問題時，就可以打電話去請教法律人員。以我們學校聘請的律師來說，他曾經是首都國小（化名）的老師，臺大法律研究所畢業，後來考上了律師執照，現在在執業，本校老師也可以先向他諮詢，校長在行政上

處理的事情都可以借重法律顧問。另外，建議校長們可以借一本《六法全書》，遇到問題可以先翻一翻條文，對於法令有些了解之後，也好請教專業。

## 郭校長：

　　學校校長、老師、教職員工，對於法律問題都非常陌生，包括我自己，每天都害怕會犯錯。法律對於行政工作非常重要，但是以前的背景沒有這方面的專業知識，所以做起行政工作，的確會感到戰戰兢兢。除此之外，老師平常對於法律不太注意，但當老師需要一些依據的時候，就會找一些法律或公文來看，但是都是以自己的意思來解釋，所以我認為法律顧問是有必要的。在我的經驗中，有很多事需要法律顧問來協助。

　　比如說，家長監護權的問題，孩子由誰來監護，我們平常也不清楚，萬一有一方來校園要小孩，我們怎麼辦？還有夫妻之間的糾紛，甚至有婆婆來跟媳婦搶孫子，以及老師的體罰問題、校外參觀和其他機構產生衝突等，這些問題從情、理、法來看，一定是從法先下手，所以我們會先請教法律顧問。以前我們學校校長，會找從事律師職務的人來幫忙，若是上了法庭就必須要付費，在校務處理上，就會令人很安心，也會比較正確，所以法律顧問在學校是很必要的。因此，當一個行政人員對於行政程序以及相關內容必須要熟悉，但是我們沒那麼多時間，所以除了法律顧問外，我們是否能夠增加一些法律的學習經驗，可以互相提供，目前的校長儲備班，就有請法律專家來指導。

## 王校長：

　　我們當校長基本上是學教育的，不是學法律的，而在校園裡面有很多的問題，是需要專業人士來指導我們的，面臨問題的時候可以請教法律專家。法令對於教育的影響非常大，因為在講究人權的民主法治國家，學生主張有受教權，老師主張所謂的工作權，還有老師的尊嚴等，我要說的是，對於法令本身有問題的時候，因為我們學教育的人，也不是那麼清楚，當我們遇到的問題跟法律互相衝突時該怎麼辦？

　　舉例來說，《幼稚教育法》[註9]跟《身心障礙法》[註10]，這兩個法令互相衝突的時候，何者為先？我就碰過這樣的案例。身心障礙學生在《身心障礙法》裡面有規定可以不受年齡的限制，能夠優先就讀，可是《幼稚教育法》卻規定必須要滿四足歲，才能受幼兒園教育，我碰過這樣的問題，也吵得不可開交，到最後請教行政機關來解決。一般我們會認為《身心障礙法》必須要優先，但是主管機關若為幼兒部門，則會以《幼稚教育法》為優先，所以這個衝突沒有橫向的聯繫。

　　第二個問題是教育法令沒有罰則，當被教育單位發現有違法的時候，最後卻沒有什麼處分，而且很多單位違法了，也因為沒有罰則而不了了之。舉個例子，臺北縣市的警衛似乎上班都超過十二小時，但依照《勞動基準法》是規定八小時（註：臺北市警衛是編制內人員，與約僱人員不同）。

　　第三個，究竟是老師的權利比較大，還是學生的受教權？我們校長都認為學生的受教權比較大，因為學生尚未成熟，但是當學校裡面某些老師的權利和學生的受教權相抵觸的時候，誰該優先？在我們學校裡有一位老師被學生辱罵，他認為他的尊嚴受到傷害，認為自己也受到《憲法》保障，也應該具有訴訟的權力，所以他提起訴訟，但是他沒按照正常的管教方式來管教學生，使學生的受教權受到傷害，這兩者誰比較優先？也沒有明文規定（註：這部分沒有明文規定，所以沒有罰則，有模糊空間）。第四個，《教師法》第十四條裡面，有八個款[註11]，但是只有第一款比較明確，犯法受有期徒刑一年以下[註12]，其他的都比較模糊，所以造成學校的很多問題不能解決，特別是不適任老師的問題。

　　第五個要談的是法令與行政命令衝突。舉例來說，家長參與學校事務，依然用行政命令來做，但是《教育基本法》規定家長要參與學校的事務，必須要有法令來規範，等於是行政命令違反法令的問題（註：目前法案已經在立法院一讀）。第六個就是，法院沒有詳細規定的部分，某些規定會很詳細，例如：申訴評議委員會，有些就很模糊，例如：校長遴選的部分，整個臺灣地區的遴選真的是五花八門，因為《國民教育法》裡面關於校長這部分，並沒有明確規定要如何選？由誰來選？似乎每個地方都不一樣（註：法令由地方自治法規來規範[註13]）。

　　這部分有彈性，其他沒有彈性的部分呢？某些部分非常明確，某些很模糊，

可能是其背後有些特別的意義。談到法令跟教育、政治的關係，法令跟教育的問題，我還是可以透過法令的解釋來達到目的，但是政治介入到法令的詮釋，可能就會影響到教育的運作，要釐清就很困難。在愈民主愈法治的國家裡，法令跟教育要釐清其實不難，不過若有政治的介入，可能就會讓我們教育品質的提升產生困難，如果每天我們只是研究法令，而不討論教育的本體，也不妥當，可是我們不研究法令似乎也不行。

## 曾校長：

　　校長的角色就是處理教育事務，除了教育事務以外，就是管錢跟管人，雖然我的經歷還很淺，不過我很仰仗會計以及人事，我有個結論就是，我不希望某件事今天做是可以的，不過在幾年後，卻被人家搬出來算舊帳，所以關於錢的問題，我非常尊重會計及人事的見解，萬一有不同意見，我會請他明確告訴我關於他所引用的法令，當我有所質疑的時候，會向上級長官再求證，特別是教育局對這項法令的解釋。

　　以前的指導教授黃教授的十二字真言，對我影響很大：「有法依法，無法依例，無例依理。」有法依法真的很好，就直接依法辦理，不過無法依例這方面，還是要對於過去大家習慣找的人，必須要在其品德上做調查。雖然大家都用這個人，但是在什麼情境條件之下用是非常重要的，如果找不到相關的案例，我就會請教前輩校長或是教育局的老朋友，請教他們過去曾經有什麼樣的解決方式。有個作法也不錯，大家一起來討論，討論的一個基本精神就是公開透明，而且可以集結眾人的智慧，但是把這事情交給許多人來做之後，也許是個好策略，有些事情在請益之前要做很多功課。因為校長多了一個行政的角色，所以校長不需要怕法律，或是懼怕訴訟。

　　在我的工作經驗中，在教育局裡時，曾經跟文化大學打官司，以水電工程來說，兼辦了臺北市停管處的地下停車場，設計圖就有六百多張，實在沒辦法一一計算核對，隨著施做時有一些估費計價問題出現，但是我告訴他們，我們的精神是總價決標，部分是按照單價分析表來做，雖然廠商也說了狠話，不過我跟上級

長官已做過完整溝通，而且為公家省了錢。後來就走仲裁體系，責任就在裡面分攤。另外，有關增進校長的法令素養部分，以前我們都說要讀教育六法，現在已經很進步，教育小六法都出現了，裡面有很多判例跟實例，對我們職能的增進都相當有幫助。我也常常提供老師這方面的經驗，從報紙上、工作上蒐集的經驗與他們分享。

最近我在校內辦了一次法律常識講習，講有關《公務員服務法》，收受禮物、處罰學生等的案例，讓大家增進對於本身角色執行上的了解，了解模糊地帶與實際有差異的地方，以及法令跟不上時代，或是法令脫節的情形。目前，我們面臨到辦理社團的相關問題，若按照臺北市的原辦法，就會聘不到合適的師資，但是如果要讓許多社團蓬勃發展，讓學生獲得最大教育利益，又有經費上的限制，我們就會運用家長會建立一套機制來處理。

總之，並沒有明確的法令規範來做這些事，讓校長背負很多不必要的法律責任，而產生內部、外部的衝突問題。我覺得在行政機關要加把勁隨時檢討法令。從《教師法》公布到現在，老師的權益有了重大演變，它的脈絡到底如何，是行政人員在處理某一階段的事件時，非常重要的依據。有關法令的整理、如何提升行政人員的法律素養，教育行政機關應該更重視。

## 趙校長：

我說明一下剛剛的課後活動實施辦法。上月中旬，我們把課後活動實施要點的辦法再談一談，不過時間上拖得久一點，是因為家長會有一些自己的看法，所以比較久一些，我們先說服各個家長以暫行辦法先實行，以配合 2004 學年度的開學。身為一個校長，牽涉到經費、牽涉到人事，法令能不能與我們站在同一邊，我想行政人員依法行事是很重要的。

例如：以發展音樂社團來說，他們每個月都要額外繳費來外聘老師，經費由學校管控，但是由家長會來收，原則是取之於學生、用之於學生，最多只是行政問題而已，我們希望這個法能趕快通過，因為有很多的問題，需要依靠這法令來解決。所以校長要進學校，對於法令認知是非常必要的。人事和會計是業務幕

僚，最後決定權還是在校長，當人事和會計與行政單位意見不合的時候，要提出他是依什麼法，而不是單憑高興不高興，甚至找不同的法條會有不同結果，或是法的解讀可以有不同，或是參考以前的案例等。

除了談到法律顧問的運用以外，家長是一個很大的資源。每年家長會在畢業生畢業前，會請法律專家來談一些生活上與法律相關的問題，也利用機會辦理老師的講座，談的大多是與老師工作本身相關的事，靠自己讀《六法全書》是很累人的，最好的方法就是有一個諮詢的方向，尤其是學校有很多老師是法律系畢業的，很多事情可以倚重他們，愈倚重他們，他們也愈肯幫忙。有一次我主持發包的工程，在發包出去之前，讓廠商好好的讀我們的補充須知，做得非常賣力，很多細節都追蹤得清清楚楚，校長對於細節都必須要好好掌握。

在樂樂國小（化名）時，有一位小朋友從滑梯滑下來，不小心大腿骨骨折，恰好學校旁邊就是消防隊，依慣例我們是送國泰醫院，不過他媽媽在馬偕醫院，就送去馬偕醫院，後來他從事保險談判業的哥哥要求學校要出所有的醫藥費，以及要派一名老師在病床邊陪讀，其實我們已經將傷害降到最低，有保險的部分賠償沒問題，要全額賠償不可能。後來，他們還找了一個當記者的弟弟來，把我說的話斷章取義，而沒有把背後的含意考慮進去。另外，這個叫做慰問金，不能叫做賠償金，我們不能賠，因為學校沒有錯，有些小孩子骨質不好，天生容易骨折，所以法的方面站得住腳，有時候也不能太委屈求全，該上法院就該上法院。

## 李校長：

教育人員比較了解教育事務，教育人員處理事務，通常是以情、理、法為出發點，甚至於是情跟理照顧的層面多一點，可是法律人員通常是法、理、情的順序，而且以現在過度到民主社會中，法治社會便愈受重視。可是我發現有一個現象，好像愈多人是知法玩法，少數人對法令非常熟悉，相對的，他用這樣的方式將我們行政人員或公務人員制約在某一過程中。

為什麼我會這樣講？最近我遇到一個家長，他對老師處理小孩的事務不滿意，他到校長室跟我談的時候把錄音機拿出來，我當場火大，我說：如果這樣我

就不跟你講，我們老師跟你講電話，你就把談話錄下來，而且不只是跟老師錄音，為了求證某件事，還問了其他一年級小朋友，把小朋友的話錄下來。我怎麼知道我跟你講話，你有沒有錄音下來，如果是這樣，很抱歉我不跟你講話，因為我的教育人員都是出自於愛心，所以並不會每一句話都字字斟酌。可是他會片面決定哪位老師的哪句話說錯，然後把事情擴大，甚至於很多教師會、家長會針對校長處理過程當中的小瑕疵，將之擴大，我想辦教育辦成這樣，實在是悲哀。

我們也常常會請一些法律人來跟老師談一些法律常識，可是有些事情聽多了，一些老師就會跟我說：「校長，我真的不敢當老師了。」因為以他們的角度來講，我們處處都可能會犯法。我們教育人員未來面對的法律層面愈來愈多，我們也有必要告訴老師基本上常常會碰到的事情。比如說，最近聽到人本教育基金會說有十個學校的老師要上法院，因為法的案例，我想若是出自於這樣的話，這樣的老師不如歸去，我們還是必須告訴老師他常常碰到的，通常我們認為要有法律常識，會把案例告訴老師，能夠避免的、能夠不要去碰的，盡量不要去碰。我常常對老師說，法律層面盡量不要碰、醫學層面的東西盡量不要碰，假設學生是極重度身心有障礙的，上課當中因為一個不小心，學生可能會有重大狀況，這個部分我們要特別小心。可是除了小心之外，還要有基本的了解與認識，哪天我們萬一因為不小心而犯法的時候，這個後果非常嚴重，所以我們校長有這個義務，應該告訴老師該怎麼做。

另外，法律顧問是一定要的。通常在熟悉法令的時候，不碰就一定不會去研究，一定是有了狀況，所以才有經驗，然後愈來愈熟，這是人之常情。我曾經開標開到中間過程必須喊卡，因為有些問題不好解釋，而廠商一定比我們還熟悉，所以馬上打電話求證，一沒問題立刻開標。我也曾經遇到國家賠償過，不是我任內，是前任校長任內，可是由我賠償，因為常遇到這些問題，所以我們會對某一些問題非常熟悉。我想沒有人一出生就什麼都懂，連法律人有的也是專精在《刑法》，或是對於《商事法》比較熟悉，連法律人也是這樣，我們更不可能每個都懂。

我也很同意曾校長所講的，我對於人事和會計非常尊重，人事和會計的法令

常常在變，而且更妙的是，他們每一個人的解釋常常都很有道理，我們校長應該聽誰的，只好把案例也講出來，必須要這樣來配合。如果可以，盡可能跟家長會保持很好的關係，哪怕有家長要跟我們提起訴訟的時候，家長會是一個很好的斡旋機制，否則的話，現在的家長動不動就要上法院，一件事情處理下來，都會曠日費時，所以是不是能透過這樣的機制，不要動不動就上法院。如果每件事情都上法院的話，老師一定會愈來愈灰心，一個小小的不小心就要上法院。

　　我們教育人還要做的，就是把這個方向扭轉過來，否則大家都去學法律好了。現在國內也是學法律的當道，不過老師有必要做到這樣嗎？要管教學，也要管芝麻綠豆小事，只為了配合三十個家長中的一個人而已，不配合他，就會被耍得團團轉，這不是我們教育的本業。像《教師法》、《政府採購法》、人事關係法令我們會在意，除了這個之外，碰到的其他問題，我們再來請教法律人士。還有，在校長同儕當中，難免一定有人對於法令比較精熟，碰到問題時，有這樣的人才資料庫讓我們去掌握，能夠得到最快的訊息，對我們來說，可以讓我們在某個領域能比較快精熟，否則那麼多法令，要我們都懂是不可能的。

## 薛校長：

　　我們的人事、主計甚至總務，都是我的專業幕僚，雖然是教師兼總務，還是要熟悉《政府採購法》，不管法令是否朝令夕改，因為《政府採購法》常常在變，上網招標、電子領標、電子投標，全部都照規矩來，所以我們總務為了閱讀採購部分，經常要讀到七、八點。一般來說，教評會、老師的徵選聘用、考核、考績，我全部都是以人事人員的法令解釋來處理，一般來說都還好，但是有時候真的是需要人事對法令本身非常清楚。有一位老師今年剛好教師介聘積分審查，不過對於他的表現，大家總是有一點點疑慮，考評委員說如果要查聘，等於他的成績要表現優異，剛好他請了一個長假，而且考核是三等，這個部分是跟法條不一樣的，甄選的部分，我們還是會透過我們的人事。

　　有一次互調，碰到一個很不適任的人員，前校長的推薦都很好，可是我們對他的表現都覺得不滿意，所以就用法律條文請他回去。關於主計、總務，當然是

希望對於人事、主計、總務的操守，在還沒任用之前就要了解清楚。在我們學校來說，我們的總務對於整個的流程都相當的純熟，對於學校任何的工程、任何的經費都處理得很好，這是有關這部分的法。我到了明水國小（化名）之後，除了人事、會計、總務人員以外，我還有一個自己的經驗，了解縣政府的整個作業流程。

第三個部分，我們學校有一個常設的法律顧問，有很多人會說這個律師不管在哪個領域專精都行，不過我認為就像醫生一樣，小兒科有小兒科醫生，內科有內科醫生，小兒科問題找內科一定會有問題，所以關於律師的部分我聘有兩位，一個是一般法律顧問，跟我的關係很好，隨時可以請教。我曾經碰過一個情形，有一次有一家電視臺問我們學校有沒有 SARS，他在外面聽到流言，好像是我們有 SARS，要叫我澄清我們學校有沒有 SARS，這樣的情況下，整個鏡頭都對著你。我採用我們律師給的建議，就是我拒絕所有的採訪，你如果隨意採訪的話，你自己就吃不完兜著走。後來，這樣的訊息就沒有出來，所以有這樣的建議真的很好。

第二個是了解學校生態的律師。一般律師對於一般的案件大概都很清楚，但是了解學校生態的律師必須是有學校背景的人員，我這部分的經驗是在兩年前的一個家長，因為導師過於嚴格，而他國二的孩子精神方面有些異常，他針對這部分向學校求償一千三百萬，他很聰明透過律師來求償，因為如果他向老師求償，也才一、兩百萬，但若是國家賠償，往往都會比較多。我以前沒遇過國家賠償，這是我第一次碰到，不過還好整個過程中，我們把這孩子在學校當中不適合的部分當成一個個案，最後再找專業的律師來跟這位家長對話，最後讓家長知難而退。

這個過程其實很不簡單。首先，這位家長先找了人本基金會。但是，因為這位老師是很盡責的老師，所以人本基金會就不理睬這位家長，這位家長才找了律師過來。所以，除了學校本身的人事、主計、總務要很專業以外，校長自己也需要一些有經驗可以諮詢的前輩。此外，律師若能多一點會更好。

## 陳校長：

當一個小學校長最好的方式，就是要以法保護法，而不是以人保護法，沒有法最好不要做，這是第一件事情。第二件事情就是，事實上有很多的事情，我們沒有法可根據，沒有法可根據的事情，就交給公共議論，當沒有法的狀況下，要做決定時，無法依例，無例依理，看有沒有什麼樣的道理。所以，教育人員必須在教育方面有一個基本的認識，倒不一定是從法律上的一個論述，來作為我們的一個歸結。第三件事情是，學校裡有許多法律人，這個法律人講久了以後，各位就怕了，會不敢做事。

有很多的法律人，不是來保護老師的，是來恐嚇老師的。在學校裡面，的確是有很多學法律的人是來恐嚇他的同儕跟團體的。所以，我很注意在校園裡產生的一些紛爭，很多的紛爭都是由法律人所引發出來的。譬如說，勇敢國小（化名）毀謗事件就是一個例子。

再來，我們所討論到的各項法，譬如說《國民教育法》、《幼稚教育法》、《身心障礙法》[註14]這些法，學校有遇到《身心障礙法》的部分，《身心障礙法》是特別法，特別法優於普通法，當同一個階段碰到類似問題的時候，特別法則優於普通法來做一些執行的動作，但是很多人負責的業務，都以自己的本位主義為出發點，很難顧及到其他的人。我們最重要的，大概是在教師權益、家長權益、學生權益，以及我們跟其他人之間相互的關係。這些大概可以分成公領域和私領域的部分。

公領域的部分，就是我們在辦學的部分，會影響的這些人，所以這些行政程序，一定要比較了解，寧願讓它進入程序，也不要讓程序進入，因為這些程序進入的最後結果，還是以《刑法》和《民法》作最後的歸結。行政法的部分，是對人員作一個處分。譬如說，教師申訴的最後辦法，是回到《民法》來解決問題[註15]。有關老師聘任的方式，我們的《教師法》和老師的甄選制度，都沒有罰則，最後的結果是回到一個《民法》的訴訟。所以我覺得在這個部分，對於我們的權利和義務，讓它進入程序以後，其實對一個行政上的職位，會進入到一個比較明確的階段。

　　譬如說，我們學校有一棟尚未取得使用執照的大樓，跟廠商在告訴的階段，我們就讓它進入程序，我們請了縣政府來幫忙協助，因為縣政府有法規會、法制室，這些人都應該來協助我們，而不是讓學校在那邊無所適從。以前我們都以學校為一個單位來思考，卻沒有把縣政府納進來，因為訂約的部分，我們都是依行政上的規範，但是訂約的部分，變成我們自己是甲方，所以在《民法》上的關係，我們甲方要負責，可是在行政上的關係，縣政府要當我們的後盾，所以上級要給予我們支持及協助，免得學校有公務員預算訴訟的時候，很多人都要私自掏腰包，自己來處理這些問題。最後，我們現在都有一個行政程序上在做處理，就給它進入行政程序做處理。

　　譬如說，校園的性騷擾案件，行政程序進入之後，我們就可以引用不同的資源和不同的方法，來處理這些問題，否則容易流於人云亦云。剛才薛校長所說的事情，我們學校也曾經發生，一位家長告我們學校的老師，說他的孩子一直不願意上學，是因為老師曾經恐嚇過學生的緣故，而那位老師對那位學生說，因為學生很壞，不讓他來上學。事實上，這個老師可能在做班級經營的工作，所以話說得重了點，可是家長卻把這個話引伸為呈堂證供，之後把孩子拒學症的由來，歸結於老師的緣故，要他吃上官司。在這個部分，我們就讓它進入程序。

　　再來，我說一下我被告過的經驗。告我的人是會計，這個會計不接受我這上司沒關係，還引進民意代表，私通調查站，就把我們的內部資料送出去，這個調查站就相信這個會計的話，聽從他的解釋，因為他認為他是會計人員，而且學歷好，之前他在中央單位被分到這個學校來，雖然我們學校是大學校，可是還算是一個小單位，他受不了這個小單位的工作，因為以前他的工作，就是有一群幕僚幫他做好，他只要做核章的動作。來到我們學校以後，我要求他每個月都要交出預算表，還有剩下的錢有多少，因為我們要做預扣的動作，但是三年來，我沒有拿到過，我一直跟他催，可是要打考核的時候，議員就會打電話來，要我手下留情。後來，他告我，我就連續被南港調查處約去調查，還要上法院，我們還有一個老師因此被牽連。後來，因為程序清楚，而且沒有不法的財產來源，所以我沒有被起訴。

## 張校長：

談到法律問題，大家都是感慨萬千。法律問題最好不要去碰，因為法律是為了一些知法玩法弄法的人去制訂的，並不是為我們這些正常人去制訂的。我的原則，第一個，最好不要去碰這個東西，不要讓問題發生，但是這是無可避免的，尤其現階段，最近法律的問題，這幾年來有碰到兩個是比較大的。一個是《政府採購法》，號稱是行憲以來最大的行政法，牽動到很多的東西，剛好是我們必須要碰到的，那還沒關係，因為訂約是訂在《政府採購法》前面，但是要用《政府採購法》的精神去執行，所以過程是蠻辛苦的。剛才曾校長講的問題，我也遇到了，而且比他還要大，到現在都還沒結束，所以最好不要輕易去碰，等你碰到之後，一法牽一法，就沒完沒了了。

像我當時就遇到廢棄土的問題，6月20幾日要結標，7月1日廢棄土要證明轉變，廠商也不知道要證明，原本預計9月要開工，但是都沒辦法開工，一直拖到2月份才開工，就是因為要依法辦事，所以無法開工。所以，依法辦事就會比較辛苦，這樣會比較好，在整個工程進行當中，依法辦事也會比較心安。整個籌備工程是一個很大的工程，所以當問題出現時，也是比較難解決的，問題會大到必須集體到市政府去開會解決，整個過程大概就是這樣。還有另外一件事，就是教育課程的問題，這個部分其實有很多法令、法制的問題，也是我比較熟悉的部分，我就稍微講一下九年一貫課程的問題。

九年一貫課程開放以後，有很多的東西，譬如說，彈性節數怎麼使用，一開始時，我調查過我們學校的家長，發現他們很喜歡孩子上英文課，所以我就安排一、二、三、四年級都上英文課，一、二年級上一堂，三、四年級上兩堂，當時就有人在報紙投書，批評某國小上英文課，那是因為投書的人以及採收這個建議刊登的媒體，都不懂得法令的規定，因為教育部給的彈性節數，若是地方沒有使用，就由學校使用，學校沒有使用，就由老師來使用，所以到了第二年以後，市政府就統一規定，低年級都上兩節課。像這種東西，也是屬於法令解釋的問題。另外一個問題，就是全面按照協同教學、全面按照領域教學。一開始，我的音樂和美術還是照排分開上，因為整個課程裡面並沒有說清楚，同一個學習領域一定

要同一個教科書、同一個老師上課。但是，我認為同一個領域，可以用不同的教科書、由不同的老師來上課，所以我認為教育課程這部分的東西，尚有檢討的空間。但是，如果遇到有法律無法解決的事情，那才是最麻煩的問題。

　　有一個學生家長，他有情緒上的問題。有一次，老師對這位家長的孩子說，他的作業上的名字和座號都寫不清楚，科任老師不容易改成績，結果這個學生回去就寫了日記，後來家長就來學校鬧，要老師書面道歉，這個老師已經當場向家長表示歉意，但是這位家長堅持要書面道歉，而且每天到學校鬧，一鬧就是半天，並且揚言要告上法庭。我們就自己研究，認為學校的處理方式並不違法。後來，這位家長鬧到教育局去。像這種法令無法解決的問題，反而比較麻煩。最後，我覺得國民教育的法令不夠完備，主要有幾個理由。一個是一國兩制，像剛才王校長說的警衛問題，只有臺北市的警衛是受到保障最多的，按照每天工作八小時的制度，連技工、工友、老師都沒有受到這樣的保障。

　　另外就是教育的問題要用教育的特別法來規定。今天我們談到很多的問題，像是級任老師跟行政人員適用不同的法令，就會造成很多的問題。日本有《教育公務人員特別條例》，一般沒有辦法規範的部分，就由這個法來規範。

　　另外，剛才提到在學校受傷賠償的問題，在學校也沒有相關的機制，最後只能用國家賠償，甚至要老師賠償，或是學校要籌錢出來賠償，這個部分我認為法令還不夠完整，像日本有個《學校健康安全法》，只要在學校的管理下受傷，就由國家先賠償，再回頭扣掉健保以及保險的項目。換句話說，就是家長最多拿到這些錢，最少也是拿到這些錢，他們已經規定好，殘障可以領到多少、受傷可以領到多少等，先由國家賠償後，再去追究是誰的責任，由該負責的人出來賠償，如果沒有人是有責任的，就由國家來承擔這筆費用。所以，他們界定得很清楚，甚至他們也有規定上學的路徑，也算是學校管理下的範圍，如果在上學的路徑上受傷，也可以得到賠償。反觀我們的規範就很不清楚，所以我們擔負的責任也比較複雜。

## 黃校長：

法令的問題在我們的生活裡面確實不能免。既然說是講究民主法治的國家，就應該以法來治理，依法而行。但是我們常常覺得無法不能成，從過去到現在的法令，都沒有像剛才張校長所介紹日本的整套公職教育人員任用條例，雖然我們也有教育人員相關條例，但卻是舊時代的條文施用於新時代，有些地方還需要修正，我們現在所看到的政治，是由一批法律人來掌控，我們在過程當中，給予所有人民的法律教育是，當一條法律，你不想遵守的時候，你就說它是惡法，去衝撞它，即使是新訂的條文，不想遵行的就不遵行，所以法還是由人在解釋。

不同的法官會有不同的判決，何況還有很多的事理，不見得是在法庭上可以直接看到的。教育工作需要教育改革者非常用心，我們自願當校長，碰到的法律問題，一定要由專業人士來做建議。小學的行政人員是真的比較辛苦，過去我們臺北市有國民小學的相關法令彙編，整整厚厚的一本書，每次我們發現，我們不能把書給裝訂死，因為法律一直在修，而且還牽扯到許多的行政命令，行政命令有更多的調整，所以我們就用活頁式來裝訂，所以過去光是國民教育法令的彙編，就會牽涉到比較基礎的法令。

另外，就是和人事、總務、會計、輔導管教有關，過去甚至細到生活教育也是一種法則，有生活教育的實施辦法，所以教育法令是最需要我們去面對的，不管是哪個國家，尤其是我們臺灣，在學校或是教育法令上，應該要有一整套的法令，而且不能太複雜。之前，我們去紐西蘭參觀的時候，我問紐西蘭那邊的學校我最感興趣的事情，他們會不會像臺灣一樣一天到晚來公文命令，像我們人事很多的法規，都是一個解釋再加一個解釋，那幾個解釋如果沒有存成一個檔案的時候，看過的人不一定記得，沒看過的人更不知道，讓我印象很深的是，紐西蘭的回答是他們沒有什麼公文，他們的公文就是每個月有一本教育公告，把相關要進行的教育規定用公告來呈現，這樣讓我們很羨慕。

在教育法令裡，老師最關心的，以最近來說，就是教育人員的退休金辦法。因為這個辦法，我們中央一直放風聲說要變，所以讓我們很多老師都五十歲就退休了，其實一個法的變動或在修訂討論的過程裡，它牽涉很大，至少目前看到在

我們的教育現場裡，因為類似這樣教育配合法令的修訂，使得很多人才流失了。另外，一個老師比較會碰到的就是管教輔導相關的問題，因為師生相處，在生活上也會有一些權利義務的問題，老師要怎麼把孩子教好，有時候在盛怒之下，也會做出違反法令的事情，這中間的確有很大的爭議。

從比較細微的角度來看，其實我們學校事務經常碰到的，倒不是非常大的問題，反倒是一部分的法令、一部分的細則、一部分的行政規定而造成的一些行政上的困境，現在連教育部都頭痛的，就是從人的部分來看。教育部有一個《學校衛生法》，規定每個學校都要有護理人員，四十八班以上就要有兩位，後來護理人員協會就要告教育部違法，因為很多學校沒有按照《學校衛生法》來實行，特別是臺北縣的學校，都沒有達到標準，即使有達到四十八班，也只有一名護理人員。國家定了一個法律，可是國家自己先違法，所以從這裡看，有些人或者有些組織違法是沒有關係的，但是我們是小公務員，就必須謹守法律。

再來，就是教評會裡面的一些權責，大的談到關於不續聘的問題，不續聘其實條例是訂定了，但是解釋的空間和認定的標準差距很大，所以法律還有很多的解釋，到最後是看審判單位如何解釋，所以這也是我們在教育工作實務上的困難，也就是因為法令上的不明確所導致。有時候我們教育人員也要懂得法令，很多學校在開始執行教評會的甄選，一開始會條列很多限制，譬如說，認為學校的女老師太多，所以就條列一項限制，限男老師來報名，或者有年齡限制等，類似這樣的違法情事，所以教育人員一定要懂得法。

再來就是有關我們教育人員，譬如說校長的遴選，在原來的法規裡面訂得很簡單，就是說校長遴選要經過甄選，從合格人員中遴選出來，遴選辦法就是由地方來訂定，它只訂說遴選委員必須要有家長代表，可是各縣市訂定的標準不同，像是臺北市當年就訂了浮動委員，就是那個學校有一個浮動的家長代表，曾經造成臺北市非常大的困境，所以對於法令的執行，確實造成很大的影響。我們常常會重視一些細的問題，譬如說教師是否可到大學兼課，這就要校長核准，校長核准之後，他應該要請什麼假，就會牽涉到這些問題，一般來說他要請事假，像比較常有爭議的是當代理代課老師，不能夠再請公假來代課，這是一般可知道的常識。

　　但是我們也會碰到代理老師受學校之命出去比賽，這時候應該算公假，可是人事法規裡面，我們雖然依賴人事人員，可是並不是每個人事人員對於每一條法律規定都很清楚，他也有他的解釋，他認為這個不可以，我們就要他找出哪一個公文，或是那個法規來判斷，所以不能只依賴他們。像是臺北市也經常討論，因為臺北市辦理午餐的時候，老師或者辦理的委員是可以有一個月五百元的午餐優惠，如果按照向學生收的午餐費，通常一天要四十幾到五十元，有些學校就直接用五百元的補助費給廠商，讓老師和學生付同樣的價錢，有些老師就不能接受，他會認為這是他們的福利，如果被剝奪的話，他們就不指導小朋友用餐。所以我們在校長座談會中曾經談到，如果按照相關法令規定，老師在用午餐時間來指導小朋友用餐，他是在午餐時間工作，照理說不是加班，應該給午餐費（註：不應該給午餐費，應該給授課鐘點費），但是教育局也會受限於經費不足（註：因為是在上班時間，所以該給鐘點費），過去公務人員上班時間，如果工作超過中午十二點用餐時間還是要給午餐費，所以我們之前在教育局開會就開到十一點四十五分就趕快散會了。

　　所以，反而是這些瑣碎的事務會造成困境，像是臺北市有給所有行政或是教育人員上下班的交通服務，但是臺北縣沒有，像這樣的問題會變成學校的個案，譬如說申請補助是一公里以外的才可以申請，其實這樣的距離制訂會引起很多的爭議，像是這一公里是從哪一條路計算的等等類似的問題，會造成學校很多的困境。最近，我們人事跟我說，我們過去老師的聘約，已經用完了要重印，要我看看格式內容是否有要修改的地方，我仔細一讀，發現過去蓋章的部分很奇怪，裡面有一條，是從教師定義準則，這一條寫說：校長得勘查教師、擔任導師行政等等這些職務，如有困難的時候，要邀集學校教師會，來制定相關的聘用準則，這個聘約準則規定是合理的，大家要遵守，但是後面居然有一條，校長如未經過上述程序的時候，教師可不接受。我說如果我發聘書，我不會發這種自廢武功的條例，我要求他將之刪除，但是教師會就會有意見，我說那相關的聘約後面有一條，我們聘約的內容要經過校務會議通過，也是沒有，我知會過一聲，其實前面已經講得很清楚，後面講的是畫蛇添足，而且在法上是一種不尊重，類似的問題

在校園裡面已造成學校行政單位和教師代表團體之間一些不必要的爭議，所以法條訂定明確是很重要的，而且最好要簡單，不要太複雜，像是教育人員的薪資福利等，如果弄得太複雜，最後國家要背負很重的行政包袱，要花很多的人力做很多的解釋，要花很大一部分經費在這上面。

像我們臺北市也發過一個公文，校長不可以發加班費，因為校長要服不定時、不定量的勤務，所以這就是牽涉到公文的法令。臺北市又訂有嚴正倫理規範，嚴正倫理規範的立意很好，但細節會細到老師在教師節的時候可不可以收家長的禮物，幾千塊或是幾百塊的問題都要限制，到最後會發現，連校長生日，同事想要請吃個飯或是送禮物，都要侷限於一、兩百塊的金額。

像我們剛剛談到臺北市的「課外社團辦法」，在立法過程裡面，因為是自治條例的方式，所以臺北市的家長沒人懂，問題意見非常多，教育局非常困擾，一直不能正式通過實行。有一次臺北市想比照臺北縣的校務發展基金，發現有一個更大的法，就是凡是基金就是要一千萬以上，才可以叫做基金，教育局很巧妙的說，我們就不叫做校務發展基金，就叫做校務發展金，不過現在這個法已經廢掉了，現在所有的經費都要列入會計審計系統管理。

去年我們在選家長會會長的時候，發生了一個很意外的插曲，就是某家長在受人鼓勵的情況之下，要出來競選會長，這是比較意外的，他就質疑說，很多家長不能來開會，託人所帶來的書面委託書是否合法，在提出質疑的時候，督學也剛好在場，卻也不敢解釋，到最後他還覺得這個問題要小心，要尊重他們意見，我當場給了建議，因為家長會的行政指導者不是校長，而且校長也不是當然委員，只是提供法律，我們認為所謂的委託書，只要書面的、有當事人的簽名、有他的身分證字號，就是有效的，除非簽名是偽造的，那就犯了偽造文書，當場就解決了這些疑慮。不過，後來還有一些陸續的投書，我們也找到了相關法規以及書面格式，只要授與相關的職權，那委託書就是合法的。

我們可能會受困在這些細節中，可能是因為法律不周，或是法令不清楚，所以校長的基本法律素養應該愈豐富愈好，但是每個人因為不是學法律的，所以不可能面面俱到，教育行政單位應該要定時針對一些相關案例，或是學校經常碰到

的事情來開辦研習，讓要處理校務行政事宜的校長參與。

　　另外，大家談到是否每個學校都要有法律顧問，我比較建議說，像目前我們有校長協會，由協會來聘一個法律顧問，提供每一個會員來諮詢，不必每個學校都聘，可將每個學校所發生的法律案件送校長協會，請法律顧問解釋後，給相關的學校作參考，或者備供諮詢。像我們各縣市應該還有一個法規會，我認為各縣市政府要讓法規會有諮詢的功能，碰到問題的時候，縣市政府的法規會就先幫我們做解釋。

　　所以，我也非常贊成剛才所說的：「有法依法，無法依例，無例依理」這樣的原則，只是現在的例，並不像法律界的判例那樣明確，在教育現場裡面，例的部分被衝擊的很多，因為教育的情勢、生態一直在變化，因《教師法》而成立的教師會，所衍生出來的各種教育事務的例，都在被破壞中，所以我們現在的行政算是比較困難的。不過基本上，擔任校長工作必須要謹守法律，並且要研究相關的法規。

## 曹校長：

　　關於學校教評會審議不適任教師的問題，依《教師法》第十四條第一項，從第一款到第八款，有規定在怎樣的情形下，要解聘、不續聘或停聘，其中第六款說：「教師行為不檢，經有關機關查證屬實。」這是一項，還有第八款：「教學不力，不能勝任工作。」這兩款要經過教評會委員三分之二出席，二分之一以上通過，才能夠解聘、不續聘或停聘。我請教各位，當教評委員不通過的時候，該怎麼辦？有沒有罰則可以處罰教評委員？

　　有時候我們依據考績委員會，或依據校長意思，給老師考四條二款或是三款，既然要考二款，那麼相關事證蒐集要很齊全，若是不齊全，他們申訴往往會成功。還有要注意相關法令規定，引用的法令規定是否適合，或者程序正義是否符合規定。

　　舉例來說，通常 6 月 30 日放暑假，那麼老師的考績會議何時召開（註：必須在 8 月 1 號以後，考績委員的任期是在 8 月 1 號到 7 月 31 號）。但是，往往有很

多學校想說放暑假，就選在 7 月間，或是 7 月 31 號以前開。如果這樣開的話，假如老師不服，提出申訴，往往申評會就說：程序不符，駁回。老師的考績就會被翻案，沒辦法處理。像這些細節，萬一我們沒有小心處理，就容易帶來困擾。

再談律師問題，假如學校校長、主任、老師因為處理公務而被告，需要聘請律師的時候，有沒有經費可以聘請律師（註：可以向縣政府申請預算），則要看是不是符合申請，如果是個人故意違法，當然是不能申請。另外，就是學生在學校發生意外，給學校帶來困擾，就法來說如果跟我們有關係，還是要訴訟、還是要賠償，有的為了要息事寧人就和解，和解之後家長要求賠償很多錢，校長就得不停地募款，甚至臺北縣有校長跟主任自己拿了二十幾萬出來賠償，這實在很難處理，不是說校長愛出錢，只是說打官司之後拖延那麼久，有件事懸在那裡不好受。

## 江校長：

我們從《教師法》談起，因為《教師法》是在 1993 年草擬的，後來變成 1995、1996 年教師會興起。行政院認為《教師法》的很多地方窒礙難行。其實，當初參與立法的這些人大多是教師代表，所以我呼籲，當我們覺得法條不適合的話，應該從立法上去著手，必須要正本清源，才可以解決所有的問題。

第二個就是對於法律的認識，學校裡面發生了學生的安全問題，我們該如何去處理，我也曾在大明國小（化名）遇過有位學生在上體育課時突然倒下，平常我都要求老師一定要按照教學程序，一定要先作暖身、點名、預備操，再問學生身體狀況是否有不適的情形。通常的應變就是立刻打一一九，我們的老師立刻把學生送到三軍總醫院，立刻做急救的處理，救了三、四個小時，孩子仍是沒有生命跡象。但是，醫生很仔細觀察之後，發現是學生的蜘蛛網膜病變破裂，醫生說要停止急救，我說不行，要等到家長來才可以停止急救，一直急救到晚上九點多家長才到，因為他是單親家庭。

第二天一早，因為是意外死亡，所以要報檢察官來檢驗，這位家長還另外約了監察委員，找了立委來施壓，還有一位親戚也是我們校長同儕。我們一回到學

校，分別請輔導主任安撫學生情緒，訓導主任從學生口中來了解，現場學生口徑一致，現場老師有按照程序，而且沒碰他也沒打他，什麼都沒有做，一暈倒也立刻送到醫院急救，所以說證據的保存、證據的採集是非常重要的。當檢察官來審訊現場，跟學生了解狀況，結果也一致，解剖的時候果然也發現腦神經病變。家長如果要求賠償，很抱歉我不會賠，我只能說於情義上面，你是我的學生，我來協助你募捐，幫你做喪葬補助費。

　　所以遇到法律案件，證據的採集與保全一定要做好，要非常清楚。我在現在的國小蓋教室，現在很多的制式合約裡面陷阱重重，所以必須要針對本身的特殊狀況去做增減。我為了招標還特別請了有經驗的校長，導讀了好幾個禮拜。其中有一章，就是關於銀行的履約保證書，裡面亂七八糟，我就把它全部改掉，改成這銀行必須保證，某某廠商可以將高興國小（化名）的校舍興建完成，他解讀成我保證你高興國小校舍可以興建完成，我再招十間公司也可以興建完成，是銀行要保證這間廠商沒問題。後來，我拿這張契約要求銀行賠錢，找一堆媒體去採訪，而且到松山分局申請集遊法，發動一、兩百位家長去包圍，結果才一個半月，錢就到學校的銀行戶頭。如果制式合約沒有修改過，這筆錢就會拿不到，而且我要對稿，就找人事會計稽核小組一起到銀行對稿。

　　對於法律，不但是要知法，還要知道如何去掌控法律幫助你，去解決那些事情，因為打官司絕對贏不了。後來履約保證金要給續做的廠商，但是市政府主計處不同意，但是有法依法，無法依例，所以我就找到 1984 年時的案例，發現優優國中（化名）就給過廠商，最後就順利的給那家廠商，因為廠商接受債務的時候，也應該接收這項債權，債權就是這筆履約保證金，所以這是臺北市第一個案例，替廠商要回兩千多萬。

　　因此，有些地方我們不能只苛廠商，該盯他就要盯他，他依法該得的權利就要給他。所以這個地方對法律的程序要非常清楚，所以嫌法律不好，我們就趕快選個立法委員去修，這樣才能解決事情，不然很多事情都解決不了，因為那個地方是死的，要玩法就要從頭去解決，找立委去立法，所以我要處理事情，我會從頭去處理。

## 趙校長：

　　剛剛很多校長談到意外事件，都和校長沒有直接關係，不過前陣子有位江記者，事隔十年要了解整個瑩橋事件，當時最大的事件就是瑩橋事件和吳興事件，可是當時大家都是記大過，只有瑩橋事件是記功記嘉獎，有一點就是校方處理得當，立刻就沖水急救。我想談的就是校長必須要了解法，如果法站得住腳，要先看清楚該負的責任是什麼。

　　我在美麗國小（化名）當校長的時候，發生過一件事情，經過處理以後，有一些老師對我不諒解，但是我又不能說。當時有一位小朋友性騷擾其他女同學，事情已經發生了三個多月，但是老師沒有好好處理，後來又發生了，家長就告到派出所去，而且已經立案了，像這種情形，我們只好和受害家長來談，受害家長覺得他只要老師道歉就好，不過要老師道歉其實也不容易，後來談了好幾次，最後老師也談妥了，以一個大家可以接受的形式，大家也約定好不再提起這件事，為的是怕小女孩受到二度傷害，但是我只有告訴教師會會長，他也了解，不過後來大家也慢慢知道，那時候老師覺得要老師對家長道歉，好像是校長沒有好好照顧老師。

　　另一點就是說，像去年暑假我要任用主任，所有人事之前都傳一個傳聞，就是主任徵選一定要上網公告，我說沒這規定，主任的任用權在校長，教評會審他有沒有教師資格，主任已經是老師了，不需要再甄選，所以教評會就說一定要主任先來，他們必須先問過，我就說不行，這是我的職權，只能說人選通過以後再來和大家見面。事情隔了不久，教育局發了一本藍色皮的書，把所有教評會相關的內容集結成冊，裡面有一點提到這方面的事情，我就翻給他們看。教師會在開會的時候，別的學校用積分去讓老師自己選擇，他們把紀錄給我看的時候，我說，你們要分我的財產，因為教師的職務分派是校長職權，可以不用積分的。去年教育局發了一份公文，可是有些學校沒有利用機會把它收回來，因為有些學校教師會已經擴權擴太多了，我們校長實在愈來愈難做，所以校長應該要懂得那些法，該挺住就要挺得住。包括教育局裡面，有人說如果有什麼問題，就問教育局人事室，其實有時候因為教育局人事異動太快，都當過客，他們不了解狀況，反

而是學校的資深人事會比較清楚。

　　去年有位教師要退休，教育局就一直退件，因為他有兩年是代理教師，因為他是臺大臨床教師（註：這是正式的），問題是他從臺中過來，那時候用代理缺，代理缺有一個重要原則，就是銜缺代課就可以算年資，如果不是就不能算年資，樂樂國小（化名）說他不能幫忙開證明，教育局給了文，我就照收而已，連長什麼樣子都不知道。這樣少了兩年就不能退了，想一想在臺中是正式教師，怎麼可能轉來臺北就變成代理教師，這是以前的情形。

　　比如說加班費。以前有個文，簡任十職等不能領加班費，主管不能領加班費。我們人事就寫說依照辦理，我說我們學校沒有這樣的人，就問他說本校裡面有這樣的人嗎？我是簡任沒有錯，可是我是比照九職等啊，校長以前比照八職等，但現在是比照九職等啊，那麼可不可以領，我們可以領。他說你不能加班去處理職務上的公事，本職以外的就可以領加班費，校長應該了解法，不然的話該得的權利會喪失，而且該堅持的要堅持，不然校長真的很難當，依據什麼要說清楚，教育局發文一定是全部發，但是各校要自己去詮釋什麼是一定要去做的，什麼是不要去做的。

## 江校長：

　　因為有一部分是在主任儲訓班學來的，但都是比較基本的問題。校長儲訓班也有提一點概念，據我所知，很多校長都是自己翻，有問題就自己去找，不然就是請教人家，自己碰到才會去看，一般遇到的主任儲訓班、校長儲訓班會建議教育法令彙編、人事法令彙編、採購法令一定要去念。臺北市曾經辦過《政府採購法》的講習，校長、總務主任跟事務組長都辦過。特別提醒各位所謂證據保全，就是取得證據，對事情的研判以及後續的處理，已經知道問題在什麼地方。醫生的判斷，學校是絕對沒有責任，處理到最後，反正最後還感謝學校，所以學校有道義責任，還幫忙協助處理，因為現在處理學生意外的事件，應該注意的，都已注意了。

　　在學校應注意什麼？提醒老師，學生在打掃活動的時間，一定要排老師在旁

邊，如果老師沒有去，行政人員反而沒有責任。在 1991 年，有一次臺北市國小聯合運動會期間，有位女學生中午時間在學校被強暴，要處分導師、校長、訓導主任。校長該不該注意維護學生安全？中午不是上課時間，級任老師該不該注意，有沒有權利去處分他？所以當校長對於法理的分析本身不是很清楚的，去請教有經驗的人，如果應注意而未注意，一定會受到處分，法律上也會有責任。如果真的是意外，天上飛來一塊石頭，哪有什麼責任。但是如果知道天花板快要掉下來，還讓它打到學生，校長就一定有責任，這是業務過失。所以，當校長應注意而沒注意，或者是能注意而未注意就會造成過失，已經注意但是還是發生意外，那就是有點疏失，責任很輕。所以大家把這一點弄清楚，只要不涉及貪瀆，就別怕家長來鬧你，法律不是那麼嚴苛的。

**曹校長：**

《刑法》有規定，不能因為你不知法而不罰。所以，不能因為不知道有這個法而免於受罰，還是要受罰的。

**趙校長：**

基本上，像我們要蓋印章，真正說懂得所有法的人，連學法律的人都不夠了，何況是我們學教育的人。不過有一點，像是學校裡平常性的蓋章，一般我們都會知道，除非是特殊情況才會注意。

**曹校長：**

特殊情況才會注意，一般我都是看會計蓋了，我就蓋，因為我相信他會比我更注意小事。

**江校長：**

除非是工程採購，會牽涉比較多的法律，如果是一般的章去蓋的話，如果會計先蓋了，校長再去蓋，最多只是業務過失、監督不周，是承辦人員要負責，因為這

是例行性的，而不是你去指定他的。除非是做不同裁決的時候，出問題了才會有事。

## 曹校長：

但是這一類，校長自己也要知道，我也曾經叫會計、人事，他們若有意見就簽註，但是校長有行政裁量權，若他說不行，而我說依怎樣的需要而可以，就蓋了章，責任就我負，他就不用負責，可是我敢蓋這個章，我自己有把握，有事情我就要負起，若是負不起，就不要去冒險。

## 趙校長：

我的方式是這樣，跟他不是用白紙黑字，而是用溝通的，因為會計、人事會在法律的邊緣找漏洞。

## 陳校長：

我最近遇到一件事情，我們平常在蓋合約、契約，或是在蓋我們的印鑑、小官章時，代表我們是學校的負責人，可是實際上是為學校蓋這個章（註：法人代表），但是最近有一個勞保，好像是說可在網路上申請自然憑證，他要我們授權給人事幹部，但是章卻是讓這幹部做為負責人，不用蓋學校的相關章，要他負完全的法律責任，勞保是針對企業的負責人，要負責任、負法律責任，但是基本上我們以前蓋的所有東西都有小官章，他現在沒有小官章，也沒有職章，就是蓋負責人蓋私章（註：所以在蓋勞保的異動表裡面，負責人就蓋職名章，不要蓋私章，職名章是法人代表）。

本座談係於 2004 年 5 月 8 日在國立臺北師範學院行政大樓 605 會議室召開，由林文律副教授擔任主席，林碧榆小姐擔任紀錄。

## 註解

註 1：目前我國有《國民教育法》、《教育基本法》，還沒有《國民教育基本法》的法律。

註 2：這裡所提及的，應該是《勞動基準法》第十一條：

「非有左列情事之一者，雇主不得預告勞工終止勞動契約：

一、歇業或轉讓時。

二、虧損或業務緊縮時。

三、不可抗力暫停工作在一個月以上時。

四、業務性質變更，有減少勞工之必要，又無適當工作可供安置時。

五、勞工對於所擔任之工作確不能勝任時。」

註 3：有關預告期間的規定於《勞動基準法》第十六條：

「雇主依第十一條或第十三條但書規定終止勞動契約者，其預告期間依左列各款之規定：

一、繼續工作三個月以上一年未滿者，於十日前預告之。

二、繼續工作一年以上三年未滿者，於二十日前預告之。

三、繼續工作三年以上者，於三十日前預告之。

勞工於接到前項預告後，為另謀工作得於工作時間請假外出。其請假時數，每星期不得超過二日之工作時間，請假期間之工資照給。

雇主未依第一項規定期間預告而終止契約者，應給付預告期間之工資。」

註 4：《工會法》修正並於 2011 年 5 月 1 日施行後，教師工會可依《團體協約法》與雇主就勞動關係和相關事項進行協商並簽訂團體協約，雖無罷工權，但已可以進行團體協約協商，工時亦可能成為協商項目之一。

註 5：應指「教師證書」。

註 6：《教師法》第十四條仍有相關不得聘任之消極資格規定。

註 7：依據現行《公立學校教職員退休資遣撫卹條例》第十八條第一項：

「教職員有下列情形之一者，應准其自願退休：

一、任職滿五年，年滿六十歲。

二、任職滿二十五年。」

註 8：現行《公平交易法》並未有明文提出處以七年以下有期徒刑之規定，依文義，應是指《政府採購法》。

註 9：已於 2014 年 6 月 18 日廢止，現行法律為《幼兒教育及照顧法》。

註 10：現行法律名稱為《身心障礙者權益保障法》。

註 11：第十四條經過多次修法，目前有六項，第一項有十四款。

註 12：現行法第十四條第一項第一款為：「受有期徒刑一年以上判決確定，未獲宣告緩刑。」

註 13：目前的國民中小學校長遴選主要是依據《國民教育法》及各縣市自治法規，如《臺北市國民中小學校長遴選自治條例》、《臺北市國民中小學校長遴選作業要點》。

註 14：現行法律名稱已不同，如前說明。

註 15：目前教師之救濟方式，依不同情形可有申訴、再申訴，或訴願、行政訴訟等方式。參照《教師法》第三十三條：
「教師不願申訴或不服申訴、再申訴決定者，得按其性質依法提起訴訟或依訴願法或行政訴訟法或其他保障法律等有關規定，請求救濟。」

# 第 **10** 章

# 學校常見的問題、成因及解決之道

學校是一個極為複雜的組織。長久以來，在學校各種大大小小事務的運作中，總是有一些長久不易解決的問題存在。舉例而言，小學校長究竟是首長制？還是完全負責任的責任制？還是校長、教師、家長共同參與、共同決策的合議制？為什麼吾人常常會聽到有些校長抱怨「有責無權、赤手空拳」？校長真的無權嗎？校長的權力從何而來？

此外，有些校長會抱怨學校運作被某些法規綁死。從制度面而言，校長是否仍可找到很大的運作空間？另外，不適任教師難以處理的情況存在已久，目前的法令與制度雖有不適任教師處理的機制，但學校是否常常選擇迴避不適任教師的問題。就某種實際的運作面來看，目前的法規制度是否保障了不適任教師？究竟有沒有辦法解套？

此外，即使《教育基本法》明列家長有教育選擇權，為何家長還是不能有完全的教育選擇權？家長有辦法選擇學區，藉此選擇到他要的學校，但教育體制或學校行政仍不讓家長選老師。學校為何不能透過家長對教師的選擇權，讓老師自然而然的精進教學，讓家長搶著要？

另外，教師職務與專長如何契合得更好？學校的很多職務安排，為何年資總是最優先考量（所占比重最重）？專業要如何進得來？學校行政人員（尤其是最基層的組長），為何眾人總是興趣缺缺？此問題由來已久，教育制度要如何設計，以利學校行政運作更順暢？總之，學校常見的問題林林總總。本章主要在探討學校眾多常見的問題、成因及解決之道。

# 討論內容

## 曹校長：

　　學校應該有滿足家長需求的功能。學校的目的，在於讓學生受到良好的教育，如何滿足家長的需求，是我們辦學時所要面對的。每個校長都有很好的教育理念，用理念結合同仁來推展校務，但是學校往往會有需要去克服、解決的難題。其中，我特別強調，整個制度演變下來，到底校長是首長制？完全負責任的責任制？還是全民參與的合議制？以現在的情形來說，當然是強調家長會、教師會都要加入學校教育的決策，校長的制度好像已經不完全是以前的首長制，但是往往造成的結果是，當有權的時候，每個不同的組織、團體都會有意見加入，可是當有責任要承擔的時候，卻幾乎要由學校的校長和行政人員負全責。

　　目前看來，學校的組織系統好像有這樣的情形發生。這方面的問題，到底該怎麼做，才能夠賦予校長權責相符，這是很重要的問題。對於學校的組織系統，我一直認為沒有像一般的行政機關有那麼明顯的科層體制，他們的行政倫理非常明顯，能發揮充分的尊重和配合。但是，在學校的情形卻不同。雖然學校看起來也許有其科層的組織，他的組織有其科層的制度，但是有些鬆散的組合，所以組織成員之間雖然會有互相的連結，但是常常各自有獨立性。在領導時，校長應該要有些權變，除了依法行政之外，還要利用一些情感的力量，尤其要多些關懷，來帶動老師們的配合和工作的節奏。至於提到學校組織對校務運作的影響，我認為這幾年的教改，以及《教師法》允許學校裡設立了教師會這樣的組織，我覺得非常的不宜。到底教師會所扮演的角色是什麼，為什麼教師會可以有很大的意見和力量，學校必須要聽從、照辦，他們主張權利，卻不用盡到什麼責任。

　　所以，我認為在學校設立教師會，校長如果有辦法跟教師會互動良好，所遇到的教師會會長也比較理性、不會偏頗，這樣的情形還比較好處理，但是如果遇到比較偏執的主事者，往往會造成學校很多行政運作的困擾。我認為政府不應該訂出在學校設立教師會這樣的法令，如果有必要照顧到老師的意見和權利，應該

由教育行政主管機關對等成立教師會，也就是說，由縣政府的教育局成立。所以這一點，我認為上級應該重視，並且做這一方面的法令修改。另外，依照法令，現在我們又設了學校教評會，教評會的成員以老師占多數，採合議制，在處理聘任新老師或是老師不適任的問題時，往往會發生校長很難去主導，或是教評會成員不能夠很理性的幫忙處理相關的問題，所以常常造成麻煩。如果有遇到不適任的老師，要真的公正的決議該不續聘、減聘或者去聘的決定，有時候還要去溝通，然而教評會也是有權無責的組織，這也是不合理的。

我認為解決之道是，如果一定要設立教評會，也是要由縣市政府來成立縣市的教師評審委員會，這樣的話，如果有老師對學校教評會的決議不滿意，可以向縣市的教評會申訴，提出再審。或者是教育行政主管機關認為學校教評會的決議不適當，主動向縣市教評會提出重新審議，來作為處理的依據。

坦白說，我目前任職的學校，也有一個案子遲遲無法解決，就是教評會的決議縣府不接受，要我再次召開教評會重新審議，但即使召開了會議，仍然無法突破教評委員的意見，委員們總是找出各種理由來拖延不通過，造成學校很大的困擾。

至於學校常見的問題，第一個就是常常有家長要選老師，希望編班的時候，能夠選擇讓自己的孩子在哪個老師的班級。或者上課一段期間後，對老師不滿意，要求更換老師或者要孩子更換班級，帶來學校很多困擾，我想這是很多學校會面臨的問題。如果要解決這樣的問題，平常就該建立一個制度，在制度之下有所堅持，在依法的情形下，也合情合理的來處理。當然，難免會有特殊的個案發生，這種特殊個案的處理，有必要時，也該把家長會會長、教師會會長納入參與協商，來尋求解決之道。

## 江校長：

剛才曹校長所提到的問題將來會發生更多。第一，就是家長教育的參與權，家長的教育參與權有七項，其實在背後，全國聯合會已經召開過幾次，所以大概在一年多以前，這個案子就已經逐漸在醞釀當中。以目前來說，我們的《教育基

本法》裡，有家長的教育選擇權，這個家長的教育選擇權，對學校最大的衝擊，第一個就是選擇學校的權利，第二個就是選擇教師的權利。

　　剛才曹校長所提到的這個權利，家長會的干預，在以後會逐漸嚴重嗎？我想不嚴重。不過我認為，危機也是轉機，在行政上我們過去非常借重的科層體制，到目前，不管是各大企業，都已經開始走扁平化的一個情況。對於這樣時勢的因應措施，五年前我從高中回到小學服務，就已經跟學校的老師討論過這樣的概念。

　　第一個概念就是，從 1986 年以後，我們身分證上的職業欄，從教師改成教育服務。因為在國民中、小學任教的老師，沒有人把你當成專業人員，我們在這個地方想要抬高自己的身價，因為我們的教育法以及使用的各項教材，我們自己編的很少，不像大學教授，教材都是自己編的，而且有在從事學術研究，所以中、小學老師沒有專業可言，在這個領域裡，這個老師教不好，其他的老師也可以教，所以家長的教育選擇權就在這個地方展現。

　　《教育基本法》出來以後，我曾經在 1999 年就開始跟老師談到，學校不好是會關門的，目前臺灣地區有六百多所國民小學的學生人數不到一百人，有兩位監委找我談這個問題，準備糾舉教育部浪費國家資源、罔視學生的教育資源分配。在那些學生人數稀少的小學裡，一個班級只有兩、三個學生，但是卻花了這麼多錢，學生沒有文化刺激、缺乏跟同儕的互動，所以監委要糾舉教育部，要教育部把這些不滿一百個人的學校併校，併成大概四百個人的學校，因為即使是小班制，也是有其標準跟規格在裡面。學校可能也有這些狀況，像剛才講教師會、教評會等的問題，在這個地方可以有很多的權變，但是這個權變要怎麼去處理，我認為一定要讓老師的危機意識先建立。

　　我跟很多老師談過，當有一天學校需要減班的時候，班級的人數在流失，誰需要先走？當然不會是校長第一個走，校長是任期屆滿才走。所以，在這些危機意識產生時，老師要不要去努力？要不要去跟家長做一個很好的溝通？要不要去做一個很好的教學者？所以，在這個組織的運作裡面，可能必須要隨時調整，因為每一個措施，如果我們按照法定的職掌，在我們的單位預算裡面，每一個行政

組織的單位之上，在這個學期，我大概會做一些機動性的調整，組織名稱不變，但是從其內涵去改變，可以隨時因應社會的需求。

　　當然，教育界的人會說，我們教育是有一定的理想，這個理想就是：學校是引導社會進步的一個動力所在。可是我們回過頭看，卻會發現，我們的教育是永遠落後在社會需求的後面十年、二十年之遠，尤其是國民教育這一部分。所以說，學校組織對校務運作的影響，關鍵在於這個危機意識有沒有建立，以及全校的共識有沒有建立。

　　舉例來說，高興國小（化名）從 2000 年開始，教師會就沒有了。1994 年時，高興國小教師會正式成立，當時便引導他們走向一個專業團體，而不是一個爭權奪利的團體。至於之前教師會會長在爭要減課的問題時，對於這方面的因應措施，我可以提供一個想法，如果教師想要減課，我們可以提出來跟全校一起討論，並且說清楚，學校不會因為減課而增加人員，如果要會長減課，並且全體教師同意，會長的課就由其他老師分攤，會員願意分攤，我們就同意，反正有人去上課。

　　第二個，在教師會目前的層級，要從三級變成兩級有點困難，但是這似乎是目前的趨向，不過這裡面的操弄，必須要我們校長去發揮影響力，去和立法院教育委員會裡面的委員去提，不然只在這裡說是沒有用的，要去請那些立法委員去修這個法。再來第三是教評會的權力，校長要懂得如何權變操弄，例如：如果教評會無法處理不適任老師，其實可以運用家長會的力量，因為這三者是可以互相牽制的。家長會如果願意幫忙，可以天天去盯不適任老師，這個老師不走也難。所以有些時候，校長、老師無法去做的事情，是可以運用家長會的力量完成的。組織是死的，要如何去操弄它，使之成為學校校務運作的助力，可以幫助學生，是需要校長去做的。

## 黃校長：

　　前面大家在討論學校的體制，例如：家長會、教師會的問題。的確，這樣的問題是目前臺灣國民中小學的整體運作及各項教育措施，以及創新改革的一個非

常關鍵的問題。簡單來說，第一個，在整個世界政治發展面來說，民主的趨勢似乎不可改，我們臺灣也不例外，校園也是屬於為民服務的一個架構，因此走向民主也是必然的趨向。

民主與法治，以及法治之下的各種法制，就像是火車鐵軌的雙軌，必須相輔相成。但是，目前臺灣不論是校園或是政治的運作，不是缺少民主開發的需求和方向，而是缺少法制的規範。我們在為了使校園民主的運作更精緻、更有品質的過程裡面去努力，卻忽略了法制的層面還是很粗糙，也就是說，它不足以細膩到你去規範一些東西，例如：教師會在學校的影響，以及它跟老師的教學品質的關係，彼此之間終究有一些落差。

談到教評會在學校運作的影響，以及是否能透過教評會來引導教學的品質、能否接受考驗或是能夠提升，其實關鍵就在於法制面上不夠細膩、不夠周延，只是先散發出民主的氛圍，這是第一點。第二個，學校的組織如教師會、家長會、教評會、考績甄審會、校務會議，以及其他臨時編組的，或是為了學校運作需要而組織的，比如說學聯會，在國中重視學科的研究會，所以有學科會，或者學校臨時會有職務分配的協調會，這也是個組織。臺北市有配課來聘請老師的編制，所以一些學校也會有減課空間，有減課空間就要協調分配，所以也會有減課分配協調會。這些會的目標，是讓大家都能參與表示意見，讓大多數成員覺得每個人的利益都被照顧到，每個人包括家長與學生，需求都能被考慮。這樣的民主是無可厚非的。

只是說，學校的組織運作要有一個組織目標，這個組織目標要能達到品質績效。教育要達到教育的品質績效，教育本身也是個服務，老師應該是教育服務者，對學校是一種服務，對家長也是一種服務。我在臺北市的親師座談會跟家長報告每個學期的教學計畫、班級經營計畫，並做一些溝通時，聽到最多的問題，就是有些家長收到成績通知單，看到老師所評的評語或是所給的分數無法接受，這在大學裡是不會有的。

在這個過程裡面，老師的教學評分是屬於他自己的範疇，有他自己的標準，家長去質疑，並不見得有道理，可能是因為家長過分溺愛，或是過分擔心他孩子

未來的發展，所以不能接受老師的評分標準，而不是說善用老師評量的結果。其實一樣是評量的結果，如果可以妥善利用，成績即使不好，也是可以激勵孩子的。老師在這個過程中，可能有責任跟家長妥善溝通，要有耐心溝通和輔導。

從教育服務的觀點來看，如何提升品質績效很重要，因為家長也會質疑，就像病人去看醫生，醫生不能只開了藥而不跟他說明，所以教學品質與服務品質必須並重。在整個大時代的轉變過程，很多老師還是不能調適，我也常常跟老師談，我們都是教育服務人員，我們所做所為是可受公評的。學校的組織方面，因為《教師法》訂定以後，整個朝向民主的趨勢去走，是不可避免的，很難走回頭路，因此學校各種法制面的問題是很急切要解決的問題。

譬如說，我們談到品質績效，中國大陸的學校雖然不是很民主，可是他們每個月都會對每個老師做績效考評，這個績效考評有很清楚的指標。譬如說，你做了幾次教學觀摩、指導學生參加什麼比賽、得了什麼獎，這是很明顯可以量化的東西。有了這樣的績效考評之後，就有了一個制度。現在政府在推動績效獎金，可以刺激大家去努力貢獻。整個法制面的設計會影響一個人的表現，對於一個人到底是發揮長才，還是只是在打混，是會有影響的。

現在教評會的組織，因為法制的相關規範尚未釐清，裡面還是在談交情，可說還是一種非正式組織。從行政組織來看，我們現在的架構，仍然依照過去課程體制的概念在架構，從校長、主任到組長，分層負責，但是法令改變之後，目前行政組織的業務分工，也變得不是很恰當。說到參與的需求，家長的參與和教師的參與是不同的。教師參與行政，可能是關切自己切身的利益，但是家長的參與需求，是為了孩子的利益著想，兩者容易產生理念的衝突，就端賴校長如何在校務運作上細心規劃。

## 高校長：

學校的問題，我把它分成幾點。第一是採購的問題，第二是家長的教育選擇權，第三是教師的專業自主權，第四是我們是要對抗，還是要和諧的問題。首先是關於採購的問題。隨著學校類型、大小的不同、法律的不同，採購的問題也會

不一樣，又因為我們這一群老師無法符合法律的專業要求而產生的採購問題，其實很嚴重。

我們對這些問題的解決方法，因為每個階段不同，解決的方式也差異非常大，如果說要解決採購的問題，不管是用什麼方法，都會使行政的專業打了一些折扣。民主的特色是大家都共同跨一步，而不要只有一個人跨一百步，這是民主的珍貴所在。

學校的採購問題，主要是總務籌備人員更換率太高、監督率不夠。更換率高就對法律不熟悉；監督率不夠，如果長久做採購工作，又會產生弊端。另外，我們社會對人的信任度也不夠，任何人只要接觸到採購，都會被懷疑是否有問題。這是目前我們面臨的主要問題。

第二個問題就是家長的教育選擇權。民主本來就是協商，不管是課程、行政或是立法。可是協商到最後會使我們真正從事的人產生矛盾，例如：家長教育選擇權跟教師專業自主權，本來就是矛盾。應該要想如何設計，讓他們可以受到監督，但是現在的情形卻是：教師要求無限的權利，卻不必負什麼責任，負責的是校長，所以現在校長行政面臨的最大難題是責任非常重、權力非常少。

在講究績效的國民教育基礎上，這樣的情形不應容許，就學校的設計來說，校長是屬於經理人的職務，老師的聘書其實不應該由校長來聘，應該由縣市長來聘，因為家長已經把教育的權投了兩票，一票給縣市長，一票給議員，應該是他們有這樣的權責，我們只是受委託經營的人，即使在法令上是不合的。最後，到底校長該講求和諧，還是要和不願意配合者對抗。我們常希望學校能夠家和萬事興，導致很多問題就僵在那裡沒有辦法解決。

## 薛校長：

學校的優劣，最主要的關鍵人物在校長，學校若有任何問題，如果校長能夠用人唯才、知人善任，我相信很多事情，不管是人或事的問題，絕對可以很快解決。舉例來說，我剛到明水國小（化名）的時候，就把訓導主任跟總務主任對調。後來，學校的主計跟我說這樣換是對的，如果當初沒有換人的話，這幾年的

運作根本就動不了。我認為校長在做任何事情的時候，必須要注意到每個人的屬性，尤其是在行政的部分。如果行政團隊強，無形中在老師這一部分的掌握就會很清楚。

再來，以校長本身來說，肩膀的負重量也很重要，因為校長經常要扛起很多事情的重擔，他必須要有能耐去負荷。有經驗、有能力的校長才能做很好的危機處理，這是我認為校長該有能力的部分。關於教師的部分，一般來說，每位校長大概都很清楚，我們教師的成員不可能百分之百都是優秀的教師，可是家長在老師的素質方面都會有所要求。事實上，我們大部分的老師，十個中有八位是你不需要去叮嚀的，他本身就會把教師的角色做得很好。有經驗、有能力的校長，會注意到的是那少數的兩成。所以說，老師的教學也可以是獨立的。至於家長的問題，只要教育有完整的服務，家長對於學校應該是沒有好抱怨的。不管哪一個學校的組織一定要結構化、要靈活的運作。校長是整個學校的關鍵人物，我們若能很靈活的在學校運作，一定能處理好學校的問題。

## 李校長：

我希望能以比較宏觀的角度來看學校的問題。學校的第一個問題是：學校的教育功能已經式微了，這樣的功能式微，其實不是學校的老師跟校長願意的，應該是整個大環境的改變。舉例來說，當老師在輔導學生的時候，常常會有很多的干預，家長的態度不見得一致，外面媒體的影響力甚至比老師還大，即使老師很想百分之百奉獻，可是卻怕管教之後，會不會造成自己的麻煩跟問題。

相對於十幾年前，當今老師的專業形象跟社會地位一直在沒落，我想這是這幾年下來，我在教育界所看到最可悲的問題。第二個問題是權責不清。學校是一個單純卻缺乏倫理的地方，在公立學校很有保障卻沒有辦法確保教學品質，未來家長的教育選擇權、《教育基本法》，會是家長跟教師之間，充滿矛盾跟角力的空間。無論如何，校長是學校的核心，在權責不清的時候，如果校長看不下去就只好退休，但是這對教育的發展不見得是最好的，可是卻是未來學校將會面對的一個重大問題。

　　第三個問題，就是法令不夠周詳。民主進步國家以前很多的法令，在目前來說是不適合的，都是要經過一修再修，才能臻於完善。可是在臺灣新舊法令的銜接上，沒辦法做得很好，譬如消防法規改了再改，目前很多學校就會面臨一個問題，就是用新式的消防法規來規範舊式的學校建築，第一個沒有經費，第二個很難執行，校長怎麼辦？

　　再來是採購的問題。很多校長希望爭取比較多的經費，但是我們往往既期待又怕受傷害，因為爭取到的很多工程，不見得能順利發包，而且不見得能驗收完畢。如果不能驗收完畢，就絕對是一個小過。以臺灣來說，很多人沒有商業道德，廠商得標了之後，不見得會把工程做到最好，這個時候學校就很倒楣。為什麼很多公共品質不好？原因就來自於搶標的結果。所以很多校長寧可不要工程，因為可能會製造相當多的困擾。這是學校一個最大的問題。

　　第四個問題，學校目前缺乏自主的空間。學校需要發展自己的特色，可是，我們的制度可以給學校多少自主空間呢？動不動就有些外面的機構進來學校，我們一定要配合。如果要發展自己的特色，我們又沒有人事權，也沒有經費權，校長要如何發展？唯一的方法，就是動我們的嘴巴，影響我們的老師、影響我們的家長，給我們多一點的經費，讓我們在有限的人力與經費裡，能夠運作出學校一個很好的特色。

　　學校的專業自主，以目前臺灣的政治生態，很多的政治跟外在組織都可以干預小學教育的品質。最後一個問題，我認為課程跟教學一直是我們的核心目標，校長如果能夠管控到15%的人和事，是我們的主要目的，可是另外85%呢？我們就讓它自生自滅，就讓它自由發展。可是幾年下來，教育的變化這麼大，是不是依然用十年前或五年前的那套教育方法，如果沒有繼續創新發展，這樣的步調會顯得非常慢，可是我們沒有太多時間去關心到課程跟教學這個部分，更何況老師是專業自主。專業自主權裡面若是沒有一個方向的時候，對於我們下一代的學習權來說，事實上是過分的浪費。

## 曾校長：

針對學校常見的問題及解決之道，我從三個項目來說。第一，我從教育局跟同儕的互動中發現，大家都在批評校長是萬年校長，其實最核心的問題是萬年老師，或是老師流動的問題。教育是一種服務，但卻還是停留在知識的層次，不是行動的層次。如果教育是一種服務，那麼對學生、對家長等這些顧客的需求是不容忽視的，所以我們對創意、制度流程、人員訓練、顧客滿意績效都需要一套制度。這個部分我們妥協很多，造成了這些問題很難處理。

我在活潑國小（化名）四年，學到了一些對人的處理方法。第一，一定要找對人，才能做對事。我非常注意對甄選會委員的溝通，而且希望建立大家共識的應用標準，甄選教師到活潑國小來服務，需要具備什麼樣的價值及信念，就是在這個地方做一個把關的工作。學校一定需要一個輪調制度與專長專用，這是共同核心的價值，不能用論資排輩的方式。接下來，要建立一個氛圍，使不認真的老師在學校沒有立足之地。如果他不改變態度，就必須離開另謀高就，不離開的話會被同仁跟家長唾棄，學校也沒有辦法一直挺他，這個部分方法非常多。

再來，人員的流動不能完全靠學校單方面的努力。教育行政機關以前沒有一個良好的人事制度，後來建立了一個很好的積分調動制度，然而《教師法》又修改掉了，以前是不及，現在則是太過，過與不及都是不好的結果。關於調動的制度，是否可以再考慮。譬如說，臺北市把學校分區，或分大、中、小型的學校，有一定的比率，用這種方式讓學校能夠自然流動。沒有流動就沒有生氣，這應該在制度上處理。最後一個問題是有關老師的績效責任法制化，讓它變成常態，如果可以這樣做的話，就不會再讓內耗的問題，特別是人的事情一直困擾著學校。

另外，在學校經費上也常碰到問題。現在全國公立學校的所有預算，都來自政府或民間募款。我深深覺得，如果連經費都要靠人家的話，就永遠抬不起頭來，或是無法主導學校。天下沒有白吃的午餐，學校有沒有辦法在政府給的經費運用之外，還能夠另外創造自己經營的基礎。在這方面，我就一直在努力，第一就是降低學校的操作成本，譬如說，活潑國小的溫水游泳池，我們的花費是人家的五分之一，收入是人家的十倍。目前也在爭取，希望讓統一超商等這些連鎖商

店進駐學校。

　　另外，我們募款不向家長募款，而是讓企業有管道到我們學校來，這個部分我應該要去做。今年1月份時，會計跟我說：「經費充裕，還有一百多萬可以運用。」這就是我們努力出來的成效。另外，我對政府的建議是，對於學校運用公共財的部分，以純繳庫的觀念來說，因為是公共財，所以所得要扣除操作人事跟加班成本，剩下的都要繳回去，這樣會喪失大家去運用公共財的最大利潤之誘因。其實，只要這些錢不是拿來放入個人的口袋，而是貢獻給學校一定比例的回饋，試著做統籌分配，我認為都是可以的。

　　除了積極的開源之外，過去我在教育局的經驗是，在小學上課時，要用七、八億的經費來維修學校，但是補了又補都沒有用，學校的工程品質設計不佳、施工不好，維護制度沒跟上，浪費很多金錢。在經費的決議部分，一定要建立相當完備的維護制度，也許我們每個人對於此道不是很精通，但是一定要非常努力去了解，大學校應該要用授權、要用團隊、要借重專家。最重要的是，在面臨這樣的問題時，要當主辦人的靠山，才能夠把學校這方面的問題解決。只要校舍的建築穩固，不要再花很多錢，學校才有能量去做其他的事情。

　　面對不斷變遷的社會，學校要沒有問題是不可能的。現在是學校行政讓家長、老師參與的時代，干預跟參與、支持跟把持都在一線之間，這個是非常微妙的關係。譬如說，家長要求孩子調班的問題、老師要教哪個班級的問題、要推薦老師辦哪個社團的問題，我覺得還是一句話，在校長的主導之下，以程序正義的方式、非常制度化的流程，公開處理，以學生最大的利益，作為團隊運作的核心價值。幾年下來，這樣的價值變成了大家的共識時，會讓很多想要用其他不同手段來影響學校的人知難而退。

　　所以說，主導人還是在校長，而且現在的行政機關漸漸知道這樣處理事情的重要性，也開始從法制上去配合，這樣將來學校的問題，才不會一而再、再而三，相同的問題一直在循環，弄到最後不是回到本業，而是疲於一般人事的處理，對教育發展不是好事情。

**張校長：**

　　學校常見的問題，從問題的成因來看，為什麼會有這些問題？如果我從家長的角度來看，是因為對孩子教育的期待跟升學壓力，所以他會去干預學校的教育。從老師的角度來看，為何會產生那麼多的問題，大概有兩個原因。一個是作法上的問題。觀念不同、教育理念不同，另一個原因就是時間不夠、能力不足。對一個老師來說，如果他有能力而且時間充足、對於教育工作也做得很愉快，事實上問題並不多。

　　今天整個學校的問題，要解決核心問題，如果沒有從根本去看的話，這些問題很難根治。我最近一直在探討，家長今天因為升學壓力，所以會給老師一些壓力，然而有許多年輕的老師會認為，孩子能夠真正學到東西，比升學還重要，可是家長會對老師要求升學的努力，這股影響力慢慢進到學校來，讓學校的很多老師不知道到底是理念重要，還是家長的壓力重要。我曾經看過一個研究報告，如果我們給老師更多的時間，老師反而會拿這些時間去增加很多教材，反而不會覺得輕鬆。

　　所以，老師的問題是，從教學的層次來看，為什麼要教這麼多，是否可以教少一點，不要給孩子那麼沉重的負荷。我們看九年一貫的課程，強調的是能力的培養，但是我們今天是在鼓勵老師做什麼？是在鼓勵老師做教材的開發。我們會說，國語跟數學有什麼好開發的？老師應該花很多時間去研究教學方法、研究該如何提升學習的方法，可是目前的老師幾乎都把時間花在教材開發，活動設計一個接一個。

　　再來，從學校層次來看，即使今天有再好的校長來領導、有再多有經驗的老師在認真上課，可是整個社會崩潰、家長崩潰的壓力一直壓到學校裡來。我們從課後輔導、課後照顧、課後社團跟成人教育班，到場地開放、外籍新娘的教育等，這些一直壓到整個學校來，我覺得學校功能的膨脹會造成學校功能的崩潰，會讓學校經營的中心不再是正規的小學教育，反而拉到課後以外的事情。我們應該回歸到國民教育的本質。到底國民教育的本質是什麼？家長教育選擇權有絕對嗎？老師的教育自主權有絕對嗎？政府對國民教育有維持品質跟水準、保障教育

機會均等的責任。但是政府今天有沒有負起這個責任？

　　就執行面而言，哪一個團體的權力大，那個團體的權力就多，那個團體的訴求就達到了。國民教育應該要注意的是，政府的權力跟責任在哪裡？老師怎麼會有絕對的教育自主權？家長怎麼會有完整的教育選擇權？所以要回歸國民教育的本質來說，釐清大家的權力和責任，讓教師會、家長會從這個地方根本來解決。

　　學校組織的部分也是一樣。今天因為五權憲法裡的監察制度、會計制度的施行，把老師當作廣義的公務人員，把校長當作狹義的公務人員，然後把學校分成行政人員和一般老師，寒、暑假行政人員要上班，老師不用上班，搞得學校變成兩岸，老師是老師、行政是行政，因此遇到很多的問題。國內在探討學校行政的時候，很強調行政的技巧、力量或藝術來解決這些問題，但是學校的行政沒有談到課程與教學時，學校的行政組織是空的。

　　我認為要從課程運作的觀點，來圓融整個學校行政的部分。我的作法是把學聯組織召集人提升到組長的位階，然後直接跟他們對談。這樣的方法，就是企業界的扁平化原則，去模糊老師跟行政之間的界線，幾年運作下來，就不會遇到比較深刻的問題，老師跟行政之間的鴻溝也不再那麼大。

　　政府太小看國民小學了。小學的數量最多、學生人數最多，可是所用的經費卻最少，要怎樣喚起政府對小學的重視，是很重要的課題。另外，全國教師會已經成立了，我認為各地的校長協會都成立了，這樣的聲音才會對等。不然，現在社會的生態是：誰講話誰就大聲，不講話的人就倒楣。

## 蔡校長：

　　目前的教育體制，被一些非教育的因素干擾得很嚴重，讓我們覺得校長不得不發聲。舉例來說，最近因為要進行總統選舉，準備要辦總統選舉辯論會，2月21日第二次的總統辯論，就會提到教學議程，但是裡頭所提問的問題，並沒有校長的聲音在裡面，而是老師的聲音。老師們懂得透過各種管道影響政治人物，而制訂了很多對老師有利的條件，我們不得不憂心。

　　再來談到學校的問題，我比較喜歡談的不只是學校的問題，而是談教育的問

題，雖然有點太狂妄。學校的問題都是在策略的形式，但如果是看教育的問題，就可以把形式稍微提升一點，再從教育問題慢慢往下走到學校的問題。我最近在看問題的時候，所看到的現象是：有問題的人看到沒有問題的問題，這個問題就大了，如果是很大的問題碰到沒有問題的人，就不是問題了。

　　雖然這個說法聽起來很玄，但是問題跟人有絕對的關係，有問題的人碰到沒有問題的人，問題還是很大。所以，依現在整個教育體制的狀況來說，不管是制度也好、整個形式也好，其實都環繞在人的因素上面。以校長來說，校長在學校裡所處理的，大部分都是人的問題。剛才大家都提到很多學校的問題，這些問題到底是有哪些暫且不談，從這些問題來看，主要是觀念、制度、還是人對認知的不同？但是問題的真正成因，還是在它的歷史背景，為什麼是歷史背景呢？

　　在我們的印象中，小學時都是背著書包到學校去，把書讀好是最要緊的事，對於老師所教的都完全接受。當然，老師對於政府所要求的教育內容跟訴求也是接受的，我們在學校裡學生出了狀況被體罰了，回家後家長知道了，還會再打一次。為什麼？因為老師一切都是對的，因為老師的權威不容置疑。

　　可是，現在老師說的話不見得是對的，包括校長說的話也不見得是對的，上級說的話我們會去質疑，任何一個人說話，包括總統的言論，我們都可以批評，所以人與人之間的信賴感已經喪失，喪失了以後要找回來很困難，所以只能靠教育，這是第一點，就是人與人之間的信任問題。

　　第二個是做事模式已經改變。沒有什麼事是不可能的，任何人都可以當總統，所以在教育裡面，如果認為凡事都有可能的情況下，其實就失掉了定律。沒有了定律以後，任何人都可以投機取巧、運用任何管道。我們以前有一句話說「萬丈高樓平地起」，現在也會被質疑，所以第二個問題，就是整個辦事模式已經改變。

　　第三個因素是，非教育的因素干擾了教育。這個因素表面上看來，雖然跟人沒有關係，可是也是因人而起的。舉例來說，臺北縣最近進行人事調動的工作，名義上說是集中辦公，可是讓他們退出校園，從另一個中心來和學校互動，說好聽一點是讓這些人可以服務更多學校，其實是要和學校暫時脫鉤，就是說不要受

校長影響，校長才不會在採購上面產生某些掛鉤，這是監督的功能。所以，這些都是大家對於教育似是而非的觀念，影響教育繼續往前走下去，這是令人很灰心的事。

第四個部分是，教育的本質裡常提到要讓孩子發揮潛能。可是現在不管是大官也好、家長也好、老師也好，都是談如何讓孩子在升學的時候和人家競爭，但是萬一他們碰到真正的狀況時該怎麼辦，我們都完全忽略了這些人生態度的問題，難怪有人說現代人的抗壓性太低。當真正遇到問題時，他不知道該往前邁進、該如何勇敢解決問題。這些不只是人的問題，也是觀念的問題。

對此我提出三點建議，讓大家思考小學教育工作者如何往前邁進。第一個就是教育的工作，不管是家長、老師、校長也好，只要是有能力規範小學教育的人，都讓他們提出辦法。我們現在有很多的問題，這些問題談到最後都不了了之，兩手一攤就沒輒了，把問題的因素歸咎給政治、經濟、制度，甚至歸咎於任何一個人，其實這是每個人都責無旁貸的，所以我很欣賞高校長所說的：要每個人跨出一步，比一個人跨出一百步要好。

第二個是教育人員不能推卸責任。我常對身邊的人說，今天我不做，明天我會後悔。很多時候，我們一些教育工作者看到表現不好的學生時，都會告訴自己：那不是自己的學生。可是有一天，那個學生在別的地方出了狀況，也許我們知道了，道義上會譴責自己。所以教育人員真的不能推卸責任。

第三個部分是，教育的影響不是無限上綱。如果說今天教育的影響是無限上綱，把所有的責任都推給教育人員，到最後只有逼好的教育工作者離開，讓整個教育環境大換血。為什麼？這不只是因為準備課程，造成大家的焦慮和適應上的問題，而是教育制度的不良，讓好的校長只好掛冠求去，因為繼續留下來只有折磨自己。我還有自己的生涯規劃，趕快退休，以後可以規劃自己的人生，何必在學校裡受氣。

最後一點，有很多機制對於小學並不公平。記得當兵的時候，聽過一句話：「將軍畫個圈，小兵跑半天。」現在的教育工作，包括老師、校長，其實都是小兵。各位有機會，要請那些沒有擔任過小學工作者的大官們，多為小學設想。

## 邱校長：

　　我們校長需要很多心理建設。我們常常說，沒有問題才是真正最大的問題，因為學校會發生問題，所以需要有校長。學校裡的問題真的很多。以我個人的經驗，我從一個只有六班的學校，調到一個二十一班的學校，然後八年之間，又調到七十二班的學校。當然大家所提到的問題，我大概也都遇到過。可是有一件事情讓我花費比較多的時間和精力，就是親師衝突的問題，這不只在於大型學校裡，中型、小型學校裡也會遇到。這樣的衝突造成了行政同仁、家長、老師很大的困擾，我那時候的處理結果也都不是很滿意。

　　其中的原因，我想大家都很清楚，一個就是這個社會的多元化，家長對於教育的看法並不相同。這樣的情形在早期可能問題還不大，因為以前的農業社會裡，整個社區的同質性高，村莊裡的家長看法比較一致，孩子交給學校，學校怎麼處理都可以，可是近來因為交通的發達，人民的遷徙比較有機會，社區裡的家長看法就不相同。家長對於教育的理念不但有不同的看法，甚至小到如教學的方法、作業的處理、班級的經營、體罰等都有不同的看法。另外一部分是因為老師的關係，因為老師受師範體系的教育影響，我們都會對教學有種堅持。譬如說，有些人堅持對孩子應該嚴格一點，有些人認為應該開放一點，所以基本上的看法就不相同。這些看法的不同，慢慢變成了歧異，在一個班級裡面，家長對老師的不同需求產生了一些衝突，可是隨著時代慢慢又不同了，以前的家長可能會認為要嚴格教育，現在又變成了民主教育。

　　學生也改變了。你現在教這一屆可能是用這一套的方法，但是下一屆的學生進來，他們所適用的又是另一套的教學方法。所以，老師如果一直堅持原來的作法，會造成衝突，更糟糕的是，近來教師會成立以後，變成教師的保護傘，老師們就會覺得有所依靠，他會拒絕做一些改變，所以衝突就容易產生。另一個問題是，家長因為沒有選擇權，因為我們還是學區制，一個班級編下去以後，又沒有其他的機制可以做彈性的調整，轉班也不可能的話，這個機制的衝突就不可避免。

　　依我個人的分類，有幾種問題是這種機制衝突的類型，最簡單的是個別家長

對個別老師，那種都好解決，可是慢慢的若變成好幾個家長針對個別的老師，老師受到一些壓力以後，就會去尋求教師會或同儕間的管道支持，於是就變成一個集團和家長的對立，衝突於是擴大。更糟糕的是，有時候會再尋找民意代表來支持自己的意見，演變成一個非常難處理的局面，常常造成的結果就是要學生換班，換班不成就轉學；老師有的是調離這個職務工作，或是退休，最後行政人員就會遭受到一些傷害，那是免不了的。

我認為解決方法有幾個。第一，我認為教師的成長不能只是在教學方法做進修，應該有層次更高的進修機會，例如：在我們學校成立了一些工作坊，如生命教育、基督教團契，以及電腦、資訊部分的研習。另外，家長也需要再教育，家長需要有一個比較好的組織，因此我們幫家長成立了一個成長班，校長會花一些時間，和他們一起去研究觀念上的建立。

另外，家長會需要比較健全的組織，我們希望家長會是能夠傳承，而不是每年的制度或理念是不一樣的。我們希望家長會裡，要擔任委員後才能當常務委員，常務委員後才能當副會長，副會長才能選會長，目前大概都有這樣的傳統。以前的副會長卸任以後會有一個組織來協助學校，尤其是關於親師衝突的部分，往往都能幫忙協調。另外，學校需要做改變，例如：要有轉班機制，如果有發生怎樣的過程，學生就可以轉班，這樣就可以避免家長因為協調不成功，就只能有轉學這條路可走，所以這個制度應該要建立。另外，在親師衝突的危機處理小組方面，行政、家長會、教師會一定要從一開始就成立，這樣的機制會讓衝突減少一點，但是不可能完全沒有。

## 陳校長：

親師之間的衝突如果有政治的介入，問題很快就會變調。最近侯文詠出的一本書叫做《危險心靈》，寫得非常的貼切。現在學校有很多的問題，大致可以分成兩個部分：一個是學校內部的問題，一個是學校外部的問題。我來談一點學校外部的問題，等一下會談到學校公關的問題，這部分也涉及到學校一些內部的問題。

在臺北縣的小學，沒有辦法像臺北市的經費那麼好。臺北縣的預算都是統籌預算，除了一部分送到教育局裡面處理之外，其他都要靠個別校長用計畫拿經費，或是運用人脈的關係、透過民代的關係去拿到經費，才能做學校裡的建設。否則在臺北縣，前兩年那時候的資本額是零，幾乎沒有任何經費可以作為學校裡的建設之用，就會產生很多的問題。這時候，地方上的民意代表會伸手進到學校的兩種業務：一個是中央餐廚的業務，一個是合作社委外的業務。所以，當他們利用另外的目的進來學校後，他們會利用學校裡面的事情，來干涉學校內部的事務，同時利用媒體，進行對學校的追剿。

我聽過最厲害的一件例子，是人本教育基金會就可以直接和教育局對話，對國小內部進行調查，可是人本教育基金會並沒有透過教育局，而是訴諸媒體的力量，去追剿臺南一個學校的校長。我贊成之前張校長所提的，我們應該有個校長協會，或是一個公立的團體，介入這個地方的調查，為什麼這麼說呢？因為教育局裡會受到媒體及長官的壓力，或是政府施政形象的壓力，所以通常遇到問題時，都是先處分再說，才能對外面的媒體做一個交代。碰到這樣的問題時，我們是否有這樣的機制，可以去處理這樣的問題。

因為現在大家都談法，所以在法的範圍裡，我們必須去照顧到每個人的權利和義務。在學校內，碰到類似的緊急事件時，要有個類似發言人的制度來做危機處理，有個臨時小組，包含：行政人員、學法律的人員、老師、家長來共同建立，這是第一個。

第二個部分，關於學校組織的成員及老師，以我的學校跟欣欣國小（化名）兩個學校來說，是大大的不同。欣欣國小有一百一十六班，有一百零六年的歷史。我的學校只有十二年的歷史，我的學校發生的狀況可能不會在欣欣國小發生，為什麼？親師衝突在我的學校可能是一個很大的狀況，可是在欣欣國小裡面可能就不會，因為欣欣國小已經有很多的傳統以及處理的人員，加上老師可能都住在這個社區裡。我的學校則是一個新興的學校，所以大部分的老師都不住在這個社區，是由社區外的老師來教社區裡的孩子，下班以後就離開這個社區，基本上他在社區裡沒有關係，所以在處理的過程中沒有緩衝機制，加上因為是新學

校，在處理社區裡的人與人之間的問題時，會產生比較大的摩擦跟爭執。

現在小學裡最大的問題是，學校裡的老師並不住在社區裡，所以對社區的業務不太了解，這是第一個。第二個，有的老師會保持著清高的形象，不願意介入社區裡的公共事務，所以他對社區裡的事務比較沒有發言權，因此會造成親師間的衝突以及對家長的不了解。第三個引起學校裡衝突比較大的是，因為家長對於家裡第一個男孩子入學的期望值比較大，所以學校要變成無所不能，老師會因此而非常困擾，因為老師在業務上沒有標準作業程序這種概念，好像每一件事情都要處理、都要負責。

打一個比方。一個人在戶政事務所辦公，跌了一跤，這不干戶政事務所的任何事，但是如果一個小孩子在學校外的馬路上跌了一跤，這個學校可能還要為這個孩子負責諸多事情，否則會被批評說沒有愛心。因為對大眾來說，這個小孩子是非常弱勢，因此在弱勢的時候，很多人會同情孩子，不會同情老師，因為老師是個成人。

第三個部分，我們學校在很多對外的關係裡，有很多機會接觸到 NPO（非營利事業組織），在這個部分，他們可能是因為需要學校的協助跟幫忙，當然他們也會對學校做一些適當的補助和支持的動作，但是 NPO 裡的組織和人才沒有適當的處理好，可能會造成利益上的衝突。因為學校是注重教學的部分，而缺乏經營管理的人才，這是我們需要加強的地方。

## 王校長：

教育的財源跟職員是來自於國家跟政府，所以教育跟國家脫離不了關係，整個國家教育政策，可能會受到一些勢力的影響，例如：政治勢力的介入，或是選舉制度，也會影響國家教育的政策。更重要的是，在教育的運作中，可能有一些有計畫的組織跟團體，介入政府與校園裡爭權奪利，這可能是教育會受到影響的最主要因素。

我想從三方面來探討校園問題。第一個，教育部針對教育問題提出教改，因此教育部成立了一個行政院層級的教育改革推動委員會，這個推動委員會，我也

有機會去參加，我發現教育部整理出來要教改的東西有厚厚一大疊，要針對這些問題來提出解決方案。當然，教育改革推動委員會是來自於政府各個部門，包括：教育部、財政部等政府機關部門，但是從何改起呢？因為要改的東西太多了，有些問題根本是制度上的問題，在那個會議裡我們針對比較嚴重的來提出改革，有幾點是比較重要的。

如果不適任老師的問題，都沒有解決，怎麼去談教改？所以教改應該把處理不適任老師列為第一個要務。第二個要務是校園裡有一些亂象，家長參與學校的事務沒有法律規範，雖然《教育基本法》規定，家長要參與學校事務要由法律來訂之，可是這方面的事情一直沒有透過立法來呈現，而是由行政命令來做。家長介入學校的多寡，如果沒有法律的規範，那麼學校的亂象一定會叢生。

第三個要務是《國民教育法》有關校長的部分。關於校長遴選的部分，教育部提出的改革是說：要用校長遴選的名稱。我當時在會議上反對，我認為應該用「遴聘」，「遴」就是選擇校長來儲備，「聘」是聘有能力的校長來替國家服務，而不是用選，我們現在的選是選什麼呢？是選人際關係很好的人來當校長，這會使得有才幹的校長離開校園，應該要聘更有能力的校長來處理學校的事務，例如：需要懂工程的當這個學校的校長，就去聘有這種專業的人來做；希望加強課程的，就去聘這一方面的人才，這樣才是一個制度。

這些改革裡面還提到多元入學的問題，這類事情的影響層面都很廣，要怎麼改呢？不適任老師要去修《教師法》第十四條，從第一款到第八款，因為裡面的敘述都很模糊，要解聘一個老師很不容易，比如什麼叫做教學不力？什麼叫做影響校譽？這都很難去認定。第二個是家長參與學校事務，要訂定《家長參與學校事務法》，要規範哪些事務是家長可以參與的，能不能進入老師的專業？能不能影響學校的行政運作？所以《家長參與學校事務法》要訂定。

第三個是修《國民教育法》。校長要遴選，而且規定四年一任，八年校長才能動，因為《國民教育法》裡面，關於這個部分是沒有罰則的，所以就變成是各個地方政府的權責，這是有關教育的亂象，我從制度面來說。

另外，我認為平庸教育氾濫流行。平庸教育最主要是因為政府沒有魄力，像

教師分級沒有做。校長老早就有分級了，我記得以前有所謂的「智仁勇」的層級，為何教師不能做績效評鑑？這就牽扯到政府的魄力。我想，這是牽扯到選舉、政治上的問題。

九年一貫課程裡面有三個很重要的評鑑，一個是課程評鑑。課程評鑑若要落實，教材內容、課程綱要做好。如果有魄力去做，平庸教育是可以改進的。第二個，教師基本教學能力評鑑，這個牽扯到教師分級、績效考評的問題，如果這個都不做，教育怎麼會好呢？第三個是學生學習成就測驗，這可以趕快做。如果這三個評鑑不做，九年一貫課程教育的績效是有問題的。

第三個是關於校園民主的問題，這方面耗費了我們師生、家長太多的時間和精力，這樣的內耗會損害校務的發展，整個國家的精力就沒有了。首先，有些不需要討論的事情，政府可以嚴格去規定，不是說什麼事情都是可以自由討論決定的。第二是校長沒有權力。如果政府可以給校長一些權力，相信可以解決很多不必要的問題。第三是應該停止校園中的權力鬥爭，校園的權力鬥爭是有三個角度在鬥爭，一為家長，一為校長與行政，一為老師。本來是一個行政在領導，現在變成是三個在互鬥，如果可以停止，相信校園的問題可以減少很多。

## 江校長：

民主是人人參與，民主最後追求的成果是平庸的。我們從哲學的觀點看學校的組織，學校的目的是唯心論，我們希望每個人追求他的高品質，每個人都可以變成善的人，但是在運作的機制是唯物的，因為每一個都是用量化來考量，所以基本上是矛盾的。從整個組織的發展，唯心論作為它的核心，它的編制設備卻是唯物的，在學校的組織裡面，大概只有輔導才是所謂的唯心，它不計較你個案的多少，所以在這個地方的矛盾現象是無解的。我們為什麼要談教改呢？

剛剛王校長還談到家長參與教育的基本法，我只在這裡提出，將來學區會被打破，家長可以隨意選擇學校。緊跟著而來的是家長的教育選擇權，老師如果不具備溝通及教學的能力，就沒有人選你的課，就會被解聘，這個地方的危機必須讓老師很清楚知道，所以老師除了教學的能力以外，做公關及溝通能力是非常重

要的。還有，每個學校必須把自己的學校變得很有特色，否則便會沒落。

　　第三個，家長可以參與教材的選擇權，家長可以要求老師改變教學的形式，所以將來對學校會產生最大的衝擊，這是家長聯合會提出來的版本，從這時候開公聽會，快則半年、慢則一年便會在立法院過關，所以如果在 2005 年來討論學校的組織氣氛的話，校長的權力更會被剝奪殆盡。我利用課務活動跟學藝活動，一年大概可以賺兩百萬，為什麼？70%拿來付給老師費用，30%拿來當作行政費用。行政費用可以拿來增添設備，這也是自籌財源的方式之一。

　　再來，政治會引導教育，為什麼？政治要退出學校是不可能的，因為有幾點，第一個是，學校教育永遠為政治服務，所以校長的聯誼會必然要成立，教師會為什麼可以發揮這麼大的影響呢？因為教師人數有數十萬，可是全國的校長只有數千人，如果有類似紛爭的時候，他們連結起來的力量很大，如果校長以後也有個專業組織站出來，也可以保護校長的權利。現在學校整個行政組織還是首長制，所以有事發生時還是要校長負責，所以要堅持首長制，校長是享有完全權力的。

　　雖然說，校長若享有完全的權力，但不能保證他不會濫用權力，可是至少要能權責相符。雖然說，學校應該是唯心論，可是其實老師並不會和校長的看法一致，如何在這樣的矛盾衝突中取得平衡和進步，是學校組織需要去面對的事情。有人就有事，有事就有人，所以才需要校長去調解，所以校長要懂得洞察時事、善用政治人物。

## 蔡校長：

　　其實，校長是首長制還是合議制，在《國民教育法》裡有兩個法條是互相矛盾的，一個是第九條裡說的：「校長一人，綜理校務，應為專任。」這地方看起來像是首長制，因為校長要負辦學成敗的責任。另外在第十條裡說到：「國民小學與國民中學設校務會議，議決校務重大事項。」在第十條上面，既然是校務會議議決學校重要事項，到底校長要不要執行校務會議所做的決定，既然如此，學校又屬於合議制。

## 江校長：

這個地方我請教過法學專家，校長若不綜理校務是有罰則的，但是不履行校務會議所做的決定，則沒有罰則，最多是掛冠求去。

## 蔡校長：

雖然說沒有罰則，但是螞蟻雄兵也是很驚人的，因為他們可以在校務會議上譴責校長。在彰化縣的一間學校，校長不執行校務會議決議的事項，因為那間學校的老師在校務會議上決議，老師不做導護工作，可是校長不同意這樣的決議，嚴格要求老師一定要執行，不然要祭出行政處分，因此老師便在校務會議上，譴責校長不遵守校務會議的決議。我覺得這樣的情況若不改變的話，這是整個教育的亂源，校長跟校務會議之間的位階互動，勢必要訂出個準則。

## 薛校長：

我想請問一下，校務會議不是由各三分之一的人馬組成嗎？要有一定的比例，參與的人要包括老師、行政人員跟家長才對吧？校長要有危機感，家長怎麼會不參加？

## 蔡校長：

所以我要說的是，到底校長的影響力是多少？我贊成教育要為政治服務的論點，可是要政治退出校園，今天假如校長參與政治，就沒有人敢看不起校長，這句話可能太過了，但我想說的是，校長能發揮某些影響力，這個影響力要能夠影響教育的人，讓他們也能支持校長，這很重要。再來，教育是服務業，既然是服務業的話，它必然是顧客導向，但是我剛剛從王校長那裡想到一件事，就是教育能不能是一條鞭？這一條鞭能不能夠堅守某些教育的本質、某些價值性的東西，如果還要經過討論後才能夠定案、才能辦教育的話，這個教育不如不辦。舉例來說，我們是不是可以透過大家共同討論，來決定一個禮拜只上三天課？這是不可能的事情。

**曹校長：**

我還有一個問題，剛才提到校務會議要不要執行，校長如果不召開校務會議，是否可以？

**眾人：**

最多就是行政處分。

**曹校長：**

如果校長不召開，這些成員是否可以自行推選主席、自行召開？

**眾人：**

可以。

**曹校長：**

定期的校務會議，校長不召開，成員也沒人去連署，有家長會去跟教育局反映學校不召開校務會議，教育局可以做什麼樣的處理？

**江校長：**

教育局會行文糾正，要你馬上召開校務會議，另一個方法是成員可以進行連署，一半以上就可以召開校務會議。所以校務會議不召開，雖然沒有法律責任，可是會有行政處分，或是學校的其他成員會把校長拉下來。

**黃校長：**

我們在《國民教育法》裡面這兩個法令看到校長的權責是綜理校務，綜理校務當然是做最後的決定跟處理，可是也有校務會議，其實就這兩個條文來看應該是有位階的問題，我們缺少的是組織架構裡把校長放在校務會議之上，還是校務會議放在校長之上，以前校長是在校務會議上，現在學校的重要事情都要在校務

會議上議決，議決後，校長要不要執行，這中間是一種政策運作。

　　如果學校是以企業經營的方向來看，不要是一個校務會議而是校務議會，我這樣的觀點，還是從民主的觀點出發，但還是賦予一個經營者經營的空間，譬如說市政府會提出一個市政計畫，籌措資源後，會有個市政規劃來決定如何執行，議會是在監督，看市政府有無濫用經費、監督它的執行有無妨礙市民的權利，有沒有為市政的發展做出貢獻，所以假如這是一個校務議會，而議員是家長與老師做適當比例的分配，所有的校務計畫都是由校長帶領著行政團隊，也可邀請老師與家長參加，來執行校政的推展。假如說校務議會只能作監督，它就可以監督學校裡的事務運作是否有瑕疵，所以我在談到校務會議的問題時，或許我們可以思考，是否校務會議的結構可以做這樣子的轉變。

　　第二，學校裡面都是面對服務人的問題，譬如在學生的部分，除了在教學以外，還可能碰到行為偏差的學生、中輟生等的孩子，動不動一閃就跑到外面去，我們會關心孩子照顧的問題，整個學校以及社福的機制還要再加強。其實，整個社會和學校是息息相關的，社會需要和校園的社福資源整合起來，這是對學校的部分。對老師的部分順便也可以談一下，在人的問題那麼多的情況下，校長顯得更可貴了，現在的校長比以前的校長難當多了，只要校長能夠對老師多些關懷的話，其實有 95%的老師都是可以帶得動的。

　　再來，親師衝突是問題最多的部分，這部分的問題，我認為除了透過組織再造，讓每個人都能心平氣和或者讓他認為有更多人關心他、有更多的鼓舞，互相交錯起來以外，每個人都覺得自己很重要，都能獨當一面，他的成就感是很重要的。就老師的部分，我比較建議在國民教育的部分，因為老師除了教學以外，其專業度到哪裡？他被質疑是因為大部分的時間是花在生活上面，所以我認為要把生活照顧做好，就要把國民學校的老師視為公務員，對公務員的法制規定、上班規定是非常明確的，因為我們現在用教師的身分，而有了一個全國教師會，你要跟老師協商，要要求他們增加服務的義務等顯然已經是不可能的了，除非你在身分上做一個徹底的改變，像是日本的小學老師就是公務人員，所以在臺北的日本小學，他們來服務只能待四年，四年他們就要輪調回去，日本的學校只能服務七

年，不能超過第八年，它就規定一定要換學校，進了新學校就要學習新學校的文化，所以現在老師用老師的觀點說他跟公務員無關，但是老師提到權益又要有公務員的權益。

最好的釜底抽薪之計，如果我能夠選總統，我的主張就是提升國民教育品質，讓我們的老師成為公務員，公務員就沒有寒、暑假要不要上班的問題，生產效率一定會增加，這是對老師的部分。對家長的部分，其實大部分的家長還是很客氣、很尊重老師，所以現在的小學校園裡，看到最多的就是家長來當志工，我們要透過更多的協調去解決困難。但是，我認為現在我們的走向也有點危險，老師組織教師會、校長組織校長會、家長組織家長會，其實應該要學習先進國家的方向，就是應該改變組織的方向，改成學校親師會，在親師會裡有家長也有老師，不會各談各的，有了學校親師會，就可以取消學校教師會，親師會就是夥伴關係，要一同解決學校的教育問題。從結構上我覺得應該要有親師會。

接下來是對於上級的部分，現在民主社會和上級溝通的問題比較少。我曾經跟上級談過關於選班的制度，因為許多家長會透過議員等人物來關說這方面的問題。選班制度是否可以由校長會議來決議，校長會議後，大部分學校的校長都會鬆一口氣，因為沒有那麼多的關說信函。

談到校長和行政人員的部分，這也是人的問題的一環，我們現在是校長協會，再來是全國校長協會，過去在組織行政人員協會時，後來又改成研究學會，可是力量卻變弱了。我擔心的是，全國校長協會無法像全國教師會般成功，除了人的基礎外，還有熱忱的關係，因為每個校長都把時間貢獻在學校，而非校長協會，所以校長協會說不定讓熱心的退休校長來做會比較有力量。

## 曾校長：

大家都在談教育專業與服務，專業的事情用表決的方式是很荒謬的，我認為在制度設計的理念上非常的奇怪。再來是我們談到的幾個課題，我曾經調過好幾年的教育相關報導跟資料，發現學校的問題都差不多，老師的素質問題、學生的品德教育，它的形成跟解決之道是不太一樣的。

　　我印象很深刻的是，1996 年臺北市政黨輪替，教育局局長一上臺，第一個政見就是公文減量，可是當他離開教育局時，他說他沒有辦法，而且公文還多了幾倍。這個是結構性的問題，因為學校功能的龐大化，會使得學校功能停擺。現在各校都會接到行政機關，包含教育局、縣政府、市政府各單位要辦活動的通知，學校的問題常會有額外其他單位不當的指揮，或是發公文造成的困擾。

　　從課程的角度來看，譬如說學校如果不教英文，英文不在課程裡，或者是說有在課程綱要裡，但是沒有相關的教材與教學資源相配合，還沒有成為正式的學校課程。如果說真要變成學校課程的一部分，就必須要配合好，中央的部分看是哪一個單位來統整整個方案，再來跟學校溝通好，不要再讓各地方的學校各行其政，造成紛亂。另外，既然我們要鬆綁，就不要走回頭路，剛剛王校長談到的，學生能力檢測是必要的。

　　為什麼這個跟學校崩潰有關呢？現在的行政單位有的能量很大，一直加活動進去，學校好像都撐得住，可是學校的本務有沒有做好呢？所以要有學生能力檢測，這樣才能看出學校的本務到底有沒有做好。學校要減除壓力，這樣的話，課程或許會正常一點，家長、老師會接納一點，不要說沒有做檢測，沒有數據可供參考，這樣到最後大家都是一樣的。

　　本座談係於 2004 年 2 月 14 日在國立臺北師範學院行政大樓 605 會議室召開，由林文律副教授擔任主席，林碧榆小姐擔任紀錄。

# 第11章
# 校務評鑑與校長評鑑

**學**校是教育行政的最底層，在科層體制之下，學校往往必須接受上級單位的各種評鑑。一般而言，每個學校大約每四年接受一次校務評鑑。對學校而言，校務評鑑算是比較大的評鑑。但除了校務評鑑之外，學校還是會被要求接受各式各樣的評鑑。很多小的評鑑多如牛毛，學校要如何看待？其實，評鑑的目的是為了改進，但普遍而言，校務評鑑卻常常流於形式，為評鑑而評鑑，準備了一大堆資料，卻失去其原本為了找出有待改進之處，確實點出改進方向，並且由上級單位提供必要資源，責成學校在限期內改善之立意。

但因校務評鑑常常會與校長遴選結合在一起，因此學校裡面的老師並不見得會把校務評鑑當成是與他自身有關的活動。其實，校務評鑑固然是要看校長的辦學績效，但校務評鑑所涵蓋的項目其實應該以教師的教學成效與學生的學習成效為其核心，而學校所提供的各項教學與學習方式是否有效，當然也是一個重點。

此外，校長評鑑其實也可以是校務評鑑的一個重要項目。但校長評鑑的重點應該是放在校長的知識、能力、領導力，以及對自己的長處與短處準確的認知，且校長要如何善用長處、補足短處，表現得對學校的發展有利。本章主要是在探討校務評鑑與其他各項評鑑等方面，也觸及了一部分的校長評鑑。

### 討論內容

**李校長：**

談到校務評鑑和校長評鑑、校長考核，事實上這三者有相當的關係，但不直

接等同於同樣一個意涵，其最重要的一個目的是對校務運作的一些影響。我比較疑惑的是，很多我們的教育行政當局，會把校務評鑑作為校長評鑑唯一考量的依據，但是一個校長在一個學校的影響力真的有這麼大嗎？大概在十幾二十年前有這可能，以現在的生態來講，比如說學校先天的體質比較差，校長一任四年到底能改變多少，這是比較值得懷疑的。不管怎麼說，校務評鑑和校長評鑑應該有一些當然的規準，一般來講，應該有幾個是屬於政策執行跟教學領導這兩個部分，或著第三個是行政管理，這個比較屬於一般性的。屬於校務評鑑應該還包含教師的成長，或是學校的公共關係跟環境設備，這比較屬於校務評鑑。

可是，目前國內所做的校長評鑑，其評鑑規準並沒有辦法百分之百針對校長來做考核，或是做評鑑的依據。比如說校長在一個學校，第一年和第四年應該有一個明顯不同的參照，這個在現行的校長評鑑來講，不太容易看得出來。以這樣一個規準來講，假設沒有辦法百分之百看出這是校長的績效，層面裡應該有老師的部分跟家長的部分，當然沒有錯，因為校長是綜理校務，是負責老師專業成長或是教學領導的一個主要靈魂角色。可是在這樣的前提之下，如果一個學校體質不好，進步的幅度是相當有限的。如果校長是分派到一個體質很好的學校，這個校長來只是錦上添花，他看到的是進步的層面。不管是校務評鑑或是校長評鑑，用校長評鑑這個角度來看，以目前臺灣地區所看的校長，因為績效的不好，沒有明顯的比例，事實上還滿低的，表示說還相當肯定校長這樣的作為。

另外，校長到底真的表現好與不好，或是真的表現很差，有沒有比較具體的方式讓他知難而退或是選不上？當然這和校長考核是有相關的，校長考核事實上是比較消極的，以目前來講，我所知道的校長考核甲等的比例相當高，如果只是針對校長評鑑或是校長考核，我倒覺得這兩個可以結合，因為你是決定校長到底在這個學校適不適任，或者適不適合繼續當校長，評鑑標準應該會比較窄一點點。但是，校務評鑑應該涵蓋整個學校的環境，包括老師的經營、老師的教學、課程領導，也包括人際關係跟家長的參與，面向應該是比較廣的。這三種，我想唯一的目的，是希望校長扮演好他應該有的本分跟職責，因為校長如果扮演這個角色是很稱職的，他能夠讓整個學校的運作非常順暢，那他的行政管理是沒有問

題的。最重要的是，他可以激發老師的潛能，把老師的潛能貢獻在學生的學習品質上，所以這三個應該是結合在一起，有這樣好的校長，我相信他可以影響到學校整個組織的氣氛，對校務的運作帶來正向的發展。

可是，如果不是這個樣子，我想比較差的校長，不管是透過校長評鑑，或是透過校長考核，如果我們教學的視導、督學的視導，或是長官的視導很徹底，應該是能夠增進了解。只不過校長考核這個部分也許沒有這麼全面，校長評鑑如果時間比較長，評鑑就比較客觀，又透過非行政體系，可能是一些專家學者，或是一些資深校長來看，看到的會比較全面。校長評鑑如果是彌補校長考核的不足，應該是比較具有公信力，如果這只是決定校長在任與不在任，或是適合在這個轄區，我想這就可以了。我是比較特別強調校務評鑑如果僅止於拿來做校長考核的一個標準，我覺得這樣太狹隘，因為他也知道再怎麼樣就是針對校長續不續任做校務評鑑，對行政人員、對老師根本沒有任何影響力，老師依然故我，也沒辦法對他怎麼樣，所以任何評鑑只是影響校長所領導的行政體系上的問題。

## 趙校長：

整個評鑑的基準、評鑑的方式跟評鑑的功能有很大的關係。以前的生活教育評鑑，因為有個學校就按照那個評鑑的基準，一個一個的檔案做得很漂亮，結果得到績優，很多學校就照著這樣做。可是事實上，你到各校去，尤其像我們臺北市，或者是在什麼地方，你就會看到一本一本好好的，評鑑過了之後呢，就永遠在那邊，那樣的評鑑有沒有導引整個校務推展的功能，等於說為了評鑑去做評鑑的工作，每次評鑑完了後，大家就覺得很無聊而且很煩，所花的時間沒有意義。不過，最近評鑑的方式漸漸有朝一個比較正向的方向，第一，對於資料的呈現，會從比較真實的實務面去看這個學校運作的情形。真正有必要的資料，不一定用資料來呈現，曾經有一個評鑑委員說，整潔這方面他們還把掃地掃得很乾淨拍下來，坦白說沒有真正的參考價值，不如直接去看每個場所乾不乾淨就夠了。

第二個方式，就是對背景的了解。學校原來的背景因素跟運作的成效有很大的關係，直接用結果來論斷一個學校好不好，這樣對一個學校是很不公正的，所

以現在會比較注重整個背景因素。不過，評鑑委員並不是每一個人都能真正掌握到這些訊息或這些原則，有部分委員能夠重視學校的各個背景因素，能夠從各個角度來衡量，可是有些委員就不是這樣。所以，校務評鑑很重要的就是評鑑委員的研習。在很多國家的評鑑委員都有一個認證制度，不過在臺灣還沒有一個真正原則的認證。

如果說校務評鑑委員能掌握到規準，對整個校務的推展會比較正向，可能會比較好。透過校務評鑑和校長評審委員，事實上校務評鑑的成果在那邊並沒有呈現出來，只是把每一個校長哪個地方不錯做一個參考，可是其他的好像沒有呈現。雖然說校務評鑑可當作校長評審的依據，事實上我所看的資料，大部分是對每一個接受評審的校長，正面的描述比較多，負面的並沒有看到。

## 江校長：

首先，在臺北市，三年前我們這個校務評鑑，在國民小學裡的各項評鑑，一學年下來林林總總接近二十種。鑑於過去各分類的評鑑似乎太多，對學校造成非常大的困擾，所以在四年前我們就開始有一個想法，可不可以花比較長的時間把各項包含經費、人事，以及教學與課程等，全部統整在一起，把時間花長一點。在三年前，我們開始把教學評鑑以三天為一個循環。評鑑委員各項講習也都辦了，不過終究過去我們並沒有做這樣大規模的評鑑講習。

評鑑分成兩種，一種是自己申請評鑑，一種是在四年間，或是四年任期將屆時做一個評鑑。這意義裡面，第一，對於四年即將屆滿的校長做一個評鑑，基本上這個跟這位校長遴選目前並沒有掛鉤，所以趙校長參加遴選並沒有看這一份資料，只是提供給教育行政當局。第二個，對於這個學校的起點行為，作為對下一任校長的起點行為的觀察，如果新任校長在這四年，就過去這個學校到目前為止發展的狀況，所有的教學以及在人事、經費上應用的特色，或是優點及缺點，通通都看得比較仔細以後，能給新任校長當做一個起點行為。大家對四年任期將屆滿的校長，是一個終點行為，因為他的參考基準點在前面沒有，現在開始走的方式就是一開始對任何學校都有一個基準點。

　　第二個作用是提供教育局資料，了解各校的起點行為或是各校目前整個校務的落差在哪裡，可以對新任校長提供一個比較具體的參考依據。這些目的始終不把它當作一個考核的部分，而是當作一個健康檢查。健康檢查給你提供一些建議，但是要不要做，就看個人覺得需不需要，或是校長覺得需不需要。不過，這個學校的整個校務發展委員會覺得他所看到跟你自己在現場所看到是完全一致，這個地方各校可以去做自我的參考應用。對於教師成長，希望他平常都把實作的東西累積下來，而不是為了評鑑去做不必要的表格。

　　我們連續三年的校務評鑑委員大概有三類的人，第一類是學者，第二類是聘請外縣市資深校長或退休校長來擔任，還有一部分是教育行政人員。不過，比較大的兩類是專家和學者。校務評鑑和校長考核基本上是沒有太大的相關，因為校務評鑑是一個健康檢查，校長考核是把每一年度在該校經營的績效大概都列為校長的成績來做考核，校長的成績考核到底由哪些人來考核？第一個是人事和會計這個地方，看你經費的應用和人事的安排，還有校園裡安定的狀況。

　　第二個，掌握比較大的權力當然是主管科，在臺北市教育局第三科，在這裡面還有督學室，看你這學校有沒有控訴案件等，還有課程的發展大概都是督學室在掌管的。在這樣的評鑑裡面，尤其是校長考核，當然難免會有以學校表現的績效影響到校長考績，校長考績會影響到行政人員，因為像臺北市大概每一年雖然在公務人員裡面，考核是定在百分之七十四點幾，但是有少數的幾個名額，因為校長考績特優的話，可能該校的行政人員會多加一個名額，只有行政人員看得到，一般的教師看不到。學校校務評鑑和校長考核，其實兩者是完全脫鉤的。校長考核倒是多數都決定在教育局主管科的地方。

## 高校長：

　　其實評鑑跟考核的兩個概念應該不太一樣，我把它界定為這樣，評鑑是協商的過程，評鑑是一種行動的研究，評鑑是一種學習的過程，評鑑是一種協同合作的過程，假如這樣定義的話，可能會和考核差很多。我認為考核是一種監督、一種成果、一種績效和一種責任。在我的縣市，因為《國民教育法》規定，必須要

做校務評鑑，在研究中小學校務評鑑的時候，相當一部分我們定位在校長評鑑，我們定位的方式，按照《國民教育法》，主要是給續聘的校長，就是前四年，然後要續聘給這所學校，因為續聘必須是成績優良的才可以續聘，不然就是要到其他學校去遴選，所以我們大部分所設計的內容是這樣子。我們市的校務評鑑，本來要直接訂為校長評鑑，可是這樣子又覺得有點問題，學校的人都可以不要動，校長一個人去動就好，所以後來也是當作校務評鑑來做。

　　幾年下來，民主國家有個我們可能要接受的現象。如果我們假定評鑑是協商的過程、行動研究學習的過程與協同合作的過程，我們就不在乎家長來看的點是什麼點，當然會是公平對一個校長，因為校長的點也不一樣，他的辦學標準或是重點也不太一樣，所以可能就不符合校務評鑑所組合的方式。去年我的學校教師會的會長，他也是市教師會的理事，我們理事長就派他去做校務評鑑，去評了十個學校，每個校長都跟我講，他怎麼可以來？我說他怎麼不能去？那是市教師會派他去的。

　　有這樣的缺點，後來我發現，三年前我自己本身接受過評鑑，過來這個學校，但是那個資料用得很少，也就是說，在續聘的時候，其實目前為止，還沒有用到這評鑑的資料，因為他們都打成績優良，但是校務評鑑成績優良才可以再續聘，所以大部分都是用質的評量，寫下來好的就繼續續聘。但是，我們市比較特別，原來是安排一天，到後來只有半天，跟老師、學生、家長座談下來，那個資料其實幾乎都沒有看，變成是內行看門道、外行看熱鬧。但是，四年到了，校長總是要準備一下功課，檢視一下自己在這四年對這學校是否續優或是自己留下的痕跡。校長考核和校務評鑑在我們市來講，也是沒有劃上等號，校長考核也沒有拿校務評鑑的資料來做參考，校長考核與校長評鑑其實是分離的，也就是用舊的東西在做考核。

## 王校長：

　　校務評鑑當然有很多優點，也存在很多缺點，從校務評鑑的觀點來講，是有必要的，因為至少可以看到一個學校在目前一個階段，在某些方面是不是做得很

好，我相信一個評鑑小組去看，應該可以看得出真相。如果說這個校務評鑑是用來檢定這個學校所有的行政人員、老師、教職員工，甚至家長合作的績效，這個是可以做的。但是，如果要把校務評鑑的結果歸責在校長一個人身上，我相信在座所有的校長，也不會承認校務評鑑所有的優點跟缺點，我們都要沾上邊。

當然校長是行政領導者，別人認為我們要扛起所有的責任，但是事實告訴我們，很多東西也不是一個校長所能完全扛下來的。從校務評鑑的觀點來看，我個人認為不等同於校長評鑑，不能劃上等號。校長評鑑應該是從校長到任以後，在這個學校所做的領導的績效，這一部分才是屬於校長評鑑的部分。我們現在的校務評鑑大概從創校以來一直累積到現任這個校長，你很難劃分哪些事情是哪一個校長做的，這是長期累積下來的結果，如果優點的話，大概是校長長期領導的整體績效，當然也包括全體老師、全體行政人員的所作所為。所以，校務評鑑應該和校長評鑑分開，這樣才有它的意義，不過我們現在看到校務評鑑跟校長績效連結在一起，這是非常不好的一種現象。

要了解校長的辦學績效，就從校長評鑑這部分去著手，去訂一些規準，從校長到任之前學校是什麼樣子，到任之後學校有沒有改變，我相信應該可以明確區分。針對校務評鑑這部分，我提出它的優點跟缺點。第一個優點是可以大概看出學校整體的績效。第二個可以看出行政體系的運作，是不是非常良好。第三個，至少可以看出整個學校在校園規劃方面與工程品質。第四個，整個校園空間的利用和立體化可以一覽無遺，尤其是空間的規劃利用，非常重要。

第五點，我們可以從校務評鑑看出學校個別行政人員的運作績效，譬如說有教師分級的制度，這些制度的整個績效大概也可以從個別的產物和書面資料看出來。第六點，我們可以看出行政人員資料整理的能力，當然校務評鑑不是要準備那麼多資料給別人看，只是我們發現一個很大的問題，就是有的是為了評鑑而準備資料，有的是根本沒有準備，有的是平常就有準備，很自然的呈現那些資料。當然，我們比較喜歡那種平常行政或是老師的資料整理方面，尤其現在電腦這麼發達，有的學校資料就整理得很好，有的就認為評鑑為什麼要看資料呢？有的是非常緊張的，資料準備一大堆，我們卻沒有時間看。

　　第七點，可以看出學校整體的缺失在哪裡，哪些地方有危險，可以透過老師、學生、家長座談去了解，當然我們也可以到現場去看。在缺點方面，第一個是評鑑人員是不是有評鑑的能力，像我們臺北縣是由家長還有老師參加，家長到底懂不懂校務評鑑，而且他只有參加一個簡單的研習，這些家長會會長怎麼會懂得課程和行政呢？他看的只是他家長那部分，所以打出來的成績，我覺得是有問題的。第二個是評鑑人員的素質不整齊，老師的部分，如果他沒有兼過行政，怎麼可以去看出行政的優劣？而且評核人員他是不是推薦很優秀的人，如果是找很優秀的老師來評鑑校務，我們也非常認同；可是如果找的人並不是正當的，或表現也不是很好的人來評鑑一個學校，那個結果也不是很客觀的。

　　第三個是評鑑人員站在他的本位來看學校，只看到他的那一部分，譬如說家長的部分，他只會關心你的班親會、你的親子教育做得好不好，他只看到他關心的那一部分，他只關心學生安不安全，他只關心到他的孩子來這校園，這個校地大不大。如果評鑑人員來評鑑只看到他看的那一部分，他應該只能評他看到那一部分而已，而不是評鑑全部，可是現在的現實就是說，每一個評鑑委員都是把全部的分數評出來。

　　第四點是評鑑大部分是在評鑑校長的人際關係，因為那裡面座談花掉很多時間，譬如學生座談、家長座談、教職員座談，真正去看校園或是去看資料的時間少得可憐，雖然評鑑也用掉一天的時間，但是大部分的時間都在座談。座談也不是很客觀，因為它是抽樣的，它抽取一部分的人，一部分的人代表所有的全部嗎？所以將來校務評鑑其實你跟這些人員座談，真正能夠代表全部嗎？能被抽中的人員，大概也是三、四十個人，這三、四十個人能代表學校動輒幾千人這樣的學生？校務評鑑是在看校長的人際關係，這是很嚴重的偏差。第五點就是評鑑的績效，評鑑的績效不代表校長在任期期間所有的績效都是他的，應該是從創校以來所有校長結合起來的績效，如果要把校務評鑑和校長劃上等號的話，我覺得一任的校長不能代表全部，頂多代表一部分而已。

　　第六點，評鑑沒有辦法劃分校長到任以後這幾年的績效，當然可以看出他整體的績效，但並不代表這是這校長的績效，所以如果要校務評鑑，應該是確認這

段期間，在此之前的校務評鑑結果怎麼樣，校長到了之後的這段期間，校務評鑑的結果怎麼樣，這樣才能夠劃分所謂校務評鑑的成效好壞。不管校務評鑑要和校長劃上等號，或者是作為檢視學校目前的優缺點，我個人比較傾向應該檢驗這個學校現在的體質好不好，哪些地方需要改進，這些是比較重要的，如果要拿去做校長遴選的參考，未必是很客觀。

## 黃校長：

我們臺北市所做的校務評鑑，在內容上，臺北市的校務評鑑所規劃的項目有行政管理的部分、組織氣氛和課程教學，以及學校教師和教師會與學校行政與家長會的關係。在這部分，評鑑能不能看出一個學校的優缺點，我想大致是對一個評鑑者，一、兩天很短的時間，當然是看到學校之前的資料，比較能看出來之前的資料和實際上呈現的結果，大概它的契合度在哪裡？也就是說，可能是以當年事前的資料做一個對照，比如說教學的部分，也是只有抽部分的，當時以及科部分的老師，像我們學校八十四班、一百七十幾位老師，你看的可能是一、兩位老師，難免會有以偏蓋全的狀況，因為它的樣本數還是有限。

但是，在組織氣氛的部分，或者說是教師會與家長會和學校行政單位的關係，透過主要幹部的一些座談、訪談，應該可以探測出一些端倪，但是這個關係是好是壞，其責任歸屬在哪裡，可能一時也不容易去界定。這是看整體教學品質的部分，因為整個評鑑的效標以及方法設限的關係，不見得能看得出學生在課程學習上整體品質的部分。因為評鑑難免會有一些比較，評鑑委員是臨時組成的，他們所負責的也是一部分的學校，他們所做的，比如說對教師的教學品質、對學生的學習品質這部分，指標並不是非常明確，而且可能也沒有這麼多時間，對整個教學的效果是很有限的，這部分實在是個缺點。

但是，學校是不是辦了什麼活動，或者活動是不是很豐富等，這個倒是可以看得出來，透過這些活動是不是一定能看出教育效果，這部分我是覺得尚待斟酌。第三點，方式上，自檢和他檢，我覺得對於一個評鑑來講，比較之後也需要有一個自評，這個自評的過程也可以促進學校自我檢核，因為評鑑委員的時間很

短，所以他大部分的資料還是根據閱讀完這個自評之後到現況去做個對照。所以這樣的一個自檢和他檢，如果就目前的評鑑方式來講，還是要這樣做，如果沒有自評，只是一個他評，可能會更有問題，因為有些地方還是看不到。第四個部分在時間，因為一、兩天的時間，要不是非常老練的人，是不是真的能夠看得很深入，倒也不一定。

　　座談的取樣可能也是非常有限，以社會科學研究來講，這個取樣是非常重要，可是我們實務上，在評鑑的時候，取樣可能不是很嚴謹，是不是一定很隨機，還是有些評鑑委員比較客氣，只要依照學校安排的就好了。所以，在這個一、兩天的時間上來參與資料訪視，這裡面還牽扯到實質的問題，比如說委員可能很客氣地說，資料不必整合，就放在各處室，我去談的時候，要什麼資料再拿什麼資料，這樣是一種為避免評鑑造成例行工作的干擾所採用的策略。但是評鑑委員本人是真的這樣想嗎？當他現場看的時候，他臨時要的資料你可能沒有準備這麼齊全的時候，他反而會覺得你沒有準備。

　　過去我接受過國民教育評鑑，那個指標是比較久，而且層面滿廣的，那個時候的習慣是，大家會很積極的去準備每一個細項資料，因為你有這樣一個很細項的資料，而且大家有這樣的習慣去準備那些細項資料，甚至有些就臨時去印了辦法去更改，也會有造假的問題，有利有弊。如果談校務評鑑，在先天性質上，就是講學校經營的部分，但是如果可以的話，我建議是做學校評鑑，學校評鑑可以對學校整個社區外在、環境條件、先天的建築，還有人，比如說教師的質、幹部的質、組織運作、內外部的公共關係，這樣的範疇會比較廣一點。而且有可能避免很多老師或是校內有些人認為，這個校務評鑑就是要導向校長的人選，造成一種效應，就是大家對這校務評鑑，在骨子裡覺得這是我們學校的榮辱，還是校長的榮辱？如果對整個學校評鑑來講，評鑑之目的是要促進改善，如果說建築不善或者是建築設備不齊，這部分比較能需要教育經費上的配合，如果只是校務評鑑，看起來還是只在經營面的部分，經營面的部分可能今年來評和下學期來評又不一樣了，因為主任可能換了一個人。可是在你評鑑的當下，你訪談的那幾個主任或是那幾個組長，他受限於當下，當然評鑑也是評鑑那個時刻。

　　但是往往教育行政單位在做這評鑑結果的時候，他就是用那個當下來決定這個學校的印象。所以我反倒覺得，你們通通整合在校務評鑑好了，不要常常來評鑑，我覺得這樣是有問題的。因為評鑑愈有效的話，它的標準愈要更清楚，比如說我們是一個資訊教育評鑑，我給你多少資訊教育的經費、給你多少目標，你要促進或是達到什麼目標，針對這個主題，由這一部分的專家來做你這學校的資訊評鑑，所得的結果應該是比較光明的。如果是總務評鑑，那就對總務管理、所有總務事項來做評鑑。課程評鑑就看學校的課程經營情形。

　　教學評鑑就比較大樣的抽樣，看各班教學情形。我覺得反倒是應該劃分一些細項，做一些定期評鑑，這樣的評鑑再總和起來。要有這樣的功力，當然不是臨時倉促組成的評鑑委員可以做到的，所以我覺得評鑑是一個專業的事情，如果教育行政單位要做，應該要在教育行政機構裡面，或者是委託學術單位成立一個比較超然而且是長久經營的研究評鑑指標，能長久蒐集評鑑資料的評鑑專業機構。透過專業機構裡面的專業人員，評鑑指標的訂定、評鑑的溝通、評鑑的運作，雖然是質化的評鑑，但是也要以量化的資料來做質化的基礎，否則很容易出現非常粗糙的評鑑效果。

## 張校長：

　　教育本來就有輸入和產出的問題，從理論上來講沒有輸入怎麼會有產出？但是從評鑑的角度來看，用產出的部分來檢核你的輸入對不對，理論上當然是有必要的。但是應該從時代性，從現在這個角度切進來看，我們從 9 月份實施到現在，意義改變滿大的。沒有告訴我們怎麼做，就要來評鑑，所以老師常常在抱怨。以現階段的角度來看，我會覺得去協助校長做好一個學校的經營、課程的經營，比評鑑來得重要。事實上，以我們整個國家的環境背景來講，就是直接用評鑑，因為評鑑能夠激發你的創意，激發你的一些績效。

　　第二個，評鑑的基準怎麼樣？評鑑的基準也有一些大家沒有共識的部分，比如說這個校長他可能活動辦得很多、辦得很好，配合教育局配合得很好，但是那些活動都是一些少數孩子在做，我們不知道大部分的孩子都在幹什麼。有研究報

告指出，當活動辦得愈好的時候，就是那些後段班的孩子在看熱鬧的時候。比如說你的行政辦得很好，但是教學還是很傳統、很僵硬，類似這樣的基準都沒有共識的時候，評鑑的意義在哪裡？這是我比較懷疑的地方。

第三個，評鑑當然用一種整體性的項目來看這個學校的好壞，應該要去看這個校長接這個學校之後，到現在這個階段他成長了多少、改變了多少，這個部分應該是最重要的。另外有個觀點，評鑑好了以後，這個學校就好了，評鑑結束之後，這個學校就停頓了，這樣的評鑑意義在哪裡？如果說評鑑的時候，能夠評鑑出這個學校以前到現在的績效，也能夠看出這個學校今後的一個發展的希望，這是我們比較看重的地方。

最後談到評鑑結果的應用，當然完全當作校長遴選的一個考核，我覺得也不好，但是作為參考也有它的價值。目前看到很多的評鑑，從教育部到教育局，評鑑好的就給你經費，然後就繼續發展，不好的就永遠沒有機會，這樣一個評鑑結果的運用，我也很不以為然。我大概從這些不同的角度切進來看評鑑的部分，但是評鑑對於一個校長的立場來講，接受評鑑也有一點好處，就是利用這個機會讓主任和組長把所做的所有事情重新整理、檢討一遍，事實上很多事情就是一體兩面，我們自己可以決定的事情，我們就自己決定，自己不能決定的事情就去接受，去把它當作一種正面的事情來看待，這是我對校務評鑑的觀點。

## 曾校長：

政府機關裡面有兩種：一種叫政務官，另一種叫事務官；政務官是負責決策，事務官是執行。我覺得校長比較尷尬，他是負責決策的事務官，他必須當事務官執行的角色，但是很多教育決策或是影響因素不在他手上。基本上，我同意校務評鑑不等於校長評鑑，更不等於校長考核，這三個是不太一樣的。我自己也在去年接受過教育評鑑，我非常高興，因為在這過程中，我先跟老師溝通過評鑑的觀念，後來老師比我更緊張，家長比我更緊張，因為他們也是被考核的一部分。我覺得如果是這樣的發展，對學校來講是有一些學習上的幫助，但是這幫助和付出的代價，我覺得是不成比例。

　　第二，評鑑有沒有影響？當然，如果那年要做評鑑，除非你完全不理它，如果是一定要來評鑑的時候，在人員、時間的分配上，校長時間的分配上，至少會影響到半學期到一學期的時間，他都會去做整理或是要停掉一些原來的事情。另一方面，雖然我是從教育局出身，但是我感覺到擔任校長以後，我常從基層看教育局，我發現以前的前輩在講說，教育局常叫我們往前衝、有事情他們扛，但是出事情的時候他就躲到後面去了。所以校務評鑑的時候，大家還是很怕出事情，再怎麼去說，都有一些沒辦法完全清楚的地方，尤其是在這多元觀點、黑白不分的時代，當然會影響到你處理事情、拿捏的力道。

　　再來就是評鑑委員的部分，需要再做討論，評鑑是一非常嚴肅的事情，而且是人力資源發展的重點。比如說，英國皇家督學的制度，我們一直想引用過來，但是一直沒有一套制度，從評鑑委員的養成、訓練、證照、時間各方面。舉例來講，英國的國家公務員，他們有一組人，大概是不在一起工作的三人一組人馬，去評鑑某個人適不適合當國家公務員。他們分開作業後再合起來，然後他們裡面有些項目是很細的，比如說評鑑他的心理素質是不是值得去栽培，或者說他在不確定的情境之下或承受壓力之下有沒有韌性，這是他們要去衡量的部分。

　　我們的評鑑，就是看到太多的皮毛，而且有時候老師很用心去做，評鑑委員一看，兩三眼就過了，老師也會很難過。這部分的負面效應實在滿多的，所以評鑑委員的培養跟制度，還有待在學校了解校務的時間，我覺得應該都做考量。再來，校務評鑑和校長評鑑的內容有不同的地方，校長評鑑可能除了人格特質發展，還有我們現在很重視的校長專業發展的部分，也是他主要的內涵之一。像阿律教授開臺灣的風氣，開創校長培育制度，還有鼓吹建立校長證照以及校長長期專業發展這個部分，我覺得非常有意義。

　　在未來決策領導者這個部分，應該是屬於程度發展的問題。校務評鑑是屬於過或不過的問題，校長考核是適不適任的問題。當然，過去有學校的歷史，有很多包袱或是不確定因子，但我感覺只要你接任校長，一定要概括承受過去歷史給你的包袱，不然的話就不要接手學校。如果說未來我們校長遴聘的制度，個人的志願、教育局跟整個運作委員會能考慮到很多方面的因素，事實上是各方面都應

該負他該負的責任。未來如果真的是能夠慢慢權責相符的話，校長考核的部分，概念上應該是朝這個概括承受過去學校發生的種種問題，來作為設立基準點的依據。

再來，一個校長接了這個學校之後，後面到底發生什麼事，可能對我們目前來說應該可以說是國家的隱憂，因為行政制度和權責動搖，整個行政基幹鬆動，和權責不能相稱有關。對一個學校而言，要怎麼知道它是優秀的學校，書面的東西固然要參考，但是以多年的經驗，我發覺到在這學校多走幾次，比如說什麼東西應該放在什麼地方，或者是上班時間老師有沒有通通到、學生有沒有專注學習，這些都可以看得出來。學校的風氣、外面的風評，我覺得長期來講，雖然很難捕捉，但是這些東西可能比書面的東西更重要，有助於了解這是不是個優秀的學校。

最後，有關是不是需要評鑑、有關評鑑的方式，自評大家都不相信它的客觀性，但是他評大家都非常討厭。其實要看評鑑的目的、教育局評鑑結果的運用，事實上都是等於給校長一個擋箭牌，大家都沒有很認真去完成這個事情。最後我建議，評鑑的內容不要太多，評鑑的內容幾乎是幾十年的事情都要一起評，評鑑委員不可能做到這樣。而且教育局在做評鑑時應該有政策導向，比如說你最重視的是道德教育或是課程發展，要很用力的去了解，不要什麼都評，評到最後那張圖呈現出來的圖像，大家都覺得像一張紙一樣，沒有什麼用，評鑑完了就完了。

## 周校長：

公立學校以有限的資源、有限的權力，卻要負無限的責任，而且眾望所歸，他們來評鑑的時候都是用最高的標準、最嚴謹的那把尺在衡量我們，實在是很不簡單，因為他們的權力和責任實在是很不對稱，但我基本上是非常支持校務評鑑或是校長評鑑。因為我覺得我是受益者，我在社會上也沒有很多的人脈、很多的關係，就以前的舊社會來看，可能這些都是很重要的。校長遷調，甚至是派任，都是一個很重要的資源，如果沒有的話，大概就不太容易有一個理想的去處，自從有了這樣比較客觀的制度實施後，多多少少是讓我們比較幸福的。不過，我們

現在看待它、討論它，我們希望它能夠更好，我們是從比較嚴謹的角度去思考這個問題。

在技術面還是有很多地方值得我們去深思，評鑑起點的行為和評鑑中間的階段，其實是很難切割的，校長已經接手一所學校去接受評鑑了，可能也不用太在意之前做得怎麼樣，反正就是概括承受。我們也要相信來評鑑的人他們大概也做過背景的了解，如果他們能夠切割得更清楚一點，當然會更好。

第二個，我希望能把分布在各個年度的評鑑統整起來，這些評鑑分布在各個學期、年度之中，其實他們都做得很好，大家也都認真在做，但是這些評鑑結果都沒有被利用，充其量就是頒獎，把成績公布，公布完之後這些成績就不見了，你可能是特教評鑑的特優，但是在校務評鑑就很差，這在邏輯上是不合道理的。所以，我很希望把這樣形成性評量的觀念帶進來，不是校務評鑑一次算總帳，就那個時間點總結性一下，可能各種因緣際會、主客觀條件的一些變化，在前一年是很有利的，到第二年就不見得有利。所以，我希望形成性評量這樣的觀念能夠帶進來，把各個不同時期的評鑑做一個整合，透過這樣一個質的評鑑，再把它量化，量化之後累積了四年，就可以在校務評鑑中占相當分量的分數。

再來，我希望能夠把各個角色、階層的責任區分清楚，校務評鑑絕對不等於校長評鑑，但是現在校務評鑑明明就是校長評鑑，這是不必去爭論的事情。我深深感覺到，家長也好、老師也好，說要看我們校長評鑑，都是要看我們好戲，所以我比較希望在這評鑑的過程裡面，教師如果被評鑑，評鑑完後教師負什麼樣的責任、有什麼樣的績效，能夠很清楚地呈現出來。學校各處室被評鑑完畢後，績效如何，也被很清楚地呈現出來，我想這是未來要努力去完成的。

最後，如果一個評鑑要比較圓滿的話，大概可以分成幾個部分。第一個，如果把各個年度、各學期的一些形成性評鑑放進去，占一個百分比。再來我比較思考的不是自評，而是自我的列舉，你到任之後到接受考評的這一段時間，你自認為你在哪些部分很驕傲、很有特色、很有績效的這些工作或是政策，自己列舉，列舉之後占了多少百分比，評鑑委員再來和我們對話。我發現評鑑委員都沒有和我們對話，我們都是被評鑑，對話的只有家長、老師、學生，我們校長都陪伴在

一邊，自始自終都戰戰兢兢。我們應該有機會發表我們的看法，也有機會把我們的心路歷程做一個清楚的表白。第三個就是訪談，就是目前在做的，占的百分比是多少。最後就是這些評鑑委員他們自己本身的一個考察，他們的百分比是多少，把這四樣的總和當作校務評鑑的總分數，應該比較值得信賴。

## 秦校長：

　　我先就校務評鑑的部分，評鑑方式、時間，以及評鑑結果的應用，跟大家做個分享。首先談到校務評鑑的方式，大致分為自評與他評這兩種，這兩種方式應該是要相輔相成的。其實，在我們提升校務運作品質的大前提之下，自我評鑑應該是在校長的領導下，我們全校的人員都要參與，透過一個品質管理的有效機制，去了解學校的優勢或是缺失，以作為我們改進的參考。

　　但我們卻發現，我們最大的困境就是現在老師、學校的人員，他們根本不了解自評的功能與意義，所以我們現在的自評就流於根據既定的一些標準，由兼任行政人員的老師，或是其他行政人員來幫忙，準備各項資料，以滿足訪視評鑑的需要。其實，如果我們把自評的層次提升到自我研究，自評會發揮很大的功能。他評的部分，我可以把他評跟訪視的時間結合，時間多一點當然可能會看得更深入一點，但是不管是幾天的時間，還是很難盡窺全貌，所以重點不是在時間，而是在這些外部組成的評鑑者本身的專業素養問題。

　　以前我們說考試領導教學，其實評鑑委員的專業素養、專業能力，對整個校務評鑑與我們校務運作的整個品質的提升，都是息息相關的。評鑑委員本身是不是知道怎麼樣去蒐集資料，去組織、分析這些資料，還有他對這些課程、教學、學生的整個成就表現，是不是有深入的了解，他對於質化、量化的教育研究方法到底懂不懂。還有整個社會的脈絡，譬如說教育的政策、教育的目標，甚至那所學校的教育願景，他是不是了解。對於教、訓、總、輔、人事、主計的業務，他是不是都有相當的認識。如果說他能夠具備這樣的專業能力和素養，再加上如果學校相關人員再做一個意見的陳述，彌補這樣的不足，基本上，他對於一個學校強點或是弱勢的地方，應該是「雖不中亦不遠矣」，相當接近了。

　　再來就是對於評鑑結果的運用，這些評鑑結果出來之後，除了提供給我們上級行政機關做一個參考之外，對於這些受評學校的實質意義何在？撇開校長遴選這樣的功能，評鑑可以提供學校做參考改進的功能。最重要就是，要了解學校的願景、學生學習的圖像具體的內涵到底是什麼？學校的願景、學生學習的圖像是要透過課程，比如我們現在強調的學校本位課程，去加以轉換、加以落實。所以，評鑑的結果當然可以提供學校重新去思考學校課程的架構，和現在的課程做比對或做重新修改，這樣會比較符合教育的本質和功能。

## 陳校長：

　　我一直認為有三個定理存在於學校的基因裡面。第一個，凡是關乎生死存亡的都是重要的。第二個，從企業經營的原理而言，一個人升到不適任位置的時候，那個人才知道自己要下臺，一個人升到他不勝任的位置時，那個組織的發展就停止了。我認為整個評鑑的機制是非常好的機制，至少可以讓某些層級、組織能有個活化激勵的作用，但是評鑑的方法、流程，以及將來我們如何展示評鑑成果，都會影響到評鑑結果的應用。因此這整個結果，我一直認為評鑑可以讓我思考學校成本的控管和風險的管理，這兩個管理會讓我去深思到整個組織經營的績效，然後去了解自己身為一個學校的經營者，對於學校運作的各項方式應該有的責任。運作的方式會決定我對於權利、義務、責任的使用方法，因為這些使用方法會決定學校發展的一些風格，因此才能夠展現這個學校的機能。這個學校有辦法展現機能的時候，才得以有一些發展，否則它只能維持在國民教育基本上的一個體系。

　　學校可能會因為整個經濟條件以及學校發展組織的一個思考條件、思考方式的不同而有所不同，有些學校，比如說臺北市有額滿的學校，額滿的學校可能在組織的經營差異化上，會有不同的影響。在臺北縣的學校，沒有辦法額滿，什麼人都要收，也沒辦法做一個差異性的平衡。因此，在整個學校的經營策略，最大的因素還是掌握在領導者的哲學之中，必須要經由不同的手段，來提供他比較有參考性的架構，讓他了解政策、社會、現實的期望，能夠做一個統合的思考，找

出一個脈絡跟方向。雖然如此，我還是認為，浪漫的思考、路途仍然要決定在眼前的條件，在這樣的條件上面，對於整個評鑑的走向，我就在 2002 年的下學年度，知道 2003 學年度我們必須要接受評鑑。

　　我要談兩件事，第一，辦教育的人不應該在還沒誠實的時候就學會欺騙，所以在我們的自評表裡面，有某些部分就是來自於我們所有人的一個公共評述。第二，我們對於自己的診斷，我們要求學校的發展，還是要掩飾這個學校的缺點，重點是要打破一個觀念與作法，就是評鑑之後究竟要錦上添花或是要雪中送炭。以前我們各項的評鑑，大概都有一種現象，評鑑好的就給糖吃，評鑑不好的就處罰他，讓他下臺，但是評鑑慢慢發展到現在，我們也發現到很多的診斷會有雪中送炭的效用，了解這學校機制上的誤差或是困難所在，然後趕快給這學校做一些必要的支援。如果是這樣的話，做這個評鑑就不會再像空氣一樣了。

## 郭校長：

　　看到校務評鑑、校長評鑑和校長考核，以我的經驗，我接受過校務評鑑，校長評鑑其實是校務評鑑校長領導的一項。校務評鑑我是第一年去就被抽到要評鑑，第一年去剛好就可以整理資料、了解學校現況，在整理資料的時候，就可以發現到學校的優點和缺點，以及我們可以努力的方向，所以在自評的部分，剛好可以做個整理。再來，評鑑的時候有沒有他評和自評，以臺北市現在只有評鑑委員來評，還有自評兩樣加起來，來看一個學校發展。

　　評鑑委員們來三天，我覺得三天不是很夠，想要了解一個學校的話，卻一直在校園做不同的任務、不同對象的訪談。我覺得有幾件事情在校務評鑑裡面，也不是最能代表那時候的狀況，比如找的家長人選、老師人選，以及學校當時的狀況，並不是這麼代表平常。第二個，假如是評一個學校的好壞，其實這個學校的基礎、個別差異及歷史包袱、工作責任承擔都有關係，若只有用一定的指標、一定的標準來看，我會覺得對校長或是學校都不是很公平。所評出來的內容，其實來評鑑的教授都非常好，但是也有一部分可能在資料上、訪談上或是客觀、主觀條件沒有溝通得很清楚，還是不是很明白。

　　大部分認真的教授或是來評的人的人格特質和看法不同，有的人很仔細，有的人比較寬容。事實上，每一個委員處理的方式不一樣，有時候會影響到教育局，或是自己對自己學校的看法。校長評鑑我覺得在看校長那部分，校長接一個學校，當然他自己的人格特質有關係之外，事實上是不是要看他辦學的認真程度、他解決問題的一些想法，以及發現問題之後，有沒有要精進學校、改善學校的用心。

　　我一直覺得評鑑只是提供參考，並不是真的代表那個學校的狀況，而且評鑑委員評鑑的時機，以及評鑑參與的人員也會有所影響。但有評鑑總比沒有評鑑好，有評鑑的話，我們看自己、別人來看我們，我們趁這個機會好好檢討、改進。至於是不是變成校長的遴選或是考績，我覺得不能夠這樣子混為一談，應該只是參考，要了解為什麼這樣，還有校長的表現，所以不能用校務評鑑來當校長遴選的基本條件，我覺得這樣不是很公平、很公道。

　　校長考核，我們一直看到那考核表，也常常在考核人家，我們不知道怎麼考核出來的，所以沒有一個指標。我是比較建議給校長一些經營辦學的指標，讓我們長官在做考核時，也有一些基本的考核指標，讓我們作為辦學的一個努力方向。雖然考核表是有的，但是教育局是不是有根據那些，我們也不清楚。

## 江校長：

　　針對校務評鑑，臺北市從 2001 年開始辦理學校評鑑，當初是把一百四十所學校分成四年，如果當年校長要任期屆滿，那個學校是一定要接受評鑑。我要分享對整個評鑑結果的發生及一些變化。第一，因為評鑑有外部的人參與，所以社會的社交圖會改變。原來的社交圖不會把這社區、相關的教師會、家長會這一部分的人納進去，這些人不在你的社交圖裡。第二，我們看到的是虛應故事，可能是負面的東西，在學校裡面，為了評鑑而評鑑，去準備很多，跟我們評鑑的指標完全不一樣。原來的評鑑是希望你把這一段時間，所有評鑑的東西、你所做的去做一個整理。當然因為有評鑑，學校的整個干擾就增加了。

　　關於我們評鑑的原則，因為教育局拿評鑑當做校長遴選的依據，哪一個人準

備參加校長遴選，他就去看一看那個學校。另外一個，我們看到評鑑結果的濫用，沒有按照他原來設定的目標去運用，因為評鑑本來是要幫助學校做改善的依據，但是局裡面現在卻把評鑑當目的，關係到我們原來的目標。就這樣的評鑑去做整體的健康檢查，這些學校哪裡是需要改進的，給予一個建議或是必要的資源，這個地方沒有做到，可是現在的評鑑結果卻被拿來濫用在別的用途。

　　校務的評鑑，在臺北市也有個例子，就是有外部的人被訪談，家長會的代表被訪談的時候，因為他跟校長的辦學理念有很多不同，校長聽到評鑑委員提問，再來轉述給代表聽，他馬上去和家長會說他不幹了，這在臺北市掀起了滿大的風波，這是校務評鑑產生的很大一個困擾。再來是評鑑態度產生分歧的現象，因為評鑑令人疲於奔命，所以有的地方對於評鑑不是這麼重視。比較好的評鑑方式，應該是做個圖表，從圖表中可以看出，你這學校就評鑑的各項來看，在全部接受評鑑的學校中，占了什麼樣的地位。在那個項目裡面，你學校的優缺點作一個全區域評比的時候，就可以知道自己在什麼位置。這樣的一個表讓我們很容易看到，否則只是針對某個學校一、兩個優點、缺點去突顯，評鑑的意義就不大。

### 趙校長：

　　各個學校的評鑑不可能由同一組人去看，即使同一組人也沒辦法去定這部分，每一個人的量尺不一樣，即使規準定得很明確也很難。甚至有些人說，評鑑可以用來鼓勵學校，但是按照評鑑，不該有鼓勵這樣的想法，應該完全是一個根據規準的參照方式。基本上，臺北市的校務評鑑對校長來講、對老師來講，壓力沒有這麼大。第一個，他會先開一個校務評鑑的說明會，針對今年要評鑑的學校，由臺北市負責評鑑的單位來說明今年的規準是怎麼樣，還有怎麼去準備、做自評，也讓大家對這部分有所共識。

　　第二個，評鑑委員產生以後，他可以把所有名單給這學校，學校可以告訴評鑑的工作人員，有哪些人我要排除，因為這教授可能對我有偏見，是哪一位我要避免的，我可以排除，但是這時候我要選哪一個評鑑委員是不可以的。第三個，我們評鑑是三天。第四個是用質的方式，都是敘述的，沒有一項優良可劣或是優

甲乙丙，對於一個大項目，分出優點與缺點。所有的評鑑結果會讓你看過，有些部分你認為跟你實際不符的，你可以再做申訴。

最後，我們所有評鑑的結果會公布在網站上，不過看起來都是滿中性的，一般都不會有一些強烈負面的字眼。我們在臺北市整個校務評鑑來講，要借這評鑑來使力，在形式上倒是滿可以的，也利用這機會，對於一些校務的發展好好重新去思考。各個處室也利用這機會思考，哪些制度應該訂定的，沒有做的。也利用這機會跟老師來談一談，我們校務評鑑指標是什麼、規準是什麼，哪些地方還要加強的。當然，老師是不是真正能夠從心裡去認真做這事情，那是另一回事。最後，真正的評鑑是我們臺灣才是這樣子，其實在國外的評鑑是真正的自我發展、自我成長，而且不跟任何校長掛鉤，那個評鑑才真正是我們期望的。

## 張校長：

我對於現階段政府的作法有不同的看法，這樣會影響到我對學校經營的一些作法。我認為九年一貫課程到現在，因為這一次的改革相當大，所以大家都不知道怎麼做，從教育部到教育局到學校到老師各個層級，最重要的是上面的人要告訴下面的該怎麼做。日本在做一件事的時候，會經過研究，會有一些報告出來，比如說他們在做評量，他們的國立教育研究所就會把評量報告拿出來，都會有一些基本的參考案例，各個學校就很容易去做到這個事情。但是，我看到教育部、教育局對各個學校，甚至校長對老師來講，我們只是一再要求老師交出東西，教育部、教育局只是要求學校交出東西，談了老半天，到現在課程統整、學童教學、臺灣的模式是什麼都沒有人知道，而且各個學校到現在還沒有一個比較共識性的東西。所以這樣的一個情形會影響到我對評鑑的整個看法。

我不排斥評鑑，我認為評鑑應該由外部來對我們評鑑，我們不怕你來評鑑，如果有做得不好、有錯，我們就來改，只是我把重點跟時間放在輸入那個部分。第二點，從這幾年來看，評鑑不只是校務評鑑，因為校務評鑑跟校長評鑑，臺北市、臺北縣作法不一樣，每個人的解讀與看法也不一樣。這幾年來，我的感受有幾個。第一個，評鑑應該考量到時機、時間點。第二個，我覺得需要整合，去年

第二年的時候，三個月六項評鑑，而今年只有一項。

第三個還有一個現象，我們臺北市有一個資訊評鑑，我覺得很奇怪，他還有一個背景，我們是第一年接受評鑑，接受評鑑的時候是我們在資訊網路系統完成不到半年的時間，結果第二年又來評鑑，背景是說議會要知道一些結果，把第一年好的學校再來評鑑一次，我第一年好不容易規劃完成，基本的也做好了，網路也建立起來，這時候應該把時間放在其他要去發展的地方，如果要把資料再翻一遍，我覺得這樣的時間浪費實在很不值得。最後，評鑑應該還是有它的需要，但是我覺得應該規劃一下，應該做一些統整，不要那麼多。然後不要那麼密集。第三，評鑑要考慮到那個學校的成長狀況，這是我比較期待的。

## 李校長：

校長考核不知道怎麼考核，但是我今年才知道校長考核，差一分是差很多，優跟績效是掛鉤，事實上是有差別的。第二，我在經營學校的時候，我很希望有充分的自主權，但是太多的評鑑或訪視，是不是對我們中小學不是非常的信任。中小學總是對所有的訪視非常有榮譽感，在這樣的情況下，因為他是拿評鑑來定等第、定勝負，這樣的結果就會干擾到學校的教學，不只沒有提升學校品質，還會干擾到人員、經費的排擠，過程上來講不是很好。但是，整個評鑑如果是做到適度的，是有提升學校的效果，如果他拿校務評鑑來和校長掛鉤，事實上臺北市沒有等值，是各做各的，他是拿校務評鑑來做擋箭牌，這個學校校長評鑑不錯，所以可以繼續連任，我想這對校長來講是很有理性的。

我比較擔心的是，一切的校務評鑑跟整個校務運作應該是有正向的關係，可是如果校務評鑑的結果只是關乎校長、行政人員，而老師都是不痛不癢，這樣的評鑑倒是不要也罷，因為我們目前臺灣的制度都只是針對校長，我比較希望做的是焦點式的，針對老師這個部分來做，哪怕老師有考績。你只掌握一個校長，但是校長沒辦法百分之百掌握到學校老師的專業成長、課程、教學，以及他教學的執著、對他的認知，相對的只是因為教師會給他更多的保障，相反的你是給校長、行政這樣的評鑑，校務評鑑拿來套在校長身上，這樣的運作對他來講並沒有

太多的作用。所以，以後是不是要設計到更細，校長是評鑑的哪一部分，學校是評鑑的哪一部分，老師的部分如果再不做評鑑，臺灣的教育不會有多少希望。

任何的政策好像變動得非常大，今年做這個訪視，明年做那個訪視，學校一天到晚被訪視，假設訪視結果是學校有努力空間的話，局裡也沒有給我們方向、也沒給我們經費，我覺得非常不服。當然評鑑也是很好，可是有一組委員，評鑑完了，跟學生也訪談了，跟老師也訪談了，跟家長也訪談了，要走了也不跟校長打任何招呼，是不是來聽聽校長的意見，到底你是來考核我，還是來評鑑我的學校，到底這樣的規則何在、這樣設計的目的在哪裡。

第一個，沒有讓校長有太多的說明機會，以這樣的校務評鑑來講，是很不人性化。如果像國外的評鑑，我們覺得公信力是夠的，你可以給我很明確的方向，我哪裡不足，甚至我哪裡要投入更多的東西、哪裡要看到更多的產出，這是我要特別強調的。我比較希望不要一天到晚只抓校長，老師的部分我們都沒有多大的辦法針對這事項來提升老師的品質。如果說評鑑結果顯示有不好之處，是不是可以馬上有任何作用，這樣才能發揮正向的功能。

## 王校長：

校務評鑑衝著校長來是絕對不會錯的，我們不要說校長遴選，要改口講校長遴聘，我相信我們教育行政單位或是各縣市政府要的應該是校長的能力，不是要一個會做公關、專門做人際關係、很會作秀的校長。可是今天為什麼那麼多的校長，五十五歲甚至還沒有五十五歲就離開學校，部長有沒有說要去了解校長的去路是什麼。至少我看到教育部協助的校長遴選，明明校長是用聘的，為什麼要說他是用選的，所以你這名稱就要改成校長遴聘。選可能是一個階段。今天如果教育部來了評委在這邊，教育一定完蛋，我會告訴部長說，其實很多校長沒有得到應有的尊重，他也可以不要接受你的遴選。

所以，事實上如果所有校長認為，這個環境對我不適合，你也沒有給我足夠的尊重，我也可以不接受聘任，所以後半段應該改成校長遴聘，前半段從主任那個階段才叫遴選。部長大概也接受我的觀念，要對校長有些禮遇，校長才願意繼

續做下去。我在跟部長開會的時候，很多人都認同我們要的是校長的能力，絕對不是校務評鑑裡面所說的，幾乎都是在評人際關係。

今天很悲哀的，如果選一個校長，是選一個人際關係好的，教育績效怎麼能夠突顯出來。事實上，我們看到很多人很想要校長的職位，他也可以不用訂資格，我也不知道這好處在哪裡，為什麼很多人想來做這工作。事實上，有一股看不見的力量在打擊校長這個職位，臺灣今天民主社會悲哀的就是在打擊在位置上面那個人，教育如果被扭曲成這樣，跟政治是一樣的話，臺灣是沒有什麼前途的。

## 高校長：

其實評鑑的標準和內容是隱含的，教育部以前的評鑑，我們都很有怨言，所以教育部今年就出了個奇招，由副督學率領各司處，寫了一個洋洋灑灑的指標給各縣市政府，各縣市政府就把那一堆東西丟給我們。我整整做了兩個月，做出來到那天副督學帶著所有司處來評鑑的時候，他希望把地方教育視導，把教育部所有對地方的評鑑統合成一次來評鑑，不過我看他這個樣子，統合說不定五年以上就夭折了。我看國教司所做出來的評鑑指標，和電算中心是兩級，跟體育司又是三級。有的司處做的評鑑表格是你沒有辦法去抓到的東西，然後評鑑完了，要走的時候，才要那個電子檔。所以，我們整個做了兩個月的資料，我就感覺到，真正的校務評鑑或是國家級的評鑑，應該是學美國，有專門評鑑的單位，或是像教育研究院這樣才可以。我看這次部裡面的評鑑很雜亂，我們教育局什麼資料都沒有，所以現在縣市政府的教育局是最弱勢的，督學已經不要在督學課長遴選，幹事就來當督學了。變成現在像我們教育局，局長懂教育，幾個課長也已經都不是以前教育人員高考及格的。整個教育完全是一種危機，譬如說像我們的校務評鑑做的指標，就是請我們所有學校校長去訂出來的。其實這也是好的，只是用訂的標準去評鑑，還是有一些問題在，專業性、本土化還不夠。教育部因為太多評鑑，他把它整合成一個，其實也沒有成功，同時那個評鑑就是教、訓、輔最多，只是教育部又有另外一組教授再來評鑑教、訓、輔，同時又要評鑑人權法治，又

要評鑑鄉土語言。我覺得這個雜度是蠻高的，這個評鑑應該由國家教育研究院來做最好。

## 周校長：

　　臺北縣、市在校務評鑑跟校長遴選的差異性很大，我們幾乎校務評鑑就是校長遴選的一個基本門檻，如果沒有通過這個門檻，校長遴選大概也就不用再參加了。我認為，如果只有一次校務評鑑就定生死，這樣一種總結性的評鑑，還不如把平常的點點滴滴透過一些階段性、焦點性的評鑑，把這些每一個階段性和焦點性的結果呈現出來以後，能夠適時的做一些解讀、改善或是對學校做一些協助，再把它量化累積起來，經過四年或者是三年漫長的時間之後，你在這三年、四年當中，這整個評鑑的基本功能，透過評鑑這樣的一個工具或手段，來達到改善或提升整個學校經營的績效，這樣就能夠實現理念。目前我們臺北縣的作法是，今年可能有些改變，第三年才做評鑑，以前是第四年，任期的最後一年才來做校務評鑑。在時間點上，很明顯的就是跟校長遴選完全掛鉤在一起。所以教師也好，行政人員也好，家長也好，哪一個人不會把校長遴選跟校務評鑑做聯想，這聯想絕對是百分之百密切。校長除了感覺到校務評鑑是針對他個人而來的，他手上握有的資源、權力實在是很有限，但是他又只有一個肩膀，要去挑這麼大的一個責任，如果校務評鑑沒有通過、不好，他大概也玩不下去了。如果校務評鑑不是非常好，要他改善，其實基本上他能改善的空間也很小。所以這樣的校務評鑑，我覺得我們臺北縣還有滿多要調整的空間。我不希望它完完全全跟校長遴選掛鉤在一起，這是我一直主張每一個角色、每一個階層，都有他的責任，而且很清楚的讓他知道，如果這個總結性的校務評鑑來到的時候，每一個人他的責任在哪裡、他可能面對的結果是什麼、他要怎麼樣去面對，而不是校長一個人在那邊吆喝，到最後所呈現的結果也有限，可是要面對的結果卻是他單獨一個人去負擔。這樣的校務評鑑在實施方式上我是很不贊成的，但是在整個制度和理念上，我是百分之百支持，在作法上和制度上需要做一個很深入的思考，否則校長做到某一個階段，自己發現必須主動從這舞臺退下去了。在我們臺北縣有這樣的狀況，我希望

我們臺北縣未來在這方面的思考能夠向臺北市多學習一下。

## 王校長：

首先，校務評鑑常常是在評校長的人際關係。第二，校務評鑑在教師的教學評鑑這部分都沒有很徹底的去做，至少教師評鑑是占校務評鑑最主要的內容，但是竟然這部分只有點到為止。第三，校務評鑑當然要看校長表現和校長評鑑這部分。第四，行政評鑑，這些行政人員當然這些帳可以算到校長頭上，因為行政人員都是校長聘的，我們校長完完全全的權力就只有這一部分而已，只可以聘主任。至少我認為校務評鑑就有這四種，當然也許再細分還不止。我們要哪一部分，如果要選一個人際關係、公關很好的校長，我們就可以用人際關係的評鑑這部分來做。

校務評鑑至少包含很多種。九年一貫課程裡面有三大評鑑，就評鑑教師專業能力的那一部分，評鑑的指標非常模糊，評鑑不應該模糊化，應該很明確、很客觀。如果今天教師基本能力的評鑑跟績效獎金掛鉤的話，這不得了。很明顯的績效獎金這一部分一定要做，因為公務人員已經有實施四分之三的限制，為什麼學校教師要有特權，所以這方面政府壓力大概也滿大的，所以績效獎金勢必一定要做。如果把四分之一的錢拿來做績效獎金，教師專業能力評鑑這部分大概躲不過了，雖然全國教師都一致反對。

另外，教師分級那一部分，目前可能沒有辦法做，因為反抗的聲浪非常大。另外，課程評鑑是由國立教育研究院負責的，那一部分也是一樣的毛病。既然課程評鑑的範圍有兩百多條是理所當然，但是你要很明確去知道，而我們評鑑的時候不是全部都要評。我期望教師評鑑一定要很客觀，要讓老師心服口服，否則將來又是校長的災難，怎麼去分配這些績效獎金。課程評鑑也是一樣，你就選擇一項去評，為什麼要全部評呢？課程評鑑有沒有全部羅列出來，哪些跟課程有關要評鑑的，要全部羅列出來。

**黃校長：**

　　評鑑的目的是要促進進步，評鑑其實在形成性的部分也要考慮。我們目前的評鑑也有一點做到，就是分項，但是作法、層次當然是不一樣。也就是說，它是一組想要做綜合評鑑的人去做分項評鑑，所以我質疑它的專業。我認為評鑑要專業，因為評鑑要專業才真正能了解並求改進，假設評鑑是這麼含糊籠統的話，要分項給績優，如果用分項評鑑的概念，再把分項評鑑的結果去做綜合考評，看看這個學校的辦學是不是績優。其實我們在教學上面可以做，我們不講是教師評鑑，我們至少可以作教學評鑑。教學評鑑的對象就是有一批教學專家，包括現場的老師，它的目標就是指向各科教學、各班教學裡面，所以老師一定會動起來。因為教學評鑑會對我現在觀察的這位老師的這節教學，給予具體的建議，並且給予具體的評估。但不一定跟他的考核牽涉到，至少他會被評鑑到，會評鑑到他這一節教學的內涵等，會促使他進步。

　　第二個是所謂的行政評鑑，我們目前的架構還是行政架構，比如說我們的教務、訓導、輔導、總務，我們賦予他們有一個行政需要，負責去規劃整合、統整服務這部分。再來講到輔導評鑑，輔導評鑑其實很專業，不要由籠統的一些人來做學校整體評鑑，應該由學輔導的人、從事輔導工作的人來設定指標，對於輔導的內涵可以比較清楚了解。因為分這個項目之後，它的指標會細一點。比如說教務，我們現在的教務工作可能負責課程發展、帶動老師，或者整個教學規劃的行政能力等這些統籌服務的東西。這些東西其實是可以評鑑的，而且有一個專業的選項。

　　我們目前的校務評鑑也是綜合起來，把所有東西都歸在校長的績效，其實我們也知道現在校長由法律所授與的、能掌控的，不管是激勵的手段，就是蘿蔔和棍子都不見得有。這部分都沒有的時候，所有東西都要校長去承擔，其實是危險的。但是，不管在什麼階段一樣可以考評校長，比如我們討論內涵時，校長評鑑的內涵是什麼；比如說校長是不是守法，可以從他是不是遵照有關規定去運用經費等；是不是配合政策；校長的學識如何，都可經過評鑑專家、校長培育專家來跟校長談，來了解校長的理念、學識與對教育的認知。

從學校推動各種活動或業務的成果，就可以倒推回去看到校長的溝通能力。還有他在說明的時候，或是和家長或老師溝通的過程，也是可以從結果推回去看他的能力。校長的計畫案、企圖心，他的企畫是不是可行，他是不是掌握到要點。從外部來看，校長運用的方法是什麼，校長在這學校待了一年、兩年或三年，他的績效是怎麼樣，可以從很多東西來看。校長評鑑的內涵就可以去對校長評鑑的部分明確勉勵。但是這也是專業的，應該請校長學的專家來做。其實，我們也可以做教師會評鑑，既然學校有教師會，而且它是依法成立的，但它的運作是怎麼樣，可以由立《教師法》這一群目標指向的人來做。透過教師會評鑑，去觀察他怎麼做、溝通如何。

倒過來也可以聽聽學校行政及一般老師對教師會的意見、家長對教師會的意見，來考評教師會的優或劣，也可以對他們促進改進。再來，家長會整個組織運作是不是有效，也可以對家長會做評鑑。再來就是幕僚的部分，比如說會計和人事。像會計就由審計處來做查帳，就可以知道整個會計運作是否非常精細。人事業務評鑑也訂定評量指標，各種人事服務的績效都有列等，可以看出有沒有缺失、有沒有耽誤老師的福利、有沒有做好人事管理。

只有透過各種的評鑑才能促進進步，不要用綜合的校務評鑑手段來給分項做出評等，其實綜合來做分項是不夠專業的。如果也是有專案經費的，比如說資訊評鑑是因為有專案經費，這項運作效果如何，評鑑本來就有這效能。

中國大陸的校長和老師都有分等，校長分五等十二級。老師每個月有一個績效考評，所以在大陸的老師非常希望被評鑑，再來他也很想去指導學生團隊得點，可以列入他的績效考評。當然不一定是一個月、一個學期的就很籠統了。比如說我們談到校長考核，現在和老師考核是一樣。我覺得分項考評的觀念是因為在實務上，如果把所有事情統評起來，感覺上就是校長的事情，對他們教師沒有督促的責任。評鑑要促使進步，就是誰該負責什麼責任，所以你去評鑑他，把那個責任做好，所以評鑑應該跟責任掛鉤。

## 江校長：

　　分項考評其實是個聚焦，過去被人詬病是因為這一個訪評、時間沒有去做一個相當的編排。如果是一個比較專業的教育人員，其實各項的考評、分項的考評、聚焦這都非常重要。評鑑基本上是政策取向的一個工具，這工具的目標在哪裡。像資訊評鑑，因為臺北市四年投入了將近四、五十億的預算在資訊發展上，所以在政策的取向裡面，市長的政策要去檢驗，去看他的成果，所以這個地方是勢在必行的。這樣的話，我們會比較聚焦，一項一項在做校長評鑑，屬於學校發展這東西，每一年把它羅列出來，把時間、時序去安排得很好，到了第四年，再把所有評鑑統整起來，把過去所呈現的績效拿出來做一次總評，去看看學校發展的績效到底怎麼樣。

　　第二，評鑑現在變成是我們所有工具，現在我們大概要有一個退場的機制，這個學校如果表現不佳，它還是要接受評鑑。現在要成立聯合師範大學系統，包括國北師也預計花一年的時間參加，這中間的評鑑，後面是一整年都在評鑑，到底有沒有產生績效、學生的就業率有沒有提升，都在評鑑績效裡面。所以，評鑑只會氾濫成災不會減少，如何去把評鑑的效能發揮得比較好，可能這個地方要分項，去花比較多的時間，而且要用真正具有這專業的人。時序的安排不要讓學校在這地方整天疲於應付，要思考一年到底幾個是最合適的，多久的時間來做一次總結性的評量。

　　另外，這個評鑑是不是要當做校長遴選的一個工具，站在校長的立場上，我們可以看到，拿評鑑來當校長遴選的工具是很不合理的。我們現在的校長任期和政務官一樣，都是四年一任，不管你要不要概括承受，你來這所學校，所有權責都是你的。我想這個地方我們校長大概不管喜歡不喜歡，政策的取向跟工具的效能，我們大概都要去肯定它，只是說如何去做好，行政單位如何去做好評鑑時序的安排和發揮效能，後面有沒有一個配套的機制，不然評鑑完了就沒事了，這是令人詬病的部分。

## 郭校長：

我常常跟教育局的長官談評鑑，因為我自己也常做特教評鑑，發現談話的結果就是，教育部要評鑑我們，所以我們要評鑑你們。我們今天談了很多的評鑑，有時候是不是也要教育部自己去統整，再來評鑑各縣市。各縣市因為要迎合教育部的評鑑，所以就變成學校有很多的評鑑要去承受，這一點是教育局本身給我們的困難。第二，我常常到國家教育研究院去開課程評鑑或一些九年一貫相關的評鑑，談的結果，教育局或教育部、學者專家都滿想做教師評鑑，可是在我們這裡的困難就是教學這個歷程是要長遠才能看到績效。如何評估教師的績效，在學術研究的人員或是行政的機構，他們覺得有困難，好像不夠客觀，所以不敢貿然實施。

在課程評鑑上，教育部也委託很多專業學者在做，他們做的就是純學術的論作，當然我們基層人員會去參加提出建議。可是好像我們的建議他們做出來還是有點困難，所謂困難就是我們想的跟他們要做的，中間還是有滿大的差距，我們的理想要實現，事實上去對老師評鑑，他們會覺得很難。一個研究可能要兩、三年才能做出一個報告來，然後才推出來使用。教育部委託的這一部分，事實上也是很難去完成這樣的工作。評鑑要評很多，很多人也不滿意，有很多地方要改善，我覺得這需要一段時間才能慢慢接受。評鑑還牽涉到評鑑人員的訓練、怎麼樣做評鑑之後的後續補救，並輔導我們在被評鑑以後該怎麼做。現在這些方面的機制都還沒有建立得很完善，所以談到評鑑，我覺得還要經年累月的歷程才能夠達到理想。

本座談係於 2004 年 1 月 10 日在國立臺北師範學院科學館 407 教室召開，由林文律副教授擔任主席，林碧榆小姐擔任紀錄。

# 第 **12** 章
# 校長工作的深層意義

校長這份工作，最迷人的地方在哪裡？是因為擁有相當高的社會地位？是因為掌握了相當多的權力？還是因為掌握了絕好的機會，可以做許多自己想做的事？校長最想做的事是什麼？擔任校長，是否有非常崇高的理想？是哪些？這些理想有可能達到嗎？擔任校長，是否有非常辛苦的地方？會不會苦不堪言？擔任校長，是否覺得再苦也有很值得的地方？是因為擔任校長才能領略這些值得之處嗎？

擔任校長，可以完成哪些有意義的事？擔任校長最大的樂趣是什麼？如何去尋找這些樂趣？如何去體會這種樂趣？如果說有些人擔任校長，很能體會箇中滋味，這種滋味究竟是什麼呢？擔任校長的苦、樂、無奈、心酸等滋味如何？擔任校長是一種自我實現嗎？在擔任校長時，自我實現的需求滿足了多少？是否覺得自己有很大的貢獻？如何得知？無論如何，是否深深覺得自己擔任校長是一種非常正確的選擇？自己非常珍惜？總之，本章即在探討資深校長回首擔任校長的這一段日子最大的心得。

**江校長：**

就我個人來說，這二十年來的校長生涯，經過了國小、高中，再回到國小，我個人感受最多的是，自己的想法可以由許多同仁協助完成。從 1981 年左右開始推圖書館利用教育，我們從 1960 年代到 1980 年代，其實部編本的教科書，上

面對圖書館的一些編目工作大概還是錯誤的，按照版本，當初國民小學的課本，是教育部國立編譯館編的，五年級還是六年級的課本裡面，圖書館版本是依據它的物理條件，依據它的大小去歸類，這是非常荒謬的，大概在那個時代，圖書館利用教育在臺灣，不僅是師範校院沒開這個課，在大專校院對這方面也沒那麼了解。我在念書的時候，被老師要求做一個功力深厚的圖書館館員，但是我卻唱了一個反調，你書編得再好、編目做得再好，沒人去用，圖書館那個地方還是廢墟。所以，當時我在那個地方，利用舊有的主軸，從那個時段開始，一直到了1990年這一段時間，圖書館利用教育在臺灣地區，從小學、國中、高中一直到大學，變成非常重要的課程，我想這是我第一件想要做的事。

第二件想做的事，是我從高中回到小學擔任校長，我們在這以前，政府擴大內需，所以非常多的經費花在資訊設備上面，卻是由懂電腦、但是不懂教育的人所主導的，因此系統用得非常好，但是卻也弄得非常複雜，搞得學校裡的那些器材設備都是不人性化的。我1999年把資訊科技融入教學裡面，經過四、五年的時間，這部分在國民中小學、高中裡面逐漸變成一個顯學。

多年來，我們有一個共同的體認，在體育教學上面，臺灣是一個海島，應該每一個人都會游泳，應該已經教育太多年。2000年開始，要求每一個國小畢業生都必須要會游十五公尺，而且落實去做，做了沒有通過的，要有補救教學，老師要有個概念，學生如果沒學會，還要再回頭去教，等於是浪費時間，再去改進教學的方法，利用資訊科技的方式，可以節省三分之一的時間，而且效率提高，老師也可以節省三分之一的精力。到了2001年，變成臺北市的政策，到了2002年，變成教育部的政策。

所以在今年度，教育部已經正式要求國小學生在畢業之前要會游泳十五公尺，國中畢業生要會游二十五公尺，高中要五十公尺，現在包含臺灣師大在內，也受到我的影響，他們的畢業生不管哪一個科系都要會游五十公尺才能畢業。不過我們國小已經做到了每一個畢業生都要通過五十公尺的考驗，5月6日做一個檢測，90.4%的學生通過，6月25日有98.7%的學生通過五十公尺的檢測。我覺得當校長最大的意義在此，把自己想做的一些事，透過一些方法、一些機制，影

響自己學校，甚至可以影響到全臺灣地區，我這輩子達成三件全臺灣教育發展的一些事。這份工作很迷人的地方，就是可以把自己比較阿Q的想法，變成政策，我是對此樂此不疲。

## 曹校長：

首先談到校長這份工作是不是有什麼迷人的地方。我個人選擇教育工作到現在從沒有後悔，走上學校行政工作到現在也是非常的熱衷，也非常的熱愛，很珍惜有機會當校長，總覺得當校長對學生影響的層面應該是更多、更廣、更遠，所以我覺得校長是值得我們去努力的。在座的沒有放棄，仍然在職位上，表示對校長工作的喜愛。我覺得校長工作迷人的地方，是每天可以看到活活潑潑的學生快樂的學習著，看到老師認真的教學，也看到學生快樂的學習、健康的成長，更常常看到老師那種搏命的精神，讓我們感受到這種工作非常有意義，尤其是當很多家長給予學校高度肯定的時候，那種自我理想的實現和滿足也是很值得的。

大概因為這樣子，所以一直在努力中。雖然現在大家都說校長有責無權，但是校長仍然有許多可以去實現的理想，可以有揮灑的空間。也許當校長有很多的辛苦、有很多的煩惱，但是苦中有樂、樂多於苦，辛苦是一種甜蜜的負擔。

我認為教育本來就應該是很值得我們努力的事業，相較於其他行業，教育更有意義，而且面對的是人，一個好的校長，有多少師生會受你的影響，甚至對你感激及懷念。不久前，有一位女記者剛畢業不久，她來訪問我，她以前在士林國小，那時我是校長，她三年級轉來，上學的第一天，不曉得是怎麼樣，我經過她身旁就順路載她到學校，讓她印象深刻。她談了很多在學校的點點滴滴，讓我深深感受到，沒想到一個學生對於我有那麼多記憶、懷念以及很多值得提的事情，甚至她還把她得了榮譽獎，與校長合照的護貝照片來給我看，所以校長這份工作是很值得的。

## 何校長：

校長的工作，好比有一塊地，人家肯讓你經營，這是很難得的。當校長其實

有相當高的自主性，如果你問我，我當校長的理想實現了多少？我自己算了算，大約實現了百分之六十，因為當校長有很多的快樂，有時候學校只有校長一個人，那就會很無奈，會遇到一些阻力，如果可以把阻力消除掉的話，那就會感到很快樂。我很敬佩江校長對臺灣的貢獻，比如說體育方面，游泳、資訊，都做得非常好。你問我對於臺灣有什麼貢獻，我想應該是英語教學，這幾年的英語教學應該是被我炒起來的，我們做英語教學的時候也是苦多於甘，剛開始做的時候，花了很多的精神去溝通協調，那時候也是很辛苦。

　　剛開始做的時候，警察天天來看我，我們會長也天天看警察。那時候我雇用了很多外籍教師，因為是非法雇用外籍勞工，警察說這是三年有期徒刑。後來我沒有辦法，就去找教育部范巽綠次長溝通，後來在立法院就通過，他們就去修改教育服務法，變成高中以下可以聘請外籍教師，但是實施條例還沒有下來，現在是可以做，因為母法已經通過了，條例下來就可以做了。所以當校長來說，應該是快樂比較多。目前來說，愈來愈不好做，我覺得這是麻煩的地方，也有很多酸甜苦辣，不過看到學生有成就，是我們最快樂、最安慰的地方。

## 蔡校長：

　　看到自己當校長，再看看自己當老師。原來當老師的出發點是想要怎麼把自己的學生教好，當校長的出發點是如何把一所學校經營好，所以一開始是農家子弟，慢慢的走到當老師的過程中。我記得拿到郵差給我考上臺北師專的成績單，郵差看到我那麼欣喜的樣子，他問我做什麼，我說我考上師專了，他冷冷的說：做老師吃不飽、餓不死。我像是打不死的蟑螂，到現在為止，我的鬥志還是很高昂，對教育充滿了熱情與期望，不只是當校長，這應該是教育工作者應有的理想。在一開始當老師的時候，我都有自己的工作，我一直告訴自己要能者多勞，多嘗試多做，要讓自己累積更多能量，對於未來的工作職場上有些幫助，讓我學到好多好多，碰到了好多好長官。

　　當年我考上校長的時候，有一位前輩長官告訴我當校長是責任，同時也是一個自我實現的開始，更重要的是如何實踐原來的理念。到現在為止，我還是深信

不疑。應該是說自己生涯的開展之外，怎麼去逐步施展教育熱情，我一直在想，學校如何是學生開展人生的起點，所以我對自己的教育理想，我告訴自己，要成為孩子生命中的貴人，因為要把孩子放在第一位，無形中我對老師會有一些要求，這是難免的，包括課程、專業、班級，所以說其實老師不太喜歡我，因為這個校長會要求，早上我還召集了我們主任緊急開會，因為星期二要開校務會議，提了好多好多的提案。

到現在為止，我覺得當校長讓我印象最深刻的，是我對某些工作的堅持，這些堅持是為了好的事情、對的事情、學生，我願意來承擔。所以，校長的擔當也是很重要的，假如說校長沒有擔當的時候，那就印證了一句話，只有委屈求全。再來就是如何去面對很多很多突如其來的狀況，那就是解決危機了。碰到危機，我的鬥志還是很高昂，面對很多的狀況，我會想辦法讓它條理分明，一項一項來解決，所以從第一年到現在為止，十年的校長生涯裡面，我不怕危機，怕的是不知道危機在哪裡。

### 薛校長：

當校長最想做的是什麼事情？其實很多校長最想做的，是從教學層面來著手。我從以前到現在，都是想從教學來，因為一個老師絕對可以影響一班的學生，如果每一個老師都把教學的工作教得很好，對於學生一定是有影響的。再來就是教學上的設備是我一直想做的，我一直想建立教學設備支持的系統。第三個部分，如果每一個孩子都可以讓我了解他的學習狀況，針對他的成就、他的癥結來對症下藥，這一向是我最想做的。

再接下來，擔任校長有哪些有意義的工作？這幾天我跟很多老同事談到這個話題，他們會提醒我，認為我擔任校長，講話太直了，經常會得罪人。可是我個人覺得，擔任校長的這些年來，也結交了許多有志一同、為教育界工作的夥伴。再來就是一開始在小型學校擔任校長的時候，當時用特殊教育的方式，全校實施個別化的教學。在清清國小（化名）的時候，在整個礦坑文化的社區，讓所有的家長都能夠重視教育。到了良良國小（化名）時，設立了教材園、教材超商化，

用企業的精神來訓練那些剛進來的老師。到了明水國小（化名）時，剛好明水國小負責臺北縣九年一貫的計畫，從整個過程當中，和老師的對話、對老師的教學引導這部分，我發現這部分我做得很高興。

最後一個，用兩、三句話來描述對校長的觀念。我認為，校長不是人人都可以當的，可是如果你有機會當校長的話，你應該把「當校長」這件事情當成一個事業來做，認真做、好好做、努力做，用盡自己的心力在做。

## 趙校長：

我的運氣很好，幾個學校都走得蠻順的。我當校長的第一個學期，快結束的時候，我差點想要回去當老師，有那一種煎熬，為什麼呢？當時我要當校長，先得到消息，是要到平平國小（化名），後來又改成到順順國小（化名）去。順順國小，有一批可能以前太認真、後來想要休閒一下的老師，就跑到那個國小去，而且以前因為教學觀摩的事情，校長就調到別的學校，教務主任也因為這樣退休了。那時候因為有這樣的背景，就面臨老師帶不起來的困境，所以我感到很無力。領導的方式要依照你自己的個性，沒有什麼方法是最好的，也就是你做得最順的，就是最好的。不過，我找了很多外面的好朋友來支援幫忙，最後也熬過來了，甚至我還申請延長待在這個學校的時間，用時間來換取一切，而且用轉化的方式。

我認為，校長要做很多事情時，一定要懂得用轉化的方式去掌握契機。教學本身很簡單，反正怎麼教，一定有優點、有缺點，不過我也會針對教學觀摩活動，對教育局一直有所建議，希望能將之轉化為教學研討的方式。

後面能走得很順，前面一定會有所煎熬。首先，我認為一定要選擇你自己怎樣做會最好的方式來做。所以說，怎樣領導最好？就是你用得最順的那個方法。不過有一點，其實從前校長說的話也給了我很多的啟發，像是有一位校長，在我當校長的前一天晚上告訴我：「當校長的，耳朵要柔，因為當校長的，不可能所有人都說你好話，所以有些不好的話，聽了不要氣。還有，眼睛要亮，別人看不到的，你要看得到。」他就這樣跟我說。另外還有一位校長跟我說：「小學校要

靠感情,但是大學校要靠制度。」事實上,制度的維持與運作,我跟這位校長學了很多。所以我想,這種經驗的傳承是很重要的。當開始當校長時,半年的煎熬真的讓我度日如年,不過這半年熬過以後,真的非常的順,不過有一點,就是要會經營,這真的很重要。

## 邱校長:

我個人從事校長工作已經十八年了,甘苦皆有,是有辛苦,但是我個人是覺得也有迷人的地方。辛苦呢!主要是我們扮演校長的角色,這個角色是決定者的角色,因為校長要維持組織的運作,要維持秩序、資源分配、考績評等、職務編排等,都沒有辦法盡如人意,就會常常產生爭議,所以校長常會在現實與理想之間拔河,因此會有很多辛苦的地方,其中以三件事情,是我覺得比較辛苦的。第一個是責任太大,校長負責決策,所以成敗的責任完全要校長扛,可是各位也知道,教育行政體制並沒有賦予我們相對的權力,所以說到責任時,是首長制,說到了權力,又是內閣制。

我記得有位教授說,我們校長是開了兩家公司,一家是責任無限公司,一家是權力有限公司,我記憶非常深刻,因為當校長的責任非常重,甚至我去到樂樂國小(化名)的時候,我們的家長會會長跟我開玩笑說:這裡的房價,校長要負責,可見校長的責任是多麼的重大。第二個,很多事情都是突然發生,需要緊急處置,可是因為時間太短、資訊不足,尤其對於很多法律條文又不懂,再加上各方的勢力介入以後,使得工作的複雜度增加,壓力也就增加了。

第三個,是我認為很重要的,有時候因為校長這一個族群的人數少,而感到孤獨,甚至是校長和校長之間的聚會,也不是很多。以臺北市為例,我們的校長會議都只有一天,會後就做鳥獸散,重要的也都沒談到,雖然有校長協會,可是說實在的,我認為功能並沒有發揮出來,因此我們沒有自發性的組織。孤獨感常常會讓校長覺得,好像整個學校就只有校長一個人在負責。

當然,也有很多很好的地方。第一個就是理想的實現,剛才大家也說了很多,以我個人來說,我的理想大部分都能實現,譬如說:改變學校的氣氛、社區

文化、學生品德的提高，有些校長還可以蓋學校等，在學生、家長、老師的臉上，都能看到他們對校長的努力和工作的肯定，常常在路上都會有不認識的人跟我打招呼，我覺得這是很快樂的事情，雖然這樣快樂的事情並不是經常發生，但是我覺得那也是一種迷人之處。假如說有機會可以重頭來一次，我還是願意去當一個校長。

## 陳校長：

我認為我擔任一個校長，酸甜苦辣都有。我在擔任老師十一年、主任八年、校長第七年的這一段時光，我認為校長還是值得一當。有一次，我聽到人家說江校長是個有氣度、能堅持的校長。有一次我到首都國小（化名），碰到了一位老師，他說他們走在校長旁邊的時候，校長如果彎下腰，他們就會趕快過去撿紙屑，因為現在的校長很在乎，所以首都國小是非常的乾淨。我待的第一個學校是灣灣國小（化名）。灣灣國小稍微有一點迷你，只有六十五個人的學校，其實是非常好經營的，這個學校重建交給了廖校長之後，就變得非常有名。因為這個學校在基礎上跟家長做聯絡，所以我們兩個人共同創造了灣灣的光環，我們就覺得這是一件非常快樂的事情。雖然當時從改建教室在做所有權的移轉時，是非常的辛苦。

我第二個學校來到了歡歡國小（化名）。我覺得我也對歡歡國小貢獻很多，因為這個學校雖然是新學校，卻顯得老態龍鍾，現在正慢慢的改變。其實我們以前，是希望一個新學校在關鍵十四年的時候，能有一些績效、一些人文，因此在學校裡面是人多事雜、速度快，可是我們要心平氣和，心也要溫柔，所以我就在這裡主張溫柔的堅持，在溫柔的堅持下，我們可以達到幾件事。第一個，提高我們教育的視野，不當校長，就看不到整個教育的視野。

第二個，可以合理的分配資源。有些資源可以做一個重新調配的時候，我發現學校的績效就很容易提升。第三個，維護教育的公平，譬如說，我的學校在剛開始的時候，很多特殊學生的分配是讓老師去抽籤的。哪有這樣辦教育的？哪有這樣的老師？所以，學校一定要公平對待，派到哪一個班級，就由哪一位老師負

責。

　　第四個，重新結合社區的資源，讓社區可以了解我們辦學的目的和方向。所以在這個時候，我覺得我們校長的權力小，但是責任很重，必須抵抗很多外在不合理、不法的壓力和關說，這個地方只有校長能夠扛起來，不能交給老師。也就是說，我們在做一些事情的時候，必須把靶掛在自己的身上，當我們能吸收掉這些箭的時候，我們才有辦法把後面的坦途鋪出來。也就是說，能夠了解最大的限制，才能做最大的發展。

　　第五個，就是能夠讓我們的老師發揮專業，能夠教的就好好教，不能教的，我們就要好好的來做處理。在處理的過程中，我們一定會碰到很多的困難，所以校長在這個地方，必須要有法令上的了解以及一些實務經歷，才有辦法處理這些問題。最後，在學生的學業成就上面，因為我們對於整個校務工作的明瞭，我們可以給他們一個成就的平臺，讓他們在不同的平臺上，有他們很好的個人表現。

## 秦校長：

　　當初選擇擔任校長這個工作，說實在的，是因為懷抱著崇高的理想，「士不可以不弘毅，任重而道遠」，我的碩士論文探討的是全面品質管理與學校行政績效的關係。全面品質管理裡面有一個很重要的理念，就是顧客滿意，不管是內部顧客或是外部顧客。在我前一所服務的壯壯國小（化名），我認為自己確實是做到了讓大家都滿意，幾乎是老師、學生、家長對我的評價都是肯定的，因為我的努力，讓每個學生都得到了恰如其分的學習，讓每個人都過著幸福快樂的日子，那真的是做校長的一個最迷人之處，也是成就所在。

　　舉個簡單的例子來講，那時候我們要落實學校本位課程，在那個地區，孩子要到外面去學習音樂是滿困難的，不管是家長的財力，或者是時間、路途，對一般的家庭來說，都是個困境，所以當時我爭取了很多的補助款，包括教育優先區的補助款，也包括一些議員的配額款。全校有九十二個孩子，每一個孩子都由學校提供經費，買給他們專屬的樂器，這還不夠，因為以學校來說，師資有限，我們就外聘了五位專業教師，所謂的專業，就是說，譬如說這是專精吹管的老師、

這是管弦的老師，不同樂器領域有不同的老師，請這些老師來指導他們。

我是很熱情的讓孩子學習音樂，可是並不是要培養音樂家，而是希望這樣的音樂學習，能陶冶孩子們的心性，培養他們的人文情懷，這是我非常重視的。經過這樣的學習，孩子們很快樂、沒有壓力的學了樂器後，不論是在朝會時、親師懇談時，或者是在放學後，你會發現，他們隨時可以上臺表演，校園裡面隨時都是樂聲悠揚，老師們覺得很有成就感，家長們很感謝學校，孩子們經過這樣的學習之後，你會發現他在其他學科的學習上，會有很大的進步。我覺得那一段時間是我擔任校長生涯最快樂的時候。

現在在大型學校裡面，你會發現一個校長光只有熱忱、光只有理念，或者你是專業、敬業的，這些都不夠，這裡面還有許多需要學習的地方。譬如說，你要人人都有舞臺，而且個個有表現，不管學生、老師或者是家長，他們的屬性和小型學校是不太一樣的，給他舞臺還不夠，你還要隨時給他掌聲，掌聲太小還不行。所以這個部分，也是我需要再成長學習的地方。其實擔任一個校長的快樂就在於，你在校園裡面，隨時會有家長、老師、孩子們，熱情的跟你打招呼，我覺得這是當校長的最大成就。

## 郭校長：

我在讀師範的時候，就對孩子很有興趣，因為我家人很少，只有我一個孩子，所以我很喜歡人，就去讀師範，因此和教育工作有了接觸的機會。我一直覺得當一個老師就是把教學做好，從來沒有想過要當校長，因為我覺得校長是一個很嚴格、要管很多人的角色，管學生就很麻煩了，還要管老師，對我來說是個很困難的事情。可是因緣際會，我和黃校長是同事，我們同時當主任，我們的校長一定要我們去考校長，所以我就去考了，考上了就只好去當了。

當校長，我覺得和老師的工作沒有什麼不同，一定要把自己本分的工作做好。我覺得一位校長，最重要的就是要把幾件事情做好：對學校應該建立一個制度，並且提升教學品質，增加教育內涵，還有激發師生的潛能，以及解決學校的問題。假如能把這幾件事情做好，我覺得這樣才算是稱職的校長。我自己檢討了

一下，我經歷了四個學校，小學校比較有感情，會和一些很熱情的人在一起，一起做一些事。到了第二個學校，就學著怎麼跟人家談判、遷校地，跟古蹟專家周旋，學習成長了很多。到了第三個學校，因為是一個新社區，要會講英、日語，還有國、臺語等，也有很多社區意識很強的人，所以就學習在新社區裡，怎麼跟家長溝通、跟社區建立關係。

　　到了第四個學校大大實小（化名），就覺得社會階層又不一樣了，所以身在這樣的學校環境，怎樣把我自己覺得應該建立的學校制度、品質、內涵、問題都克服。自己這樣經歷了十六年的校長，覺得對臺北市教育也有一點貢獻，就是特殊教育所有的制度大概都是我和另一個人共同建立的，不知道怎麼寫白皮書，就去學寫白皮書，不知道怎麼寫評鑑，就去學做特教評鑑。也去建立了全臺北市的生命教育，去參加全國的生命教育，從中學習成長了很多。對於臺北市的輔導活動、各種的教學模式，也學習了很多。我從這樣子的歷練過程中感覺，當校長真的很有機會得到最好的資訊、最多的資源，還有最大發展的潛力，只要你有機會，就有可能做出來，所以當校長是個很不錯的機緣，假如你願意抓住這樣的機緣，去發展自己的能力，其實可以走出自己的一片天。

　　我覺得我的校長生涯裡面，有一個標竿人物，就是曾校長，因為我剛畢業時，她是我的校長，她叫我去做特教，我就去做特教，可是這樣四十幾年來，她就一直關心我做得好不好，我到任何一個地方，她隨時都會來關心我、照顧我，我覺得這樣是很好的，我也會希望自己能用這樣的作法來關心自己的同事。另外，校長是一個人性、多樣性的挑戰工作，一件事情，不同的人有不同的說法，那麼你要如何決定呢？我覺得這是很有挑戰性的，做對了就很好，做錯了就會挨罵，我覺得這很值得參與和學習。所以，當校長是一種福氣，因為你可以參與、可以學習、可以成長。

## 周校長：

　　我從小就是一個成績很差的學生，從來沒想過會當老師，後來卻當了老師；當了老師之後，我從來沒想過會當校長，後來卻又當了校長。原來我當校長是因

為，我對有些主任很不滿意，我覺得他們坐在那個位置上，擁有那樣子的權力，可是做出來的行政品質以及行政服務，是很不能令人苟同的。但是，在年輕的時候，只能在旁邊看，沒有辦法改變很多，後來因緣際會開始了這條路。

所以，我一開始的動機，跟很多人是不一樣的，是因為我對現實的一種反動，我認為我可以做得比原有的人好，可是在原來的人領導之下，我的心中有些不滿，所以我是基於對現實的反動以及理想的追求。做了之後，從主任到校長的這個工作對我來說，我一直覺得很不錯，因為這當中有很多的想法，都有機會去落實，尤其是在當主任的時候，遇到一個很照顧我的校長，把我當作他的親弟弟一樣，我提出了一個主意，他認為不錯，我們就會共同去做，一路下來，讓我覺得做行政是很能夠造福師生的一件事。後來，我就有機會考上了校長。考上了之後，我先在一所小型學校裡服務，小型學校裡頭也讓我有機會為學生及家長服務。

我原來服務的文文國小（化名）是個很偏遠的學校，我到的時候，除了土地沒有動以外，其他所有的東西都被我動過了，到了最後，我們甚至說，文文國小是一所大型的綜合醫院，因為那個地方的醫療資源很差，我帶著我們的家長會到三峽鎮上去，邀請了小兒科、外科、眼科、牙科、皮膚科的醫生到學校來，為這些小朋友及家長做了很多的服務，這樣子醫療資源的引進，讓我覺得當校長這件事，是可以改變一個學校的內涵。

從文文國小到了欣欣國小（化名）這所大型學校，大型學校裡的包袱比較多，人的因素還有環境的因素、設備的因素等，不是一個老師或是一個主任就可以做得好的，因此在這樣的環境裡面，我透過和家長、主任這樣的團隊共同研討之後，把欣欣國小的一個中程計畫訂出來，然後逐年的去做改變，從學校的硬體以及設備的充實，到教學環境的改變，到家長、老師觀念的溝通，有機會儘量去參與學生的活動等，這一路走下來，才發現因為有你，學校才會更好。

像是今天早上，我去參加我們學校樂團的後援會，早上有兩個活動，一個是樂團的後援會，一個是我們校長班的年度聚會，我放棄了校長班的聚會，去參加了弦樂團的後援會，因為我們那個指導老師碰到了一些問題，他希望我能夠站到

第一線來挺他，跟家長溝通我們樂隊轉型的一個理念說明和堅持，他來尋求我的援助，也就代表了我在他心中的分量，這就是一個校長的價值得到肯定的地方。後來，我跟那些原本立場不一樣的人溝通後，也說服了他們，讓他們加入了我們的陣容，讓我們的弦樂隊未來會變得更好。

因此，我覺得當校長是很不錯的，不過問我願不願意繼續做下去，我會希望把棒子交給更年輕的人，因為有些事情做到某個階段就可以了，換一些新的人上來，他們會有新的想法，江山代有才人出，我們也可以退到第二線，做一些想要做的事情，這樣也不錯。

## 張校長：

在教育界這樣一路走來，我對教育充滿了很多的願景和怨景，為什麼會這樣說？願景是知道臺灣教育有一個很樂觀的發展空間，知道如何去做、願意去做，有一些成就感。後面那個怨景，指的是教育政策，還有一些教育法令、教育文化，明明不該是這樣，可是卻又是這樣。針對此，我是無能為力的，恐怕這一部分我也不能去管。這一路走來，改變我最大的，應該是我接觸到的日本教育，我從事教育的前十年，大概也是一個反彈分子，但是當我決心走入教育行政的時候，我就很認真在走這條路。

我在日本雖然只有短短兩年，但是我學到了日本教育相當大的一部分，除了修滿學分以外，我到各個學校去參觀，因為在臺灣已經有將近二十年的教學經驗跟學校經驗，所以看得比較懂，也知道說該取捨什麼。看了以後，和他們的校長、老師對談，確實了解了當時日本的一些狀況，然後每天去看報紙。在那段時間裡，真的是掌握了日本整個的教育狀況。回來以後，也知道臺灣是跟在日本的後面，大概還要十年、十五年，就會出現一些相同的狀況，但是結果並不一定會一樣。在那個時候，看到他們週六不上課還有一些情況，後來在臺灣都出現了。他們非常重視中輟學生，臺灣現在也非常嚴重。我當時抓到最大的一個點是，他們學校層次課程的編製跟實踐的這個東西，因為臺灣那時候教科書開始開放、社會開放、教育開放，所以我花了很多時間去了解在學校層級的課程編製與實踐的

東西，回來以後，我是有機會去參與一些討論，包括行政院教改會以及九年一貫課程總綱綱要的討論，提了蠻多的觀點，是有被接受，可是接受之後有些卻變質了，現在也沒時間談這部分。

　　這樣一路走來，你會看到臺灣的教育怎麼走，譬如說學校層級的安排，我很早就提出學校總體課程的概念，當開放教育的時候，我也是用這樣的概念來看開放教育。臺北縣由上而下，臺北市由下而上，我覺得兩個都不太會有前途，因為他們都沒有把開放教育種植在學校層次課程的根基上。我在寧靜國小（化名）做下來，我是覺得很有成就感，因為老師比較單純，也願意做，但是在接下來的後四年裡面，我也看到了一些危機、一些轉型。

　　剛才有校長提到，前面成功的方法，不代表也適用後面的事情，我現在在思考的是另一種方法。整個教育政策，我也感覺到風向不是很正確。譬如說，現在大家在強調回歸教育本質，我則是強調回歸國民教育本質。國民教育的本質就是政府對國民教育有責任，不是完全放給家長、完全放給老師，先把這些觀念釐清的時候，我們就會知道教育應該怎麼走。為什麼校長的壓力這麼大？就是校長有責任而沒有權力，所以在學校裡有一些堅持，我是覺得有必要，但是能堅持多久？可能各個學校情況不一樣，但是像我，我是蠻堅持一些東西的，也許老師在方法上可以有彈性，在時間上可以有彈性，但是在理念上則必須要堅持。

　　再來就是，一個校長在學校擔任校長的深層意義是什麼？如果能夠把學校的教育往前帶，剛剛談到的課程領導以及教學領導，我會比較從現實面來講，校長如果把課程領導做好，大概很難接觸到教學領導的層次。因為課程是在輔導教育的戰略、方向，教學是在主導教學的戰術、方法，也許是我重視課程，我就比較忽略教學的層次，但是我覺得，如果不要忽略課程這種戰略性的東西時，我們長久以來就是在教室裡做講述性的單元教學，當你把它跳到教學層次的時候，你會發現到，教學型態多樣化、課程型態多樣化，甚至連課程目標都多樣化，這樣的空間非常大。可是我在寧靜國小達到了多少？我覺得還達不到 50%，我可以做的、我看到而能夠做的，到現在還沒有 50%，那為什麼不能再去做呢？就是因為老師太年輕了，老師太年輕的話，會有他的限制，你必須要去考量他的時間、立

場、壓力、經驗，所以這時候校長要考慮的東西就很多。

## 李校長：

我曾經開玩笑過，當我走到校門口，看到我們學校附近的安親班貼了好多我發的獎狀時，我覺得校長好像有一點點影響力。為什麼這樣說呢？原來校長的獎狀並沒有發那麼多，但是我覺得小朋友任何好的行為，都值得我們去鼓勵，我很希望透過這樣的鼓勵跟肯定，能夠激發他更多學習的動機和潛能，所以這樣一個小小的動作，家長就會認為你是很不錯的。還有一個案例是這樣的，我們的教師會常常動不動就因為一件小事情找我，他說我們很在乎校長。教師會都很在乎校長的話，可見得校長的影響力是夠的。

所以我覺得校長工作的深層意義，在我來說，校長要發揮正當的影響力，這是很難的，這也是很玄的一種講法。我很想當一個很有影響力，但是很無為的校長，可是當我看到目前老師生態的時候，若是比較資深的老師，當一個無為的校長是可以的，可是現在面對很多年輕老師，要當一個無為的校長好像很難，因為變成面面都要去關照。所以，我認為校長如果把影響力發揮到最大極致的時候，他應該是把他的行政管理帶得很好，讓每個老師都願意盡心盡力，也因為這樣子，我們就會有一個溫馨又和諧的校園文化和情境，學生的學習品質也會不錯，也因如此，學校不需要做太多額外的公共關係。可是，當學校文化可能因為一個校長，他有投入、他有發揮正向影響力，未來每個老師在每個角色裡，他都願意發揮他最大的效用，我想這是在領導上一個非常大的要求，也是一個值得努力的大目標，所以我覺得校長最該做的應該是這件事。

那麼，擔任校長有沒有比較辛苦呢？我想是有的，但是還好我尚未碰過。比較會被人家提出來的，是常常接到別人的誣控亂告，或是校園不和諧，這些東西都非關教學，卻弄得雞飛狗跳，這是第一件。第二件，會碰到一些營繕工程或是採購，無法去驗收，跟廠商打官司沒完沒了的時候，我覺得這是一件非常辛苦的事情。校長有沒有無奈的時候？以現在來說，法令、制度對校長來說，校長沒有權力卻要負很大的責任，所以有時候會覺得不如歸去，這是令人感到非常無奈

的，尤其是現今整個教育的生態，愈來愈顯示這樣的情況。

如果說未來可不可能再來過，如果說有機會，或是要體驗一下自己是否有其他能耐，我會選擇離開教育界。如果說，還有這樣的熱忱在，我認為教育界是可以發揮最大效用的一個地方。當然，我會覺得教育界裡面，實然與應然之間的落差非常大。譬如說，我們會要求老師很多東西，可是老師的專業成長，究竟有沒有相對的提升？我認為在教育界裡，每一個人都應該扮演好自己的角色。在這麼多的衝突之下，主任和校長的壓力只會愈來愈大。相對的，當老師的專業能力與專業成長都發揮到最大極致時，事實上校長不需太有為，就可以讓學校自由發展，可是這部分是我們目前還需要加把勁的地方。未來還要不要走，以現今來說，已經不可能再走回頭路了，所以我的心得是，現在教育的實然與應然落差太大了。

## 曾校長：

對於校長這個工作的深層意義，對我來說有不同的生命故事。我覺得校長會影響很多人的生命，但是一個校長的成長和成熟，也受到很多人的影響。首先，擔任校長最迷人的地方在哪裡？我當校長的動機並不強烈，應該說我是被迷惑了。1982 年，我在師專附小當實習校長的時候，真正的校長叫我站在路口站導護，看看學生上學的情形。我印象非常深刻，有一個五年級的女生，每一天都摘一朵玉蘭花給我，那種感覺真的很感動。那時候指導我的校長跟我說，當校長就是要到處去巡視。當時我覺得當校長的自由度很大，可以聽很多故事，那是我剛開始的第一個印象。

再來，因為我後來到教育局繞了一趟，這也對我當校長有一個衝擊，因為在那邊，我認為自己很認真，而且學習能力蠻強的，但是在我們的前輩或是已經當校長的人面前，他總是覺得你只是理論性的而已。所以第二個，我覺得當校長這個工作，是我教育生命的圓滿，如果我當老師、當教育行政官員，而沒有這段校長的經歷，就沒有辦法讓我的教育生命做一個統整。非常高興，我和張校長在那段時間共同去了解開放教育。我的感覺是，如果要回答當校長的這一段日子，我

有何貢獻的話，我想就是蓋了一所活潑國小（化名）。這所學校沒有圍牆、沒有鐵窗、沒有遮陽板，而且在學校建築上也沒有犯什麼錯誤，將來是一個可以獨立自主的學校。政府的經費愈來愈少，它也是可以自闢財源、非常好運作的一個學校，而且也為小學爭一口氣，因為小學缺少一個活動中心，所以我這次就把小學的建築一次蓋完，讓後面的人沒有煩惱。

如果要去形容校長的箇中體會，剛才邱校長是形容「高處不勝寒」。我是覺得，校長是整個學校最有權力的人，不管怎麼改，還是他最有權力，還是他做最後的決定，他也是最該負責的人，但是他也是最寂寞的，很多家長的衝突、老師的衝突，你要做痛苦的決定時，很多事情是沒有辦法當場講清楚的。或者是你在思考學校發展的時候，看現在也要看未來，你必須要一些格局上的布局，這些都是很寂寞的事情，可是也是對生命韌性的一種極限挑戰。

如果重新來過，是不是還要當一個校長？我還不會把它當作第一選擇。可是，就我的生命經驗來講，我不願意這麼年輕就當校長，因為第一個，會對不起家人，我相信各位校長也是非常忙碌的。再來，最重要的是說，我覺得校長是一種典範，是人格的典範，也是專業上的典範，具備這種典範才有辦法去領導一個學校，而且一個學校的發展是稍縱即逝的，危機產生也是很快就不可收拾的，如果一個校長是個很成熟的人，他的格局夠、他的社會包袱少、他的資源多，應該會對學校的發展有最大的助益。所以，我感覺到未來校長的生涯規劃，或者它的培訓制度，應該要考慮到我剛才說的，不管是他的年齡、他的歷練，應該是非常重要的課題。基本上，我認為典範是必要的，不然的話，這個學校的凝聚力以及它長期要耕耘的東西是很難出來的。

## 王校長：

我的感覺是說，當校長就是要完成校長應有的任務，另外就是實踐我們的理想，大概就這兩個方向。完成任務是比較艱難的工作，要犧牲奉獻，換取學生和家長的幸福、希望、快樂、健康，這幾項能夠做得很好的話，那麼任務大概就完成一半以上了。第二個任務，就是要解決很多錯綜複雜的問題，可以說，我們校

長的工作，很多時間都投注在這裡，這兩個任務要做得好是很不簡單的。另外一個部分，就是實踐我們自己的理想，相信每個校長都有他的理想，至於我的理想，我每到一個學校，我總會希望這個學校能夠變成一個比較漂亮的校園，這樣的話，我們的老師和學生從事教學與學習的活動，可能會比較好。

第二個理想，我希望能給師生比較好的教學設備。譬如說，活動中心、專科教室這些基本的東西，要儘量去爭取經費。第三個理想是說，我們如果不透過教育公平正義的機會，可能有些弱勢的學生就沒有辦法爬上來，這樣的話很難有社會流動的機會。校長起碼能幫助這些弱勢學生，來提升他們的成就，讓他們有機會向上流動。

第四個理想，國家的教育改革要透過我們校長來執行。最後一個理想，至少我們可以開創一個比較有學術氣氛或者是有學習氣氛的校園，至少我們可以有能力去做到，假如一個學校的校風很好，師生和家長的關係非常和諧，其實這也是我們校長期望可以創造的環境。所以，我覺得校長的理想很多，這大概也是屬於我們自我實現的一部分。其實理想就是要完成任務，愈大的學校其實所受到的挑戰愈多，如果我們有遭受挫折的忍耐力的話，校長的工作會是一項很具有挑戰的工作。

## 曹校長：

當校長，每個人的感覺都不一樣。我個人是覺得，我很投入這個工作，以我個人的人格特質，一直感覺在每所學校都工作得很愉快。第一所學校，我認為我改變了社區家長對學校的刻板印象，讓原來是個民風封閉的漁村，如何因為學校，整個社區帶來不同的改變，甚至給家長所需要的，所以家長們對我是非常的認同支持。甚至在我任滿要離開學校了，家長們還在校門口歡送我，也就是我的努力和付出贏得了人家的肯定。

我個人覺得，當一個校長還是要強調幾點。第一個，提供給學生一個快樂的學習、適性的學習、多元的學習，要給學生和老師成功的舞臺，讓他們有成就感，而且要不斷啟發學生的好奇心，更能夠提供他們探索新知、新事物的能力。

第二個，校長的領導也要讓行政運作得更好。第三個，要體認到專業的重要，我認為專業是用來服務客戶，而不是滿足自己。所以，要時時思考怎樣來讓自己成長，持續提升專業，以便做得更好。再來是互信的重要，當一個校長能夠信任別人，我想別人就會尊重、相信你，否則不能互信，會有很多問題。

　　當校長要能夠用一句話抓住人心，偶爾的一句話，讓老師能感受到，不管是感動也好、印象深刻也好，應該有助於校長的領導。另外就是校長的道德要好，還有領導人也要如風一般的有雅量，成功不必在我。風，能夠成就候鳥的遷徙，風，能夠激起大海的浪花，但是風都不居功。所以，我們從事教育工作者，該有這樣的雅量。

　　其次我想提的，就是校長要具有中性的思考，不要凡事二分法。學校是一個團隊工作的舞臺，不是個人的、不是校長的，這個舞臺是要提供給所有的同仁來實現理想，這樣才有助於校務的推動。當校長要時時注意自己辦學、學校品質的檢定。價值決定方向，方向定了，事情也就容易達成。我們當校長的，除了要有效的領導外，也要做一個快樂的經理人。當校長的很快樂，全校的師生也才能感受到那份快樂。最後再說到完美，很多校長都追求完美，只是在要求上不要過苛，不然，太求完美會變成有效領導的絆腳石。處理過去的經驗，有錯誤的，要注意改正，不要重蹈覆轍。最後強調的是，決策是一種藝術，很多事情不要只是校長在做決定，能夠明天決定的，不用今天就急著做決定，事緩則圓。

　　最後，讓我用一個故事做結尾。有一名外科醫師，一天晚上去聽了一場音樂會，看到拉小提琴的優良表現，贏得滿場聽眾熱烈的掌聲，於是這名醫生就覺得學音樂真好，拉了一、兩首曲子，就得到了大眾的掌聲，可是他替許多病人開刀，卻沒有得到掌聲，他回去就對著同事這樣說。他的同事裡有一名精神科醫生就對他說，你這樣還好，起碼手術成功後病人都會謝謝你。像我精神科醫生，精神病患醫好了，有誰會感謝我？他們的家屬也不會對別人說他們的孩子是精神病患，是給某某醫師醫好的。我雖然很寂寞，但是我堅持走我要走的路。大家都是教育工作者，我就鼓勵大家，讓我們堅持繼續走我們選擇的路。

## 江校長：

我跟各位不太一樣，我沒有很大的理想，只是因為偶然進入師範學校，既然進來了，我就隨緣走下去了。這麼多年走下來，從 1960 年到臺北市的國中，體育活動大概都是我在主導的，像是區運、臺北市運動會等。主導當中，當然年年都會有些變化，所以看到什麼樣子，就變什麼樣子。我覺得在這個過程中，像是今年有媒體報導某國小要請體育老師，要找一名柔道得到全國第二名的人。我說，國小裡要請的不是教練，而是要請老師。他如果是當教練的話，我同意，可是如果他是老師的話，就不可以了，因為他自己本身，在整個教育過程中，並不是只有一項專長就可以當老師。就像剛才曹校長說的，專業不是自己說的，是你不可被替代的，那才叫專業。如果人人都會，那就不叫專業了。所以，老師的專業不是自己封的，是別人對你的說法。

既然偶然進來了，我就隨緣。但是很多時候，我會去改變現狀，因為我永遠是一個非常叛逆的人。今年臺北市教師甄試複試的時候，這些師院過去對於課程教育不去探討的科系，他們要去考今天臺北市的教師甄試，即使筆試會過，但是複試一定不行，因為會有太多不同的東西在裡面。所以，這個地方就是改變現狀，從今年開始臺北市就這樣考。第二個，通常我會跟老師說，你們是教育工作者，千萬不要說自己是教書的。另外一個，在課程方面，無論我在任何一所學校，我都對此非常強調，要回歸國民教育的本質。而且，你必須去要求每位學生的基本能力，老師如果沒有把學生教會，就不能說你已經教過了。所以這麼多年來，我都會在每一個年級設立能力指標，如果學生沒有通過這個能力指標的話，老師要負責任，這是比較符合全面品質管理的方式。

再來，既然隨緣進來了，我就希望能夠發揮一點影響力，所以這些年來在教育界裡，常常可以聽到我個人的一些想法，而且有所影響。最後一個，我想從事教育工作，就像剛剛張校長說的，找到一個方向會比努力更重要，方向錯了，你再怎麼努力，不僅是徒勞無功，而且又浪費時間、精力，所以要「做對的事情，把事情做好」（do the right thing, and do things right）。我想，如此一來，對於自己的成就感也會愈來愈大。至於會不會再選教育工作？我想還是隨緣。

## 薛校長：

　　我們本身當校長的一定要歷練，這個歷練是很重要的。很多人會認為說，當一個校長，一定要先有小型學校的經驗，其次才到中型學校去歷練，然後才有大型學校的經驗。你由小型學校忽然到大型學校去，很多校長本身那種苦處，是如人飲水，冷暖自知的。很多人會說我走得很順，其實我也是一步步走過來，我沒有一步路是踏虛的。所以，既然你當了校長，如果你有了那麼多校長的經歷，最起碼也要超過五十五歲才能退休。

## 何校長：

　　以前年輕的時候，總覺得自己可以改變世界，可是經歷了校長後，我發現我改變不了別人，也改變不了世界。最近，我開始有一種想法，就是我堅持的事情，不要被別人改變。因為我長期研究的關係，我發現，未來的學生人數會愈來愈少，所以會減班，因此我常跟老師說，如果我們現在不努力，以後就要出去了，所以我們都很努力，我們社區的家長都蠻感激我的。我覺得當校長，就像是剛才陳校長提到的，要有溫柔的堅持，所以我覺得當校長的，有時候要忍、要謙虛一點，好好跟人家談，效果會比較好。

　　我覺得當校長，還有很多老師的問題要解決。以前教師會一直希望校長能夠當精神領袖，什麼都不要管，只要頒獎就好。事實上，要當到精神領袖也不容易，校長要當一個典範是不容易的。我覺得，如果校長在學校的時候，老師覺得校長有沒有都不重要，可是當校長離開學校一段時間，老師們覺得沒有校長是不行的，那麼你就成功了。所以，我所想的可能和其他校長不一樣。

　　剛才有校長提到說，我們是執行教育部的政策。可是我不太一樣，我是一直在檢視教育部的政策，一直在批評，希望我們有一些教育的想法，不要受到教育部的政策影響。所以方向比努力更重要，所以要重視教育品質的提升。我認為只要好好的做，就會成功，愈擔心自己位子的人，可能愈容易失去自己的位子，所以我認為教學方法、態度，比編製課程要來得重要，學生要怎麼教好，才是最重要的。

## 趙校長：

　　校長都有個人的教育理念，而這個教育理念是不會變的，不管到哪個學校都一樣，可是執行的方法有所不同。我個人在領導方面，剛剛有人提到說，校長要不怕得罪老師、不怕怎麼樣的，可是我就想說，同樣可以達到目的，我們可以用其他更好的方式，我想這是一種策略的應用。校長是從老師轉而當行政，當中會有很大的差異，組長到主任的差異不大，可是從主任到校長的差異卻太大了，所有的老師和家長，都會很在意你說的每一句話和每一個舉動。

　　我記得剛擔任校長時，有家長來告狀說，某某老師如何，我就請老師到校長室來，他一直哭，我也不知道該怎麼辦，只能一直安慰他，等到以後他在值日時，我遇到他就跟他聊，他說因為他進校長室，就怕得要命，可是現在不會了。所以，從那個時候開始，一般我不會把老師叫到校長室來談事情，我會過去陪他聊，發現這樣的效果很好，雖然花的時間比較多，但是成效比較深遠。所以包括家長的部分，當我接了一個新學校，我會花很多時間跟他們談我的理念，讓家長認同，以後就會很順遂，我比較會用時間來等待，因為每個人的想法、能力或觀念是和你有落差的，我寧可把時間往後拉。這是我個人的作法。

　　不過我覺得最重要的，還是要把老師帶起來。我曾經聽說過，以前大大國小（化名）某校長經常去巡，對老師也很不錯，可是有一次他去開會，回來之後發現整個學校都不一樣了，所以以後他就儘量不出去開會，可是假如一個學校因為校長不在就走樣，這個領導就有必要再思考改進。所以不管你在不在，老師還是要像往常一樣運作，不過現在大大國小很好的地方是，學校還加了家長的投入、家長的監督，這樣的無形壓力，讓老師非得要好好做不可。我想這個是校長本身在領導上很根本的。

　　我要提一點，我對於某些事情是蠻堅持的。譬如說，我對家長會的運作，從美美國小（化名），到美麗國小（化名），到大大國小，現在大大國小家長會的運作，我覺得是蠻好的。像我現在，把一些老師的告狀、還有家長的問題要跟老師談的，都全部交給教師會會長去處理，這樣會給教師會會長一個很大的鼓勵，讓教師會也有一個舞臺，因為這樣，行政無形中也能有時間做其他的規劃。

**蔡校長：**

　　以現在的教育界來說，某些力量已經蓋過所有人，包括他的影響、政策。這個時候，我們也不是要制衡，而是要發出某些聲音、表達立場，更不是為了要抗爭。所以說，校長協會有沒有，其實不是最重要的，而是校長的聲音有沒有人聽得到，更重要的是，校長的專業涵養有沒有被注意到。

　　我舉一個例子來說，這個是臺北縣有，臺北市沒有。在《國民教育法》第十條，校長的任期一任四年，可做兩任，一共八年。臺北縣堅持第二任的任期任滿才可以調動，臺北市則是第二任過了一半以上就可以調動了，包括教育部范巽綠次長，都希望能夠修法來解決，校長的流動才會比較活絡。他們在修法，希望能夠修改《國民教育法》第十條，一讀通過了，在二讀的時候，被教師會的人去跟蹤，結果被拉下來了。所以，我覺得校長已經是教育的新弱勢，在這個時候，如果校長還沒有辦法表達某種聲音的話，有一天會被邊緣化。我曾經告訴全國教師會的人說，學校不能沒有校長，因為校長綜理校務。我覺得校長的聲音、校長的立場、校長的專業地位要確定。

**邱校長：**

　　我覺得校長的危機處理能力是很重要的，因為這是學校一個安定的力量，並且讓老師們能夠對學校、對校長有信心。我舉一個例子，前幾天學校才發生幾件事情，學校的工程發包出去了，結果過了半小時，才發現沒有拿出去投標，趕快拿去總務處，那時候真的不曉得該怎麼辦，因為事關重大，結果後來我做了一個決定，請警衛先生、事務組長、總務主任，加派一個對人際關係有經驗的老師，我們開了一部專車，親自到他們工廠去找老闆道歉，這個任務真的是很艱鉅，但是我在最短的時間內趕快做完這件事情，因為我們很有誠意的道歉後，老闆也接受了，也沒有什麼後遺症。所以說，危機處理是很重要的，我們要抓住機會做一個妥善的處理。

　　另外，我覺得校長需要有眼光，剛才很多校長對於臺北市，甚至於臺灣地區的教育頗有貢獻。我在之前國小的時候，因為我們臺北市有八所學校是屬於小型

學校，人數一直在下降，有些議員認為這樣的小型學校應該廢掉，因為不符成本，可是又跟我們小班小校的理想是背道而馳的，不曉得怎麼辦。因此，我們幾個學校的校長聯合起來，向教育局局長建議，自己的小校除了發展特色外，開放成大學區。也就是說，別的區域的小朋友，只要是臺北市的，不必遷戶口，就可以到這個學校，並且當時的單小琳局長還曾經答應要開專車從山下送小朋友到山上。

　　小型學校改成大學區制以後，這幾個小型學校，有的甚至還額滿，也解決了一些山下學校的家長想讓小朋友過一些田園教育類型的願望，取得了一個平衡，我覺得這件事情還做得不錯。另外一件事情就是，我們學校的午餐一直是我們學校校長的一個最大心頭之患，因為除了我們要管書桌上的事以外，也要管餐桌上的事，後來我們臺北市是採取了公辦民營的政策，至少我們學校的負擔會減輕一點。

## 陳校長：

　　擔任一個校長的時候，除了衡量自己在生涯規劃中的一個角色外，你接了一個學校，那個學校的發展性還有階段性的任務，你要能夠掌握，如此一來，就不會覺得自己能力不足而難過，因為你決定扮演了這個角色之後，會全力以赴、會造就自己對這件事情的執著和價值感，這是第一個。第二個，我認為校長在學校裡面，除了一般的事務之外，要培養人才，作為將來下個階段人才的培育，就像剛才薛校長所談的，校長的培育其實是比較困難的一部分，因為他必須要負擔滿重的責任和工作。在這個期間，我們去培育其他的主任，出來能夠做事的時候，會有利於未來校長的一個充分準備。

　　第三個，我一直覺得，一個校長不是只在校長室裡當校長，聖經上有一句話說：「上帝不住在教堂裡，上帝是住在每一個人的心裡。」校長要走到哪兒就當校長，所以基本上，運用不同的原則，去處理學校的各項事務，會有一個比較彈性、靈活的地方。談到我個人剛接校長的時候，其實也碰到了蠻多的困難，所以就權衡了那個學校的發展以及理念的困難，我決定做一個強硬一點的校長。

　　所以，在這個部分，我只要有61%的人支持我的時候，我就放手做，因為不

管你怎麼做，一定會有一批人是永遠的反對黨，在這個地方，我用一個心理學家，叫做賽利格曼（Martin Seligman）的想法來做說明。做一個老師，如果有正向樂觀的特質，會對他的工作非常有幫助；擔任主任這個工作的時候，要稍微悲觀一點，他才會在某一些事情的掌握之後，知道這一些事情的發展和限制，因此他考慮得會非常周詳。到擔任校長的時候，要有80%的正向樂觀，以及20%的悲觀心態，才能掌握到這一個團體在過程中以及績效裡頭，對未來的發展，否則很容易帶來一種樂觀而妄進的結果，也會因為太過於仔細、面面俱到，反而會忘記了做大刀闊斧的發展。

## 周校長：

　　是不是一定要讀大學才能當校長呢？這是我最近常在思考的問題，所以我在課程領導、教學領導等，基本上我都不對老師講，如果我要講的話，我會請別人來幫我講，因為大家都覺得外來的和尚會唸經，他們唸完了之後老師就相信了，我的目的也達到了，所以不見得所有的事情都要自己來。現在我來說一些心得。第一個，校長當然會有專業和理想之間的衝突。第二個，我覺得是否還要有一些政治的藝術在裡面，如果沒有政治的藝術在裡頭，只有堅持我們的專業和理想的話，這樣衝到最後，自己的想法可能也不見得會成功。在過程中，你的作法和手段不是一個很圓滿的方法，基本上還是不成功的。所以說，過程中是否要有政治的藝術在裡面呢？

　　第三個，目前好像有一些學校，把傳統學校的一些經營、個人色彩的經營，跳到企業化的經營。其實，不管是企業化的經營也好，或是傳統比較個人威權的經營也好，過去是有一個體制、傳統，給校長一個護身符，所以你就可以呼風喚雨，但是這樣的一個時代已經過去了，所以有些人就跳到企業經營這樣的觀點來看這個問題。但是，學校也不是一個企業體，它沒有企業體那麼健全的組織，也沒有那麼多的資源給我們，因此我們也不可能完全用企業經營的理念去經營一個學校。如果用這樣的理念去經營，恐怕到後來也不會收拾得很好。

　　所以我在想，是否要把不同的部分做一個結合，只要目標達到了就好呢？像

是我在開行政會議的時候，我是話說得最少的人。通常一開始就是各處室報告，各處室報告完畢之後，各學年主任以及教師會有什麼意見，就發表出來，各處室就達成協議，完畢之後，會議也就開完了，這樣變成一個風格後，我倒覺得學校在推行工作時非常順暢，即使我不在，大家也能把事情處理好，除非是他們不敢下決定處理，有可能是比較棘手複雜的問題，就需要校長來幫他們做一些決斷，在這個時候，校長的角色和功能，才是比較彰顯出來的時候。所以，我覺得是否在階層上，我們能夠認識得比較清楚；在分工上，大家都能夠各司其職。其實，很多校長的權力，並非來自於法律的賦予，有時候是要靠自己去贏取的。

## 秦校長：

一個校長在領導思維上，應該是用大格局來思考，在胸襟氣度上以及和人之間的互動。我想人類是因為相同而有所連接，因為相異而有所成長，這樣你就會去欣賞、包容，去接納很多跟你不同的人或者不同的觀點。我想一個校長能做到有品味，又有品質，又能自在優雅，有績效又有成就，這樣應該就算是一個很成功的校長了。

## 蔣校長：

提到校長工作的意義與感受，我想分享一下擔任校長最辛苦的事情。擔任校長最辛苦的事情是人的問題，人的問題最難處理，在一個正常的社會，不可否認的，每個團體都會遇到很不能適應的人。這些問題是很重要的課題。校內師資多元化，不同的師資來源可能會遇到不同的問題，在這裡，你如何化解這些問題、不讓問題惡化，造成你的傷害，影響校務的正常發展。人的問題是我花最多時間處理的事情。人家說校長你真不簡單，到哪裡都風平浪靜。你知道這風平浪靜的背後，是隱藏了多少辛酸嗎？是我花了多少個人心血去把它熬出來的。

現代的人，你有很多事情，當校長你不願意講，你講了也沒人同情你。我學校就是不聽話，很多人跟我唱反調，讓我很難推動。你講這些話，沒人會同情你，你的長官會說你無能。別人去就沒問題，你去就有問題。難道以前的人就沒

問題嗎？只是他有辦法面對問題、解決問題嗎？難道我們就學不會處理問題嗎？最辛苦的就是你不能放棄理想，你不能為了某種目的而犧牲某種目的，那也不行，你的各種目標還是要達成。學校目標要達成，學校倫理要維護。怎樣讓工作順暢？所以我必須要處理人事和人的問題，必須花很多時間去了解它，然後我要用何種方法、何種溝通管道，讓他對我產生信心。

　　以我的學校來講，目前還有一、兩位老師我要常常去注意。處理這些問題，你不要看表面是個小問題，等它爆發出來，就不是小問題了。所以處理問題，你怎樣從負面引導到正面，化阻力為助力，這才是你的辦法。由於以前我當主任時很衝，我看不慣人家吊兒郎當，不好好教書。我的校長給我一句話：「這個人壞，不是到我們這邊才壞的，也許他在別的地方就不好了。如果他到我們這邊來，能夠稍微比以前那邊好，那不就表示我們有辦法嗎？你不用寄望每個人的能力專業或要求都達到一致的標準，這是不可能的。但是你讓這個人惡化時，會讓這整個團體就拉下來了。我們常說不好的人不要理他，好的人儘量把他帶上來。在一個團體裡面，只要有一個人腳步慢，整個團體過程就會受他影響。所以你不能忽略他。為人處事，當然是以人為貴。如何把人帶起來，這是相當費心思的。」

　　我坐在校長室，表面上看起來好像沒事，但我的腦筋裡都是在思考某些問題。主要思考的問題在於如何劃分校務、如何讓校務發展運作順暢。若牽涉到人的問題，因為人是最難處理，我就要思考如何用心去關懷他，再去思考如何排解問題，利用非正式管道去影響他。最後，當然是覺得處理得很好。這個過程我從來不願意對其他人講，但這就是要看校長的人格特質，以及你有沒有具備這樣的能力。以前的學校，我在那裡六年，從來沒有一張檢舉函。去接我的人，一學期不到，督學拿一疊檢舉函給我看，還來問我：「你以前在那裡都沒事，為什麼現在那麼多？」可是檢舉的也都不是什麼大不了的事，有些可能是對校務不了解、溝通有障礙，就產生了問題。當一個校長，處理人的問題是最重要的。現代的人，如果他在底下做一些負面的、不好的運作，反而對學校傷害很大。

本座談係於 2004 年 6 月 27 日在國立臺北師範學院行政大樓四樓教室召開，
由林文律副教授擔任主席，林碧榆小姐擔任紀錄。

第二編

# 五位國小校長訪談紀實

# 第13章

# 訪談張校長

**訪談者：**

　　您理想中好學校的圖像為何？好老師的圖像為何？自從擔任校長以來，在現實世界中，學校的圖像（含老師的圖像）與您理想中的圖像是否有差距？就追求學校改進而言，您具體做了哪些努力？校務經營運用了哪些策略？獲得了哪些具體成效？

**張校長：**

　　我的圖像是學校有很多專長的老師，每個科目都有一個專長的老師負責，而這些老師是以孩子為他最重要的考量，他會去設計教學，然後發現他的專長，當然更重要的是這個學校夠寬大，能夠讓老師盡情發揮他的專長，不過最根本的還是這個老師願意把他自己當成老師，他願意在班級裡面，付出他所有的專長和熱忱，而不只是來領錢上班而已，這是我很強調的一點。因為我自己本身以前當老師的時候，就是全校一百二十個班裡面最年輕的老師，那時候所有事情都給我做，但是我覺得我站在學校裡面，我所看到的教室跟設備，都是我可以用的，也沒有人管我，叫我不可以用，然後在這些事情當中，我就學會了拍照、電腦，學會了攝影、剪接，也成立了國樂團。

　　我覺得一個好的學校就應該是我當年的那個學校，但那個學校也有可能是我想像出來的，我的同事們不見得就像我那時候一樣可以盡情使用資源，所以我覺得一個好的學校是從校長開始，校長應該要承諾給老師們一個很好的環境，你只

要願意做，我就絕對支持你。但我最討厭的就是，他也不想做，但是卻想把別人給拉下來，因此我想說我理想的學校跟實際的學校就差在這裡，很多老師並不是那麼有熱忱，但是當他想要做很多事時，他認為困難重重、問題很多，就不願意做了，我覺得這非常不好。

至於說我擔任校長以來，做了哪些努力？我來這所學校三年了，這個學校是從我當老師以來，歷任了組長、主任、家長等經驗。嚴格來說，我算是最資深的人，我還有些影響力。而我這兩年半來，我努力到哪些程度？我去改善了這間學校一些破舊的地方，第二個我們經過了兩年的努力，跟著教務主任把每個學年的半天都找出來了，在過去活化課程也好，翻轉教育實驗課程也好，都把一些老師的時間給剝奪掉。過去的排課排得很奇怪，當年為了配合活化課程，沒有一個共同的半天。而這學期開始，每一個學年都有一個共同半天的備課時間。這個半天的時間呢，老師們可以用學年、領域去排研習。

我也鼓勵一些老師勇敢去做一些事情，例如說，我們有十七位老師在資訊組長的帶領下，主動參加了 HTC 信望愛基金會的所謂翻轉教育平板電腦，拿到了五百四十臺，接下來還有三百臺，這些都不是我強迫他們做的，都是他們自動發起的。另外，教師專業評鑑也都是自主的，輔導主任召集了三十幾位老師去參加第一年評鑑，現在要進入第二年了，因此我覺得我好像沒有做到哪些努力，我只是提供了一個比較開放、開明的環境，當然或許他們是看到我還蠻強勢的，不得不開放，但就是從學校環境改善開始，我覺得一個一百一十八年的學校可以舊、不可以破，可以破、不可以髒，因為破可能是你沒有預算去修，但是絕對不能在破破的地方又髒髒的，所以我慢慢改善，因為我相信蝴蝶效應，我善用媒體。

我使用 3C 產品的能力蠻強的，我會經營 Facebook、經營 Line，還有用Wechat 來跟中國大陸那邊聯繫，而 Facebook 是我最常用的，一天裡最少會上傳五到七樣的活動，而這有一個好的用途就是好的東西傳上去，其他同事看到了，會覺得「啊！校長看到我的努力了」，校長好像蠻喜歡這樣子的，別的同事這樣做，看了也會這麼做，而家長看著我，也會覺得這個學校很有活力，老師好像都會做些好的事情。過去很多家長可能不了解學校跟老師們做了哪些努力，達到了

什麼樣的成效。

　　再來，我積極讓家長參與學校，所以我讓家長會的功能愈來愈強大。相對於家長來講，老師是相對單純的群體，他大學畢業然後當老師，他的社會歷練還有專長就是教學，頂多是那個科系畢業具有那個專業知識，不見得具有專長能力。可是，家長來自三教九流，有大學博士、教授，有老闆，要怎麼讓家長能力進來，靠著家長會幫孩子安排課後社團、講座，他們也積極參與志工大隊，分成十組，而每一組都有關係聯絡網，每一組裡面他們要安排一學期以內幾個研習。當老師們看到家長們、志工都在積極學習，就會想要見賢思齊，我也不會給他們壓力，而這些策略的專有名詞，因為我離開學校太久了，我沒辦法把它化成專有名詞。我的個性就是，要做就一起來做，我不會高高在上，但我發現我五十歲所當的校長跟我三十八歲當校長差很多，三十八歲當校長的時候，很多事情都必須親自看或是直接拿來做，因為那時候覺得有些事情實在做得太差了。

　　我在前一個學校努力了四年，把大的群體化成一半，賦予這些有想法的人工作和任務，給他當組長，整個學校活絡了起來，讓有能力和意願的同仁擔任幹部，學校的活力就彰顯了。但是後來離開之後，學校的風氣就變了，所以說理想學校跟實際學校差太多了。理想學校是裡面都是教育專業的人員，在這裡工作、生活，每個人都有道德，都有理想，但他們終究還是人，而且現在的師資培育當中把太多不想當老師的人也拉了進來，他們對於老師的工作想像到底是什麼，是為了穩定薪水，還是說的確可以在這個環境裡面發揮他對孩子們的大愛，努力對孩子做些很好的事情？

　　學校只是一個很空泛、很鬆散的組織。我真正最理想的學校是，這裡面有很多資源，只要老師願意，他們可以把這些資源投入在孩子身上，就像當年當級任老師的時候，我們班擁有兩間教室，一個是學校給的教室，另外一間是地下室的空間，我把它改造成體操教室，但就會有閒話說校長對你比較好，給你兩間教室，我說：「沒有，這是我辛苦整理出來的，你要用也可以用。」因此，回過頭來就是，到底是環境限制了你，還是你自己自我設限。所以，我認為一個老師基本上就是一個個體，尤其在臺灣來說，現在的《教師法》，每個老師都是四條一

款，不管怎樣，每個老師的考核都是最優等級，我就不清楚到底是什麼在限制老師，因為就是做得再爛，成績考核都是甲等，也不會少領半毛錢，還怕什麼。

另外，當時我在當級任老師的時候，那時候一個禮拜上六天課，禮拜三、禮拜六下午，還有禮拜天，我都會找一群學生一、二十個，搭公車到北美館，到圓山動物園，近一點到現在的二二八公園，那時候叫新公園，還有臺灣省立博物館，如果搭十號公車就是南海學園、建國中學、郵政博物館、科學教育館、植物園、歷史博物館，我的錢都花在他們身上。那時候我的想法是，因為這些孩子如果老師沒有帶他們進博物館，他們一輩子都不會走進去，因為臺灣家長只會帶他們去逛夜市。

我這樣做，雖然說不保證會給這些孩子們帶來什麼好處、什麼收穫，但到了現在，很多人當了父母看到我還是會抱我，說好想我。雖然我減少了收入，但賺到了孩子的情意。記得有一天回家比較晚了，孩子們在公車上很吵，剛好公車上有校長的朋友，後來隔天就被校長找去說這樣很危險，不要再帶孩子出去了，但之後我還是照常帶去。我覺得當年好像是跟體制對抗，但其實那些體制是想像出來的，也沒有因此不能當老師。我現在在 Facebook 跟這些孩子相認，他們都還記得我帶他們去哪裡，所以我理想中的學校是一個老師可以很清楚的知道他當老師的責任、義務，他會找到一個終於可以發揮專長、發揮熱情的地方。

### 訪談者：

身為校長，您每天忙碌的事主要有哪些？計畫中的比較多，還是預料之外的比較多？該忙的事或想多賦予心力的事情有哪些？被迫花大量時間處理的事情有哪些？有哪些事花了您太多時間，您覺得並不是很值得？

### 張校長：

我每天忙碌的時候最主要是在講話、巡視校園、跟家長講話，在這些談話當中，很多是正向的，也有負向的，最快樂的就是談正向的，聊一聊很高興，家長也會問說，校長現在缺什麼，然後就會給你什麼。這是一種社交吧！最不喜歡的

談話，就是接到一些莫名奇妙的電話，那些投訴的、陳情的，那是最討厭的事。

　　我的個性很少做計畫，我的想法都是在腦海中有個藍圖。開學的時候，教務主任曾跟我說過，我都無為而治，給他們很大的空間。當年我當主任的時候，校長也沒有管我什麼，就是主任把計畫做好，變成學校的行事曆，大方向對了就照做，做下去遇到問題再問校長，甚至說我以前當主任的時候根本不煩校長，事情做好了，校長只要負責記得出席就好。如果是比較大的事情，就會跟校長說有A、B、C 三個方案，分析利弊得失，讓他決定一個方案。即使他選中的不是最佳方案，但我們是幕僚，就想辦法把它做到最好，變成我心目中最好的方案，那個方案當然是想得蠻周全的，但校長的高度，他會顧慮到一些事情。

　　整體來說，校長還是蠻滿意我的表現，我在悠悠國小、卓卓國小（以上均化名）當主任，那些校長都還蠻喜歡我的，所以我現在自己當校長，我喜歡給主任空間，相信主任也不會亂做，因為每個人一開始在做一件事情的時候，都不會想把一件事情做壞，即使他要做自己的事情，也會想把事情先做好。

　　所以我的計畫來自四個處室的主任，包括幼兒園，先做規劃，他們年度計畫出來之後就去做，但是一天之中的計畫是有的，每天起床在洗水果、做早餐的時候，就會想接下來要做哪些事情，可是通常五分之四的事情都被一些突發事件把時間給沖掉了。

　　就以此刻來講，我後天就要去某個地方做報告，我的文稿寫出來了，但是PPT還沒做好，所以出乎預料的事情很多。我要忙的事就是廣結善緣，最想賦予心力的事就是想要提供一個環境，讓老師們可以做他想做的事情，也想要營造一個很友善美好的校園環境氛圍，看到垃圾會撿，哪邊破了爛了就快點去修，哪裡髒了就通知衛生組長；被迫花時間處理的事情其實都還好，我很多時間都花在網路上，看我想看的東西，跟朋友、家長聊天，把一些家長想看的東西放上去，或是寫一些感想。

　　花太多時間覺得不值得的就是應酬。我非常討厭應酬，所以我禮拜五晚上、禮拜六、禮拜天我都很少參加社交，包括學校校慶，因為我覺得校慶的重點在學生運動，如果我去的話，小朋友不就要站很久聽我講話，但如果是偏鄉的國小，

例如安安國小、靜靜國小（以上均為化名），我就會騎腳踏車去，一方面我去幫他們慶祝校慶，另一方面我喜歡騎腳踏車，他們看到我騎腳踏車去，就會覺得誠意很夠，那些家長也會覺得很夠面子，雖然我不喜歡社交，但會利用那些場合做深度社交，因為大學校的校長我都熟，而家長會會長也會有機會碰面，所以也不會覺得我看不起他們。

## 訪談者：

請問校長的時間管理。校長如何完成最多的事情？就事情輕重而言，哪些是校長最重視的事？哪些是您最想完成的事？哪些是非做不可的事？您如何有效管控時間，讓上班時間發揮最大的效用？

## 張校長：

我在家可以三個爐子同時在煮飯，我可以一小時內把晚餐做好，又把廚房收拾得乾乾淨淨，我可以一邊煮，一邊切洗食材；在學校的時候，我可以兩臺電腦在做，手機在滑，看起來好像很繁雜，但那都是必要的。另外，我自己會去判斷哪件事情是最急迫的事情，再忙再累的時候，別的事情會先放掉，來做最重要的事情。就好像當年借調到教育局服務的時候，我管十個社區大學，常常上班到一半的時候，就向科長報告我必須去某社大，因為如果我不去某社大逛逛走走，那社大的校長就會找些事給我做，但是因為過去的關係，他們在發動一些行動的時候，會收斂一點。

相對來講，在學校也是一樣，某些事情，我除了平常時間經營人際關係之外，事情一發生，我一定先處理。就像上禮拜五下午，我在巡視校園，有一對夫妻跑來辦公室找我，談到場地的問題，我就去那個地方等他們，他們說下雨天場地溼滑，小朋友踢足球太危險了。那時候我發現我犯了一個錯誤，我把老師的脾氣拿出來了，想要教育家長，說一個全盤考量，但他們不要聽，他們的目的只是告訴我一個問題，請我出面協調籃球隊跟幼兒園場地交換就好，但這跟我的信念是違背的，我覺得現場有兩位教練，這兩位教練協調就好，不必我出面，但是這

兩位教練都不想要得罪對方，當然不歡而散。

　　後來我想想，如果我沒有滿足這對夫妻提出的問題，後面我勢必會接到教育部轉來的陳情，事情會更多，於是我後來跟他們解釋清楚，承諾他們會找時間改善，他們也知道校長有些困難，也同意給我時間去解決。所以，我願意花最多時間的事情是解決危機，當然我最討厭的是危機發生之後沒有時間、空間給我解決。我當了十年學務主任，所以我察言觀色的能力還蠻強的。現在當校長，控管時間還是一句話，我會一天之內把五個處室都走完，每個處室交代一下，他們也回報我情況，講完我就會有很多時間做自己的事情，因為當校長十三年了，我覺得我不該像以前一樣每件事情都事必躬親，所以我授權給主任，而授權愈多，他們愈能獨當一面。

　　至於我最想完成的事情，在目前這所國小任內，最想把這所國小的空間重新改造，因為一百年的校舍已經很破爛，一到下雨天，場地都很危險，沒有足夠的雨天備案，我想要慢慢的拉家長會、志工、老師們、地方人士成為我改造這所學校空間的夥伴，我不認為在我的任內可以完成，但至少可以先發個夢，這個夢會變成全體師生、家長的共同夢想，趁著這次選舉，我們找到立委、議員、家長會會長一起談，也慢慢把雛形先畫出來，就很像我之前在某國小一樣，我花了四年時間，拿到了一億九千萬，雖然在過程中不斷被中傷，比如說我把它的風水破壞，把唯一的操場拿掉了，但老師們跟家長會淡忘事情，所以在蓋房子的過程中就會不斷的抱怨，說從頭到尾都沒有給他們參與，可是在上個月我把舊資料找來，我發現我四年來只要有機會就跟老師說，某國小之後會變怎麼樣，當建築圖畫出來，有三個方案，我都在校務會議一一跟他們講。

　　至於辦學空間，我覺得如果把教育局的限制撇開不談的話，校長的辦學空間還蠻大的，就是校長可以擋在老師前面，允許老師做對的事情，因為小學沒有升學壓力，所以這三年來，這所國小的語文、數學都還不錯，但我覺得我最大的辦學空間是，透過我的領導，可以讓學校的風氣變得很自由、很明亮、活潑，可是這種東西並不會呈現在媒體上，當然體制也給我很大的束縛，凡事都要經過校務會議的通過，哪有什麼快樂可言，連我最想突破的「教師職級務分配辦法」，我

努力了大概八年的時間，我在學校裡面努力，我在教育局也努力，最後在某國小放棄了，因為老師群體對於職級務分配辦法的規則有他們不容易撼動的堅持，而無法在校務會議裡說服大家。

可是我還是不死心，想說在校內不能做，是因為法在那邊，如果從教育局端改變的話，可能其他學校都可以被解放，所以我在局裡面也提案提了四年，後來小教科、教研科認真擬了一個方案，勉強用小學老師畢業前的科系，分成專科、教育學院、教育大學、普通大學來專長分配，開了三次會就有方案出來，結果第四次會議時，教師團體聽完，在現場叫囂不公平，結果主席認同教師團體有道理，就請小教科、教研科重新再擬，一擬已經超過十個月了，還沒再開會，從那時候開始我也不再提案了。

截至目前為止，我依然沒有完全放棄希望，還是要在相關的會議中陳述意見，更希望所有的校長們也能在正式的會議裡一起發言、一起討論。相信時間久了，一定能夠撼動現有的制度，做出一些讓老師們能夠發揮專長、努力貢獻的公平工作機會。

### 訪談者：

您喜歡當校長嗎？最喜歡哪一部分？最大的成就感在哪裡？是否有感受到相當高的尊榮感？從什麼地方可以看出來？擔任校長，最感欣慰的事為何？

### 張校長：

當校長第十三年，大概到了前半年，我才跟別人說，我好像真正在當校長。第一任學校的時候，只有衝勁，但沒有享受到那種權力，也沒有享受校長這個名氣帶給我的快樂，主要是那時候我還在衝撞那些體制、面對那些老師。但在社區，大家是很尊敬我的，可是尊敬的背後，我是信心不足的，因為我覺得我還沒有做得很好啊，那麼尊重我幹什麼。每次開會的時候，坐在上位是坐得有點心虛。到了第二任，慢慢覺得好像可以玩出點東西了，雖然我在第一任學校也做了不少事情，包括在第一任學校的時候，透過一個媒體危機事件，議員帶著媒體過

來採訪我，那時候就變成新聞的風雲人物，我沒有爭辯任何事，後來我把它導引到學校有錢買化石，沒有錢修操場、跑道。當天新聞結束後，我拿到三百多萬，我把學校弄得漂漂亮亮的。

第二個學校給我的感覺是校園很髒。還沒有交接的時候，一進門就一路上都是垃圾，我就覺得你們孩子都風風光光的，但學校破破爛爛的。因此，8 月 1 日交接典禮一結束，中午回到學校吃過點心盒裡的麵包後，就拿了掃把開始從校長室一路清掃到地下室去，同仁們因此開始動員起來把校園打掃乾淨。

在那一年裡面，我有享受到校長的權力，工作夥伴們可以適應的，就留下來做改變，不能的就快點退休或到其他學校，這間學校從骯髒到乾淨，從乾淨變成新，後來家長會進來了，社區進來了，到最後我們把某國小跟某國中的圍牆打掉，變成一條花園綠帶，後來跟某國中的家長會也發行聯合刊物，整個學校所在的區域因為某國中跟某國小開始改變，而變得明亮。當年兩個學校的會刊，到現在變成六個學校聯合的，我那時候在想，當校長真正可以發揮功能了。

夾帶著那年的信心，到了目前這所國小後，我發現別人看我不一樣了，不像當年看我只是個三十幾歲的小夥子，他們很尊敬我，加上我是文山分區的龍頭、區務中心，其他學校的校長跟會長也開始尊重我，但第一年比較辛苦，一些校長比我早到文山分區，不見得會認同我，但我發現忍耐了一年，第二年之後我說了就算，在會議裡面他們開始甘願做事，我才真正享受到當校長的尊榮，也才知道如果把校長這兩個字好好發揮的話，是可以有些影響力的，包括對於地方民代和家長團體。

我現在努力做一件事，因為校長是個弱勢團體，選票沒有那麼多，政治人物大多往教師團體傾斜，唯一可以制衡的是家長團體，但家長團體很鬆散，這是必然的，因為他們來自各個地方，沒有共同的使命，沒有組織專業團體的經驗，他們其實有獅子會、工會，但這些都是社交跟慈善團體。所以，在大家努力之下，我們前任的會長成為文山分區的總會長，我告訴他們要專注在議題的討論，讓他們了解教育政策，讓他們發聲。

第二個是改變他們聚會吃吃喝喝的習慣。所以我有個口號，認識我的人都會

人財兩施，家長會、志工、企業界都一樣，我會請他們來幫忙學校，不是要他們的口袋，而是腦袋，是很專心的把他們的專長發揮到學校，你有做到事情，我才尊敬你是會長，這對學校幫助很大，所以上學期我很自豪的是，包括和世新、臺灣師大的媒體教授們合作，他們來這邊幫我指導小記者，去參加大愛電視臺的徵選，有八個成為正式的主播，然後我們老師又發行平面刊物。

後來我有個體悟，校長不要太年輕，我覺得我太年輕就當主任、校長，二十八歲就當主任，我覺得校長的適當年齡是四十五歲之後，一方面他有人生歷練，另一方面他年紀夠大，不會那麼的有稜有角。另外一個，四十五歲面對那些家長，因為小學家長大概都三十歲出頭，你跟他們講話是會有形象跟力量在的，不是單薄靠校長兩個字，校長可能是博士、碩士、大學生，如果剛好又是長輩，又能言之有物時，就能有相輔相成的效果。

提到當校長的成就感，我的成就感來自於校內。我這個年齡、這個資歷，我在這所學校，我不敢說我呼風喚雨，但基本上可以說一就是一，哪邊要修繕，主任能做都馬上就做，透過我的努力，我覺得社區居民對我是一種肯定，甚至於假設我要剝奪社區民眾的既得利益時，我發現阻力很小，例如說前年要成立棒球隊，而棒球隊只是我引進資源的一個工具，教育局認為文山分區沒有，當然會希望我成立，而我被逼著成立的時候，我就想要用棒球隊之外來拿到更多我想要的。因為我之前的那個學校，四點到六點是很多團隊練習的時間，但這所國小，從以前就是四點開始開放校園，民眾就沒有辦法尊重老師跟田徑隊，他們在跑道上面散步是不理人的，我就想借力使力，既然棒球隊非成立不可，我就要跟教育局說要申請六點之後才開放校園，教育局就同意，但這時候議員就跳出來了，我就說不好意思，萬一民眾被棒球打到怎麼辦？萬一民眾進來之後，小朋友在廁所被割喉怎麼辦？議員就說你缺什麼，我說很簡單，我要十二盞電燈，我要裝鐵門、監視器，可是我還是六點才開放，議員就不開心，我就跟議員說讓我來承擔，有選民跟你講什麼，就讓他來找我，我跟他們道歉，另外我讓你選擇，夏天呢我六點才開放，冬天五點半開放，他就說，給他十五分鐘他也高興，那個紛爭不過也才兩個禮拜的時間就落幕了。

　　所以說，在這個學校的校務經營，比我面對大環境還要得心應手。我們的老師會主動去做翻轉教育，會主動去做教師專業發展評鑑，就算沒有參與的老師，也把班上顧得很好。我每個禮拜都很認真的去看幼兒園八個班的教學週誌，給他們寫些鼓勵的話，所以說，我們的幼兒園是全新北市唯一參加教案比賽的團隊，三件拿到甲等，第一年喔。另外，我也鼓勵老師，雖然只有十七個老師參加信望愛的平板翻轉教育，可是我也支持他們不用平板，因為我相信他們有不用平板的道理，千萬不要因為別人用，而你就非用不可。因為家長會比較，但老師你要有個講法，不用平板但是你可以用你的教法達到平板達不到的效果，這就是專業，用不用在你，但這是要老師自己對家長說明的。

　　所以，我覺得一個校長回到學校裡面其實是很快樂的，只要你不是要用學校資源來成就你這個人，而是你來成就學校，老師的眼睛都是雪亮的，學校做了什麼事情，老師最清楚，如果你的所做所為不過就是風花雪月的話，他們就跟著你風花雪月，但是你如果覺得很扎實的需要什麼東西之後，他們也會努力。到目前為止，也沒有老師搞蛋，老師都蠻正向的，我也喜歡開會速戰速決。

　　最近一件蠻開心的事情是我們在討論這間學校停車場收費的問題，吵了很久，後來我就說校長提案好不好，我們在後操場那邊蓋教師宿舍一人一棟好不好，他們說很好啊！我就說這可能嗎？這都是國有土地，我們的校務會議有大到可以經過我們表決去處分國有土地嗎？回過頭來，如果我們都沒有辦法決定這些，我們憑什麼決定停車場怎麼收費？講完之後就沒有紛爭了。總務主任就按照教育局規定，該收多少就多少，甚至於有些已經退休沒有停車資格的老師默默的就出去了。所以在學校裡面，只要依法行政、邏輯清楚，不要怕得罪人家、不要害怕衝突，衝突是想溝通的開始，如果所有事都息事寧人，大家都會騎到你的頭上。要堅持到底，只能做公利而不能做私利。

　　大家都說我是過動的校長，每天看到小朋友都嘻嘻哈哈的，這是我最開心的事情。我發現我現在是學校的風雲人物，每個小朋友都認識我，看到我都會跟我抱抱，代表我是被接納的、被家長肯定的、被老師認可的，老師們會覺得他們的校長還不錯，是他們的頭。我最大的成就感就是能夠給別人信心、能夠給別人快

樂，那是我最大的收穫。另外，我每天這樣看學校有沒有需要改善的，就好像在看栽培的植物一樣，看它開花結果是很快樂的。當然個性也有關係，別人可能覺得挫敗，我就還好。

**訪談者：**

擔任校長，最挫敗的部分為何？

**張校長：**

其實當校長還好，有遺憾但沒有挫敗。就像我在第一任的學校，我都整理得差不多了，但離開之後又打回原點，那是遺憾。而我覺得我跟很多校長很像，覺得最挫敗的地方是午餐弊案那段時間。但我還好，我到後面愈來愈篤定我不會出事，但很多校長是愈來愈擔心，甚至我看著一個比我更活躍的校長，他展現出來比我更沮喪，但過了那件事情一、二年之後，每次講到學校裡面的建設，他又是神采飛揚，所以我相信回頭一看，他也不會認為那是挫敗。我們這些當校長的，其實也蠻容易滿足的。這兩天讓我開心的事是輔導室在布置聖誕樹，我覺得這是很大的進步，表示他們願意做一些創意，因為這所國小是一個很傳統的學校，不會特別慶祝聖誕節、不會特別宣傳，但是我的輔導室卻主動要布置，這給我很大的快樂。

**訪談者：**

可否請您談談擔任校長最痛心的部分（不該有的現象或不該存在的常態行為）。

**張校長：**

到目前為止，最痛心的事是午餐事件，這比處理一個不適任的老師讓我更深惡痛絕。回過頭來，處理不適任老師有相同的點，就是表現出事不關己的旁觀者太多。我當時在處理不適任老師的時候，每個老師，包括師鐸獎的老師，都只跟

我說一句話：「校長，我只是一個小老師而已，我只要把班級顧好就好，哪像你一樣，有那麼遠大的志向、那麼大的能力，我怎麼有能力去講這個老師不適任呢？」所以我覺得最痛心的地方是，臺灣的教育人員把自己看得太小、太自私，他們害怕被牽連，這種風氣是讓我最痛心的。每個老師在臺上面對學生的時候，都義正辭嚴的說，小朋友我們要守法，小朋友我們要有正義，但為什麼當他碰到事情的時候，他們卻躲得最遠呢？甚至說，在課堂上跟學生說自掃門前雪這種態度是不好的，但是當你遇到該你挺身而出的時候，你又比別人躲得更遠，這到底是在教孩子還是在騙孩子？

回過頭來，午餐弊案的時候，我也發現每個人都在劃清界限，雖然說是人人自危，在第一波的時候我就覺得不對勁，這樣不太像在處理事情，那時候我太太根本不擔心我，她知道我不會有事。但到了第三波的時候，來自於同儕的壓力，讓我覺得我可能會有事，因為我不曉得這到底是在賣什麼藥，因為如果是單純處理事件就不會這樣。那時候真的覺得人性很黑暗，那些平常我很敬重的校長，不把蛛絲馬跡跟我說，甚至說的話語裡還在懷疑我，那種感覺很無助、難過，同樣都在領導學校，有什麼事情是要隱藏的？

當一個負責學校的領導者都東怕西怕之後，這個國家還有希望嗎？但後來這個希望我又從萬家春教授身上看到，心裡覺得相見恨晚，我覺得我可能是接觸的還不夠多，才會有那些負面想法，如果我還可以多接觸到像萬教授這種人的話，我可能會有不同思維，也會更有衝勁。我想說我們做品德教育超過十年，太過一廂情願了，那時候很迷信專家，後來覺得應該找學者來，但他沒有實務經驗，直到遇到萬家春教授，她可以把實務跟理論融合在一起，這就是我所欠缺的，真的是相見恨晚！所以我現在當品德教育小組的召集人，就想著下個階段應該會有不同的呈現，這是滿高興的事情。

## 訪談者：

請問校長，您推動校務是否都能隨心所欲？各方面都能使得上力嗎？您覺得最失敗、最無力的地方在哪裡？如何面對該無力感？如何有效解決身為校長的難

處？

## 張校長：

推動校務沒有辦法隨心所欲，但是我想我已經五十歲了，我應該把尺拉長一點點，以前年輕的時候都喜歡立竿見影、當下立判，結果總是會兩敗俱傷。我想我沒有辦法馬上改變，但是我可以影響我周遭的人，像之前講的蝴蝶效應，迴旋影響下去會愈來愈多，所以有時候我使不上力的時候，我就會告訴自己，時間還沒到。

我覺得最失敗、最無力的地方就是在處理不適任老師。我先前在一個學校處理一位不適任老師，結果那個老師被某些教師支持提告校長，來讓校長迴避處理，我就因公涉訟，第一審我贏了，他就再告我第二次，我就向教育局申請律師費，但上級說一個案子只能補助一次，而律師認為上個案子已經結掉了，需要再算一次律師費，我那時候就非常想革命，我很認真執行了排除不適任老師的政策，但卻這樣對待我，我覺得很無力。

後來我到教育局開會，向長官報告了個人的情況，獲得長官的理解，允諾處理制度缺失，此後校長因公涉訟的案子就一案包到底，由政府負擔律師費。這件事情雖然很無力，但至少教育局知道還是有校長願意為了學生受教權去拚命。只是這件事還是讓人感到很無奈，處理五年了還是沒解決，到了兩個月前，訴願我還是贏了，但那個老師又跑到行政法庭去告，所以一個國家到底為什麼會這麼難處理一個不適任老師，這顯然有問題。

撇除這些事，在學校我還是可以做出很多事情來，很多老師其實都願意跟我走在一起。只是當我面對這麼扭曲的體系，碰到難以處理的不適任老師問題，卻不能改變他的時候，我的同僚們、校長精英們竟然選擇屈從，這讓我很痛心，為什麼教育人員會不敢說出來，這是最影響教育根本的事，沒有人願意去談。

最近一年我常常問一些校長，是一個學校在成就你，還是你在成就一個學校，任何學校的成就都會歸在校長身上，可是你離開之後，你對這間學校的貢獻是什麼，你甚至成為某些雜誌吹捧的主角，甚至還成立基金會，或被對岸請去演

講，所以到底是你利用校長的名氣來成就你，還是凡走過必留下痕跡。十年前還有其他學校家長來問我，為什麼學校某間教室金碧輝煌，但是自然科教室卻非常破舊？

我就很想問，臺灣的教育到底怎麼了？我還要在這個位子繼續服務下去嗎？還是我可以繼續試圖扭轉一些東西。潮流無法改變，但最起碼在我服務的學校可以回歸到本質面努力，大家去面對到真實，我是一個老師就做老師該做的事，我是家長要如何去幫助學校，我是一個校長就在學校裡好好做事，就像來學校找我的那對夫妻，他們說：「校長我知道你很認真，因為你常常在學校，我們要找你都可以找得到，不像其他學校，校長都不曉得在哪裡。」而我就想說，為什麼這些資深的校長跟資淺的校長這麼忙呢？還是他們認為把上面應付得很好才是校長。一個校長該面對的職務到底是什麼，是師生的肯定比較重要，還是長官的肯定？如果是我，我選擇前者。

昨天督學問我，是不是要退休？我就想說，誰這麼想要我的位置，如果是長官要我退，我不要。其實我最想退是在午餐弊案發生後的那一年，我覺得對於體制的無力感我可以接受，但對於校長同儕的置身事外，那種以社交、以迎合為上的這群人，我覺得很無力。你說老師偷懶、家長誤解這還好，因為立場不一樣，老師也是人，他們也會想休息，有他們的想法，但是當校長的人要有使命感，一個學校不應該變成一個遊樂場，你任內可以找到資源來維護這些東西，你下一任的校長怎麼辦？回過頭來，當這些風花雪月過去之後，你到底給你任內的孩子帶來什麼觀念跟價值？這些孩子是帶著一身本領到國中去呢？還是因為玩了六年，只帶著美好的回憶？這是我最大的無力。我的無力不是來自於我個人的際遇，而是來自於我觀察的東西。臺灣怎麼了？

**訪談者：**

有關校長的自我診斷與自我超越（校長專業發展），請問您身為校長，就校務經營而言，您認為自己最大的強項為何？您認為您最欠缺的是什麼？不論是強項或待改進之處，針對校長的自我超越，您是否有具體的想法與作法？

## 張校長：

　　談到自我診斷，第一個我太自負，我是個狂狷之士，我上上禮拜到中央大學分享我成為校長之路，那是一個教授要求我去的，我就開始整理我過去累積的東西。我年輕的時候跟《世說新語》那個王藍田忿食雞子的故事很像，我除了狂狷、衝動之外，我看起來很有自信，但其實我自信心不足，我的成長背景是從一路顛沛流離開始，爸爸生意失敗被欺負，從小到大我是很沒有信心的，我二十歲以前跟女生講話會臉紅耳赤。可是也因為這種顛沛流離，我會做很多事情，我心裡知道我能力很強、我的膽子很大，可是就是怕，很怕別人知道我很厲害，很怕自己變突出，可是我自己知道我在群體裡面是不可能躲起來的，這很矛盾，我很不喜歡出名，也很不喜歡被人看到，可是好幾次臺北市的校長跟我說久聞大名，很想認識我，連萬家春教授都說知道我，那時候我就產生很大的矛盾，我是一個怎樣的人，為什麼自我感覺跟別人對我的感覺是有落差的，我覺得自己不夠好、喜歡安靜、喜歡不被人發現，可是為什麼這麼多人知道我？這很奇怪。

　　而我的強項來自於我的觀察力很敏銳，我很會察言觀色，我會這樣是因為我從小是被媽媽打大的。我媽媽很愛我，但是她不會教我，而我爸對我是很放任的，我小學四年級就開始煮飯給全家吃，一回家要先餵雞餵鴨，幫媽媽洗菜、幫爸爸修理車子，所以我會做的事情很多。我的手很巧，很少有事情難得倒我，我喜歡動手做，可是我其實是很自卑的，因為都沒有被我媽媽肯定過，所以這很矛盾，我爸很放任，我媽很專權。另外，我很討厭有錢人以及那些站在檯面上的人，因為從小被這種人欺負。

　　我的研究所讀了八年沒有讀畢業。我申請到臺灣師大的研究所，第一年還拿獎學金，我讀在職班，每個人都拼命跟老師打交道，要他降低標準，後來有一次我跑去找老師談的時候，老師就說你們在職班的一定很想要學位，把這個填一填就好了。我就不想要，我覺得老師怎麼這樣看我們呢？他這樣講，我就打定主意不想畢業。

　　我的強項是我的思路很快、很敏捷，打字、看字很快。有一個很矛盾的地方，我很喜歡安靜的地方，我很不喜歡講話，但一講話又滔滔不絕。我不喜歡人

群，但在那種社交場合我又可以很快融入，當下我很清楚我在做什麼，但我回家就安安靜靜，假日我很少出門，頂多採買要用的菜，所以我很少參加活動，因此我很矛盾，但因為這種矛盾，跟我相處相對簡單，不必特別招呼我，朋友很多，但知交的沒幾個，君子之交淡如水，如果你有需要找我 OK，但我不會主動去找別人。我不喜歡麻煩別人，我喜歡自己處理。

　　我的強項應該是在硬體方面。我看到東西壞了，就能馬上修理。我對於人的部分蠻敏感的，我會讓他們信任我，願意讓資源引進來。我的聯想能力也很強。最近要辦管弦樂團的二十週年慶祝活動，我就讓它像滾雪球一樣，到後來資源就很多了。

　　至於待改進之處，可能我不是主流，我不去做課程引導這一塊，我不去做學習共同體，我不去做教學示範，我覺得這是不對的。一個校長在臺灣不可能只做教學這一塊，不像中國大陸一樣，校長是特級教師在當，會做引導教學，甚至於如果我去教學，我不是不能教，但那違反我的信念，因為之前有人跟我說，我應該示範上課給老師們看，讓他們更願意上課。我心想很奇怪，我不贊同老師認為校長要先能教得很好、老師才能教書的那種想法，因為這喪失老師的立場。一個專業老師把課教好是天職，而不是因為誰做，老師才願意做。所以，我不是不贊同校長去教書，只是不喜歡校長要去宣傳他教了幾堂課，然後去引領風潮。真正該做的事是各司其職、各安其位。

## 訪談者：

　　對教育局要學校配合的政策宣導或行政命令，校長有何感想與看法？

## 張校長：

　　我覺得臺灣的教育局已經走偏了，教育局基本上不是在辦教育而是政治。就像我最近很反彈一個政策「幸福保衛站」，這個政策愈成功，就代表社政跟民政單位的失敗，因為這個政策主要是發掘弱勢、拯救弱勢，回過頭來弱勢始終存在，但為什麼社政跟民政沒有發掘出來的，要靠教育單位呢？要負責拜訪、稽核

超商的是小學，但小學沒有人力，高中還有教官，但是多不勝數的政治任務都是給國小來承擔，但這是不對的。

　　還有很厭惡的是，有一次我去市政府開會，地下室都沒有停車位，卻看到媒體專用停車位，這代表了我們國家所重視的價值。在以前的縣長時代，全體校長都要參加的校長會議是很慎重的，會把所有的局處所長都帶去，縣長對所有的校長說明他的施政理念、教育規劃，教育局也全力支持我們學校，任何事都說「校長你們辛苦了，我們來幫忙解決」。市政府跟教育局要做學校的後盾，要擬定政策、資源分配，讓學校教育能夠順利的推動。

　　最近，臺灣一窩蜂在推創客，某些學校還特別設立創客教室，並大張旗鼓地宣傳，可是我看創客內容不過是小學的工藝課程，你把工藝課程拿掉，變成生活美學，但小朋友卻從來沒有操作。我說創客既然很重要，是不是每間學校都要有，但他只找亮點學校，亮點學校愈來愈好，其他學校愈來愈差。

　　更討厭的事是學區調整，學區調整應該要有宏觀思維，並搭配都市規劃，幾個區塊搭配幾所學校，包括學生、師資分配。結果有個地區要脫離學區，上級卻說尊重地方意願，但怎麼可以這樣呢？區域的成長有快有慢，如果一個區域發展得愈來愈好，學校愈來愈漂亮，問題是若沒有維持在一個均衡的話，其他社區會愈來愈薄弱，接下來其他政客又想，蓋都市比較容易，都市更新太麻煩了，這些都環環相扣，他們只想著尊重地方選擇，但公立學校不是要提供標準以上的國民義務教育嗎？怎麼可以給聽話的學校愈來愈多資源，卻讓其他學校愈來愈爛呢？所以我最恨競爭型計畫，如果閱讀圖書是重要的，應該是每所學校都要有圖書館，怎麼是聽話的學校就給它，這變成抱大腿計畫，公立學校不該這樣的。以前的時代，教育局很知道哪一年該做哪些事，每一所學校都能夠獲得一定程度的支持及更新。

**訪談者：**

　　教育局與學校之間，是否有可能從科層的上下隸屬關係邁向專業的夥伴關係？

**張校長：**

　　科長和科員都像走馬燈一樣的時候，誰來做專業？教育本來就是專業，但當民意、民粹、媒體凌駕在上面時，就沒有專業可言。所以，我大概十年前就跟別人聊到，教育局局長應該跟大法官一樣是終身職，不要為政客服務，只要為教育就好。但我看很多地方都有成立教育研究科，把教育放在很前面，推校務評鑑、校長評鑑等，可是可惡的地方是，校長評鑑不過就是校長遴選辦法的一句話：「校長遴選前必須接受評鑑」，而教師團體及上級就把它當作一件非做不可的事，甚至有一年校長協會希望藉著主動辦理校長評鑑來推進教師評鑑。有評鑑才代表有專業嗎？可能，但必須是客觀實質的。如果校務評鑑、校長評鑑變成是某大學某科系的專業後，這不是評鑑，這只是在發展成那所系所的學科強項而已，這樣評鑑就會愈來愈繁瑣化，變成為了評鑑而評鑑。

　　我看過「急診室的春天」這部影集，裡面演到醫院評鑑是有一組人馬待在醫院三、四天，看醫院裡的狀況，這才是實質評鑑。評鑑不是診斷嗎？如果評鑑沒通過的學校，應該是要資源馬上進去才對。但現在卻是資源進去評鑑特優的學校，這怎麼有道理？我每次看Facebook，看到很多學校都在準備評鑑。老師不是該負責教學嗎？怎麼是準備資料呢？資料豐富就等於評鑑特優嗎？我說我們的評鑑應該要不及格，因為我們學校百廢待舉，學校破舊、藏書不夠多，怎麼會通過呢？這又不是考試，一百分又怎樣？主任們常跟我說，校長這是我們熬夜為評鑑做的資料，你肯定我們一下吧。我就說你們都以寫考卷的心理來參加評鑑，這要評鑑什麼？

**訪談者：**

　　如果您是教育局局長，您會怎麼做，以幫助小學發展得更好？教育局可以怎麼做，以便放手讓校長更有空間辦學？您希望教育局如何幫助校長專業成長（在個人專業上持續精進）？請提出具體建議。

## 張校長：

　　先把手邊的工作停下來，把法規、制度從頭到尾好好檢視一下，去釐清老師到底是 SOHO 族還是受僱者。這個問題不解決，就會堆疊在一個不穩固的基礎上面。現在回想，誰還記得之前的局長做過哪些事？所以如果我是局長的話，首先要暫停很多風花雪月的事，告訴市長教育不應該成為亮點，民政、建設、財政可以成為亮點，但是教育，對不起，給我十年空間，可能沒有風花雪月的口號，今年就來提升孩子的數學跟語言能力就好。語言、數學能力是最基本的，但被太多活動占掉。請教育局各科科長研究。找一堆不能做事的人要幹嘛，每個局長都順應他的首長，所以更加不能做事。就像我厭惡那些抱大腿的校長一樣，我們都是共犯，因為我們縱容他們，實在沒有資格抱怨，不敢付諸行動，所以校長如此，局長也如此。

## 訪談者：

　　您希望教育局如何幫助校長專業成長（在個人專業上持續精進）？

## 張校長：

　　教育局也得知道校長需要什麼專業，教育局不知道的話，開再多專業研習都是枉然。要真正去了解校長，而校長遴選機制是選到真正的校長，還是抱大腿的人。如果選錯人，再多專業也沒有用。我每次都想，二十年來，每次都叫我去參加危機處理研習，說穿了就是應付媒體，那叫專業嗎？回過頭來，是不是我們國家對於「校長」這兩個字的想像太過複雜了，明明政府給小學、國中、高中校長不同期待，但卻沒有給權力，這要怎麼做，雖然還是有些有使命感的校長可以。再回過頭來，一個校長該做什麼事情，教育局有辦法提供一個適切的專業訓練給他嗎？學術界不斷從美國、韓國拿些培訓理論過來，編出一套校長培訓課程，但是那到底是教校長該怎麼成為校長，還是叫校長怎麼去當個人格分裂的人。我要在臺灣當校長，但你用美國、韓國的理論，卻不給我那些環境，這有辦法提供專業嗎？所以我希望不管學界也好、政界也好，先想清楚教育的本質是什麼、臺灣

的環境是什麼？

　　再來講到校長該學什麼。外國的校長需要去面對民意代表嗎？外國的民意代表可以把手伸進校園嗎？可是我們在校長培訓裡面講公共關係，校長該怎麼面對媒體、民代。我曾經跟一個科長吵架，他說校長你們半年後有一個護士開缺，你們打算怎麼考試？我說科長我不能給你，如果我給你，就表示我內定了，這是違法的事情。科長就生氣了，說這沒有違法，議員只是關心你而已。一個督學都不知道分寸的時候，你說要一個校長怎麼做事？有些校長可能會給，但我們要培養出這種校長嗎？但跟他打對臺，他可能又不給資源，難道是我們倒霉嗎？你覺得校長需要去跟這些人搏感情嗎？

　　至於專業的部分，校長應該要有領導能力，要有一些價值、信念的鞏固課程，告訴他也許會碰到一些奇怪的事情，但如果你堅持對的信念，他會很樂於讓你去培養這些東西。再來，要很清楚知道校長的位置在哪裡，承上啟下、左右平衡的關係在哪裡，可以協助他建立他的人脈圈。其次，課程引導不是不重要，但不是絕對重要。一個校長可以完全不懂課程，但是要有去判斷哪些是專業的表現，去選擇哪些老師、資源，但是如果你只要求一個校長會教幾節課，這樣不對，應該是不管他會教幾節課，他照樣把老師教得好好的，分層負責、各司其責。哪一個校長不是老師當上去的？如果他是不適任老師，他早就被踢掉了。

　　可是現在很多人都認為，校長是以前老師時代犧牲學生往上爬的，他不會教書。教育局應該說，校長們是一路從基層上來的，有豐富的教學經驗、專業，有豐富的行政歷練，是值得信賴的。但教育局不是，他們順應著潮流說，校長你們要接受評鑑。當一個校長不斷被要求要學習新的東西時，表示他不適任。但是，在職訓練是必要的，你什麼地方不夠就給你什麼。現在的研習不就是在符合一些社會要求嗎？已經當校長了，他的知識、觀念可能不夠新，但他是有一定的教學能力，不應該用教學來汙辱一個校長。

　　上個禮拜我參加某國中的校慶，他們校長跟我邊走邊聊，他說張校長你怎麼可以做到這種程度，在任何場合都游刃有餘。他說他在校長培訓過程當中沒人教他怎麼領導。我說你是媒體聯絡人出身的耶，你怎麼說你不會領導。我就在想，

校長培訓時一定有領導這門課，但是不是只有知識傳授而已，如果沒有經驗，是不是該讓見習的時間拉長一點。我就想到我之前說的四十五歲以上才能當校長，當組長幾分、當老師幾分，這樣一路上來，就算我沒有大學博士的學歷，我在現場有豐富的行政經歷，回過頭來我是在反智，經歷勝過於學歷。

　　到目前為止，我聽過兩句話很受用。一個老師跟我說，他要謝謝我，他在我面前講任何話都不會有副作用，我的包容心很夠。另一個是一個顧問跟我說，我的經驗知識勝過我的學術知識，他說跟我談任何事情我都懂，也許不夠專不夠深，但至少都知道。還有處理事情的敏感度，他處理事情是有侷限的，關在象牙塔裡久了，他不知道社會怎麼樣。但臺灣的校長必須八面玲瓏，所以面面俱到。純粹的老師沒有行政經驗就去當校長是不行的，可是現在因為沒人要當校長，遴選的標準往下降了。他遴選上之後，要讓他培訓三年再出去當校長嗎？

**訪談者：**

　　您想給有志於校長的人什麼建議？會勸他們不要走校長這條路嗎，為什麼？如果可以走校長這條路，在人生哲學方面、心理上及行動上，要如何準備（非為準備校長甄試）？亦即，校長要有怎樣的哲學觀？必備知識與能力為何？心志方面要如何鍛鍊？平常要多做哪些方面的自我訓練？

**張校長：**

　　我覺得當校長最大的人格素質是要以文人自居。所謂文人是為所當為，要有格調。第二，校長可以為五斗米折腰，也可以不為五斗米折腰，該折腰時就要折腰，只要目的是正確的。再來，當校長的人絕對不要只想到自己，雖然自我實現是最高的目標，但是實現有兩種，一種是實現自己在名跟利上，我覺得當校長要超脫名跟利。成功一定在我或是成功不必在我皆可，因為我們一點一滴努力都可以讓事情成功，但不必在乎成功是否冠在你的名字下。要有超然大度，超然於名利之外。

　　另外，校長要學會照顧自己，先把自己的家、身體顧好，然後有點經濟基

礎，除非你跟我一樣，不在乎有錢沒錢，因為當你生活有問題的時候，要怎麼當個好校長？修身、齊家、治國、平天下是重要的。修身是對於金錢正確的看法，齊家是你要先愛你的家人，因為學生來自於家庭。我們如果真心為孩子好，我們要當家長的楷模。另外，不要太早當校長，要知道校長有哪些義務要去盡。

　　回過頭來，要想清楚有哪些義務要盡，再想想該有哪些能力。所以有志於當校長的第一步應該是把家顧好、把身體練好、把老師當好。不要獨孤一味，只待在某個處室，最好是有機會去歷練每個處室的組長，接下來有機會的話，當當總務主任，對於採購的法令會比較熟悉。但話說回來，校長要懂這麼多幹麼，如果主任都是專業或是公教分途的話，像某些事務性質的主任是由公務員當的話，搭配良好的制度，校長就不用花時間去管那些雜七雜八的事情，專心在校園就好，畢竟教育是活動的，不是硬體，所以說真的不要太早當校長。再來就是當校長的人不要以學校規模來當成自己地位的象徵，每個學校的校長都是校長，當下承擔、當下負責。每個校長都是平等的，不要追高、追遠，要務實一點。

　　然後要適度的社交。教育是很純潔的一個事業，所謂君子無入而不自得，在每個地方都要感受到自在，可以蹲下來跟工人說話，可以在學術殿堂裡高談，也可以跟販夫走卒對話，和上流社會家長交流。不要把自己自限在框框內，要多看多學，不要有知識的驕傲，校長是全面的，對任何學科都要涉獵，不然你如果是數學專長的話，就會看不到語言老師的努力，應該要提供一個各個領域都平均發展的機會。

---

　　本訪談之時間為 2015 年 12 月，受訪者迄 2016 年 1 月的校長年資有十三年。

# 第 **14** 章

# 訪談游校長

**訪談者：**

　　您理想中好學校的圖像為何？好老師的圖像為何？自從擔任校長以來，在現實世界中，學校的圖像（含老師的圖像）與您理想中的圖像是否有差距？就追求學校改進而言，您具體做了哪些努力？校務經營運用了哪些策略？獲得了哪些具體成效？

**游校長：**

　　我個人認為好學校可以讓學生適性發展，好老師能夠讓學生有效學習。我曾經在兩所學校擔任校長，第一所是偏遠小校，第二所是都會大校，兩所學校都朝向讓學生適性發展和有效學習邁進，理想和現實都會有一段差距，校長的職責就是努力減少「差距」。

　　當校長的第一所學校是偏遠小校，學生人數逐漸減少，老師們都擔心超額問題，如何經營好學校讓家長和學生選擇就讀，是學校校長的重要目標。首先，透過正式與非正式的互動，了解學生、教師、家長及行政人員的想法及需求，也經常帶老師參訪許多辦學有特色的學校，發現要讓學生適性發展需要更多元的課程，要讓學生有效學習就必須要有更多的專業對話與教學設計，於是和學校夥伴努力創造出許多有感覺且有意義的學習活動課程，例如：學生自主學習課程、創意夏令營、背包客戶外旅行課程、創意開學日活動、家長日親子學習課程、各種體驗課程等，學生人數也逐年增加，班級數從八班成長到十二班。因為要不斷產

出新的課程教學，過程中就需要不斷對話、討論與檢討，教師的專業也在逐漸成長，後來教師也從一些獲獎得到專業成就，例如：教學卓越獎、閱讀磐石獎、卓越學校教師專業與課程發展獎等。

第二所學校是都會大校，也是我熟悉的學校，因為過去曾經在此服務二十年。雖然大校的學生人數也有一千七百人，我經營學校的想法仍是讓孩子喜歡來上學，讓學生能適性發展與有效學習，但須考量小校和大校的規模、文化等差異。大校需要長時間的溝通才能逐漸取得共識，且學校有許多既有的典章制度及潛規則，如何調整修正是項大工程。因為過去的服務經驗有助於我很快了解學校的各種發展脈絡，知道問題才能對症下藥。熟悉有時候也是一種框架，因為知道會有許多困境，若意志力不夠容易放棄。從之前的校長行政經驗，我體悟到對的事情要溫柔的堅持，學校才能進步成長。

學校要讓孩子喜歡來上學，這是我經營學校第一個想到的問題，所以我想要知道學生的想法，也想要知道家長的想法。如果孩子喜歡來上學是我追求的目標，就先要讓家長認同這所學校，進而支持學校。從家長志工一直增加的狀況來看，代表有一群家長願意支持這所學校。而老師的部分，是我來到這所學校需要花心思的部分，因為我在這所學校的角色從老師轉變為校長，所以我的想法和作法會不太一樣，我知道老師在想什麼，老師願意提升教學專業，但是不願意被強迫，需要漸進學習，會不斷前進，要做的是尊重老師的需求，讓老師知道校長、學校、行政人員跟老師是一體的，讓老師不覺得被強迫的情況下願意跟你走，這個是我比較需要努力經營的區塊。

目前我儘量讓每一個老師有教學專長發展的空間，也嘗試導入許多資源與專案，對老師而言，參加專案要寫很多的報告，是很大的負擔，於是我會跟他們說，如果你報告寫不出來，校長幫你處理。重點是教師願意跨出這一步，有參與互動才會有成長。從參與討論的過程中發掘教師領導者，當這些老師願意向前邁進，學校才會持續進步發展。

我對每個教師社群的領導者都非常重視，如果校長任期到了、走了，至少這些領導老師還存在。我希望從校長與行政團隊的投入，能讓老師覺得是受到重視

的，學校的專業發展才能延續下去。如果有機會跟老師一起討論教學，我就積極參與，因為在專業對話中，能影響一個算一個。老師的專業與熱情是提升學校品質的重要因素。學校行政團隊的素質也是需要培育，如何將行政老師放在適合的位置，是需要思考的。學校的主任是有輪動機制的，約兩年輪動一次，我是希望讓主任可以從不同角度去思考學習。後來發現，兩年其實有點短，才剛要熟悉這個職務，任期就到了，三年是個蠻合適的時間點。如果學校主任有行政與教學的專業認知，組長們就會跟著主任走。

我認為專業發展就是從自己做起，像教師專業發展評鑑專案，要提供教學觀察紀錄，我就第一個繳交。每個月我也會與孩子上課對話，了解他們的想法。我相信以身作則、實踐執行是很重要的，學校行政人員與教師會願意跟隨前進。除此之外，改變也需要從環境改變起，營造更多的學習空間，才能讓學生適性發展，因此學校開始改善圖書館，增建廚房、攝影棚、智慧教室、溫馨園、籃球場、射箭場、攀岩場、遊戲場等，並增設許多社團，讓孩子有多元學習的機會。

學校經營上有蠻多層面要去思考的，而在這個學校還有很多需要處理的事情，像是學生社團學習活動，以前找專任老師指導社團其實不難，但現在教育部有規定教師的教學時數，學校以沒有足夠的資源與經費可以要求老師指導社團，這是學校要面對的問題。我還是想讓更多的學生參加社團，而目前全校有一千多名學生，但只有四百多位學生參加社團，我希望可以拉高這個比例，讓更多孩子參加課後社團活動，而不是放學後擠在安親班，學校空間這麼大卻沒有使用，不覺得很可惜嗎？我們這邊擁有很大的空間，如果再多增設一點學習活動搭配專業師資，其實孩子有更多的學習課程，只要能處理好師資的問題。

這邊的家長素質是高的，因此他們對教育品質的要求會多一些，當他們找我反映的話，我一定會處理，但要是他沒有跟我反映直接往上找教育局反映，這樣無形中會造成學校更多的負擔，因此我時常跟老師說我們對教育專業的想法一定要高，比家長高，他們才會信服你，用過時的方式已經行不通了。我跟老師溝通的方式就是把資訊透明化，用引導的方式一起思考要把孩子帶到哪裡，要跟家長說清楚那個方向，有原則家長就會信服你，有共識才有助於未來推動任何事情。

我們學校還不錯的一點是老師跟行政人員是一體的，相互協助、替對方著想，因此近年來教師會的領導者也是由主任來擔任，從這一點來看就知道這個學校沒什麼對立的問題。

## 訪談者：

身為校長，您每天忙碌的事主要有哪些？計畫中的比較多，還是預料之外的比較多？該忙的事或想多賦予心力的事情有哪些？被迫花大量時間處理的事情有哪些？有哪些事花了您太多時間，您覺得並不是很值得？

## 游校長：

除了學校的事務外，我還有接教育部、教育局的一些教育事務工作，但我還是把學校的事情放在第一位。接的外務大多跟學生學習有關係，如補救教學、教育實驗、數學教育、專業社群、校長主任教師的專業領導培育等，我做的這些也有助於學校行政，是雙贏的！我不喜歡但必須花心思處理的是親師衝突，學校家長很重視孩子的教育，如果沒有滿足需求與期待，就會陳情到教育局或民意代表，經常會花許多時間與心力。我會努力提升教師的專業，儘量溝通、減少衝突，把更多時間投入在教學。我來到學校後，教師會議調整至週三下午，並善用會議時間安排學校行政聯繫與老師教學專業分享，讓老師學習做有效率的教學！

現在，我都會以案例分析來分享我的作法，藉機與老師分享要怎麼處理，才能避免後續更多的問題。我來到學校後，就把教師晨會廢除，因為那個時間是屬於老師跟班級學生的，而我們是在週三下午安排老師會議，聚會通常會做三件事情：學校行政相關的聯繫、老師教學分享、精簡的校長分享，如果老師有事情當然是可以請假，90%的老師會出席，而我有把時間切開，只有三十分鐘是全校老師會聚集的會議，做上述三件事情的討論，而三十分鐘後，就是開全學年的會議、課發的會議等，它們是分開的，因為很多事情是要切成小組才能對話，大場面的大多是單向溝通，而這個時間不要太長，傳遞到精要的就好了，其餘的就是小組分開對話。在開全校老師的行政會議時，我們會提供很多書面上的資料，不

會多說書面的資訊，頂多提到一些要注意的事項，而這也是訓練行政人員講重點，因為大家都是局內人，點一下就知道了，藉此也可讓老師學習做有效率的教學！

　　觀課也能做到精簡學習的效果，觀摩其他老師的課可學習如何帶班、如何有效率的教學，我通常不會點老師說問題，我會提供很多範例給他們參考，讓老師覺得我是經驗分享而非批評。總之，很多事情要做，但先做人家有感、有價值，一起共同做，人家就很有感覺。

　　時間控管很重要，有很多事情要確定輕重緩急，甚至要有所取捨，像是他校運動會、各種校外組織的飯局我就很少去，把時間存起來可以做很多事情，相對地，學校運動會我也很少邀請其他學校的校長，因為運動會最有感的是孩子、家長及畢業的校友，邀請其他校長來只是做個場面，介紹完校長就離席了，也是耽誤到其他人時間，我覺得沒有意義，浪費大家時間。我也很少去參加飯局，雖然有些人會覺得這樣不去飯局、不做交際，有點像孤鳥，但我自身的校長社群、讀書會就能遇到很多有想法的人做交流，物以類聚這樣就夠了，我要的交集是有焦點、知識的交集。

　　我開會時候的決策速度算是快的，我通常會事先準備資料，預期事情的發展，有個決策的想法後，再把想法拋出來，備妥相對應的資料就可以省去不必要的爭吵、討論，如果你想得很周延、夠專業，老師也會願意跟著你走，這樣討論起來就更有效率了！另外，在人事懲處的時候我的決策就會比較慢，對於人這種細膩的處理就不能太快，決策快容易傷感情。

## 訪談者：

　　校長的辦學空間有多大？身為校長，即使有很多體制與法令的束縛，而且每日可運用的時間與精力有限，您認為很多您想做的事都能一點一滴在任內實現嗎？您如何做到？

**游校長：**

因為我常參與教育局有關課程教學的會議，因此在課程教學上，學校辦學的空間是很有彈性的，了解上面想的是什麼，也了解到做事的著力點，做事就有加分和減法，對學校有幫助的就多做，因此自己運作的空間就變大了。我常跟局裡的長官對話，會了解到上面要的是什麼，多一點這樣的經驗累積與學習，就比較容易找到自己的辦學空間。其實，校長有很多可以發揮的空間，當然相對也要負很多的責任，過程中有很多的困難，克服種種困境能做到最後，能成就學校與學生，就是當校長的價值！當然，有時候也會有小小挫折，但累積每一次的挫折會使我更有膽識，也唯有經歷不斷的挑戰與挫折才會成長！

總之，不要讓人覺得學校因為你被耽誤了，要留給人一種「學校是因為你參與而向上提升」的印象。我最大的欣慰就是離開前一所學校時，不斷有家長與老師來找你聊天，就像朋友一樣，表示你在過去的表現讓人喜歡！當然，我也經常會提醒自己，做任何事情要看有無意義與價值，不要為了別人看你的功過而活，基本上，就是每天晚上都能無愧於心睡好覺。我認為當校長就是要會做人與做事，把握當下，把每件事情都用真誠的態度做好。

**訪談者：**

您喜歡當校長嗎？最喜歡哪一部分？最大的成就感在哪裡？是否有感受到相當高的尊榮感？從什麼地方可以看出來？擔任校長，最感欣慰的事為何？擔任校長，最挫敗的部分為何？

**游校長：**

當老師、學生、家長們看到學校進步，私下會致上一些小心意，舉凡訊息、卡片、口頭上的都有，而這些都是讓我感到很欣慰的，也是一種成就感。我不太會宣傳我自己做了什麼事情，僅希望單純做好眼前的事情，功過就讓人去想。

當校長總是希望學校教師和學生都能有好的表現，理想和現實總是會有差距，學生表現不好可以再教導，但是老師表現不好就比較難處理，看見不適任老

師仍然在教室繼續影響學生，是我覺得比較挫敗的。

**訪談者：**

擔任校長最難以割捨的部分（既放心不下，又覺得很頭疼）是什麼？

**游校長：**

校內有些事情是兩難的，舉學生社團發展為例，為了能讓學生多元學習，學校社團愈多愈好，但是社團發展有師資、收費、安全等問題，學校沒有相對應的專案人員與經費可以因應，甚至產生許多衝突事件，學校校長都無法置身事外，必須面對處理。學生社團所衍生的事務，也占據校長許多的時間與心力。

**訪談者：**

擔任校長有沒有最無奈的部分（教育體制？教育大環境？學校文化生態？經費的部分？處理人的是非部分？）或最痛心的部分（不該有的現象或不該存在的常態行為）？

**游校長：**

我目前比較難處理的是個別老師對學生教學的行為，像是班級經營跟課程教學的問題。有些老師已經很資深了，想法和習慣不容易改變，但我也不願意以衝突的方式去解決，因為當老師的心態不平衡，對他們的教學品質也會有不好影響，與其跟老師硬碰硬，不如找出老師可以接受的方式來妥善處理，雖然無法立即變好，但可以逐漸改善。我剛來的時候，經常有家長對老師提出很多不滿，但現在，這學期還沒聽到有不滿的聲音，我覺得頻率有降低就表示有改善。

校內有些事情是兩難的，舉社團發展為例，我們聘請許多外面的師資來幫學生上課，而專業師資費用無法用規定的鐘點費支付，因此有些學校家長就以家長後援會的名義資助，還有一些很優秀、有很多專長的老師，家長非常希望老師給孩子額外指導，再付額外的費用，我們要不要去禁止？我們有許多法令都會從防

弊的思維去訂定，可是這樣的生態環境，要如何培育多元優秀的學生、如何獎勵留住優秀的教師人才，這是很兩難的問題。

## 訪談者：

您推動校務是否都能隨心所欲？各方面都能使得上力嗎？您覺得最失敗、最無力的地方在哪裡？如何面對該無力感？如何有效解決身為校長的難處？

## 游校長：

當校長有很多東西不能隨心所欲，因為我很清楚身處於這樣的教育生態，自己知道能做到多少範圍，就朝這樣的範圍去努力，當效果不如預期也會自我反省，調整自己的期待值，把期望切成一小塊一小塊，每次完成一小塊就好。因為我也是任期到了就要離開，很多老師在這學校已歷經很多校長，每個校長的作法跟想法都不一樣，

如何融入學校並領導學校是藝術。以專業進修來講，我希望每位老師可以打開自己的教室，讓別人來觀摩，但很多老師不願意，而這樣的要求是不能一次到位，但我退而求其次，要求一學年至少一次，這樣老師就比較願意做了。又像是教師專業發展評鑑，我發現學校老師參加的人數只有個位數，因此第二年我就跟局裡說不參加評鑑，即使我是推動評鑑的委員，我想跟老師們表達不是為了參加而參加，之後我又再跟老師仔細分析，跟他們說參與評鑑可以獲得多少收益，再讓他們自己評估，結果學校有八十五位老師參加，幾乎八成教師都願意參加，從這數據就可看出這樣的作法是有效的。我的心得就是，愈是困難的事，愈需要一步一步來。

## 訪談者：

身為校長，就校務經營而言，您認為自己最大的強項為何？最欠缺的是什麼？不論是強項或待改進之處，針對校長的自我超越，您是否有具體的想法與作法？

**游校長：**

　　以校長的生態來說，我覺得我比較少經營社交圈，比較少跟校外人士有熱絡的往來，獲得更多的資源。很多人認為我一路走來很順遂，沒遇到什麼挫折，也許每個人對挫折的定義不同，但我覺得挫折少不完全是件好事，有可能遭逢一個很大的問題就被擊倒了。因此，我會在每個小挫敗中不斷檢討自己，我經常會透過各種案例沙盤推演，自己要如何做才是最好的選擇，讓每件事都能在當下做出最好的處理其實很不容易，也只有這樣累積經驗，才有可能不斷超越自己。

**訪談者：**

　　您對教育局要學校配合的政策宣導或行政命令，有何感想與看法？

**游校長：**

　　我認為學校組織行政與教育局組織行政其實是同構的，教育局之所以交辦這麼多東西下來到學校，也是因為更上面的人給壓力。所以，我可以理解教育局為何要學校配合許多事務，重點是領導者要如何篩選與轉化，如果是有價值有意義的政策，就要讓學生參與並真正獲益，如果是形式上的績效堆積就輕鬆帶過，但是要如何分辨處理，這就需要有經驗、有默契的行政團隊，很幸運的是我有這樣的行政團隊，只要從教育的本質分析政策與行政命令，在這資訊方便的時代，我個人覺得不難分辨與面對處理。

　　我也跟我的行政團隊說，不要為了滿足上面的政策規定，就一直舉辦一些座談、研習（兩性教育、特教），太過頻繁的辦理講座活動，不只老師不想參加，連我都不想參加，應該了解老師真正需要的是什麼，在有限的時間中如何讓教師對政策有感，才會是有意義的教學活動。如果只是為了滿足政策，就請組長去外面參加研習，再回來分享新知，這樣對政策有交代，也不用勞師動眾的要老師花兩個小時聽演講，其中可能兩成是新知，八成是舊知。有時候行政想要用快速的方式交差了事，可是對老師而言，就是浪費他們的時間。

　　此外，目前大家都在討論行政減量，教育局也要再釐清什麼是政治形式面和

教育本質面，哪些政策是可以給學校必要之教育措施。如果分清楚這兩個區塊，學校就會信任政府願意實踐，而不是為了應付民意代表或統合視導才做。久而久之，學校慢慢會感受到局裡要他們做的事情是對學校學生有益的。另外，我們常會看到一些資源分配不均的現象，局裡有時候會說是校長不積極申請經費，所以學校都沒有進步。我覺得學校是需要資源，但還是要有分配資源的機制。如果校長辦學能力不好，就要輔導或汰換，不能因為校長沒能力就派到偏遠學校，這樣對偏遠學校不公平。有時聽說有些學校拿很多經費，是因為那個學校校長的能力強、關係好，我也了解現今社會生態就是如此，所以校長對學校發展有很大的影響力。不過，教育局的思維與作法對學校發展也有關鍵影響力，資源、資訊透明化與制度化是很重要的。

**訪談者：**

教育局與學校之間，是否有可能從科層的上下隸屬關係邁向專業的夥伴關係？

**游校長：**

就教學這個區塊，我不認為教育局跟老師是上下關係的區分，教育局也很希望老師向上提升，也很願意尊重教師專業，只要你願意表達，我想教育局應該願意給資源。但是，願意主動積極發聲的教師並不多。還有另一個問題就是，教育局裡有很多處室對學校的要求有很多重疊，有待整合，也有些處室彼此不夠熟悉對方的工作項目，因此行政命令措施到達學校的時候，才會發現有所重疊或是矛盾，而造成學校困擾或負擔，這都是需要改善的地方，應該透過緊密的流程來確保目標達成。像我在局裡待過，知道課程教學有哪些資源與發展空間，我也願意主動提出想法，局裡也願意給我資源，並尊重我的作法。在學校現場，只要是有老師有自發性的想做教學社群、讀書會，我都很願意找資源來給他們做，所以我不認為有上下之分。就我的認知，教育局願意給資源支持專業發展，是有機會與學校成為專業的夥伴關係。

**訪談者：**

在校長儲訓（含培育）方面，您希望校長儲訓單位特別著重加強有志於校長者的哪一部分？以哪一種方式來幫助學員學習最佳？

**游校長：**

校長儲訓是候用校長快速學習的機會，因為動機強且有時間學習。我個人覺得專業思維的培養最重要，校長是學校領導者，思維影響行動，所以儲訓課程會著重在不同的情境案例，提供校長討論思考如何決策與實踐，也會安排參訪不同脈絡的學校，以增加視野與學習。總之，思維和態度的培養是校長儲訓的重點，校長儲訓課程結束之後再去教育局歷練，能從不同的角度去學習教育領導。我們想透過多元的課程，讓一個校長了解他肩負很多小孩的學習，了解他未來當校長，會做得怎麼樣是取決於他的專業思維與積極態度。對我來講，思維、態度是最重要的，當個校長如何批好公文等技術面的東西並不難，只要學了就知道，重點是如何做出決策，透過儲訓的課程，學會專業思維、學會做事的方法及處理事情的態度。態度可以透過不斷磨練培養，在儲訓課程中可以從師傅校長的分享，藉由論辯，交流彼此想法。

**訪談者：**

您想給有志於校長的人什麼建議？會勸他們不要走校長這條路嗎？為什麼？如果可以走校長這條路，在人生哲學方面、心理上及行動上，要如何準備（非為準備校長甄試）？亦即，校長要有怎樣的哲學觀？必備知識與能力為何？心志方面要如何鍛鍊？平常要多做哪些方面的自我訓練？

**游校長：**

有志當校長的人才，我們都會鼓勵與支持，前提是要不怕困難，能夠有專業的堅持。我認為當一個校長，要具備三項能力：第一個是相關的行政專業度。第二個就是足夠的膽識，也就是大膽的決策力。如果當個校長怕東怕西的，不敢決

策事情，這樣別人也會看扁你。相對的，你也要有肩膀承擔一切。第三個是對教育的熱忱，沒有熱情的人，只是想當個官，想要那個名，不會做事情。這三項是我認為當校長要不斷自我充實的。即使到我現在這個階段，我覺得我還有很多要學習、要精進的，永遠都有進步的空間，因為面對不同的學校、不同的環境，就會有不同的挑戰，有這樣積極向上的心，表現出自己的膽識與熱忱，也要有敏感度去檢視自己的表現。

校長在學校的每一項行動決策都要慎思，是否做到專業、熱情、承擔，而這三塊是我擔任多年校長經驗的領悟。我也會透過校長社群，以不同的形式分享給新一輩的校長。

本訪談之時間為 2015 年 12 月，受訪者迄 2016 年 1 月的校長年資有九年。

# 第 **15** 章
# 訪談顏校長

**訪談者：**

　　請教校長，您理想中好學校的圖像和好老師的圖像是什麼？自從擔任校長以來，在現實世界中，學校與老師的實際圖像，與理想中的圖像是否有差距？您怎樣改進學校？做了哪些努力？運用哪些策略？獲得那些成效？

**顏校長：**

　　我認為一個好的學校，應該要協助的不只是學生、老師，還有社區民眾的成長，能夠幫助整個社區的水準提升，這要從很多面向去努力，如果最後可以達到這樣的一個目標或目的，我就覺得這是一所好學校。談到好老師的圖像，或許我還是比較有那種傳統的觀念，我認為一個老師真的是要為學生不計回報的付出，既然擔任這個工作，不是純粹因為社會對老師的期望，而是教育工作者本來就該要有自我期許，也應該要對這個社會去承擔相當程度的責任。一個好的老師不只是教學生課業，更重要的，他還要在學生的品行上提供言教與身教，也就是要給學生一個正向的能量和鼓勵，可以把學生帶往更好的、更正向的方向。

　　從我擔任校長多年來看，在現實世界中，學校的圖像及老師的圖像跟我理想中是有落差的。可能是因為整個學校文化，還有教育生態的改變，讓很多老師的觀念已經不再像過去一樣，可以為了傳道、授業、解惑，甚至可以基於一份教育愛，對學生或對學校願意做毫無保留的付出。比較現實面的考量反倒變成我們在跟老師互動中，往往在理想跟現實之中比較難去兼顧。歸咎其最終的原因，就是

因為教師會的崛起，因為教師會過去比較失控，老師比較自我，甚至於很多是在爭取自己的權益方面產生一些過激的舉動，我個人是不認同的，因為老師畢竟不同於一般的職業，既然擔任老師就不應該把利益放在前頭。

可是因為教師會的快速崛起，導致有一些老師在觀念上就開始有一點偏差，所以他們往往在權利與義務之中，就會變成很大的拉鋸跟失衡，這也是我們在經營一所學校的時候面臨最大的一個挑戰跟困難。就這部分而言，我曾經試著去努力，然而利益畢竟是很現實的考量，所以也不能講說誰一定是對或錯，只能說整個社會的風氣及教育的生態，再加上老師們對於現在所承擔的一些責任和壓力，可能一下子沒辦法調適。所以，對於之前教育現場裡的一些規範或是在自己的職責部分，老師們開始會有一些衝突，甚至於有一些抗拒。我要去改變這樣的現象，其實真的要花很長的時間，然後慢慢地去試著導正，當然或許他們的福利及在工作上面的辛勞那個部分，我們也要去重視。

然而，我覺得追根究柢是現在的教育政策和整個教育環境裡面有很多不確定因素，讓我們在經營校務時，有時也是進退失據。我在處理這些問題時，幾乎都只能動之以情，因為有一些規定是死的，老師們可能會因為那些規定而跟你據理力爭，其實這裡面也有很多的模糊地帶！因為法令或是上級的有些規定也不敢太明確，有時候也怕受到衝擊或是反抗，所以在某一些公文或規範上也是保留了一些彈性！美其名是說讓校長保有一些辦學的空間，事實上這樣的彈性與灰色地帶，反倒造成我們在處理校務時極大的困擾，因為白紙黑字說清楚最好，當模糊的地帶愈多的時候，老師愈會去抓住對他有利的那個面向，我們在沒有很好的後盾之下，往往為了某一個小小的觀點或一件小小的事情，就必須花費很多的時間去跟老師不斷溝通、協調，甚至於有些學校可能為了這些歧見，導致互信機制都崩壞了，那個裂痕也可能要經過很長的時間才有辦法修補，甚至於無法修復的。

可能因為我們剛擔任校長的那段時間剛好碰到教師會剛成立、比較失控的那個階段，尤其我當校長的前幾年，光是在處理教師會的部分，真的是最辛苦的！有些事情也是必須要自己堅持，因為情、理、法有時很難兼顧，可是如果你能自己堅持住某些對的原則，其實絕大多數的老師還是有良知的，當我們試著用善意

的方式比較委婉地跟他們溝通，還是可以獲得多數老師的認同。只不過那些有良知的好老師，通常在面臨一些抉擇的關頭，或是彼此的觀點有些衝突的時候，他們都會保持沉默，不太願意公然站出來表態。雖然他們願意暗地裡協助，可是早期很多的重大議題都必須提交校務會議表決的時候，往往不用提交校務會議，我們就知道結果是什麼了。甚至有些時候花了很多心血去溝通，到最後也可能因為大家都不敢表態，反對的人一票就可以把你之前的努力全部都摧毀掉。所以，剛開始在推展校務的時候，真的是舉步維艱。

後來，當教育局也了解這個狀況，尤其是潘文忠局長擔任局長的時候，因為他跟教師會的溝通協調做得還不錯，所以教師會對他還蠻敬重的，也因為那個時候潘局長堅持住某些原則，慢慢地在某些法令上或發文要學校配合的時候，也儘量減少一些模糊地帶，才讓我們慢慢在處理事情上有一些依據。只不過在整個教育現場，有很多事情並不是白紙黑字、非黑即白的。相對的，有很多事情往往是在這兩者之間，遇到這種狀況，就是要靠校長自己本身的為人及影響力，包括你平常在處理事情能不能讓老師信服，還有你提出的一些論證、觀點，能不能讓老師接受。

所以，當一個校長真的不是光埋著頭，很努力、很辛苦工作，就一定有用，重點是跟老師的互動，是否建立良好的互信機制，以及在處理事情的時候是否果斷，是否能讓老師覺得你關照的面向是比較周延的。這些都在於你怎麼樣去做表達，那個表達能力非常重要！有時候一件事情由不同人去講，可能後果與期望的結果之間的差距是很大的。所以我認為，要當現在的校長真的是要十項全能，尤其口才絕對是至關重要的。

有關我在經營學校運用了哪些策略？基本上，不管做任何事情我都是以身作則，我都帶頭做。我們現在每天要面對的業務量確實比以前更龐大，一年光是公文還有一些要填報的公務，總計有七千多份，這是教育局自己統計的數據，所以最近教育局也在各區對行政減量這一個部分做一些討論。因為每年到了3、4月，所謂「行政大逃亡」的逃亡潮，為了找人來做行政工作，真是絕大多數校長心頭的痛啊！

　　雖然我們的聘書上面寫著老師有協助校務推展的責任與義務，可是這句話是很空泛的。學校這麼多老師，到底誰要出來協助？就變成彼此在觀望、在推託。所以在行政人員部分，最後還是要校長私下去拜託，現在幾乎都是要靠交情啦！幾乎同樣的待遇，除非天生就有非常強烈的熱忱或使命感的人，否則相較之下，當然希望寒暑假可以放大假。所以要找行政人員的時候，我們真的都只能動之以情。

　　可是這還要看人家願不願意認同，或是願不願意出來。有時候不是因為他對你有意見或不滿，而只是覺得累，就不想要去面對那些行政事務而已。人家每天下班之後就可以自由，要留在學校批改作業或做什麼都可以，不然下了班他也可以拍拍屁股就回家，不用像行政人員，下了班還要留在學校繼續奮戰，有時候到了七、八點，甚至更晚才能回去。寒暑假人家可以出國、可以好好休息，可是行政人員還要來學校輪值。總之，無形之中還是有一個責任和壓力在。

　　所以我從以前開始，可能也是因為個性使然，我都習慣自己以身作則帶頭做，而且我自問做的絕對不會比任何人少，這樣子當有任何的行政業務希望行政同仁來配合或幫忙的時候，大家也比較不會有怨言，因為看到校長這麼認真。而且很多事情我可以幫他們分攤或代勞的，我都儘量自己挑起來做，就像我之前在別的學校辦理社教業務，其實我一肩扛了十幾年，幾乎所有的計畫，包括講師聘請、場地安排等所有的細節及成果檔案，裡裡外外都要張羅。其實，在我當老師和當主任的時候都是一肩挑的，一直到我當了校長，很多事情我還是在處理，因為不管行政人員或是老師，說忙也很忙，畢竟像一個社教單位設在學校，這不是普遍性，不是每個學校都有的，所以老師們的觀念不認為這個是他該做的，但這是上級交付我們辦的。

　　雖然一開始從事社教是基於我自己的一個回饋初衷，可是也因為辦得太好，所以後來就一直在辦，業務量更是有增無減，而且都沒有停歇。我倒不是因為這是上級交辦的，所以我好像被迫、不得已的，其實我很樂意去做。可是做這些事情，相對要付出的額外時間與心力實在太多了，一般老師是不會認同這樣的工作的。如果為了不想造成他們的困擾或導致不愉快，而且他們做出來的成果跟我自

己做的絕對是不一樣，所以我還是花了很多時間與心力盡量自己去做。

我離開前一所學校之後，到現在他們還是依照我當初的模式去做，就像以前的組長曾跟我說：「我們終於知道校長之前做了多少事。校長在這所學校的時候，我們是多麼幸福啊！」其實我很喜歡跟著所有的行政人員，尤其是跟老師們同甘共苦，因為我親自帶著做，會更清楚這箇中的甘苦；哪邊會有問題，我也比較清楚，我也能隨時來協助、解決這些問題。另一方面，老師們也會覺得這些事情校長都有在支持，而且校長也幫他們分攤很多，甚至於比他們做得更多，所以當有事情要他們幫忙的時候，自然比較不會抱怨。也因為大家一起互動與同甘共苦，無形中這也是一種情感的凝聚，後續需要他們幫忙的時候，他們也會比較願意，因為他們知道這裡面的辛苦了。所以，雖然我離開以前那個學校，我跟那邊的老師、主任，大家其實都還是非常好的朋友。他們跟我的互動、親近的程度，絕不亞於現在這所學校的教職同仁。

**訪談者：**

是當校長之前的嗎？還是說……

**顏校長：**

都是當校長以後的事，因為在當校長之前，我在前一所學校待了很久，其實那些社教基礎都是我建置的。到現在這所學校後，雖然沒有社教，可是各處室的業務、很多的公文、計畫，主要還是我在擬，或是說我把我之前的、曾經做的提供給他們參考，他們只需要在一些部分稍微修改，因為我覺得他們也需要學習成長。畢竟他們沒有涉獵，用字遣詞跟我寫的是不一樣的，尤其跟申請經費有關的那些比較大部頭的計畫，對他們來說還沒能力、也沒有多餘的時間與心力去擬，所以有一些東西我還是會試著代勞。但是有一些我也會試著放手，讓他們從中學著去做。

基本上，大概就是誠信，然後另一個就是很真心地去對待，所以其實不管是在過去，還是在現在這所學校，除了剛開始因為教師會的問題需要有一些磨合，

之後等到他們願意來接納或認同的時候，後續在業務的推展上就變得非常快速、非常順利。也因為這樣子，我一直沒有用上下層的隸屬關係來看待老師，我都是給他們一個觀念，就是我們並沒有階級之分，有的只是業務之別。其實，我們都是屬於一個生命共同體，有什麼事情就是大家一起來努力。

我會讓老師了解到，不管有任何困難，他們需要我協助的時候，我隨時都會在他們身邊，所以他們也就比較安心，在做任何事情的時候，就感覺順手多了。所以，我在學校的行政業務推展是沒有任何窒礙、是暢行無阻的，因為我自己動作也很快，任何事情我在時間的掌控上都非常精準，也不拖泥帶水，所以他們都可以接續來處理，在時間上我們就可以減少很多延宕或空轉。全校的教職員工已經在無形中習慣我這樣的步調與帶領方式，不管我任何時候向他們要什麼東西，他們都可以馬上提交給我。

像我剛來這所學校沒有多久，我問他們：「我的動作和步調比較快，你們會不會覺得跟不上，壓力太大？」結果他們居然跟我說，他們很喜歡我這樣，因為他們就可以不用等待，直接去處理。我核示了什麼，他們課餘的時間就可以接手馬上去做，所以他們很喜歡我這樣。像我任何時間都可以迅速處理事情，而有的校長可能要屬下早上十點鐘送一批公文，下午兩點或三點再送一批進來，我則是隨時有公文就批，有時候他們大概累積到一定的量就會送過來，所以我每天都可以善加利用任何零碎時間。

大概是因為有很多都是例行公事，在批公文時，我先看一下主旨抓住那個重點，再了解他們自己擬的文要怎麼去辦理，我大概看一下就知道了，所以我批公文很快。但是，針對沒有辦過或是我覺得有需要再去比較詳加研議的，我就會隨時進一步處理。比如說，文是哪一個處室的，我就直接找主任來了解，大概這個是怎麼樣，或是大家利用行政會議來討論一下，所以我們行政業務的流程真的是暢行無阻，而且他們在公文或是公務填報的執行率也是屬於最好的等級，也就是藍級，我們就是藍色的。如果是紅色、黃色或橙色的，上級就會希望這些學校要想辦法改進，甚至要檢討。因為我是以這樣子的步調在帶領，他們都可以做到。

**訪談者：**

　　請教校長，您每天忙碌的事情主要有哪些？計畫中的比較多，還是預料之外的比較多？該忙或是想多賦予心力的事情有哪些？被迫要花大量時間處理的是哪些？有哪些事情花了您太多時間，您覺得並不是很值得？

**顏校長：**

　　每天花最多時間的事情不是批閱公文，而是各處室安排的活動很多，我都得去露臉。因為學校的老師很認真，當然這也算是這所學校的一個優良傳統，可是我也曾經主動跟他們說：「我沒有要求你們做這麼多喔！」因為大家的時間就那麼多，當你花了很多時間在辦活動，勢必也一定會影響到學生的正課與進度！

**訪談者：**

　　所以那是正課以外的時間？

**顏校長：**

　　是正課的時間，比如說每個禮拜三第一、二節的綜合活動時間，是給每個學年做彈性規劃的，有時候這個時段可能好幾個學年都有規劃活動，所以禮拜三往往是我最忙的，因為他們的每個活動都希望我能夠到場，同樣的時間有時候我可能都要在校內趕場，要不然就是這一節忙完這個處室，下一節忙那個處室。我感覺不管是藝能、體育等各方面的活動都是蠻多的，所以我在時間上的規劃會儘量去兼顧，甚至有時候是學生到外面去參加比賽，如果可能，我都會親自到場，因為我覺得那是給孩子跟老師一個最直接的肯定與鼓勵。如果偶爾還有一點閒暇的時間，我可能就會去忙跟公務有關的計畫，甚至我就會去思考怎麼樣募款，所以我就會去忙著擬一些計畫或辦法。

**訪談者：**

　　您現在是做募款？小學也需要募款嗎？還是您自己覺得有必要多引進一些資

源？

## 顏校長：

　　是，我之前服務的學校極為老舊，每天都是為了錢在頭痛，因為每天都修補不完，所以我幾乎天天都在想辦法要錢。教育局能夠給我們的經費真的是杯水車薪，而且又緩不濟急。早期有代表、議員的那個年代，不無小補，問題是一個代表的配合款才多少，而且又規定不管設備或修繕，一個項目就只能用一筆款項，我又不能花了這個錢，然後又把別人的錢拿來一起用，有時候甚至這個東西我需要十萬，還要湊兩、三個人的錢才有辦法去完成一件事。經費真的很難募，雖然這個社會感覺好像有錢的人很多，可是拿得出錢的人真的很少。

　　我很慶幸的是，因為我過去做了那麼久的社教，廣結善緣，我也不為什麼，就是埋頭一直在做，在為別人服務，結果無形中人家對我的觀感都是很正向的，也是因為這樣子，我過去所打下的基礎及所建立起來的人脈，到現在都還在受益，那是當初始料未及的。當然，我在那個學校的需求比這邊更多，在那邊大概用了兩億元把整個學校全部翻新，包括體育館、游泳池都蓋好。整個建設完成，剛好我的任期也差不多了，然後我就到這裡來。

　　來到這邊，像我這三棟校舍因為要補強，一補強下來有些設備因在施工過程中毀損，加上有的設備已用了一、二十年，幾乎不堪再用，結果光第一棟大樓，缺口就超過一百萬，這些錢幾乎都要我自己去籌。這邊的學生家長社經地位較低，會來參加舞隊、鼓隊、田徑隊及棒球隊等特色團隊的很多孩子，就是因為家境困苦，而這些社團我也都不收費，他們才有辦法來學。之前，我為了帶他們出國文化交流，需花費一、兩百萬，都是我費盡千辛萬苦去募的。

　　而為什麼每次在比較困難的時候都會有貴人出現，可能就是因為過去我曾經努力過，所留下的痕跡，讓別人都很正向看待，所以當有些人知道我遭遇困境後，輾轉幫我引薦企業，或是扶輪社、獅子會等社會公益團體。有時候公部門和這些公益團體也會邀請我們的鼓隊和舞隊去表演，不僅讓我們的知名度大開，也讓我們多少可以獲得一些經費的援助，不僅幫忙學生的活動或比賽，甚至對貧困

學生的急難也可提供救助。我現在有一百多個貧困兒童需要午餐補助，就有一些人指定補助這個部分。

另外，因為我一直在寫地方文史，來這邊我也寫這個地區的文史及特殊族群，也寫這裡的校史，因為我覺得不管到哪一個學校，就把它當做我的責任與使命。這些事情並不是每個校長都願意去做，因為並未規定校長一定得去做。但我從小在這裡土生土長，基於這種地緣關係與在地的情誼，要訪問一些耆老就多了一些便利性。加上過去我給人家的形象都很正向，所以在整個努力的過程中，大家比較願意來幫我忙，但我做這些事情都要額外花許多時間。當然，有時候我也要去開會，不管是上級的會議或是區域的，或是我們自己校際之間。所以這些時間湊一湊，其實一天也就差不多是滿滿的。

至於我花這麼多時間是不是很值得？我個人覺得學校最主要的核心工作是在課程與教學，所以我在這裡投注了很多的時間與心力在這上面。至於我花了一些時間在其他事情，比如說跟募款有關的，嚴格來講也不能說它不值得，因為都是為了要建設學校、為了學生福利。只是覺得很可惜的，就是我們當校長還要花很多的時間在募款，如果我們的經費能夠稍稍寬裕一點，或許我可以把那些時間拿來做其他更多的事情。不過，在學校裡面可以做的，我自問差不多都有兼顧到了。

只不過對於上級編列的經費，我個人認為小學人數是最多的，大學人數相對是較少的，可是教育當局的所有經費編列與核定都是倒三角式的，大學、大專校院得到的經費動輒幾億、數十億，甚至上百億，可是我們小學是窮到可憐。像我一年的修繕費才一、二十萬左右，學校隨便修個廁所，隨便弄個什麼，那筆錢大概一、兩次就沒了。加上有時設備被破壞的、有些老舊設備要汰換的，那個錢我們能跟上級要到的往往非常有限，很多都是不夠的。因為我們不像其他學校有校友會或基金會，家長經濟狀況及家長會經費亦不寬裕，加上又無自由財源，以致學校90%以上的需求幾乎都要靠自己去籌！這些事情確實耗費了我一些時間和心力，我只是覺得可惜，倒不是值不值得。

**訪談者：**

請問校長的時間管理。您如何完成最多的事？就事情輕重而言，哪些是您最重視的、最想完成的？哪些是非做不可？在有效管控時間這部分，校長是怎麼做的？

**顏校長：**

我過去一直都很忙，我都是身兼數職，所以無形中我就已經被訓練到可以在幾分鐘之內就把一個計畫搞定，我做事情的效率是非常高的。可以做到這樣，一方面是因為我很專注，這是很重要的因素，因為不管做任何事情，當下我都是很投入、心無旁騖，所以可以很快就理出一個頭緒。

**訪談者：**

您可以一心多用？

**顏校長：**

我可以一心多用！對我來說，我最審慎的就是跟文字有關的東西，因為我自我要求是很高的，所以不管寫任何東西，我都是字斟句酌，在用字遣詞方面我也是力求盡善盡美，又可以充分的去表達我的想法或是需要。至於寫計畫或是一般的文書工作，我之所以能夠這麼快的原因，是因為我過去著手寫了太多太多的計畫與相關的內容，包括校務發展計畫或其他計畫。從當老師到主任、校長，到目前為止，應該很少有校長的檔案像我那麼多的。我是親自操刀，所以現在不管要任何東西都很容易找到。我可能這邊、那邊各抓一些，然後稍微修一修，就可以很快完成一個計畫。也許人家要三天，我不用三小時就把它搞定。而且因為我做了很多，所以就會發現自己的思維、思緒是很快的，那個架構已經在自己的腦子裡，不管要去做哪些取捨，很快就可以把它組織起來。

所以，那些檔案其實對於我後續在處理事情幫助非常大。不管學校的基本資料或文件，因為這些東西我全部都有修過，就算是主任們寫的東西，我一定會整

個通通看過一遍。尤其是學校要送出去的東西，我對於這些書面資料，不只重視它的內容，連它的格式及版面的處理，我都非常要求。當了這麼多年校長以來，我一定會教行政人員怎麼寫公文、怎麼寫計畫、怎麼寫簽呈，還有人家的陳情書怎麼回覆、會議紀錄怎麼寫、簡報要怎麼做、感謝狀怎麼去寫，我全部都教，而且我都提供範例，甚至故意提供錯誤的例子讓他們可以去做比較。

此外，我還擬定了一個「行政同仁共同守則」，裡面有十幾、二十個要點，比如說我會請行政人員儘量不要遲到早退，屬於你自己的重頭戲的時候儘量不要請假，服裝儀容一定要得體等。剛開始一、兩年，我一定會跟行政同仁不厭其煩的提醒，直到大家都有這個共識為止。

其實，這也可說是一種組織文化的形塑，大家即使剛開始不知該怎麼寫公文，不知要注意些什麼，我都有提供範例給他，然後他們寫的任何東西也一定會到我這裡。就算有人忘記了或者不會，我會再很委婉的提醒他注意，所以他們一次、兩次就會了。我認為既然要做行政，不能連這些基本的行政能力都沒有，好像入了寶山卻空手而回，所以我會給行政同仁一個觀念：「既然你做了行政，不管做多久，這些東西可以儘量多學一點，否則將來如果人家問你說，你做了行政一年、兩年後，到底學了些什麼？如果答不出來那就很可惜了。」所以他們現在寫計畫或公文已幾乎不太需要我費心去修改，這就是為什麼我批公文可以很快的原因。

至於我帶全校老師寫課程計畫這件事，我是先寫給他們看，但為什麼要這麼做？一方面是要讓老師們知道，我不是一個只會出嘴巴要求他們做事情的校長，另一方面我在做的過程當中，就會發現可能哪邊會有問題？我可以先去找到一些答案，這麼一來，等到他們在寫的時候，我就已經很清楚他們需要什麼幫助，然後我會告訴他們，哪些部分他怎麼去寫會比較快。

剛開始老師們也會覺得說：「幹麼多此一舉，大家都已經忙得要命了！」可是他們因為看我先寫了，也就不敢多說，寫了之後發現還 OK，覺得還好啊！我說只要你辛苦過一次，這些格式和裡面要求的一些要點你會了，後續你每年就按照類似的格式去寫，只是把某些內容稍做改變而已，就會發現愈來愈容易了！像

我當初來這所學校時，八十八篇課程計畫，我花一個禮拜逐篇很仔細看，而且每一個人什麼地方跳格了、哪一行有錯字、指標對應錯誤，或是方法與評量搞混了，我全部列出來，有的人甚至於我可以舉出十項以上需要修正的地方，然後我就很委婉的請老師們去修正至無誤為止。

所以我說，當一個校長要有獅子的威猛，那是當你碰到有人故意挑釁你的權威時，或許應該說是他故意要測你的底線，或是對你的態度實在太狂妄的時候，那時我可以比任何人強，你強我會比你更強！我雖然是很溫和的跟你講，然而我的態度絕對是很堅決。當然，有時也要有兔子的純真，因為在教育界裡面，你還是要保有一顆赤子之心！如果沒有那個赤子之心，有時候你可能會因為外界的衝擊而在那邊搖擺，甚至因為這樣，慢慢的就沒辦法去堅持你的初衷了。雖然你面對的是一個很複雜的環境，可是還是要保有一顆很單純的心，把很多複雜的事情用單純的意念去思考，但是也絕對不是因為這樣，就把一些該有的細項都省略了。這是指心態上面的淡定。

此外，還要有綿羊的溫馴，為什麼？因為當你面對上級許許多多的要求時，幾乎沒有一樣是可以不處理的，但不是照單全收，而是要適度地去做轉化。碰到一些重要的事情，你還是必須要去做，那是沒有討價還價餘地的。還有，你還要像水牛一樣耐操，如果沒有辦法這樣，說真的，當事情很多的時候，你自己根本就挺不住！那個時候意志力更重要。所以像我到現在還可以留在教育界，雖然我在新北市已經算是很資深了，可是我覺得自己的心態比任何人都年輕，至今我的熱忱依然不改，而且還比以前更有活力、更有熱忱，這可能是因為我能樂在其中吧！但這並不表示我面對的困難少，而是因為我已經可以去超越、克服它了，所以那些事情對我而言，都早已不是問題了。

至於在時間管理方面，基本上我是即知即行。我不會先去閒散、休息，然後再來做，我都會把事情先處理完，有多餘的時間才來思考一些不是那麼急迫的事情。當然也因為我這樣的行事風格，無形中也把跟我共事的人形塑成這樣，所以他們都變得跟我一樣，每一個人的動作都很快，所以我們的效率是很高的。

當初我一個禮拜看完所有的課程計畫，並提出每個人的缺失，學校老師們都

好訝異，他們說：「校長，沒想到你那麼認真，我們以為你只是說說而已，沒想到你能鉅細靡遺、一字不漏地指出我們的問題。」我說：「我做任何事情向來都是玩真的，從來不會只是隨便說說而已，既然我請你們做事，我所花的時間絕對要比你們多，你們一個人只要寫一篇，了不起兩篇，我卻要看八十八篇，而且還要把你們的問題挑出來，否則我要如何讓你們信服？」我不要讓老師說，你看校長找了一堆有的沒有的，把我們忙得半死，最後也沒有結果。我說既然我對你們有所要求，我就絕對要對你們負責。

　　我在帶教案也是這樣。剛開始他們說：「現在還有誰在寫教案啊，隨便簡單寫寫就好了。」我說：「不行，要寫詳案！」老師們頗不以為然，都說已經夠忙了，還要寫那麼多。我說至少詳案的基本要素你要有，總不能教學者是誰，教學時間、教學地點都語焉不詳，否則你讓去觀課的人怎麼知道要看什麼？我說我所謂的詳案是一些基本元素要很清楚，因為你既然要擔任教學演示，就要提供給觀課者最詳盡的資料，避免他還要摸索，要用這樣的心態去準備。因為每個老師我都要入班去觀課，剛開始難免有些老師會有點抗拒，這對他們來說是一個很大的挑戰！

　　我過去待的那個老學校，雖不至於很保守，但因為裡面老師的學經歷普遍比較高，所以還好。可是現在這所學校的歷史較淺，可能是因為以前大家已經安逸慣了，所以也沒有太大的企圖心。它就像一灘很平靜的水，所以我還要想辦法丟石頭進去，讓它激起漣漪。可是在那個丟石頭的過程裡，我要考慮石頭的大小及丟下去的力道，否則濺起來搞不好不僅對他們沒有影響，還可能把自己潑了一身溼，所以那個拿捏很重要！我剛開始並不強制，如果還沒有心理準備的老師，可以慢一點再讓我觀課，等到自覺OK了，再把時間登記給我。我也不敢跟老師講說我進去指導你，只是說我很樂意把之前所學的跟你做個分享。

　　剛開始有些人讓我入班，我除了關心他的教學，也了解教學設備是否不足，並加以充實，然後他們就覺得說：「不錯噢，校長進來真的不是來找碴的，她真的是來幫我們的。」之後老師們就一個一個把時間填給我了。我就這樣從課程計畫到教案一步一步帶，到第二、三年就開始有學習社群。其實，一般老師平常最

害怕的就是校長入班觀課，而我已經幫他們突破這個心理障礙。我是反其道而行，我覺得你最害怕的是什麼，我就直搗黃龍，只要這個部分的障礙去除了，其他同事之間的觀課根本就不足為懼。我克服他們的那個障礙之後，到第三年教育局希望各校實施學習共同體，但這個部分我沒有照單全收，因為我不喜歡去做形式的東西，不是我們把學生的座位排成ㄇ字型，這樣就叫學習共同體，它主要的精神是你要給學生有時間對話，我們去傾聽，然後讓他們有表達的機會，讓他們學習怎麼樣去釐清思緒。可是有些學校，也許未必是迎合上級，也許是他們想嘗試，結果換湯沒換藥，還是形式上的。

　　有些學校還是有向上級申請，結果全校還是只有一個老師願意出來做，然後每次如果有人要來看，就是推那個老師出來當樣板，我說那有什麼意義？反倒是我會把學習共同體的理念帶給學校的老師，不強迫他們去做，而是盡量異質性的分組，讓程度好的試著去教學習不力的，程度好的也會有成就感。而那些程度比較差的孩子，因為有人在旁邊教他，也可以因為這樣快速成長，老師們也比較不會顧此失彼！最重要的也是試著培養孩子思考的能力吧！我覺得臺灣教育最大的問題就是孩子從小被填鴨，就一味的被灌輸，之後要他真的去思考就有困難。很多學校都是高年級來做，可是孩子從小沒有這樣子培養他，到了高年級才突然要他思考，他根本就做不到，這也就是我為什麼不推學習共同體的原因。所以我說那種東西，說穿了，不是說自欺欺人，我只能講說，除非人家家裡或是平常也有這樣的訓練，否則你來推這種東西，效果不會大。

　　雖然我們學校沒有正式推學習共同體，可是我就鼓勵老師們有時候在不同的科目上試試看。當我去觀課的時候，我發現有些老師真的有把這種精神運用到教學上，我覺得這樣比那個形式更重要。所以，我從來不會為了要去迎合上級或是為了什麼好處而去做。或許有的老師會覺得校長要來觀課，是不是在為將來的教師專業發展評鑑鋪路，就是為了要討好上級！因為有人好像聽到這樣的聲音，我就跟教師們澄清說，我有沒有推這個東西，對我的薪水一毛都沒影響，我也用不著為了推這個去討好上級，所以你們不必擔心。如果你願意試著跟別人學習、觀摩彼此教學，我們大家就一起成長，至於你願不願意參加，基本上我不會強迫。

結果我們第三年學習社群就順利展開，到去年第四年教師專業發展評鑑剛開始，從十六個教師參加，到今年已增加到三十個左右。現在我們學校的正式老師裡面，大概已有三分之二參加了，我沒有強迫喔！我只是請教育部的一個專員來幫忙跟大家說明一下，然後就加以鼓勵。其實，前年就有幾個老師想要嘗試，結果因為有人就在那邊酸言酸語。因為這就是有些老師最要不得的一種生態文化，自己不想做，他也不希望別人做，因為怕別人做了，等於反過來對照出自己的不長進，所以就用酸言酸語逼退那幾個想嘗試的老師。

到去年，為了去除那些比較積極的老師的這一層心理顧慮，我就在教師晨會很有技巧的說：「我很高興學校有些老師願意去接受挑戰，我們其他同仁如果現在還沒有心理準備，沒有關係，我們是不是一起先來看看他們怎麼做，他們做了之後的經驗，將來提供給你作為後續要不要跟進的參考，所以希望大家能夠給他們一些鼓勵，而不要有人在背後放冷箭。」我說基本上希望大家一起來成長，我就類似用這樣半鼓勵性的方法來引導，而從來不去責備任何人。我雖然沒有直接挑明，但稍微有點腦筋的人就知道我在講什麼，這樣我就已經擋在那幾個想嘗試的老師前面，讓他們沒有後顧之憂了。甚至有時老師說了什麼，我也通常不會直接挑明，我都是輕輕的點一下，讓他知道我已經注意到了就好。

為了以身作則，我也親自參加教師專業發展評鑑，因為我也想知道到底是怎麼樣的評鑑法？而且這個辦法講了三、四十年，還一直躺在立法院，都沒有辦法三讀，尤其後來教師團體透過某些立法委員想把這個案子一直壓下來，因為他們不想做，就說為什麼不先從校長評鑑開始？事實上，校長評鑑是於法無據的，結果新北市教育局為了讓老師心服，就讓我們所有校長都做了校長評鑑，這樣他們就不能再拿這個藉口來反對了。老師以教師專業發展評鑑的規準不夠客觀為由抗拒，教育局也不敢去強迫，所以教育局就讓一些願意嘗試的學校老師打先鋒，然後其他學校就有點滲透式的跟進，慢慢的願意參加的人就愈來愈多啦！人都是這樣，如果這是一條線，那邊不參加的人比較多，大家就有一種安全感，慢慢地當大家往線的這邊過來的時候，在線的那邊的人，當他發現自己變成少數時，就會開始有壓力，所以我根本不用去逼他們啊！我只是鼓勵願意參加的人來試辦。

　　有些人看第一年辦得還好，而且反正也是學習，也不至於真的造成很大壓力，所以第二年參加的人就更多了！然後現在只剩下少數人在觀望，因為我已經全校都觀課過了，所以就沒有很強制。後來，除了對新進教師我一定入班觀課以外，如果原本就是學校的老師而又沒有參加教師專業發展評鑑的，我還是會做第二輪的觀課。對那些老師而言，既然校長要來看，還不如自己找個老師彼此互看，所以明年沒有做的那些人當中，一定有些會自動加入教專的行列。

　　其實，有時候我們在處理事情是沒有辦法直接說一定要怎樣，有時候是要繞一點圈子才可事緩則圓。何況人都是這樣，你愈是強制，他愈是反彈，為反對而反對，你沒有堅決強制他要怎樣，反倒可以順勢而為。然而，我雖未強制，但是卻很堅定，因為我知道後續要做什麼，所以不會一開始跟老師溝通時，就把話講得那麼白，只是有時候會適度的讓他們了解我後續打算怎麼進行，然後他們想想就覺得還行。

　　所以，有時候在溝通的技巧上很重要，像包括在跟教師團體互動的時候，憑藉著以往的經驗，我就知道事情會如何發展，該如何在彼此不撕破臉的情況下達成共識。通常我只是把他們丟過來的球都還給他們，讓他們自己去思考所提出的要求是否合理，最後往往他們也就知難而退，再來也就不敢輕易越雷池一步了。

　　像學校老師們以前對出任行政，甚至連想要進修的意願都很低，我就一個一個找他們來談，鼓勵他們往行政這條路走，或是去讀研究所增廣見聞，結果很多老師都覺得沒必要，因為周遭的同事也都沒有在進修，大家都下了班就回家，過著很單純快樂的生活啊！我跟他們說進修不是為了要加薪，而是有時候你去聽聽別的學校老師的一些想法，對自己的專業也能多一些成長。後來，經過我慢慢的鼓勵帶動，現在已經有些老師陸續去進修。所以我是有計畫性的在做自己想做的事，同時也是在協助老師！

**訪談者：**

　　請教校長，您認為您的辦學空間有多大？其實有很多體制跟法令的束縛，每日可運用的精力有限，您認為很多您想做的事，都能一點一滴在任內實現嗎？如

何做到？

**顏校長：**

　　我覺得我的辦學空間很大，有一些法令及上級的政策當然是一定得照辦的，可是有一部分他有給你一點彈性，就看你怎麼去轉換。所以，我自己會去做很審慎的評估，我覺得真的對學生有幫助，以及學校老師時間及各方面可以配合得來的，我們就去做。教育局沒有強制性的部分，我也可以容許他們有些自主性，甚至於我會聽取行政同仁及老師們的意見而斟酌是否要辦理或申請。其實我整個辦學還蠻能夠有自己的一些想法、一些空間去處理，當然也並非隨心所欲！不過我相信在我任內絕對可以一點一滴的去實現理想，因為我心裡早已有一些計畫跟步驟，我都有按部就班地朝向這個目標一直在做。

　　比如說，跟經費有關的建設，有些需要等到上面的經費核准下來才進行，然而有些經費是我去外面募來的，就可以完全不受時程的限制。有很多事情是靠我自己去募來的經費完成的，所以我就有很大的彈性與自主的空間，如果純粹只是按照上級的預算在做，就比較會受限。但是對我來說，這個部分倒是還好。過去我都會廣結善緣，就是累積人脈，但是我並非刻意去逢迎巴結，而是務實積極的在辦教育，當我的腳步跨出去得愈來愈寬廣，經由這些人，我又輾轉認識更多的人。

　　但我沒有花很多時間跟他們應酬，純粹是剛好在某些場合或辦某些活動，因為曾有一面之緣或是他們剛好知道我們學校，然後又旁敲側擊了解我辦學的態度以及我做了些什麼？就因為他們都很認同，所以就願意來幫我，我這幾年遭遇到蠻多的困難也就迎刃而解！基本上我是即知即行的個性，整個步調和時間掌控，我都儘量按照自己原定的計畫逐步去落實，比較少有什麼事情會延宕或拖延太久。

**訪談者：**

　　剛剛校長有提到說，有些教育局下來的東西，您會授權行政人員，說這個沒

有必要做，那個不做也無妨。我想請教您，有沒有哪些事情是上級沒有提到，但是校長認為在學校裡面可以去發揮，像那樣子的辦學空間，校長可不可以舉一、兩個例子，多做的、不需要做的，但卻覺得很值得做的。

## 顏校長：

像我之前所做的社教就是我真的可以不做的，但是因為我自己覺得很有意義，剛開始或許只是無心插柳，因為一個回饋念頭，加上剛好有這樣的機緣，還有包括像學生的文化交流及推展社團，以及學校的一些建設，其實那是沒有人規定我一定要做的，也並非哪一任校長任內一定要做的。可是，我都認為不論到哪個學校，我對自己的期許就是希望當離開那所學校的時候，不要去愧對任何一個學生、家長及老師。要不愧對就是要竭盡所能，只要能夠幫這個學校建設的就盡力去做。

像我之前在那個學校蓋游泳池，來這邊蓋風雨操場、斜屋頂防水隔熱等大小工程，這些東西其實後任的校長也可以做。可是，我都覺得既然我來到這裡，包括我想要編這邊的地方文史及校史，因為這個東西其實後面的人也可以去做，可是我就想把最早期的一些很珍貴的史料及照片做個整理，因為愈到後面的人，其實他要去蒐集前面的資料是愈辛苦的，所以我應該要協助學校把過去的一些輝煌歷史流傳下來。我現在面臨的最大困難就是老照片蒐集不易，因為在早期很少有人有相機，就算有拍照，在以前水災時也幾乎都淹掉了，可是我還是想把它寫出來，因為愈早去做，後面來接手的人就愈容易去接，就算以後不管有沒有人再做，至少我們把前面的一些歷史最珍貴的部分都留下來了。

另外，有關學生文化交流的部分，事實上我根本不用帶他們出去，可是因為這邊孩子的文化刺激已經比別人少很多了，這些孩子如果沒人幫忙，可能要等到將來自己有能力賺錢也許才有機會出國。我為了要讓他們開開眼界，希望讓他們有信心，剛好有這樣的機會時，我希望能幫他們建構出自己想要的夢想，能找到自己未來努力的方向，所以我真的克服了很多的困難帶他們出國去。另外，包括這邊的一些社團也是我來才成立的，因為我覺得如果我不成立這些社團，那些孩

子可能沒有財力去學才藝，可能沒有辦法去補習，光課後班去年就開了近二十班，今年因為少子化的關係也有十幾班。

這些課後班主要的經費來源並非公部門，而是跟永齡基金會、伊甸基金會、小太陽文教基金會等很多單位合作，他們提供我們大學生的師資或是鐘點費，讓這些孩子在課業上還有人可以來協助指導，一方面也避免這些孩子回到家之後沒人照顧。因為這邊家庭失能的很多，唯恐這些孩子在外面遊蕩，又製造更多的社會問題。所以，我很欣慰的是我們學生並沒有明顯的偏差行為，因為我非常注重孩子的生活教育，我覺得這些孩子將來有沒有成就要看他的造化與努力，可是至少我讓他從小的觀念與品性是好的，將來不要走偏就好。其實，我對這一部分反倒更有興趣，因為我覺得我們真的可以對孩子提供一些實質的幫助。

### 訪談者：

剛剛校長提到您在各方面都使得上力，但有沒有最失敗、最無力的地方？有沒有任何無力感？

### 顏校長：

我最無力感的就是行政人員難覓，雖說不是每個學校都這樣，但這幾乎是校長們普遍的難題，尤其是偏遠地區更難。因為行政人員的事多，而且有時候做不好還要被嫌、被罵，所以這也是很多老師不想涉足的原因。任何事情我都可以靠自己的努力去補足，可是唯獨要找主任，組長是授權主任去找，如果主任在找組長有困難的時候，我才會介入協助，可是光要找主任，就已經讓很多校長每年都很頭痛。日前有個校長提議大家來連署，恢復曾經有一段時間校長推薦主任人選去參加培訓，然後教育局就給他一張主任證書的制度，可是有的人，包括我在內，覺得你要人家信服才行，如果只是因為校長推薦你，你就可以當主任，這個主任也未免當得太容易了！有的老師心裡會不服，他不覺得被推薦的人有什麼了不起，甚至想說，還不是因為跟校長有什麼裙帶關係，或是討好校長才怎麼樣，所以有些主任也不喜歡這樣的感覺，後來才又恢復考試的方式。

只是現在真的很缺主任，有些有主任資格的人不想做，我們還必須先詢問過他們放棄不做切結了，才可以去找別人。就算要去外面商借，問題還是要學校教評會同意，而且也要剛好知道別的學校有人願意出借。像我剛當校長時，還好那時有兩個實缺，而現在少子化都超額了，哪來的實缺？就算真的有實缺，還必須要通過學校教評會這一關。有的教評會就是故意要讓校長難堪，或是他們就一定要校內的某個人做，可是也許這個有資格的人，在校長眼中明明就是不堪用的，搞到這樣變成校長真的是動彈不得。

現在這邊雖然沒有那種情況，可是就是有主任資格的他不做，我現在有些主任還沒有正式資格，但真的都很優秀！可惜比較晚出道，之前行政組長的資歷很淺，所以對於繼續考主任或校長的意願就沒那麼大了。雖然我們處得很好，可是我的個性又實在很不想去勉強人家，所以每年大概3、4月為了找主任，說真的，這大概是我當校長以來，讓我覺得最大的痛苦。雖然有時經費短缺，憑我個人的努力及人脈，多少還可以解決，可是行政人員是每年都要重新翻盤一次，必須要在那段時間把人事定案，否則後面的課程計畫及很多會議就會一關卡一關，所以每年這個時候，無形的壓力真的是很大。然而，現在問題是就算不用考試也未必能解決，因為很多老師根本連想要來當行政人員的意願都沒有，只要有人願意出來而且還堪用的，我們都求之不得。這大概是唯一讓我感到挫敗、比較無奈的吧！

## 訪談者：

有沒有真的是很挫敗，就是再怎麼努力也無力回天的那種挫敗感？

## 顏校長：

因為我過去面臨了很多挑戰與困境，最後都因為柔性堅持，加上我真的一再釋出善意、既往不究，所以後來包括有些教師團體的人也都歸向我這邊了，就算有少數比較激進的人，也不敢再公然強力反對，所以我覺得目前還好。尤其有些當初與我對立較為嚴重的人，後續也都對我很好，我碰到他們任何一個人，也都

會很客氣的跟他們打招呼。所以，如果要說有什麼真的讓我感到很挫敗的，應該是說我對於這整個教育的生態，尤其教師的觀念這一部分讓我真的是憂心啊！因為有些民意代表被某教育團體綁架了，甚至連教育出身的也被蒙蔽了，導致很多教育法案通通都被擱置而無法動彈，這對教育來說，真的是一個浩劫。

如果某教育團體不是當初民代他們一手扶植偏袒，怎會在這麼短的時間內迅速崛起，而且他們的影響力已經大到連教育部任何要推的教育政策都要先找他們來談，他們說 OK，教育部才敢把這個政策下放。我很憂心的是後續教育的走勢是這樣，包括現在的教師職業工會，他們可以公然跟各校去協商，變成有少部分的人一直在游走法律邊緣，而那些有良知的老師也不會公然去阻止。畢竟人都還是有點私心，不管怎麼說，這些人也是在幫他們爭取權益啊！所以，縱使這些人的想法著實比較不合乎一般社會對老師的期望，可是一些有良知的老師可能不敢去得罪人，當然也就不會公然去反對，就任由那些人一直在背後操弄！如果我們的教育朝著這個方向一直走下去，我不知道未來會變成怎麼樣？

雖然我們在教育現場儘量堅守自己的崗位，可是究竟有多少人真的可以這樣一直撐下去？一個小石頭要怎麼一直去擋一塊大石頭？這幾年為什麼有些校長五十歲就想退休，頂多就撐到第二波五十五歲？或許有人會說，是為了多領那四十五個基數的退休金，以致五十五歲就是他在教育界的一個最大極限。我真的是從來沒有去設定幾歲要退休，因為我想把自己要做的事情整個告一段落，對人家有所交代才離開，到現在還是一本初衷，所以我絕不會在五十五歲退休，因為我在這邊，就算做滿兩任，也不會剛好五十五歲，所以我從來不會去考慮這個問題。說真的，這個年齡應該是最有經驗的時候，因為辦學不是光憑熱忱就好，在很多當下你怎樣當機立斷、怎麼去做出最好的決定，那是需要靠經驗的，所以我覺得很可惜，這也是我對未來整個教育界較感無力且憂心的地方。

**訪談者：**

學校裡面有沒有最痛心，就是不該有的現象、不該存在的常態行為？

**顏校長：**

　　有啊，因為願意出來做行政的就是那一些人，不想做的就算拜託也還是依然不願意出來。教學的工作也是，有的人還是會挑軟的柿子吃啊！比如說某個年級有五個班，要帶哪一個班雖然是用抽籤的，可是學校有特殊學生，就要老師去認養啊，往往大家也因某個班的特殊學生比較棘手而避開。或是當某些事情或活動沒有強制性的時候，你就會發現願意出來的就是某些人，另一些人就是打死也都不會出來，永遠就是在那邊過著他的太平日子，就是缺少那種熱情與熱忱。有些年紀才輕輕的，看起來心態就已經很老化，絲毫沒有那種願意額外付出的心態，那還是跟自己本職工作有關的教學喔。如果換作社教那種常常晚上或是假日加班的工作，那就更難找得到人了。

**訪談者：**

　　那種情況沒有辦法去著力嗎？還是您不想花太多時間去經營那一塊？

**顏校長：**

　　因為我們都只能用鼓勵勸導，我並沒有強制力，這也是兩難啦！比如說，有的學校如果行政真的沒有人要出來做，就抽籤啊！可是萬一抽到的那個人根本就是不適合或不勘用的，不也等同於拿石頭砸自己的腳嗎？所以我們也不敢用那個方式。可是如果我去拜託，有的人會說他以前已經做過了，某某人還沒做過啊，你幹麼不去找他，但我們明明就知道有些人根本就不是那個料，所以當他拿這句話來堵你的時候，你實在也沒辦法去反駁他，然後每個人都會希望最好都是別人來做。能當到老師，最基本的能力大概差不多嘛，只是要不要出來做而已。所以你說法令要怎麼去改？就算法令規定大家輪流，也不是辦法嘛！可是堪用的、有熱忱的就是那一批人，你又不忍心讓他們這樣每年都在做，因為那一些人挺你，而且大家這樣患難與共之後，其實是有革命情感的，當他們倦勤也想要回歸家人時，我真的是很不忍心！所以，這個是我最大的困擾。

　　我都說，如果可以的話，我真的很想乾脆把所有的事情都挑起來做，不用去

求人家，也不要去為難人家，可是就是沒辦法，偏偏一個坑就必須要有一個蘿蔔，然後每年就為了找那些蘿蔔真的很痛苦，所以最近才會有行政減量的提議。行政為什麼大家都不願意做，就是人少事繁嘛，法令和公文多如牛毛，所以上級就要我們看哪些該合併的，很多項目大家都希望次數減量，包括評鑑、訪視一堆，每一個來評鑑訪視的，我們要不要去招呼他？要不要去準備一點伴手禮什麼的？可是教育局並沒有因為這些，給我多餘的經費啊！包括學生參賽，有時候連交通費、午餐費都沒有，或是根本不夠，還不都是我自己要去張羅？所以有的校長說，幹麼那麼辛苦，沒有錢就不要辦啊！可是我就不是那樣的人啊，所以只好再想盡辦法去處理啊！

**訪談者：**

請教校長，有沒有難以割捨、很頭痛，但又很放心不下的事？

**顏校長：**

談不上很頭痛啦！我現在只是想把規劃好的事情都完成，像學校的建設，還有想把學生帶到什麼程度。我來到這個學校之後，硬體、軟體都有同步在建設。學生說能不能蓋一個體育館，我說體育館、游泳池並非我們想蓋就蓋，因為還要評估當地的人口、有沒有校地，當然最主要的是上級有沒有這個經費？目前教育局對於沒有體育館的學校，大概就是給經費蓋個風雨操場，我們已提出申請了。就是因為學校沒有體育館，所以下雨天學生真的是比較欠缺場地活動，之前班級數多的時候，一節課可能五、六個班級擠在風雨走廊上課，地下室因通風不好，也不太能利用。目前，學校最欠缺的就是一個禮堂，可是以現在上級拮据的經費來看，那是不可能的，各縣市大概也都是這樣啦！雖說上級給我一個最大規模的、一千多萬的風雨操場，但實在是不怎麼大，不過總是聊勝於無。算算也已經申請了三、四年，明年經費可能才會下來。

另外，所有師生使用的設備，我也都有一直在汰換，硬體的部分大概只要我能做的，我都會儘量在任內把它做完。至於課程的部分，現在都已經穩定了。說

實在的，第二任是真的可以比較輕鬆，因為前面最辛苦鋪路的那段時間，我都打好基礎了，所以現在就是按照這個模式，往下更專精發展而已。現在整個社區的水準也提升很多，我想看看能否有機會再多去著力，把某些族群的文化再轉化，儘量給學生一些正確的觀念，除了更加促進族群的融合，也加速提升社區的水準。

我來這邊以後，整個社區真的是進步很多，那也是因為我這邊的源頭把關做得好，所以我們的學生大部分直升到鄰近的國中後，也扭轉了那個國中過去給人負面的印象，連帶整個學區的房價都上漲許多，當然這也要感謝學區內里長們的協助與宣導。

## 訪談者：

請教校長，探尋校長深刻的喜悅跟滿足，您喜歡當校長嗎？最喜歡哪一部分？最大的成就感在哪裡？是否感受到相當高的尊榮感？從什麼地方可以看出來？

## 顏校長：

我喜歡當校長啊！因為我覺得當校長可以讓我去施展一些理念，至少一些想法可以因為有校長這樣的一個身分與平臺而比較容易實現。我當初會想要考校長，除了希望自己可以有個完整的行政歷練之外，另外一個很重要的因素是因為我從當老師起，就一直在做社會教育工作，如果我只是一個老師或一個主任，畢竟很多的事情，我自己是沒有主導權或有決定權的。雖說當時的校長跟主任也幾乎就是放手讓我去做，可是畢竟有時候還是必須要有一個頭銜或身分，當要出去募款或去推展一些活動時，比較名正言順，讓我接觸的人更多，影響力也會更大，所以這真的是我考校長的一個很重要原因。

當了校長之後，我最高興的是很早以前我就接觸到社會教育這一塊，特別到後來學校已不能獨立於社區之外，學校也需要更多的資源，所以必須更要跟社區互動，而多年的社教經驗讓我更懂得如何將學校形塑為社區的一個學習中心，並

擔負起教化社區的責任。因為參與了社會教育工作，更讓我了解到，除了在自己的本職工作以外，我還可以去做許多有益人群的事。就為了當初一個很單純的回饋念頭，我這樣子無所求的全力以赴，從未期望可以得到任何的回報，所以不管我得到的是什麼，我都很開心，也因未特別期望什麼，也就不會失望，因為那對我而言，都是額外的喜悅啊！也因從一開始就投入很多，所以一直都得到人家給我非常多正向的回饋，這又給了我更大的鼓勵，也讓我樂意繼續去完成自己的志願！

　　本訪談之時間為 2015 年 12 月，受訪者迄 2016 年 1 月的校長年資有十二年。

# 第 16 章

# 訪談梁校長

## 訪談者：

請問校長，您理想中好學校的圖像跟好老師的圖像是什麼？自從擔任校長以來，學校中的圖像跟您理想中的圖像是否有差距？您怎麼追求學校的改進？做了哪些努力？

## 梁校長：

理想中的好學校圖像就像現在我們開心國小（化名）這樣。我記得在國北師校長培育班結業時，林文律老師跟我們講的那句話：「當一個好校長，要把老師帶起來，也要帶領老師把每一個小孩子帶上來。」所以我一直覺得，老師們如果是有熱情願意為孩子付出，朝專業的方向走，這樣就是一個基本的好學校。如果學校都是好老師，都願意為孩子付出的話，就是我理想中好學校的一個圖像。

也就是說，就像在過程當中，老師給我們勉勵，我們怎麼把老師帶起來，因為我們希望老師的目標就是把孩子帶起來。無論每個孩子的狀況是怎麼樣，如果我們可以把老師帶起來，讓老師在校園裡面，無論是家長，還是在孩子他們眼中，學校的老師都是可以幫助他們成長的老師，我想就可以建置一個好學校的圖像。

好老師的部分，我自己很簡單的歸納成三點，我常常跟老師們分享，我心目中的好老師，第一個就是很會教，教得非常好，暢所欲言、唱作俱佳，孩子們上課時，老師可以教得非常生動。第二個就是孩子們會學得很好，老師雖然很會很

會教，但是孩子的成效要能看得到。而第三個條件就是，無論是課業，無論是品德，無論是孩子本身的一些態度，孩子要學得很好。老師如果很會教、孩子又學得很好，還有另外一個條件才是好老師，就是孩子喜歡的老師，因為有的老師很會教，孩子也學得很好，但是老師非常嚴格、嚴厲。孩子在嚴厲的逼迫下，成績很好，可是孩子可能非常害怕老師、害怕上學，我覺得這不是一個好老師的條件。所以我很粗淺的歸納成以上這三點。

在自己校長的生涯當中，我也經常跟老師們分享這一點。所以有時候我也在評估，家長有時候會說：「我們希望有一個好老師。」我就會跟老師分享說：「我們回過頭來可不可以做到這點？」有的老師自己很努力教，但是家長有時候會抱怨：「我的孩子為什麼常常上課不專心，他似乎對學習沒興趣。」可是老師都告訴我，他好認真噢！他教得很努力，可是孩子不喜歡他，孩子的成績也不好。所以這三項具備的話，在我心目中，它就是一個好老師的圖像。

**訪談者：**

自從您擔任校長以來，現實的世界與理想中的圖像是不是有差距？

**梁校長：**

從我到開心國小以來今年第五年，我覺得我一直是往這個方向努力！我當然希望有更好的發展，能夠將團隊帶得更好，然後學校的各項表現都更好，所以我就突然想到回過頭來看，一個好老師如果對應到一個好校長，如果說我很認真、很努力的當校長，然後學校的表現很好，然後大家都很喜歡我，不管老師、家長、孩子都喜歡我，我覺得我期待中的好校長可以往這個方向努力，目前這是一個努力的目標。所以，我現在還不斷在找很多不同的資源，也從老師提出來的問題中，發現學校還可以再做怎麼樣的改進，還可以在哪些方面繼續努力。

**訪談者：**

請問校長，您是用什麼策略來經營學校？

**梁校長：**

我記得就是從第一任的春天國小（化名）要準備轉任學校的時候，那時候有位資深校長說：「換了一個學校，就像初任校長一樣很辛苦，要重新認識學校。」我來到這裡後也是有這種感覺，就是好像之前當了七年的校長，那些背景、資歷還不足以應付我來新學校的第一年。所以，我真的覺得每一個學校都有著不同的文化、氛圍，所以使用的策略也會有所不同。我覺得就是回到人的感覺，所以我一開始就一直覺得，怎麼樣讓老師感受到他的職業、他的角色是被尊重的，我想就從這裡開始。「尊重」是一個口號或是名詞，「怎麼做」老師才有這樣子的一個感覺？

回想起去年準備連任校長的時候，督學安排了一個時間對行政人員、教師、家長做訪談。之前那次連任沒有這個過程，但是去年 6 月的時候督學來訪談，他就指定家長會代表、行政人員代表、教師代表。那次訪談我也重新去看他們眼中看到的校長是什麼樣子？這也可能是剛剛老師提到的策略之一。因為在訪談裡面，例如：教師代表就由教師會找了老師們對督學表達校長是怎麼經營這四年。其中一位老師後來跟我分享，他說：「督學就引導一些話問大家。」他就很明確地告訴督學說：「梁校長跟以前校長最大的不一樣就是，她真的聽大家的聲音、真的接受大家的意見、真的執行。」那是他跟我分享的。

以前很少跟老師討論到這個議題，他說的話讓我覺得很欣慰。我的確是這麼想的，我也希望開放給老師很多的空間，讓老師能表達很多不同意見。老師也的確看到我做到了，這就是我這四年給他們的感受。我覺得這個策略就是尊重，就是很細微的去了解老師的需要，而老師也願意表達他們的需要，他們的需要不會被壓抑，雖然不見得所有的需要，我都有可能滿足他們，但是我就是站在一個教育的公平正義立場，維護學生為第一的考量來做。我會試著把我的想法告訴他們，他們進而願意接受我的意見，這個就是近幾年我與老師們溝通、討論、協調。我有妥協的時候，他們也有妥協的時候，就看事情的輕重緩急來決定。但基本上還是表達我對老師們的尊重，而不是在批評他們、指責他們或是羞辱他們的情況之下跟他們做討論，我是在真誠的表達尊重他們的立場之下取得大家的共

識。

## 訪談者：

請問校長，您平常忙碌的事情有哪些？哪些事情您想賦予更多的時間來做？哪些事情您花了太多時間，覺得很不值得？

## 梁校長：

我覺得只要花時間都是值得的。有時候為了穩定一個班級的狀況，我們真的幾乎一個禮拜、兩個禮拜、三個禮拜都在處理這個班級，但我覺得很值得，這是一個很辛苦的過程。有時候會覺得因為面對的是孩子們學習的不穩定，有時候是孩子們的特殊狀況會影響整個班級到老師們，那個過程都是很辛苦的！必須要開不同的會、約不同的人來討論、找不同的策略來解決，但我始終不覺得這是在浪費我的時間。我始終覺得我花了時間，我把這件事情做完了，我覺得背後的效益是看得到的。有時候因為這樣的處理，同學年的老師就會大家一起來協助這個班級。有時候其他的老師會知道校長會堅持到底，然後他們也改善了。我覺得這背後的效益是很大的。

所以，每天在忙碌的事情一定有既定的計畫，行事曆裡一定有既定的計畫在做。如果有時候有突發的狀況需要去改變既定行事的話，就會去衡量事情的重要性。我舉個例子，上個禮拜，我們在開擴大行政會報，教師會會長、所有行政人員都在，大家正在討論事項時，學年主任傳來一個訊息，因為他在處理孩子的事情，他的訊息說：早上孩子在上自然課的時候，老師使用鹽酸，好像孩子被噴到。那時候我就做立即性的處理，因為早上發生的事到下午我們才知道，是因早上上課的老師沒有報告，他認為沖沖水就沒事了，下午的老師就說送到保健中心去，我們護士阿姨說看起來沒事，但我一聽到是鹽酸噴到的，我就說：「什麼都不要說，現在第一件事就是送醫院急診室，讓醫生來評估。」當時已經隔好幾個小時了。

後來送去那邊之後，我們學務處都陪同。過程中，孩子又說班上還有另外一

個同學，那個同學是被噴到嘴巴，他說他們班還有另一個同學被噴到眼睛才說的，所以我們回過頭來又載另一個同學到醫院，接著了解過程，知道另外還有好幾個孩子，因為實驗的石頭上有鹽酸，然後摸那個石頭，可能手有接觸到就去沖水，後來檢查沒有大礙，但是醫生說要再觀察。可是像這樣的情況，這麼突然的狀況，我就必須馬上處理，不管去健康中心、去學務處、去找孩子，其他事情都要擱著，就算開一個很重要的會議也都要擱著。類似這樣子，我覺得有時候就是趁這個機會讓科任老師、級任老師、護士阿姨、學務處都知道這件事情的嚴重性，而不只是傷害的嚴重性而已，在上課期間，因為老師導致學生可能造成的一個傷害，這個嚴重性不是學生在操場跌倒，那是相對很不一樣的一個狀況。

　　我覺得花這些時間都是值得的，因為做了一次，他們就知道以後處理這種緊急狀況的時候，要用什麼標準、什麼方式來面對這樣的事情。忙碌的事情每天都有。像我們現在因為有一些專案進來，除了巡視校園、固定與老師開會、學生升旗之外，還陸續申請了很多專案，所以要約建築師、設計師來討論專案與處理經費，因為申請的案子一直進來，我們的校園就會有一些改善，這些勢必都要花一些時間。

**訪談者：**

　　請問校長，一個人的時間有限，校長的時間有限，校長如何管控時間，在有限的時間內完成最多的事？

**梁校長：**

　　第一個就是要有健康的身體、良好的體魄，因為校長就是沒得休息，從一早來上班，一直忙到下班，要隨時保持充沛的精神，才有可能完成事情。因為每件事情都需要快速地把握時間，所以要完成數不清的事情，勢必是要做時間上的調配，同一個時間要考量到事情的先後順序，然後用最快的時間、最快的速度去完成。

## 訪談者：

請問校長您辦學的空間有多大？有很多體制與法令的束縛，每天的時間精力有限，您想做的事情在這裡都能一點一滴實現嗎？

## 梁校長：

我不知道什麼叫做法令的束縛，我沒有感覺到有什麼束縛，我好像找不到任何綁住我的法令或什麼東西。對於老師的職務分配，我的心態是這樣：老師們用積分，他們有他們的遊戲規則。普遍來說，學校的老師擔任每個角色，我覺得大概都不會有太大的問題，所以我不會去掌控一定要怎麼做。關於學校的職務編配，有學校的遊戲規則，由校長自己做調配，不見得是一個好的決定。我還是先觀察，確定主任的位置以後，我相信主任可以找到適任的行政組長，我就授權給他們，所以後續的部分我就不那麼干預了。

我在調配職務的時候，依據教育局的規定，比如說高年級的導師不能用代理或是要報局通過，或是行政組長也要報局通過，這件事因為教育局有這樣子的規定，所以把位置卡住，其他的就按照老師們的方式。我自己的觀察，我也發現很有趣耶！前年吧，我們有低年級的導師，因為他的積分真的很低，他就是會被推到高年級，當時會有這樣結果的時候，老師就無法接受。我就靜觀其變，因為我覺得我不能破壞這個遊戲規則，然後我也看到這個遊戲規則下去，這個情況並不會更糟，我覺得也還可以接受，所以那個老師就換到高年級了，結果他教得真好！今年呢，兩年已經教完一輪了，家長就說他是一個很棒的高年級老師。你看！他有這樣子的衝突以後到現在，換了一個位置也是一個很優秀的老師。

所以，我重新調整對於老師職務是否勝任的刻板印象，我覺得只要老師願意投入、願意做，其實哪個位置都能很努力把它做好。所以每次到換職務的時候，我會跟老師開玩笑說：「在我那個年代，從來沒有經歷過填積分，想去哪個位置就可以去哪個位置。我的年代都是學校安排的，學校要我教幾年級，我就教幾年級。要我當什麼組長，就當什麼組長。我的年代就是這樣。」所以我就跟老師說，我其實很羨慕他們可以自由選擇，我希望老師不管在哪個位置都能勝任他的

工作，讓自己能調整轉換去適應那個工作。所以對我來講，我覺得還好，沒有太多被束縛、被綁住。我就做我能做的，就這樣！

**訪談者：**

很多校長都抱怨「有責無權，赤手空拳」，就是被很多東西擋住，這也不能做、那也不能做，但是我還是看到很多校長就是游刃有餘。校長您是否也感覺游刃有餘，沒有什麼綁住您的東西，您要怎麼做都可以，如您所願去推動？

**梁校長：**

其實，校長在學校擔任校長這個角色是一個藝術，所以我真的不覺得那個行政職權對我來講有什麼影響或束縛。我覺得教育局訂的政策，要我們去配合的，我都會盡力去做。如果我覺得是不合理的，我自己會去轉換。我舉個例子，上個年度教育部有一個方案，推出 SH150，主要是要小朋友一週要運動一百五十分鐘。那一百五十分鐘不算體育課，要怎麼做得到？我就跟我們的群組討論說，下課的時間、課間操的時間、早上的時間跑步，所有我們能夠想得到的時間，我們都排進去。我們確實在做，所以我們就擺了簽到簿在司令臺、學務處，只要有跑就去登記，請學務處做登記，每個月做一個統計，這個月如果沒做到SH150，就要找時間去把它補回來。

我聽到很多校長在抱怨，運動一百五十分鐘是做不到的，都是空頭口號，要求學校這樣是不合理的。但是我不覺得，因為我自己擔任老師、校長，我都認為運動是最重要的，比任何一個教學活動都重要！要為學生找出時間來。運動重要是為了要有一個好的身體，所以我就這樣對學生做出要求，而我今天早上看到有傳一個 SH150 臺北市的評比，我們是特優，而且我們學校是排第一耶！我的意思是說，不見得我們學校要拚第一名，但是我們是依照教育局給我們的政策指令，確實有在做，那是因為我覺得對學生有幫助，所以我沒有抱怨過這件事。我不覺得這是行政職權受到影響，我不認為這是一個不好的效益，所以我從來沒有抱怨過教育局要我們做什麼，因為我覺得這樣抱怨，老師一定更不可能執行。我

們若覺得不合理，就輕輕的做、淡淡的做，這樣就好了。如果我們覺得這是很能為學生做的，我們就努力把它徹底執行！

## 訪談者：

請教校長，您喜歡當校長嗎？喜歡哪一個部分？最大的成就感在哪裡？

## 梁校長：

我本身的特質，從當老師、主任、校長，就是充滿活動力的人格特質。我的行事曆只要有人邀約辦活動或是參與什麼樣的事務，只要我有空，我就填進去！有很多是校外的跟專業有關的，像教育部有關的專案，也覺得很榮幸有機會參與。我的角色很有趣，我的角色叫做實務工作者，因為參與的很多委員都是教授，他們的委員要很多元，我就是可以代表實務工作者的角色，因為我自己很喜歡這樣的工作，有這樣的機會可以參與，我很樂意去做。

樂趣在哪裡？很可能一方面是因為角色和頭銜，我可以去做這樣的事情。二方面就是我常常跟來訪的貴賓講，學校如果辦得好、辦得漂亮，學生如果好，真的不是一個人的功勞，我一個人真的做不到！如果沒有大家努力，一定做不到。因此今天早上開會，我就謝謝老師們去年很辛苦，為了SH150，大家都在努力，所以我們得到了特優，每個老師都開心的鼓掌。如果是我努力的，你第一名只是校長一個人的事。

所以，我認為那個樂趣在於可以跟老師一起努力，看到我們一起努力的成果，那是當校長的一個樂趣。然後有很多的機會得到外部的肯定與鼓勵，來自教育局和教育部的，來自參訪的貴賓，大家都給我一個很大的肯定。這個就是當校長的一種成就，當校長的一種尊榮。

## 訪談者：

請問校長，學校的人為什麼願意跟您走？以您自己看來，是個人特質嗎？

**梁校長：**

　　我覺得讓老師感覺他在這個學校是有分量、有位置的，我做的可能是這個。因為就從我們這個學校這個位置開始，我來這裡一直感受到這裡地價又高、地理位置又好、學校空間又大、環境又好，我把這樣的感覺一直告訴老師，可能不是透過我，而是透過別人看到的，像是家長或參訪貴賓來學校給我們的一些肯定，我就會在開會的時候轉達給老師。我發現老師們也慢慢感覺到了，比如說，有老師說：「我今天去外面研習，有人就說你們學校好漂亮，真好！」這就是老師轉達給我的。我慢慢發現老師在學校是有尊榮、有價值的，那是引導。

　　你說我是怎麼做的？我就是不斷讓老師們有這樣子的感受，然後老師們也慢慢有這樣的感受，再加上我覺得老師自己教的班級家長，或是每一年新學期很多新生要進來的時候，就有很多對老師好的評價口耳相傳，就會傳到我們老師耳裡，傳來傳去都會傳回來。這樣的傳話，歸結起來，就是這間學校是一間不錯的學校！就是這樣，讓彼此都感受到這樣的尊榮。

　　我剛剛提到，我是一個活動型的校長，所以不斷承辦很多活動。我覺得在老師看起來，我們不斷的在付出。去年很明顯因為我們承接了市府的專案，是因為教育局認識的關係，也是因為地理位置的關係，學校很方便很容易，然後我們就開始組我們的服務團隊。因為教育局給我們一個指令，這樣的活動完全不要對學校造成任何影響，我們要在這個指令之下執行，所以要怎樣達成這個任務？很高的難度。多少臺的遊覽車來、接待多少的孩子，可是完全不會影響老師的教學，我們要怎麼安排這些參訪活動？怎麼安排我們的人員？怎樣調配才不會影響各處室的行政業務？我們也完成了一個不可能的任務，也因為這樣子從外地來的學校才知道，原來臺北的學校都是這麼熱情。像這些都在學校的氛圍裡發酵。我們自己的行政同仁也會覺得說，校長、主任跟組長們，大家都這麼熱忱的在接待，然後看到從臺東學校來參訪的人都覺得：「哇！好棒！有這麼熱情的學校和老師。」我們老師一上遊覽車，就是專業導覽員，開始介紹整個臺北。我真的看到老師很不一樣的樣態。

　　其實我有時候會運用一些小技巧，像辦一些活動還是什麼，我都會感謝老

師，或是聚個餐或是送一個小點心、小卡片，適度表達對老師的感謝，我覺得這對彼此的關係會更拉近一些。

至於提到喜歡當校長嗎？在還沒當校長之前，我其實非常不想當，也不是一當就愛上了。我其實一直沒有把校長這個角色當成很偉大的角色在做，所以真的我們在辦活動的時候，我跟所有人一樣都是搬桌子、椅子、鋪桌巾、蹲在地上擦地。看到穿牛仔褲就知道今天又有活動要辦了，我們都是一起做，除了偶爾在結束之後，需要接待教授或貴賓到這邊來喝個茶，不然的話，所有活動結束，大家都走了之後，我們就開始清場地，我們全部都一起做，但還好我們的主任、組長們，大家都很願意幫忙。所以，有一天有個工友就問我：「校長你家以前是不是種田的？」我就說：「我當然不是，我是家裡的嬌嬌女耶！我以前在家裡是小公主耶！」要有好的身體、有體能、有體力，才有可能這樣做。也許是我的個性使然，大家的事情，大家一起來，我希望可以感染所有老師的氛圍，大家就不要再去計較工作了。他們就說現在覺得這學校的環境很不錯，所以在學校多待一會兒，改改作業或是備課。

### 訪談者：

請問校長，有什麼令您挫敗的事情嗎？

### 梁校長：

一定有啊！在很多做事情的過程中，難免會有挫敗。挫敗經歷過了，就覺得很好。有時候我覺得整體來說，這些年沒有怎麼不舒服的感覺，不常發生！去年有個經歷比較嚴重的是，學校有一位學生，今年已經畢業了，所以是兩年前，他是嚴重的情緒障礙，三年級轉來我們這裡，四年級情況惡劣，到五年級要編班的時候，沒有一個老師願意收這個學生，本來要教五、六年級的老師，就全部都填了志願到三、四年級。我那時候其實是很挫敗的，就是在我心目中非常好的老師、我很敬佩的老師，有好幾位紛紛都去了三年級，就是為了不願意接這個孩子。那我們心照不宣，但我是真的很挫敗。

　　我心裡想，怎麼當一個老師是這個樣子？我難過了好一陣子，也覺得沒有辦法，還是要面對這件事。我那時候有一股衝動，很想跟這個家長說：「你要不要考慮轉換一下環境？」我覺得我們已經盡了最大努力，那個孩子把老師打傷，也把同學都打傷，很嚴重！非常嚴重！他的情緒常失控，這個情緒一上來，你不知為何有這個情緒，他就丟東西，老師的皮就破了、滴血，到這麼嚴重的地步。

　　我覺得自己當一個校長，保護不了我的老師、我的孩子，我就覺得這樣的孩子該怎麼辦？還要讓他留在這裡嗎？當然我知道這個家長很內疚。我想如果我這樣提出來，他會離開這個學校到中南部去。但是我一直都沒有開口，我還在等機會。接著，我們開了很多次的會，跟學年的老師開會、跟學校老師開會。有一次開的會，我真的很痛心，我就形容那個孩子被架在手術臺上，任人宰割。因為每個老師都是在講他在教室裡面發生的狀況，然後聽起來就會覺得，這個孩子簡直在學校沒有辦法生存。我們學校的輔導室，一年多來都在輔導他，所以輔導室感覺更挫敗，因為他們覺得很努力了，為什麼老師還把他講成這樣子。我們在安排導師的時候，開始做沙盤推演。很幸運的是，我們就拜託一位老師，看看他能不能夠帶這個孩子。但是這個老師壓力也很大，就是他不想成為英雄。因為在這個學年裡面，他會覺得好像被形塑成只有他可以帶這個孩子。

　　另外一方面，因為這兩年，他必須費盡心力來照顧這個孩子與班上其他孩子。然後，我們就在開會的會場上討論，我跟輔導主任討論過很多種方式，最後就討論，邀請每個老師說說看，有沒有可能接受這個孩子。我們最後形塑出一個氛圍，就是我們不得不拜託這位老師出來，他不是自己情願帶的，是我們大家拜託他的。然後，這個氛圍形成之後，他就接下這個班級，我就允諾當時的五年級，以後的每個月，除了有突發狀況，我們同學年都還要開一次會，大家都來幫助這個孩子。這個老師不用站導護，所有同學年老師該做的事，他都可以免，所有的老師幫他分攤他的工作。那一年，我們這個團隊成為後來最團結的一個團隊。五年級上學期期末聚餐的時候他們送給我的卡片，我就跟大家分享。

　　我其實真的很感動，他們送的卡片上面寫著：「親愛的梁校長，謝謝你常常花費精力與我們討論事情，協助我們度過很多很多的難關，讓我們團隊能夠更緊

密，於公你是我們的好領導，於私你是我們的好夥伴。謝謝你！」我就把這個留著當作我很好的省思。有一個老師很會畫畫，所以他把六個老師畫在這裡。所以有時候我覺得我們做的，為了這個孩子，我花掉多少時間？為了這個年級的老師，我花掉了多少的時間？所以剛剛講的就是這個轉折點，就是那個老師你們免除掉他很多的責任，他願意盡心地去帶那個孩子。這個過程中如果有挫敗，因為孩子就是孩子，大人要怎麼來幫助這個孩子。那麼難帶的孩子，老師願意帶，關鍵就是要幫他排除各種困難，他不喜歡被塑造成英雄，就儘量淡化那一部分。所以，最後他還是用心的帶到畢業。這樣的氛圍在我們學校其實很不錯。

　　我來的第一年和第二年，老師都紛紛提說，為什麼我們把特殊孩子照顧得這麼好，然後呢，我們就不斷地收這些孩子。這幾年，老師不這樣講了，因為導師們都心裡明白，自己的班級有好幾個特殊孩子，但是他們都願意用心來照顧這些孩子。所以領導這一部分很重要。校長的領導，就是整個氛圍會接納，只要是比較嚴重的個案，或是家長比較難溝通的個案，我都會跟輔導室說，只要是需要約家長來開會的時候，我一定到！所以一定要排我可以的時間，我一定要參與，所以學校有幾個個案我一定會參加。

　　然後，還有一個很有趣的個案，是安置轉學進來的，就住在我們附近的豪宅區，那個家長因為住豪宅，據社工跟我講，最難溝通的就是孩子家長。我知道這個訊息之後，就跟主任說，他要來辦轉學的時候，一定要約我跟他談。有些老師還不是很能夠去掌握這個家長，我們能夠做的就是支持老師。那次跟家長建立關係之後，他就信任我們，建立關係取得信任，彼此有了信任之後，發生任何事情跟他聯絡，他都願意配合，只為了讓孩子在這邊適應，這就是策略吧！

　　用尊重老師來帶領老師，發揮他們專業的熱忱，這可能是我覺得我努力比較多的部分。另外，就是找到相關的資源，或是讓學校有更多的機會讓更多人看見，這樣我們就會有更多的資源進來，這也是我努力比較多的部分。

**訪談者：**

　　請問校長，您有沒有一直覺得什麼地方學校可以再進步？您會想要努力去求

進步嗎？因為我有一個感覺就是校長有很多種，有些校長認為學校平安無事就很好啦！請問校長，您有沒有看到什麼地方可以再著力一點，您就會想去做。可不可以舉一些例子？

**梁校長：**

我們還有很多獎項想申請的，這個學校的獎項都是我們要繼續去努力的。但問題是我們的團隊現在都努力在辦活動、在規劃建置各式各樣的環境，所以我們沒有那麼多的時間花在提報申請這些獎項，這可能是到目前為止我們最欠缺的。目前，我們會從既有辦活動裡面找出亮點，這些活動都可以得到很好的獎項，因為都有實際在做。

**訪談者：**

請教校長，就校務而言，您有沒有覺得力有未逮，就是很多地方覺得能力不夠，不管在哪些方面，有沒有？還是您覺得想要的都能達到？

**梁校長：**

目前努力做的，都可以爭取繼續做，不足的部分再找資源做得更多更好。今天開主管會報討論下個學期的活動，想好了要慶祝兒童節快樂野餐日。我們兒童節要做一個野餐活動，就討論得很開心，準備什麼材料，忙不完的！

**訪談者：**

請問校長，有些校長可能會抱怨，教育局有很多行政、政策命令要學校這一端來做並不合理。不管是事情不合理，還是方法不喜歡，面對這種來自上級的東西，校長有沒有這種感覺？

**梁校長：**

關於教育局的政策宣導或行政命令，一定要配合，若對孩子有幫助，我們就

努力盡全力地去完成它。如果對小孩子不是很有幫助又不能擱置，我們就不要太費力，不然這樣子會耗掉太多做其他事的時間，可以處理的報表、輕易達成的宣導活動，我們都會辦，就不需要耗這麼大的心力來做，但是我們都會做。反正，我就是不會覺得他們給我們太大的困擾，我們就做吧！

### 訪談者：

如果您是教育局局長，您會怎麼做，以幫助小學發展得更好。教育局要怎麼樣做，以便讓小學更有空間辦學，讓在基層當校長的人覺得事情會更好做一點？

### 梁校長：

讓教育局了解學校的困難，提供資源，例如：經費、人力。

### 訪談者：

您沒有充分讓上級了解嗎？不是有督學之類的，還是他們只來看一看？

### 梁校長：

我沒有什麼機會可以來讓他們了解我們的困難是什麼，我覺得沒有用。至於有沒有什麼有效的方法要跟教育局建議的？我覺得我沒有很大的困難，所以不用特別給建議。我覺得我們學校的資源還可以，因為我們很積極努力的為教育局承辦業務，其實經費愈多要做的事更多，也能得到更多的掌聲。

### 訪談者：

請問，您認為校長培育和校長儲訓最可以加強校長的哪一部分？當然，您們現在都已經是很資深的校長了，但是哪些東西對於要當校長的人有幫助，教育局可以怎麼做？未來想當校長的人，要怎麼努力才能準備好去當一個好校長？

**梁校長：**

校長的工作還是要慢慢累積經驗。一部分在校長儲訓班教，另一部分是人格特質，因為就是這兩年協助帶領初任校長的訓練，他們很認真，他們碰到的一些校務疑難，也是反映學校的文化不一樣。然後，校長本身特質也不一樣，所以要怎麼把師傅校長及初任校長搭配在一起，才是對初任校長的學校有幫助，這個也不是你教就可以教得來的。因為每個人碰到的學校問題，他們提出困難來討論，才知道怎麼樣幫忙。

舉一個很有趣的例子。有初任校長上任第一年就準備要體育表演會，他們就很緊張。體表會怎麼辦呢？要講什麼？對那麼多人要怎麼說？初任校長就很緊張，於是就有已經做過體表會的校長跟他們分享，然後當然我們也提供一些經驗。我的意思是說，類似這樣，一年一年的累積，不會有人針對體表會去教一些什麼，有時候要看經驗，在他經營學校時自己去體驗，碰到困難時可以找師傅校長幫忙，要自己去當了校長以後，遇到了問題，才會發現需求。

至於我自己身為校長，需要改進的部分，我覺得對我而言還是專業的部分，我覺得課程是我需要再努力的部分，所以我很希望藉由課程專業的主任或其他的老師，引進全校都實施的教師專業成長，教育部、教育局的專案，我們很多老師去申請，這些都是我一直督促主任們的。

**訪談者：**

對於有心邁向校長之路的人，請問校長會給他們什麼建議？校長這條路好走嗎？如果真的要走的話，要怎麼去準備，以便成為一個好校長？我不是指為了考試，我指的是想當校長的人要如何努力以便當一個好校長？

**梁校長：**

若是適合當校長的人，再鼓勵他去走這條路，若不適合的人就不要。

**訪談者：**

若不適合的人，自認為適合怎麼辦？

**梁校長：**

那就要讓他們知道自己不適合當。就是要有一個機制，讓他們知道不適合。

**訪談者：**

所以那個是教育局的事情嗎？您怎麼看一個人適不適合當校長？

**梁校長：**

我覺得能力是一個部分，能力其實能夠很快可以看出來他適不適合當校長。如果沒有能力，真的不要當校長。我覺得很多時候會誤判很多事情，因為他能力做不到。應該具備哪些能力？具備判斷力、然後執行力。我覺得之前比如說，這些主任之前不當主任，你就不知道他有沒有這個能力。可是他做了以後，你發現他真的有，而且他們也說他們在學習，他們看校長怎麼做就一直在學習。他們學得來啊！

**訪談者：**

您剛剛說，您可以看出哪些人適不適合擔任校長。我現在想請問您，想當校長的人，他們有沒有辦法自我修煉？您可以提示他們要怎麼努力，還是說這種東西，不是說要怎麼修煉就可以修煉的？

**梁校長：**

就是要讓他知道，他自己需要被教導。如果他願意，就會有機會。

本訪談之時間為 2015 年 12 月，受訪者迄 2016 年 1 月的校長年資有十二年。

# 第 **17** 章

# 訪談鍾校長

**訪談者：**

　　請問校長，您理想中好學校的圖像跟好老師的圖像是什麼？自從擔任校長以來，學校中的圖像跟您理想中的圖像是否有差距？您怎麼追求學校改進？做了哪些努力？獲得了哪些具體成效？

**鍾校長：**

　　對於這個圖像，我覺得是在九年一貫課程以後才有的一個圖像。在之前呢？幾乎都是依照所謂的教育原理、原則去做思考。理想中的學校，如果說我全國到處去跑的話，我覺得我們的圖像，每一個學校都大同小異，都沒有真正去做一些在地化或做歷史背景的一個思考，全部都是九年一貫以後那一陣子，這樣子一窩蜂全部同樣的圖像都跑出來了，這是我覺得很奇怪的地方。

　　至於所謂圖像，其實又是來自於所謂的 vision，對一個學校的願景轉換而來的！對於願景這件事，我個人還蠻有意見的，我們的願景都是太抽象、太雷同了。願景 vision 應該說是一個比較具體歷程的陳述，絕對不是現在的那個兩個字兩個字什麼的，卓越、合作、快樂，我想都不是。

　　回過頭來說，這個 vision 最早提出來的應該是福特公司，他們針對公司發展的願景所提出來的。他們的願景很簡單，他們的願景是一個歷程。也就是說，希望福特的四個輪子能夠跑遍全世界。這是他們公司經營的一個最大 vision。在這樣的情況之下，我認為學校的圖像，第一個，我到每個學校，幾乎每個學校都已

經有圖像了，比如說要家長參與、學校要卓越發展等。我可能會就它原有的這個圖像，也許是某個時代的產物所產生出來的一個圖像，帶著老師共同去思考，是不是把這個圖像轉換為我們真正可以去實施、可以做到的一些路徑。我想這個路徑更重要，為了要有這個路徑，我們可能要對自己學校的圖像去重新做一個詮釋。

　　我理想中的好學校是什麼？講到理想的好學校有太多的理論、太多的學派，而且古今中外都不一樣。如果要去論述，那就是一部教育哲學。如果是這樣的話，我覺得不太需要我們再去詮釋它。我會帶著老師，那些老師也許就是一些代表就好，我會帶領大家先來考慮，我自己這個學校，我們覺得在這樣一個社區，在這樣一個歷史的背景上，也許是七十年的學校，也許是一百年的學校，我們的圖像配合著這個時代，應該做哪些改變。我覺得是需要從一個學校的願景，已經存在的願景，我會帶著老師重新去塑造一個我們覺得是這個學校理想的圖像。所以，理想的圖像絕對不是某一個大家公認的，誰的圖像最好。

　　學校的圖像沒有所謂的標準化，圖像應該是真正屬於自己本身慢慢去建構出來的。所以圖像大概不是說，我就這樣想出來，就這樣貼上去，不是！我覺得圖像是慢慢做出來的一種拼圖的過程。

　　再說，擔任校長是否覺得學校的圖像跟自己理想中的圖像有差距？基本上一定是會有差距的，因為學校所標榜的，也許是較早時期弄出來的，實際上跟老師是有距離的。應該說這個差距，在校內本身就有差距，而不是說這個圖像跟我新擔任這個學校校長的差距。我不認為那是我跟這個圖像的差距、我跟我自己理想中的差距，不是！應該說，學校本來已有的圖像跟學校所有老師、教職員工的差距是什麼？我要做的就是去找出這個差距。這個差距找出來之後，接著就要對圖像重新去做一些詮釋。

　　至於說，因為要改變這個學校，我做過哪些努力？努力大概是一定要的。第一，我可能就是要去跟老師談、聽老師說，到底他們這幾年來看著學校的圖像，他們有什麼感覺？那種感覺，是什麼感覺呢？我可能要去做這樣一個引導者，讓他們講出心裡所想的，我們學校的圖像應該是什麼，怎麼會是你們定的那個呢？

大家對於已經掛了五、六年的所謂的圖像那個東西根本就無感。

　　我去任何一所學校，第一件事情就是去跟老師談。在跟老師談的過程裡面，我就會就我對這個學校的了解，提出我的一些看法，因為我走過四個學校，從快樂國小、欣欣國小、陽光國小，然後到現在的純純國小（以上均為化名），這四所學校我幾乎都會跟老師好好的談。當然我不太可能一個一個談，即使像快樂國小那時候三十班的學校，老師也還是蠻多的，有五、六十個人，不太可能一個一個談。我會先剖析我自己，會利用 8 月底開學之前，剖析我自己是誰、我大概預備做什麼事、我對這個學校的了解是什麼、我從網頁上得來的是什麼、我會怎麼去理解學校的方方面面，以逐漸增進我對這個學校的認識。最後我就會想，外界對這個學校的認識是什麼？就我所聽到的，外界對這個學校的認識是什麼？當然那時候應該是所有老師眼睛比較亮的時候。

　　前面一直在講對學校老師的了解，他們當然覺得我們就是這樣子。然後我就想，外界給你們的是什麼？我可能就會去比較，激發出一些比較特別的字眼出來。比如說，在陽光國小，六十幾年、快七十年的學校了，我去的時候剛好要辦七十年的週年慶。我就會比較想去引導大家留意，在鬧區中這是不是一所沒有人看見的學校？它面積 2.9 公頃，可說很大。可是在鬧區中，人家走過去就走過去了，好像這是一所沒有人看得見的學校。所以他們就會覺得，為什麼我們這麼大，卻好像沒有人看得見。就這樣，我就會引起他們的好奇。那純純國小呢？我就說，這所學校是一個沒落中的貴族。

**訪談者：**

　　那個意象是校長去塑造出來的？

**鍾校長：**

　　對！我覺得我要告訴他們真話。我要告訴他們，不要以為你來這邊二十年了，在這邊十幾年了，我從創校就來了，我們都很好。

**訪談者：**

引導他們去思考。

**鍾校長：**

從以前到現在，我就是這樣。把我前面那個鋪陳完了以後，我就是要提出後面這個問號，或說是這個標題、這個口號，讓老師們去震撼一下。然後，我在欣欣國小的時候，我特別談我當初從快樂國小要來欣欣國小的時候，人家問我說：「校長你為什麼要去欣欣國小？」我說：「欣欣還好呀，不錯呀，在一所大醫院旁，欣欣不就在欣欣樂園的旁邊嗎？」我又說：「欣欣樂園你們知道吧！就是在士林那個，以前那個欣欣那裡。」我說人家為什麼提到那個欣欣樂園，因為他們根本不知道欣欣國小在哪裡。我去快樂國小的時候，我也是第一個問老師這種問題的人。

**訪談者：**

提高學校能見度。

**鍾校長：**

對！第一個我就問，我說我來快樂國小，我是從美麗國小總務主任派任出來當校長的第一任，那時候我已經派任到那邊去了，人家就問我說：「快樂國小在哪裡？是不是在新北市新店的旁邊？」我說：「我是臺北市快樂國小。」他們就問說：「快樂國小是在哪裡？是不是在新店的旁邊？」可見沒人認識快樂國小啊！然後我請問老師你們一下，你出去，你說你是快樂國小，你怎麼去描述快樂國小在哪裡？我這樣問，首先就是要喚起在地老師對於學校存在價值的覺知。人家對你學校存在的一個意象是什麼？我覺得要喚起他們對這樣子的一個深深的感受，這樣你未來再來談圖像才有辦法，你要做什麼改進才有辦法。所以問到有沒有差距？絕對有差距，這個差距不是我個人跟這個學校圖像的差距，是我要找出老師跟這個圖像的差距。這個差距怎麼來的，可能就是我們要去做努力的地方。

所以，我首先就是幫大家點出學校的存在，學校是在什麼地方？第二個，學校的特色是什麼？第三，你能講出這個學校，你在這邊尊榮的感覺是什麼？如果你這三點都是問號，那我們重新來過。我大概是這樣。這樣想完以後，我就發問卷。那個問卷我都有留著，這四個學校我都有。問的問題都不太一樣。我問這些問題，最後都會寫：「如果你覺得可以相信這個校長，你就留下你的姓名，我會再跟你聯絡。」你不寫可以呀！我說如果你願意相信這個校長，如果你覺得這個校長還不錯。我就用那種比較口語化的方式引導他們：「留下你的名字吧！」

## 訪談者：

校長是軟中帶有力道。

## 鍾校長：

你說欣欣國小，你有什麼可以告訴人家說我們欣欣國小是什麼，你能夠告訴人家說，仁愛路轉延吉街，那個學校是長得什麼樣子，因為人家開車「咻！」一下子就過去了。你告訴我，你心中認為學校是長什麼樣子。至於來純純國小呢，你現在告訴我，純純國小跟美麗國小，你怎麼樣告訴我說，你純純國小現在是比美麗國小好？純純國小旁邊就是歡歡國小（化名），一樣都是開放空間學校的建築，你怎麼樣告訴人家說，你應該來看我們純純國小，你不要轉到別的地方去。老師你要講呀！能講得出來嗎？如果講不出來，沒關係，我們一起來找出答案。我們來幫這些答案找出一個新的路徑。剛剛問到說，我做了哪些努力？我大概是從老師那個地方開始。

然後說到校務經營用了哪些策略。講到策略，幾乎每個人都有滿肚子的策略，什麼什麼原則呀！談到我的策略，首先我是真的先從人開始。這個人，第一個我先找老師，從對老師發問卷開始，而且我的問卷幾乎都是要用填寫的、都是要用敘述的，在我的 PowerPoint 旁邊，我有舉例給他們，讓他們去思考。比如說，如果我請你告訴人家，純純國小的位置在哪裡，你不能告訴人家說，在美麗國小的對面，因為那時候學校前面那棟新的大樓還沒有蓋起來，你怎麼告訴人家

說純純國小在哪裡。因為我們的學校在巷子裡面，你也不能告訴人家說，就在清境公園旁邊，然後人家又會問清境公園在哪裡？我的意思是說，這個地方都是透過老師去說，所以從人開始。

現在老師這個區塊有了，然後接下去，我就開始所謂的職工，就是這些事務人員，我一定找這些事務人員來談，因為這些事務人員絕對是會比老師待得更久，他一定是在這邊三、四十年才退休的，校長都是過客，所以我也會跟他講說，我一定會是過客。我們就來談，不管你幾年，你談談看吧，像在陽光國小那種七十幾年的學校，她還是小姐的時候，十七、十八歲她就進來了，她現在已經四十幾歲，一定有太多感情，所以我們讓她談。

我就會跟她講說，我最短四年，最多八年。你想我們這個四年、八年，你要怎麼樣跟大家一起來讓這個學校更好。我會跟這些職工談，所以我覺得職員及工友本身是很重要的人，雖然他們的工作是比較繁瑣的、比較瑣碎的，可是我覺得他們是非常重要的人，尤其是警衛，我都會跟他說，你是掌門人，你是繃著臉，還是你是笑笑的，還是你是有禮貌的呢？我說整個學校都靠你了。我會給他們一些自我價值的提升。我覺得那是很重要的。

至於說在策略方面，第一個我先從人開始。我學校的老師，再來是職員，接下去就是學生。學生對校長的理解都是從老師來的，所以我就會跟老師說，請老師幫忙介紹這個新校長給你班級的學生，老師你要幫我先做嘛。所以我就會提供一頁我的簡介給老師。我告訴老師，這位校長是從哪裡調來的、校長是什麼樣的、校長怎麼了。所以你可以用這個基本資料去告訴學生。然後在朝會的時候，我就會問學生，我說我是新校長，已經知道我姓什麼的請舉手，站起來。我們一看就可以知道比例多少了嘛！我們當然就要給他鼓掌呀！我是說你要從老師去介紹這個校長，請他讓學生知道一下。

接著，就是從學生這個地方，我要讓學生開始去了解、去認識這個學校。認識不是說帶著大家繞學校。我要讓學生知道說，你知道學校幾年了嗎？你怎麼樣去告訴人家，我學校從我家是要搭什麼車？怎麼來這個學校？所以就人的部分，我在學生這個地方，我也會去加重。

再來是家長。家長這個區塊，家長會也好、家長代表也好，我大概就是會找一個正式的方式。第一個學期，我會跟全部的家長代表、班級家長代表談，像我們的班級家長代表大概有一百多個。我向他們介紹我自己，然後我告訴他們，我也會問他們說，你告訴你自己，還是告訴我都可以，你的小孩為什麼要來讀純純國小。第二個，你對純純國小有什麼期待，對老師、對你的小孩、對學校，有什麼期待都可以提。第三個就是說，好，你怎麼樣來擔任一個屬於純純國小這個標誌的家長？

所以在人的這個區塊，大概是我所有策略的最高宗旨，就是從人開始。人都有了，這些資料都有了，然後接下去那些策略，人完了以後，我就覺得OK了、知道了。

接下去，我從哪裡開始？我先從空間開始。因為我覺得人跟人之間，偶爾都是透過空間。空間是一個很好的媒介，空間甚至提供一個非常重要的情境，所以我會從空間開始。那麼空間要從哪裡找線索呢？就從角落開始，從大家對空間的意見，我們就能去探索一點點。其實最重要的是，我自己個人一直覺得，空間應該是要有感覺的，也是有溫度的，要能來到這邊感覺上不錯。所以，我就從空間這個地方開始去思考。我自己就很清楚，我大概要從哪些地方稍微去留意、去注意、去做一點改造，而這個改造又不能只是校長。

所以，我就會有一個空間改造小組。在這個改造小組裡，我們就開始讓他們提意見，而他們的意見一定是海闊天空的。其實我在蒐集資料的時候，聚集了一些方向，可能在色彩方面、在動線方面、在安全方面，還有大家的參與方面，大家可能會有什麼意見，我自己會先提出來，去開啟他們對這個空間的感覺。

**訪談者：**

對老師嗎？家長和老師嗎？

**鍾校長：**

對！對老師、對家長。這兩類的人都各有代表，這些都叫做空間小組，我有

一個計畫叫做空間改造計畫。他們來了這邊以後，我就希望他們把這些問題帶回去，請他們再去問、再去思考，有什麼意見要去思考，等下一次我會定期開會，他們再回來。他們一定會說，這個校長有在聽這些意見，然後他們就會知道，我做這些絕對不是憑空的。我才來兩個月、三個月，我怎麼會知道那麼多呢？原來我都一直在蒐集資料，蒐集了很多資料。

　　每個人都覺得他所談的意見、他的一些感受，這校長都有看到、有聽到。他們就會覺得，他也可以一起來參與改造。接下來，我大概就會透過這樣的一個空間改造，從這個空間開始去做改變。這個改變就在這個小組裡面去做討論，包括要不要增加色彩的討論，改變要哪些步驟，期程，參與的人數有多少，是不是全校一起來。大概就在那個會議裡面會很清楚，會有一個結論、有一個方向。

　　當然照這個方向去做，老師們會覺得，學校開始動起來了。所以，我們很快在一年之內就完成了色彩的徵求、設計。像我這個圖書室，並不是一開始就由建築師設計的。我們是真的全校去徵選，然後小朋友可以把這個意見帶回去，由小朋友去畫，所以我們這個小小設計、小小建築師的徵選，小朋友就這樣畫，圈圈來圈圈去的。剛剛那個玩來玩去的那個，小朋友自己想，我們就把這些拿出來。覺得不錯的，比較有系統的，就交給建築師。然後，我們就在空間小組再來跟建築師談。

　　所以我們這個建築師說，他設計這麼多年，第一次感受到要設計的東西完全有童趣，有兒童趣味在內的一個校園圖書室。我想這個地方就是說，我們用的策略是這樣子，先透過人，然後開始從這個空間去做改變，有了這些改變以後，後續的那些具體成效，都不用我講，我都覺得老師會幫你說、家長會幫你說、學生會幫你說。自己如果要講這個具體成效，我覺得要去觸動他們的心，每一個心有沒有覺得跟這個學校是有關係的。我會讓大家關心這個學校、關心這一棵樹。所以我們選校樹，把校樹選出來，然後就弄一個牌子，大家去注意到一棵樹，知道這裡有一棵樹。就這樣，這個心已經被帶動起來，帶動大家來關心這個學校。

**訪談者：**

由校長來帶動？

**鍾校長：**

不不不，就是大家一起來關心好不好。現在你開始關心，他有意見，意見感覺起來會比較溫暖。我就覺得在這個學校，大家的心很暖。所以如果說有具體成效，讓大家開始關心這個學校、關心我們的空間、關心在學校的生活。我說你睜開眼睛後八小時都在這邊，回家都已經很累了，忙著掃地、忙著看電視。啊！就睡覺了！明天一大早又來這邊，所以在學校的這一段時間，需要生命的精彩度，在這邊會比較多，包括家長、學生都是這樣子，老師也是這樣子。

所以，以此建立出來的那個關係，應該是讓大家能夠關心這個學校，我覺得那是最具體的一個成效。有了關心以後，我覺得更重要的是他們的熱情，激發那個熱情。熱情就是讓每個人有更多的想法，不一定要由空間小組來談，或是校長來談，他們會有屬於自己的不同想法。

就像剛剛看到的那個健康中心、那健康樹平安符，雖然這個名字最後是我定調的，可是他們那種感覺，他說你看我們每天做那個，也不知道不要在哪裡跌倒，要小心啊，可是你沒有一個具體的東西出來，所以我們就做一個報表，說明這個月在哪個教室的角落，在操場哪個地方，有三百多人跌倒，說有多少人在哪裡跌倒。我說是不是都沒有用，他說對，都沒有用。我說我們是不是把它圖像化，這樣具體讓他有一個趣味性的參與，開始來了解學校最危險的地方是在哪裡，絕對不是什麼角落。不是，反而是我們覺得最平坦的地方，小孩子最容易撞來撞去。

所以要講到具體成效，我會覺得是要從讓老師很關心這個學校，然後接下來是很熱心參與學校推動的一些事情。最後呢，那些成果都是有的。像我們這裡，我來這邊三年了，今年算第四年，你看看我們的校務評鑑。

**訪談者：**

　　身為校長，您每天忙碌的事主要有哪些？計畫中的比較多？還是預料之外的比較多？該忙的事或是想多賦予心力的事情有哪些？被迫花大量時間處理的事情有哪些？有哪些事花了您太多時間，您覺得並不是很值得？

**鍾校長：**

　　這個題目實在是很明確，然後有一點尖銳。如果說我每天忙的大概是哪些事情，我覺得可能是學生的事情比較多，因為我覺得那個行政推動的部分都已經按照計畫在做了。計畫中的比較多？還是預料之外的比較多？究竟是哪一個比較多，哪一個比較少，我覺得不是那麼明顯，我也不會太在意。因為我自己知道，如果是計畫中該進行的，一定都會照常去進行，然後對那些可能會跑出來的意外，我們都能夠有包容度。但是我會看情況，如果這個意外處理的時間可以縮短，或者可以以後再去處理，我不覺得會是很大的問題。

　　至於說花多少心力在處理那些事情？我倒覺得我花最多的時間在看教學，因為我自己也教學，剛來的第一年我就有做教學，從六年一班教到六年八班。然後呢，有兩天我就找時間，我跟所有的老師說，歡迎你沒課就來看，因為我一班到八班嘛，所以我大概同樣的那個教學活動設計，我是跟六年級老師討論的。

**訪談者：**

　　校長您自己教？

**鍾校長：**

　　對，我自己教呀！教學生呀！老師隨時都可以來看。你來看可以，你沒課就來看。我就跟老師講說，當你來看，你一定要給我一些建議，因為你們是專家嘛！

**訪談者：**

回饋。

**鍾校長：**

來看我教學的老師一定要給一些回饋。我對老師的那些回饋，我都會整理以後，再去跟老師們做答覆，謝謝他指出來某一點或看到另外一點，包括他會覺得說，我偶爾會講話速度太快，有時候說我太高估了學生的能力，時間太匆忙了，例如：我讓學生們去做，因為那是學習共同體，我讓他們去做討論等，我覺得都很好，所以我花比較多的時間是在課程與教學，我會比較常去跟老師討論跟備課。

**訪談者：**

一直都是這樣子？

**鍾校長：**

我在陽光國小就開始這樣了，因為那時候還沒有那麼強調所謂的備課嘛。但是在陽光國小，所有的教學、觀課，我都一定去，只要哪個學年、哪幾個老師要，我都會抽空去跟他們觀課。看完了教學以後，我會寫回饋單，然後會參與他們教學之後的研究討論會，這些我都會參與。

**訪談者：**

請問一下，不管是以前在陽光國小，還是現在在純純國小，校長這樣做，可以說校長是另類的校長嗎？在臺北市的話，很多校長是不這麼做的。

**鍾校長：**

我覺得這不叫做另類。我覺得，我在學校就要讓老師去感受到，第一個，我們校長是關心課程與教學的。第二個，這個校長是有兩把刷子的。

**訪談者：**

有實力。

**鍾校長：**

對。第三個，你會讓老師知道，未來你在做教學領導或是課程領導的時候，他會比較信服你。但是我也不太建議校長常常做，不需要，畢竟校長不是能夠去跟他們談那麼多。我寧可完整的做一次給他們看，之後我也會對他們發出公告，了解大家看到的情況是什麼，大家給我的回饋是什麼。未來如果還有機會，這些就是我會注意的地方。另外，我也提醒老師可以去留意的地方，因為我們是透過不同的眼睛來看。

我說你今天來看，不是來看我教得好不好。我們應該回過頭來講，今天來看校長教學，在某一種情況之下會發生這種狀況、會發生那種狀況，因為有各種情況，未來在觀課的時候，校長是最生疏的，教學是最生疏的，他都會發生這種狀況。未來我們在看其他觀課的時候，大家在做這樣的過程，能不能把我發生過的狀況減少。

比如他們說，小組討論的時間太緊迫了。我說以後我們在觀課的時候，不如把小組討論的時間變得寬裕一點。我是用這樣的角度去跟老師對話。我也不太贊成校長常常做教學，校長只是把教學當成是彼此討論教學的一個引發點就夠了。所以剛剛說，我會花多一些時間在課程與教學，是引導老師在課程與教學方面可以怎麼做。

至於被迫花大量時間處理的是哪些事呢？我覺得是民眾的反映，所謂1999。真的是令人無奈。同樣一件事，可能會一直重複地回應。然後呢，回應完了，他還會打個電話來，一直講一直講。比如說，學校有一個生態小水池，每年大概春夏，青蛙就會蛙鳴。常常某一天不是我，就是總務主任，接到某一個特定人士的電話，他就一直講一直講這一類的事情。所以，這個需花大量時間處理的事情，有時候是來自於社區。

## 訪談者：

那是特定的人嗎？而不是很多人對特定事情的一個反映？針對特定的人，應該會有一個有效的方法來解決。

## 鍾校長：

這個就是說，包括教育局也是一樣，教育局就是要你再回應，我們就回應了五、六次，回應的都是大同小異嘛。我們就說我們會處理，會把那個生態族群搬到大湖公園或是哪裡去，我們有幫它搬家。可是還是有呀，我不可能全部搬走，因為我的學生要觀察啊。然後那個人就會一直打電話，我們每一個人都會接到他的電話。

在這樣的情況之下，我覺得這種事情就回到我剛剛前面所講的，某些時候校長是在扮演心理諮商師，聽他講什麼：「我很煩啊！晚上都睡不著啊！你們的蛙呀怎麼這樣子呀？」我們就要一直聽他說，聽完了之後，我就說，你有沒有聽到不同的蛙的叫聲呀？他說他都沒聽到，我說你就認真聽，聽到後來你就會覺得好像不同，我在當那個諮商心理師啊。所以背後花最多時間處理很多問題的，都是屬於這類的事，大概都是社區特定的人士向學校反映的事情。

我個人認為，這整個社會是愈來愈需在心理層面去讓市民有一點點寄託吧。同樣的，來自家長的反映也是有。也有這樣的家長，一件特定的事情，他會重複一直講一直講，我覺得這就是需要花太多時間又覺得太不值得的事情。這個地方，就是我剛剛講的，同樣一件事情，他會跟很多人一直重複講。你說是不是很不值得，當下會覺得很不值得，因為有時候一講就要講很久。

碰到這種情形，我就會轉念去想，也許我們就讓他紓解一下，也許他剛好失業，我可以換個角度去設想一個失業的人會說：「你們下課鈴聲太吵了，音樂不好聽，你們的校歌我都會唱了！」對於這種種的事情，你說是不是很不值得，當下真的有一點煩，但事後想想，我就幫他紓解吧。因為這附近真的蠻多那種富二代沒上班的，他們睡到很晚。所以，校長要處理這個學校學生學習以外的事務很多，我覺得這是需要校長再去自我調整的地方。

**訪談者：**

請問校長的時間管理。

**鍾校長：**

我幾乎將上班和下班劃分得很明確。大部分的情況是，到了下班時間，我離開這個學校以後，我就可以很輕鬆。我也把這樣的概念跟我的老師及所有的行政人員分享。當我們離開校門以後，大家都要扮演自己的角色，不管你是媽媽、女朋友、男朋友、當人家媳婦的，回去就是扮演那些角色，回去就真的不要再把學校的事牽掛著帶回家去。

我很久很久以前，自己也是一樣，我當老師的時候，也沒有把作業本帶回家過，所以我也希望我的老師都不要帶作業本回去。我也跟所有的行政人員講，都不要帶公文回家，我也從來沒有把公事帶回家過。所以我對時間的看法就是，下班就是要非常清楚的下班。

**訪談者：**

所以上班的這段時間就要很有效的運用。

**鍾校長：**

對！很有效的運用，我先把上班與下班的時間切開。我也開玩笑說，如果你下班在街上看到我在吃冰淇淋，就不要說「嗨！校長好！」我說不要。下班我很不喜歡被認出是校長。你就說「嗨！鍾小姐、鍾大姊」就好。我說我也是一樣，我在哪裡碰到你，我就「嗨！」這樣就好了，因為我覺得那種角色大家要有，不同的自我去調整跟扮演，這是第一個我要講的。

所以，在這樣的一個上班的情況之下，不管是到幾點回家，就是在學校把該做的事做完做好，這是第一個大前提。第二個，因為禮拜一都有行政主任的會報，那天我就讓四處室的主任，每一個人都講得清清楚楚，同樣這一天有什麼事都先講好，然後該做什麼都講清楚。

　　至於我自己，我有一個簡單的備忘錄，我可能就說：「好，你們講說我大概要做什麼，我都會記下來」，我是屬於那種每一個該做的動作都要弄得很清楚，只要做完一件事我就劃掉。劃掉這張紙，我就馬上把它扔了，或者我就用碎紙機把它碎掉，我說你們要像這樣子，不要一件事情，禮拜一到禮拜五怎麼都還沒完成，你的心就掛在那邊，我說這樣大家都會很累。所以我會把我這樣的一個想法，以及做事的方法，跟我的主任們談。我常常提醒他們，你自己的備忘錄裡面還有幾點？我覺得那個過程當中，應該要把很多事情以及該怎麼做的，都把它簡單地記錄下來。一做完、一解決完，就馬上把它忘記。

　　另外，談到事情的輕重而言，校長最重視哪些事。我處理校務，對外都要先做。就是說由外而內，對外的該報的報表、回覆，我們對外的就先處理，然後再處理內部的事。所以，我要行政同仁處理事情的原則就是由外而內，先公後私。只要是公的，必須要跟隔壁處室聯繫的、要跟隔壁學校聯繫的，這種公的我們就先做。如果說我自己組裡面的、自己業務的部分，比如整理檔案，那是屬於私人，你可以慢一點，先公後私，由外而內，我常常跟行政同仁們這樣講。這樣的話，這個輕重緩急就能看出來，因為教育局要催個什麼文，你只要做完就沒事，你內部要怎麼樣整理，大家都比較輕鬆自在一點。我對事情的輕重緩急，大概就是「由外而內，先公後私」這八個字。

　　至於那些非做不可的事，說真的，首先我會分工，因為我認為不要什麼事都由校長一個人來做。如果說什麼叫非做不可，譬如說要回覆 1999，都已經回覆好幾次了，不一定都要校長，我就說主任、組長來，我們討論是要怎麼樣處理它。他們就去打一打字，實際上的那些文號，就依據什麼公文，你們先弄好，後面我再來處理，我們都在期限之前處理完畢，如果他說下班前，那你最好中午之前就準備好，最多下午一點多送出去就沒事了。所以我常常覺得，對於那個非做不可的事，把時間的點往前挪就可以了。所以像保全、年底要做什麼，每件事我大概都是這樣處理。

　　至於時間要怎麼發揮最大的效用，我覺得最大的效用就是一邊做一邊很開心。我常常跟我的同仁講，忙沒有關係、但是要忙得很愉快，忙的過程你可以哼

歌，唱唱歌、聽聽音樂。我自己本身也都會這樣，我都會放一點小小的音樂，讓我們那一處室大家都聽。我說忙但是要快樂，這樣就是最有效。不要忙又緊張得要死，即使你完成了，你都不快樂。其實雖然很忙，但我一直都在音樂當中、一直在唱歌、一直在聊天、嘻嘻哈哈當中，到最後一秒鐘離開，也OK呀！也都很愉快呀！我覺得這個是有效吧。把心情的那種 CP 值衝到最高，要用那個 CP 值來衡量那個事情做完的感覺，我大概是這樣子。

### 訪談者：

　　請問校長您辦學的空間有多大？身為校長，即使有很多體制與法令的束縛，而且每日可運用的時間與精力有限，您認為很多您想做的事都能一點一滴在任內實現嗎？您如何做到？

### 鍾校長：

　　辦學的空間有多大？我覺得那是來自於自己的一個思維。如果我覺得自己思維的空間很大，辦學空間真的就會很大。如果說我只是在應付這些公文或教育局的政策，那真的會覺得一點空間都沒有。所以說那個空間是自己思維上的空間。辦學當然會有很多體制與法令上的限制。

　　對於每天經歷的事情，怎麼樣去多做一點。談到這裡，可能還是要回到我個人。基本上，我以前就是一個好學生，但我絕對不是一位乖學生。我是一個好老師，但我絕對不是一個乖老師。校長也一樣，我是一個好校長，但我絕對不是一個乖校長。我一向都很有自知之明，我知道我就是這種樣子，所以對很多事情我在跟老師、主任討論當中，我自己會覺得哪些事要去達到什麼樣的標準。

　　比如說我們的評鑑超多，真的是超級多。有基礎評鑑、校務評鑑。校務評鑑是大的，還有很多細微的，閱讀也要來評鑑，深耕閱讀也要來，交通安全一定要，還有生命教育等一堆評鑑的時候，這時候就是在我們自己的思維，我到底是要以怎麼樣的心態與方式來面對這些外部的評鑑。我可能會在這個地方跟我的主任、組長、甚至老師討論說，我們要怎麼樣去面對這一些不同的評鑑，因為校務

評鑑必然要，這是最終的評鑑。至於說那種廚房檢查，那也很重要呀！但是我們就不用安排很大的人力來做這個，我們現在抓住它的重點是什麼來做就可以了。

　　所以這個體制、法制之間，我會覺得要選擇，要在地化之後做一種選擇，選擇適合我學校可以怎麼樣去做出一些自己的特色就夠了。譬如說交通安全，我有沒有必要去做交通安全的特優，我問我們的老師、問我們的生教組長有沒有必要做特優？校務評鑑要不要特優？他們當然說要呀，因為那個校務評鑑，一弄就五、六年的，這個光芒就在那邊，大家就要全力以赴。在交通安全方面，大家都說金安獎，這樣的情況之下，可以不一定要拿特優，我們就做到達標就可以了。然後呢，對學生很重要的安全，那個金安獎是因為要看到說你有那些設施，還要花好多的錢去做什麼模擬車廠、模擬的交通，我覺得那倒是可以不要。但安全我們還是要，那個達標安全我們還是要。

　　基礎評鑑也是以安全為主。因為我不太可能花額外的錢，把所有的設施再重新去改變，所以這個地方，我們會有自己的衡量。在精力方面，我們還能夠去應對，包括我的團隊，我的團隊都是儘量下了班，就不要再思考校務的事情，然後再進一步，儘量早下班。一定偶爾都會加班，因為加班有一個好處，他們的心都會靜下來，聽聽音樂、聊天邊做一些自己的事，我覺得那也是很好的。因為有時候，坦白講媳婦都不想太早回家，媳婦都想說到最晚再回家，媳婦都這樣，所以這個我們都能體諒呀。我個人在精力方面，我都覺得綽綽有餘，因為我自己在課餘，就是我下了班以後，我還做了很多義務的工作，包括童軍的義務服務員，我都會去帶，然後還有其他一些公益的事情，我都會去參加，所以我覺得都還好。

**訪談者：**

　　校長每天可運用的時間與精力有限，您認為很多您想做的事都能一點一滴在任內實現嗎？您如何做到？

**鍾校長：**

　　這一個倒是覺得蠻特別的。每一個人都想多做一些事情，我最想做的就是改

變整個組織文化裡面的氛圍，我覺得這是最重要的。工作可以做完，也可能慢一點做，沒關係。但是那種氛圍，要特別的讓整個文化的感覺是非常愉悅的，我一直強調「愉悅」那兩個字，如果你很愉快，來這裡上班、來這邊跟同事相處很喜悅，說實在的，很多事情都可以完成。所以我比較強調，我是透過愉悅氛圍的凝聚、營造來完成事情。

有沒有完成很多事情？第一個，完成空間和人的關係，讓老師很樂於在這個空間生活，然後老師樂於為學生額外付出。現在大家都知道，那種熱情其實是所有學生學習裡面最重要的關鍵，那個熱情是要有很多的激勵措施去給老師，這個激勵措施我倒不覺得是那些敘獎，或說請他們吃飯、喝飲料。除了請吃豆花，大家嘻嘻哈哈以外，就是怎麼喚醒他們的熱忱。

熱忱從哪裡來？就是要給老師一種成就感。他做任何事情馬上去點到，你剛剛做這些，你看你的小孩子今天的表演、今天小朋友的笑容、今天的排隊，從這一班到科任班，我就看到你們班的小朋友超開心的離開。我說你剛剛上的那節課是什麼，讓小朋友那麼開心。老師會覺得說，沒有呀，剛剛就帶了一點點的桌遊什麼什麼的。我說這就對了，這老師的熱情是隨時可能讓我們發現，然後讓他覺得有成就感。我覺得這樣是一個相輔相成。

所以，有沒有很多事情在任內完成？我覺得有。第一個，組織的氛圍。第二個，給老師工作的成就感。第三個，也帶給家長成就的感覺。我常常跟家長在校門口相遇，因為導護，我幾乎常常都在。早上我就跟每一個導護媽媽打招呼、聊聊天。我要給媽媽也是類似的成就感，這個成就感就是來自你很盡心扮演媽媽這個角色，你真的是一位稱職的媽媽，所以你的小孩子在學校表現有多好、有多進步，即使他之前是一個個案，曾經是讓大家頭痛的個案，可是在這個過程中，媽媽的眼淚是值得的。我有一次就說，你那天的鼓舞很值得，看看一個多月以後，你的小孩變成這樣。他覺得扮演這個角色很盡力，是我們大家給他肯定的，他就會很有欣喜感。所以，我想我任內大概就是從學生、從老師、從家長去完成，完成了很多人跟人之間最基本的信任價值。

我會覺得常常要有那種無形的價值。我不太會去講說我們得了多少獎，我學

校有什麼教育意義，因為那個有沒有，其實是伴隨這個會自然產生的。就像純純國小在今年 2015 年，一次拿了三個優質學校的向度。就是這三年，大家就這樣慢慢的改變、醞釀，在 2015 年全部就都拿到了，大家就覺得太豐富了。對學生來講，每個學生都講得很有感覺、家長也很肯定，這就是我們這樣一點一滴慢慢去完成。

你如果說我來這裡有沒有具體完成一些什麼，我認為就是給老師熱情，激起一般老師的熱情，給他成就感，然後告訴家長你扮演的親職角色，非常的用心、非常的稱職，太多人都看到，也許她婆婆沒看到，她就很希望我們這邊都看到。所以，這個地方應該是這樣子一點一滴來完成事情。教育就是要成就人，這個人不一定就是學生，應該是老師、家長，還有同仁、行政同仁，包括我在內。我也覺得我很幸運，看到每個人都很有成就感，我就開車聽個音樂回去。

### 訪談者：

您喜歡當校長嗎？最喜歡哪一個部分？最大的成就感在哪裡？是否感受到相當高的尊榮感？從什麼地方可以看出來？

### 鍾校長：

這個就要直接回答。我喜歡當校長，我好喜歡當校長，不是因為單純的喜歡當校長，而是我喜歡校長看的角度會很大、接觸的人很多，能夠發揮他的影響力。至於說校長的權力，現在校長是沒有什麼權力的。校長這一個職務，可以有很多的時間，可以接觸到很多人，可以有很多影響力的發揮。基本上，我是很喜歡跟人家聊天的，很喜歡看到大家都很快樂，每天都是這樣，每一個我看到的人都是很喜悅，我覺得這是最重要的。

至於說到最喜歡哪一個部分？最大的成就感在哪裡？我最喜歡的那一個部分就是有機會去改變，不管改變的是家長、學生或是老師，我覺得這個地方是科技改變不了的，只有透過校長這樣子的角色可以去改變。至於當校長最大的成就感在哪裡？我交了很多朋友，我一大票的朋友，各式各樣的朋友，有的學生已經長

大了，都出國了，家長都還會跟我聯絡，這都是一種成就感。

　　至於當校長是否感到相當高的尊榮感？尊榮感這三個字我比較不太認同，因為我覺得當校長不叫做尊榮感。當校長就是可以交到很多好朋友，可以改變很多人，尤其是小孩子，尤其是家長，包括我提到的那些媽媽，怎麼樣走出家庭來到學校，然後怎麼樣在學校當志工的過程裡面，找到她自己存在的價值。我覺得這個地方是最好的。

　　所以，是不是感到相當高的尊榮感？說實在，我沒有覺得尊榮感，但是我覺得倒是一種成就感，那種成就感就是說，你看我可以改變人，改變這樣一個沒有笑臉的媽媽，變成很有笑臉，改變這樣的一個老師，本來對學生就是皺眉頭，到後來找到了很好的方式去幫助學生，讓他很開心的當一個老師。

　　尤其是那些年輕老師，剛入職場的時候，覺得跟在學校時怎麼完全不一樣、學生怎麼那麼難掌握、家長怎麼有那麼多意見。身為校長，我要怎麼帶他去重新調整自己的角色，這種對老師的幫助，讓我感覺當校長是蠻有成就感的。從什麼地方可以看得出來老師的改變？從臉上的笑容吧！好比剛剛提到的那個老師或媽媽，剛開始沒有笑容，到後來，他也有自我的反省，透過人與人的對話、人與人的分享，以及人與人之間的信任，他就會發現，這個社會以及每一個你接觸到的人都在改變。我覺得這就是當校長的成就感。

## 訪談者：

　　您擔任校長，最挫敗的部分為何？

## 鍾校長：

　　因為小孩子的關係，最挫敗的地方就是學校教育還是有它不及的地方，也就是做不到的地方，尤其是在家庭這個區塊。我們就曾經有一個小孩子，我想這是屬於個案，他到後來就不得不離開我們學校，因為他家裡的關係，小孩子就被社會局帶到另外一個地方，然後給他做安置，我們這個地方就會覺得很捨不得。那小孩子就在我們的身邊，我們看著他一直在走這一段路，從家庭的、媽媽的，這

樣的一個情況之下，我們也曾經去做很多的協助，包括說家庭的因素，他媽媽跟他就在小旅館裡面，後來不得不由社工來帶，他就一定要把他做安置，就要離開我這個學校去另外一所學校，然後那個學校又不能讓我們知道，怕我們這邊老師說出去，對小孩子又不是那麼好。所以，這小孩子就在我們的眼前被帶離開，那種感覺真的是很不捨，但是也沒有辦法。

　　這種挫敗就是說，人真的不是神，還是有力有未逮的地方，包括這麼多家庭的小孩子，小孩子真的是很無辜，我覺得小孩子的純真，他也需要學習，可是他面對他的父母、他的家庭，不得不硬被帶走，尤其小孩子本來跟班上小孩相處得很好，就硬是被帶走，我們難以想像，他去到那個學校怎麼再去做適應，未來在社工的帶領下，又會到什麼樣的家庭。我會覺得，對學生這個區塊，還是有一些社會要更多的治癒性，來幫助這些兒童。我覺得兒童真的是可憐，我看了好幾個個案都是這樣子，就是沒有辦法，也許是家長的行為。

　　他的家庭背景這個部分，跟有沒有錢不見得有關係，家裡有錢的也是有一堆問題，像我這邊有很多有錢的也是有問題。然後那些弱勢的、社經背景低的，也是有問題。所以講到這個就會發現，我想我退休後，我真的很想去做所謂的實驗教育，在這邊先透露。我想走實驗教育就是說，有沒有所謂志同道合的人來做那些所謂的共學團，跟社工來給這些小孩子有不一樣的幫助。因為我們現在大家都到偏鄉，現在好多公益團體都在偏鄉做好多事，但是反而在這種都市呀，所謂不三不四的都市的這種邊緣的小孩子有很多，可是以目前的校長角色上，好像還沒辦法可以照顧到那麼多，這是我覺得比較挫敗的。好幾個學生都遭遇這種情形，現在想起來都覺得很挫敗。

**訪談者：**

　　針對老師這個區塊，有沒有讓您覺得挫敗的地方？

**鍾校長：**

　　如果是這個，我倒是覺得老師這個區塊也有令我挫敗的地方，因為有的老師

真的不適合當老師。

## 訪談者：

是哪一類的老師？對學生沒有熱情嗎？

## 鍾校長：

有的老師不知道如何帶學生，他不知道如何跟現代資訊這麼發達的學生去做溝通，可是他也很努力喔，自己也很有反省能力，可是他真的沒辦法在教室那個小天地，扮演好教師的角色，很費心、很費力，還是扮演不好，就有這樣的老師。這種老師怎麼辦？我碰過好幾個這樣的老師，在校園裡面大家就會覺得他不適任，可能家長也覺得他不適任。

## 訪談者：

他是很努力？

## 鍾校長：

他是真的努力，可是他就是力有未逮，可能是來自於他的養成背景、自信心不夠，面對這些高年級學生他會爆炸，心就慌了，然後就很嚴厲去講、很嚴厲去做，那些學生根本就跟你翻白眼，因為你沒有說服力。在這樣的一個惡性循環之下，家長根本就會覺得你沒能力，沒辦法帶這個班。別班的老師會覺得說，我都告訴你了。為什麼別的老師上場就 OK，班級再交還給他，就又亂七八糟。這樣一年下來，那個班級真的很可憐。班級可憐、老師也可憐。這時候怎麼辦？這就變成校長這邊要去做很多的協調。我還是會以學生為主，看跟他怎麼樣談，讓他去理解到，真的他在這個區塊要知難而退。

知難而退要退到哪裡？第一個，如果他能夠知難還好，有的根本就覺得說怎麼可能，我怎麼可能就這樣子這個班不帶，那是面子問題。所以，這種地方你又不能告訴他說，你真的怎樣怎樣，你就很難去割捨掉這個情況。還好，我會透過

他的好朋友、周遭的力量，讓他去換個位置，也許他當科任就會比較好一點。可是有的人就是不願意當科任，除了他覺得那是一個面子問題以外，他也會認為那是對自我的否認。他就說：「我可以呀！為什麼你們都說我不可以？」我真的遇到過很多位。有的還要動用到他的家長，由他自己的家庭背景出來做協助，那就很好。

### 訪談者：

您現在說的是老師？

### 鍾校長：

老師。老師自己家庭背景的相關成員，也要給老師一些支持、給他一些力量，包括說如果他真的不行，他真的想辭職，家裡的人願不願意，就會牽涉到，有的老師真的想辭職，他覺得在我這邊太痛苦了。我們剛剛講好幾種，一種就是說，你是否定我，不肯幫忙，我覺得我是可以做的。另外一個已經自知說，他根本就不想在這邊做，他很痛苦，可是家裡的人就是不願意讓他辭職。

我們遇到過這兩個情況，這一個比較特別。所以我就要跟他的家長談，跟爸爸媽媽談。另外有一位就是說，一定要跟她先生談。這也都要花很多時間彼此去談。這個談是不是都由校長談？不太可能都由我談，因為我談有某種意義上的壓力給人家。我都會透過他的好朋友、同學年的老師，讓同儕之間慢慢去醞釀，然後他們在跟他談的時候，這時我再給他們一些策略、給他們點子，然後看看進度到哪裡了，我們再繼續去做。

所以，有時候校長不需要站到第一線去做這些事情。你現在可以對這些事情有所牽掛，但不見得要實際上去行動。很多都是別人可以去行動，因為我們的角色就是校長，由校長來跟他談，會給他太多的壓力。如果他爸爸媽媽來，也不見得馬上就跟校長談，也是由同事去跟他爸爸媽媽談。所以這些地方，問題比較是出在老師。所以說是老師難以割捨，他受過這麼多訓練，結果來到這個線上，根本就沒有辦法適應。這個就是後續要把那個退場機制建立起來，有時候也是要校

長多去費心的地方。


## 訪談者：

有沒有無奈的部分？


## 鍾校長：

無奈的部分，我可以舉很多，有教育體制、教育大環境、文化生態、經費等。如果要我先講，或許可以用刪去法。經費我覺得不是問題。經費我覺得一分錢可以做怎麼樣的效果，我個人都是可以處理的。處理人的是是非非部分，我覺得不會有問題，這個地方我還蠻能夠去跟他們互動的。至於教育體制，我覺得這個題目太大，不是我們這種人可以來談的，或許可以從另外一個角度來談整個體制的部分。有時候我去教育部就會談這些東西，因為體制是牽涉很廣的。整個世界一直在改變，臺灣呢？是怎樣的一個教育體制？我們常常就是受政治、經濟以及社會議題的影響太大，所以這個體制要改，是另外可以來談的地方。

教育大環境或許可以說是最令人無奈的吧！教育大環境是比較大，比較無奈的是學校文化的生態，這個是跟我比較切身的。所謂學校文化生態，第一個就是家長跟老師，我們行政人員是在這個中間，我們要關照的是學生，但是以我們現在來講，你會發現，家長跟老師每個人對學生的期待值是不一樣的。老師覺得說，你就應該乖乖地上學。家長覺得說，你應該好好地把我的小孩子帶好。所以當這個期待值不一樣的時候，這兩個當中的文化就不一樣了。

尤其是老師這個區塊。這麼多年了，1997 年到現在，將近二十年了，教師會興起以後，多年來一直造成很多很多的衝擊，對校長來講這是很大的衝擊。其實，這個教師文化的區塊是來自於整個社會的氛圍，包括工會法，還有選舉的時候，每個候選人一定寧可去聽老師團隊的，不會去聽行政人員的，更不會去聽教育學者的。文化的生態就是這樣子。

家長有家長的文化，他們的文化也很有趣，就我參與的結果發現，小學的家長非常在意學生，所以家長參與學校的活動，意願就非常的高。高了以後呢？他

對老師這個區塊就會有很多意見。如果我們留意看看的話，現在就會變成有一點是校長團隊去結合家長團隊，針對議題來應付教師團隊，結果一個學校的生態就會變成這樣子。我個人覺得這是比較無奈的地方。

那個現象就會呈現出一種情形。老師會覺得說，再怎麼樣，他這個飯碗是絕對有保障的。對於他的教師專業以及教育專業，既沒有棍子，也沒有胡蘿蔔，所以對老師來講，他覺得我就是這樣子，你奈何不了我。很多老師都是這樣子的心態。

至於家長呢？他就會說，校長你怎麼沒有辦法去改變老師呢？老師則會覺得說，校長你怎麼都在聽家長的？絕大多數的學校都面臨這樣的情形，絕大多數的地方都是這樣的情況。每一次我們出去開會，幾乎都在談這樣的情況。像我們昨天，也請李濤就 TVBS 2100 來跟我們、老師、家長進行座談。我們邀請到他很不容易。他現在在做的一件事情就是從老師那個區塊開始，他去挖掘一些熱情的老師，在偏鄉很熱情的老師，一待十二年、十三年的老師。他要把這些一直播放，去感動更多的老師，然後藉著播放，一直在宣導，讓更多的家長來支持老師。我覺得他這個概念很好。

現在學校的文化生態是大家都知道的，這生態真的是已經變質了，這是我們可以來改變的地方，但也不是那麼容易改變的地方。所以說到學校文化生態，還是回歸到那個原點：關注人。老師真的很需要人去關注的，你不要看他拿麥克風拍桌子，一副不太搭理這些家長什麼的。我覺得這個地方還是有他心理上面的疑點、一些小節在那邊，一定有某種什麼因素讓他表現出這樣的行為，所以就要跟他談呀。

回到我剛剛講的關注人的那一部分，我會去跟老師談。現在我大概走過的學校的老師，至少在那段時間，都還 OK，都能談一些東西。有時候難免會有一點什麼樣的時候，這個就是所謂的策略。有時候該淡化就淡化，有時候該把你的意見做一些修改再來推動。

針對那些不適任老師，就是說一定要經過一些程序，沒有辦法說只要經過很多的明確事證，就一定可以把他解職。我們可以幫他找一個適合他的就業輔導，

這是一個政策的問題。

　　對於這些真的不適合當老師的人，我們有沒有可能去協助他改變。其實很多人沒有盡心盡力，就是在等退休，我現在看到很多這種現象。有時候校長就會說：「啊！就是那一票人！」很多學校就那五、六個，他可以跟你講話講很大聲，大聲講完了以後，行政人員這個區塊就不敢去碰他，他就沒事了，然後他們就可以再一直這樣下去。如果本分一點的，就在學校裡面，不跟你合作。我聽很多學校說，「我不跟你合作呀！」就這樣，他可以去發展他的另外一套，那就更加精彩。如果對這樣子的老師，考核沒有辦法去落實，沒有辦法去確實處理這些不太適合當老師的人。如果這樣子的現象一直讓它存在的話，教育的未來是會讓更多的校長不太能夠真正去做事情。這是長久以來的現象，但是沒有人敢去碰它，沒有一個政治人物敢去動它，沒有一個教育行政者敢去處理這種現象，因為這牽涉到太多地方了，不論說是民粹也好、民粹主義也好，或是選票至上也好。

　　有一天有一個教授跟我說：「這些檯面上的人，哪一個不是五日京兆。所以這些是長久以來深根在下面，沒有人敢去挖。」這是蠻令人痛心的。你說學生在你手上一下子，一年、兩年沒關係，混過去就好了。可是你不覺得，有時候我們會講一些學校個案，聽那些校長在講時，都有點慷慨激昂，可是實際上他手上沒有任何籌碼啊！其實損失最大的還是學生。至於家長呢？家長能轉學的就轉掉了呀！這個真的是蠻痛心、蠻不合理的現象，但好像也沒有辦法。

## 訪談者：

　　您推動校務是否都能隨心所欲？各方面都能使得上力嗎？您覺得最失敗、最無力的地方在哪裡？如何面對該無力感？如何有效解決身為校長的難處？

## 鍾校長：

　　當校長能不能隨心所欲？當然不能隨心所欲。推動校務無法隨心所欲。我們把這個「心」定位在哪裡？這個心絕對不是個人的心，我們想做什麼就做什麼，絕對不可能的。校長要做什麼？第一個，你是要延續這個學校，讓學校永續發

展，對不對？這是一個最大的原則。第二個，你要讓學校能夠持續的去發光發熱，然後你要在什麼地方讓學校持續永續發展、持續發光發熱？在這個學校，當然就是讓學生真正能夠去學到他應該學到的各種能力。所以，這就是我覺得無法隨心所欲之處。校長絕對不是萬能的，我覺得校長也不應該是萬能的，我覺得沒有一個人是萬能的。

我覺得一個人一定要有自知之明。校長要有自知之明，像我自己知道我的長處是什麼，我的弱點是什麼。我弱的就是像我做那些手工呀！叫我實際去做海報呀，這種事情我就是沒辦法。但是如果是要我去做那種規劃，我點子是超多的。我把點子說出來，就有人來幫我拼圖，於是我們就做出來了。

至於我覺得最失敗、最無力的地方在哪裡？應該是在體制方面。對於體制的無力感，要怎麼有效解決？這裡面我有自己的難度，那個難度要看是什麼，如果是屬於校園內的東西，我個人都覺得是 OK 的。例如說，我要去跟里長、海基會，甚至我們現在要到新的國防部，我們說，我們什麼時候可以來參觀你們國防部呀？就因為他們要請我們校長去參觀嘛！我就說我們老師可不可以參觀呀？我覺得有時候體制是沒辦法的。但是如果說校園內發生的事情，或者是跟社區的互動，我都覺得 OK。

如果說校長要有效解決問題，校長是否有難處？這個難處如果是屬於體制的，我大概就會在會議上去建議，能改多少就多少，我就回過頭來跟老師講說，因為體制就是這樣子，我們在這個空間能發揮多少，大家就儘量發揮。我這個校長，我不是很乖的校長，但是我在這個地方可以做哪些變化，這對我是 OK 的。我是一個好校長，但是我絕對不是一個乖乖的校長。

## 訪談者：

很多地方校長有自己獨到的想法，希望說那個想法、那個聲音能夠被聽見。

## 鍾校長：

對，能夠做改變。

**訪談者：**

　　請教校長的自我診斷與自我超越。身為校長，就校務經營而言，您認為自己最大的強項為何？您認為最欠缺的是什麼？不論是強項或是有待改進之處，針對校長的自我超越，您是否有具體的想法與作法？

**鍾校長：**

　　提到校長的自我診斷跟超越，我自己的強項就是，幾乎每個月我都要看很多雜誌，我一定看《遠見》、看《天下》，然後我會看《今周刊》，因為這是我自己家訂的，我自己家也訂《財訊》，我每個月都會看這些雜誌。我自己本身是天下書友俱樂部、天下出版社的會員。我每個月期許自己看一本書。哪一本書呢？我自己會排，儘量不要完全只是教育界的。像嚴長壽的《教育應該不一樣》，那一本書我就有機會買給我的老師、幾個行政人員，大家去看一看，這是教育的書。

　　最近有一本新書我覺得不錯，就是說成大事不需要去糾結，我忘記書名了。書的大意是說，你自己要成就一件大事，自己的心不要瞻前顧後，糾結一堆，否則你一定做不好這件事情。這本書不錯喔！那是透過歷史的一些事件來透視人物，為什麼有些人會完成事情，為什麼有些人就是完成不了，有的人就是因為顧慮到什麼而功虧一簣。我覺得那個地方我是喜歡的。

**訪談者：**

　　校長這樣子，校長覺得在經營學校時，視野也就更寬廣了。

**鍾校長：**

　　我不敢說更寬廣，但是我會從不同的角度來切入學校的事件，包括說我們最近講到別的學校又有什麼事情的時候，我們的學務主任就會說，校長你要不要講？我很少講話，但他們都很喜歡聽我講。我大概都不會就這件事來講，大概都是用不同角度講一件事。例如說，我們今年是二次世界大戰七十週年，可是現場

都沒有七十歲的人，表示說我們都是戰後的人。大家有沒有想過戰後怎樣？我就會談這個。教育是怎樣？我就會拿給他們看，四十年前與七十年前的教室跟現在一模一樣，都是一個黑板，所有的位置都一樣坐。

可是其實現在都不一樣了！現在大家都開始在翻轉了，很多東西學生自己在網路都可以看得到，所以學生來到課堂就是討論。老師就出題目，學生就討論。討論了，如果還是不太會，學生上網就找到了。所以我就說，就某種意義來講，以後老師沒那麼重要了。但是其實未來的老師更重要，因為你要去帶領學生真正思考，帶領他正確的技巧，強化他的能力，包括他的品格、他生存的價值，這些事情都更需要老師來引導。未來是要做人師，人師更重要。戰後七十年我談到這個人師，聽起來很新鮮，老師很喜歡聽。談到二次大戰時期的老師，我去拿別的學校一百年的那個圖，因為我在陽光國小的時候碰到學校七十週年，學校有七十年的圖，我就拿來看，看到那時候的教室不就跟傳統的教室一樣嗎？但是現在整個科技都不一樣了，同樣的地方卻有不一樣的東西。

所以，我就提醒老師，你未來可能不需要著重在知識的指導，不要學生去背什麼，因為他隨手就找到了。你要告訴學生的是這些方向，指導學生應有的行為品格，以及生存的價值是什麼。我大概會提供一些其他領域的概念來跟老師談班級經營、課程教學、校務的發展方向，這樣會更有新鮮感、更有吸引力。

至於我最欠缺的是什麼？我欠缺的就是英文能力，我覺得我英文講得太慢，英文讀還 OK。這部分當然跟當校長有關係，因為我要去跟外國人講話，我都要準備好久，我還要背那個簡介及基本英語來互動。像那一天西雅圖教育參觀團要來，我就很焦慮我要講什麼，用英語談就不能談得像華語這麼的流暢，我自己都要去準備一大堆英語，然後去跟他們對話，然後對話了他們就會說，校長你也能偶爾講一些中文，之中有一個人說她會說華語。真是讓我有點難為情，又好像有點幫我解套。所以，我覺得現在我要努力學一些外語，英語讀是還好，倒是說比較難啊！

另外，以後我想找一些志同道合的人，一起來辦一個實驗學校。像我們這麼愛溝通的人，真的不需要和一千個小孩子接觸。我只要跟十幾個、二十幾個、一

百多個小孩子接觸，真的讓每一個小孩子都快樂的學習，而且是真正扎實地去覺醒。像我以前在兩千多個小孩子的學校，要跟小孩子接觸，我就要透過老師，那種感覺是比較遠一點點。如果可以的話，我要找一些志同道合的人一起來做。我現在正在規劃，我的作法是從我身邊相關的資訊做起，我現在都在蒐集。

　　例如說華德福，我真的去上過，去聽華德福制度。我自己在臺東，有一個學校叫做均一中小學，嚴長壽整個包下來在經營的學校，因為我沒辦法去上課，我臺東的交流學校校長就說他很有興趣。我就說你去上課，上完課回來，我們就在電子郵件或臉書裡面去談，這就是我現在的作法。我儘量去蒐集一些新的資訊。我現在有一個共學團體，不敢說辦學校，因為實驗教育你本來就是去登記就可以了。我現在只是在構想的階段，還沒有辦法去做。在知識方面，我一定要持續去追求新的。

## 訪談者：

　　請問校長，您對教育局要學校配合的政策宣導或行政命令，有何感想與看法？教育局與學校之間，有否可能從科層的上下隸屬關係邁向專業的夥伴關係？

## 鍾校長：

　　我覺得第一個，我會很正向的去看一項政策的必要性，它一定有它的必要性，因為教育局看的觀點比我們大，包括教育部，他看到的一定是全國性的，需要去加強什麼，例如說少子化、空間的閒置，所以去做活化。再來，就是整個學生的能力，應該以世界的角度加強什麼能力，我覺得宣導和行政能力都是必要的。我們都很正向說，我們都應該跟著來做，我們都應該去吸收和去配合。

　　第二個，我們對這些東西，我們要不要自己再去做某些探究或詮釋。比如說，上級單位說空間要活化，我們真的要去詮釋它，我們要怎麼做空間的活化。就我的學校來講，我應該有哪些方向去做活化，所以任何政策要再做一個在地化的詮釋。詮釋完了以後呢？在執行的時候，你若有任何感想與看法，都可以提出來大家討論。

　　基本上，教育部、教育局的東西，我們都覺得必然是有必要的。第二個，我們可能還要去做在地化的詮釋，這個詮釋就是找出輕重緩急，在詮釋的過程裡面，我學校有共識，因為就我是一個校長的觀點，我就在全校有共識下，去做一些該做的步驟或是推動的程序，這個地方，我會跟老師們來談，我不會照本宣科，更不會當成是校長的業績來推動，否則會讓人家感覺層次太低了，所以我覺得應該由全校來做詮釋。

## 訪談者：

　　請問校長，如果您是教育局局長，要怎樣做讓小學發展得更好，因為我覺得教育局局長應當好好經營校長這一塊。

## 鍾校長：

　　我覺得這個問題問得非常中肯。教育局局長要從小學校長的觀點來詮釋整個教育的推動，這一點我非常贊同。如果我是教育局局長，我會把所有的小學校長請來討論一件事，不要讓校長所有的事情都是等教育局的指示。我們現在校長都是在等教育局的指示。你指示什麼，我就做什麼。我認為不要一天到晚都在等教育局指示要做什麼。

　　第二個，校長要勇敢一點，有意見就提出來。現在有幾個校長敢提意見？大家究竟是不願意提，還是有其他原因，我不知道。如果我是教育局局長，我就會跟校長們說，你們就提吧！如果我是局長，我一定把這些校長找來，不要天天等候教育局的指示。

　　第三個，校長有意見來談完了以後，局長就要請各相關科室的人了解這些校長所提的問題，不要急著解釋。教育局應該去問，為什麼校長會提出這樣的問題。我們常常會發現，往往有什麼問題一提出來，局裡面就做一大堆的解釋，當然這也不叫做擋回去，教育局就是先做解釋，然後再來說後面怎麼處理。教育局很少去探究，校長為什麼會提這些問題。我覺得在這個地方，教育局要做一個基本的改變。

　　若說到教育局如何幫小學做得更好，以便放手讓校長多一些辦學空間，我認為教育局局長要讓校長覺得你要有膽量、要有自己的想法，不要一天到晚就是等著上級來指示什麼。第二個，局長與校長都要非常坦誠開放。校長有疑問，一定有原因，局長就來聽。如果這個基本概念有了，教育局局長就開始去了解這一百多所小學，看看每所學校共通的難處是什麼。

　　談到校長共通的難處，例如說，校長在學校裡面是沒什麼權力的。老師的職務分配是按照積分，老師的出缺勤、榮譽制度、老師的班級經營好或不好，也不能只是基於老師自我感覺良好。究竟有沒有比較好的機制？我覺得大家應該把共同問題列出來。教育局局長可以這樣一個一個提問，每一個問題有什麼具體解決的方式，大家一起來談。必要的話，再把家長找來，然後好好的擬出具體的方案出來。

　　另外，我覺得每一個教育局局長都有很好的理念，有沒有可能把理念跟現有的一些政策、現在在推動的東西，結合在一起就好了，不要像現在這樣，一層一層一直加。教育局局長不覺得給小學加了太多東西了嗎？現在，每一個局長一上任就推一個優質學校，新北市就推卓越學校，結果學校就有一大堆的東西要推動。有時候會覺得，基層在辦教育，非得如此不可嗎？

**訪談者：**

　　您希望教育局如何幫助校長專業成長（在個人專業上持續精進）？請提出具體建議。

**鍾校長：**

　　我會建議增加一些未來學的概念，不需要再一直只強調教育的東西。第一個，社會發展的未來趨勢，應該要有。第二個，應該要提供跨領域的、跨界的一些新知。教育界以外都有哪些概念，或者說各個業界已經進行到怎樣的情況。這些不同元素可以加入校長專業，並且持續來做，讓校長的視野更加寬廣。

　　第三個，若是回歸到教育本業這個區塊來談，教育的教學領導，我覺得現在

很多人都在講究專精，可在這一方面做深入的探索。第四個，教師研習中心要發揮更大的功能，針對校長專業發展這個區塊提供更多的服務。如果教師研習中心做不到的話，教育局或教師研習中心能不能委託大專校院來做校長專業研習？

　　至於課程的內容，最好是能夠跨領域的，而且一定要顧客導向。課程規劃階段要聽聽校長的需求，不要太細的一直限制在教育的小視窗，一定要跨領域的，並且加入一些未來學的概念，而且最好有一些實例的解說。譬如說，現在大家都在談大數據。大數據是在做什麼？是做哪些分析？大數據一定是要那麼大嗎？在學校有沒有可能做？怎樣透過對大數據的概念，在學校對學生說，從這五年來所看到學生在數學上的表現，學校有沒有改進措施？針對學生學習這個區塊，可以做實例的研討。這就是一種校長專業上的精進。否則再怎麼說總是很空泛。

　　比如現在還在說什麼領導或行政領導，我覺得業界已經不再講一般性的領導了，業界現在在做的是個案式的領導。比如說，你這個校長是怎樣的思考、怎樣的行事風格，有一個個案的方式協助你去做領導，類似顧問公司，客製化的領導顧問公司，分析校長的成長背景。也許你是來自什麼成長背景、個性怎樣、經歷背景、教育背景，你現在來帶領這樣的學校，你領導顧問公司可以幫你設計課程，強化你的領導效能，這就叫做個案教學。

## 訪談者：

　　在校長儲訓（含培育）方面，您希望校長儲訓單位特別著重加強有志於校長者哪一部分？以哪一種方式來幫助學員學習最佳？

## 鍾校長：

　　如果現在還有持續在提供所謂的校長培育班，我覺得校長培育班跟校長儲訓班的歷程與內容重複。校長培育班應該是培育校長，應該著重一些基本能力，包括口語表達、重點摘要、溝通技巧、演講技巧等，這些基本功都是在這個區塊完成。

　　至於儲訓階段，因為已經考上校長了，接觸的應該都要以實務為主。也就是

說，臺北市現在是怎樣的一個情況，當然是熟悉教育政策，了解學校有些通案要怎麼處理？現在學生的狀況如何？家長的狀況如何？應該是讓準備要上戰場的人，十八般武藝都要具備好。所以，我覺得培育與儲訓這兩個階段的課程應該要區隔，才不會上課內容重複，而且講座又都一樣，上課並沒有真正收穫的感覺。所以我比較建議，應該好好談一下課程內容的區隔，在培育的階段幫學員打好基礎，讓已考上校長的人好好裝備自己。

在方法上，應該是體驗的方式、實習的方式，在課堂上上完課應該去做一些實際上的操作，然後你再回來課堂上討論，也就是要運用一個體驗學習的概念。現在的作法是一次一個禮拜，但是只是在旁邊做記錄，這叫做影子校長，你走到哪裡他就跟到哪裡，後面會有一些對談，每一天師傅校長要去開會，實習校長就跟著去。或許可以試著讓實習校長做決策。實習校長或許可以扮演副校長的角色，來主持會議、與家長協調，這些都是可以嘗試改變的方向。

**訪談者：**

對於有志於校長的人，您會給他們什麼建議？會勸他們不要走校長這條路嗎？為什麼？如果可以走校長這條路，在人生哲學方面、心理上及行動上，要如何準備（非為準備校長甄試）？亦即，校長要有怎樣的哲學觀？怎樣的必備知識與能力？心志方面要如何鍛鍊？平常要多做哪些方面的自我訓練？

**鍾校長：**

這個問題好大，好像我要做一個師傅校長。首先，針對要不要走校長這條路，我倒不會勸人家不要走，我都會叫他們試試看，從很多地方可以看出一個人適不適合當校長。很多人都說，我都還沒做，你怎麼知道我不適合。所以我會覺得說，你去試試看，在試試看的過程裡面，我們要去跟他們談，你們要去自我對話，對一件突發事件，你自己會是怎樣的心情，你的情緒上、思維上，會是怎樣。這個就需要一些對話。

以我來說，來我這邊實習的，我就問他說，如果面對一個家長，你什麼時候

會說話愈說愈快？這就是情緒已經在慌亂，才會愈說愈快，他可能都不自覺，這個就是你一定要讓他自我對話。一個人適不適合當校長，一定要有很多指標。在校長培育班，就要有這樣的課程，要有很多的指標，讓有志於校長的人看看自己適不適合。所以，我不會勸他不要走這條路。若一定要我勸人不要走校長這條路，是勸哪些人呢？針對做主任做了很多年，表現卻都不怎樣，卻一直想要考校長，卻一直考不上。對於這種人，我當然會以好朋友的立場，叫他不要考校長，真的不要，因為你這樣兩邊，自己五年、十年努力考校長，這樣不死心，把自己搞得太累了，像這種真的就不要。

　　為什麼？第一個，你沒有在自己完全準備好的情況之下，就去考試，就去做什麼的時候，是打擊自己的信心。像這種人，我會勸他不要。你主任也沒做好，就是躲起來讀書，什麼研習都去參加，一直往外面跑，你很認真，分數都拿很高，可是又考不上，人家就說你怎麼又回來。幾年之後，我就會像好朋友一般，勸他不要考，早一點去準備另外的路，因為有些人真的在考試的準備度很好，我的重點不在結果論，我的重點是幫他點出來，幫他認清其實他讓自己生活得不快樂，生活得很有壓力，生活得讓自己愈來愈沒信心，所以就真的不要再試了。你就乾脆灑脫一點，昭告天下你不考了。難道你不覺得嗎？很多比賽，不玩的人最大，對不對？賭局不就是這樣子嗎？那個什麼博弈理論不就是這樣子嗎？不玩的人是最大的。

　　至於如果說要走校長這條路，我會勸有志者，第一，自我哲學要很健康。我為什麼要當校長？是因為別人都當，我的同學都當校長，但是我為什麼要當？所以那個自我哲學要很健康，自認會擔任得很愉快。第二，我真的是很有抱負，想要去做一點什麼事。如果是這樣，你去當校長，真的就很好，那個自我哲學觀是屬於很健康的概念來當校長就很好。

　　而在心智能力上，真的是要鍛鍊。能力就是自己要做儲備，與其說是心智磨練，不如換一個角度，說是壓力的解除，自己怎麼去調節那個壓力。我會覺得心智磨練怎麼做，如果真的壓力來，要怎麼去解除壓力，有能力把壓力解除，你的心智就會愈來愈成熟，你就愈來愈能夠去快樂的面對。不會今天吃不下、晚上睡

不著、半夜又做什麼夢。通常我都是早上五點多就起床。我舉這個例子就是說，其實怎麼做解壓是校長的一種修為，解壓的前提就是你怎麼去看待這些問題，看待問題的前提就是自己有怎樣的邏輯思考，邏輯思考是怎麼來的？這樣層層的邏輯下來以後，當校長就會比較快樂。

本訪談之時間為 2015 年 12 月，受訪者迄 2016 年 1 月的校長年資有十九年。

# 附錄一

# 焦點座談主題一覽表

一、第一次座談主題：教育價值與學校特色。辦學時，心中所珍視的教育價值。

    1. 在接辦一所學校時，除了考慮學校原有的特色（必須遷就既有的特色）之外，在您的心中，您會想辦法去發展學校的特色是什麼？（自己非常重視，無論如何都想去發展的一些事。）

    2. 校務工作的重點（可能會因校而異）。當您新接一所學校時，您如何訂定學校的校務工作重點？如何構思？您的想法、方法、策略，如何與學校既有的特色結合？

    3. 如果您的學校學生中，未來可能會有諾貝爾獎得主，您要怎樣教育他？在教育學生的過程中、在發展學生的潛能時，您最重視的是什麼？

二、第二次座談主題：校長工作內容與時間管理。

    1. 校長的工作內容：校長忙碌的事情有哪些？

    2. 校務工作的重點與策略。

    3. 校長的時間管理策略：如何在有限的時間內，把預定的工作完成，而且達成預期目標。

三、第三次座談主題：行政團隊經營與教師職務安排。

    1. 行政領導、激勵、授權、幹部選用與培訓。

    2. 行政團隊如何發揮最大效能。

    3. 行政職務與教師職務之安排。

四、第四次座談主題：教學領導。

五、第五次座談主題：課程領導。

六、第六次座談主題：校長如何引領教師專業成長。

　　1. 校長如何領導教師進行專業成長。

　　2. 校長如何督導教師提升教學成效。

　　3. 對教學不力或表現較弱之教師，校長的輔導策略為何？

七、第七次座談主題：校長對內及對外公共關係之經營。

　　1. 對內及對外公共關係之經營。

　　2. 學校在社區中的定位。

八、第八次座談主題：學校校園規劃與建築管理。

九、第九次座談主題：學校經營的法律層面。

十、第十次座談主題：學校常見的問題、成因及解決之道。

十一、第十一次座談主題：校務評鑑與校長評鑑。

十二、第十二次座談主題：校長工作的深層意義。

# 附錄二

# 國小校長訪談題綱

一、國小校長的理想與實際。從理想中的學校到校長實際工作的內容：

    1. 您理想中好學校的圖像為何？好老師的圖像為何？自從擔任校長以來，在現實世界中，學校的圖像（含老師的圖像），與您理想中的圖像是否有差距？就追求學校改進而言，您具體做了哪些努力？校務經營運用了哪些策略？獲得了哪些具體成效？

    2. 身為校長，您每天忙碌的事主要有哪些？計畫中的比較多，還是預料之外的比較多？該忙的事或想多賦予心力的事情有哪些？被迫花大量時間處理的事情有哪些？有哪些事花了您太多時間，您覺得並不是很值得？

    3. 校長的時間管理。校長如何完成最多的事？就事情輕重而言，哪些是校長最重視的事？哪些是您最想完成的事？哪些是非做不可的事？您如何有效管控時間，讓上班時間發揮最大的效用？

    4. 校長的辦學空間有多大？身為校長，即使有很多體制與法令的束縛，而且每日可運用的時間與精力有限，您認為很多您想做的事都能一點一滴在任內實現嗎？您如何做到？

二、校長工作的意義、可為與難為之處：

    1. （探尋校長深刻的喜悅與滿足）您喜歡當校長嗎？最喜歡哪一個部分？最大的成就感在哪裡？是否感受到相當高的尊榮感？從什麼地方可以看出來？

    2. 擔任校長，最挫敗的部分為何？（請舉一、二例）。

    3. 最難以割捨的部分（既放心不下，又覺得很頭疼）。

4. 最無奈的部分（教育體制？教育大環境？學校文化生態？經費的部分？處理人的是非部分？）

5. 最痛心的部分（不該有的現象或不該存在的常態行為）。

6. 您推動校務是否都能隨心所欲？各方面都能使得上力嗎？您覺得最失敗、最無力的地方在哪裡？如何面對該無力感？如何有效解決身為校長的難處？

三、校長的自我診斷與自我超越（校長專業發展）：

1. 身為校長，就校務經營而言，您認為自己最大的強項為何？最欠缺的是什麼？

2. 不論是強項或有待改進之處，針對校長的自我超越，您是否有具體的想法與作法？

四、教育局與小學之間：

1. 您對教育局要學校配合的政策宣導或行政命令，有何感想與看法？

2. 教育局與學校之間，是否有可能從科層的上下隸屬關係邁向專業的夥伴關係？

3. 如果您是教育局局長，您會怎麼做，以幫助小學發展得更好？教育局可以怎麼做，以便放手讓校長更有空間辦學？

4. 您希望教育局如何幫助校長專業成長（在個人專業上持續精進）？

5. 在校長儲訓（含培育）方面，您希望校長儲訓單位特別著重加強有志於校長者哪一部分？以哪一種方式來幫助學員學習最佳？

五、您想給有志於校長的人什麼建議？

1. 會勸他們不要走校長這條路嗎，為什麼？

2. 如果可以走校長這條路，在人生哲學方面、心理上及行動上，要如何準備（非為準備校長甄試）？亦即，校長要有怎樣的哲學觀？必備知識與能力為何？心志方面要如何鍛鍊？平常要多做哪些自我訓練？

NOTE

國家圖書館出版品預行編目（CIP）資料

資深國小校長的經驗與智慧：且聽眾校長道來／
林文律主編. --初版. --新北市：心理，2018.02
面；　公分. --（校長學系列；41709）
ISBN 978-986-191-812-9（平裝）

1.小學　2.校長　3.學校行政

523.68　　　　　　　　　　　　　107000739

校長學系列 41709

資深國小校長的經驗與智慧：且聽眾校長道來

主　　　編：林文律
責任編輯：郭佳玲
總 編 輯：林敬堯
發 行 人：洪有義
出 版 者：心理出版社股份有限公司
地　　　址：231 新北市新店區光明街 288 號 7 樓
電　　　話：(02) 29150566
傳　　　真：(02) 29152928
郵撥帳號：19293172　心理出版社股份有限公司
網　　　址：http://www.psy.com.tw
電子信箱：psychoco@ms15.hinet.net
駐美代表：Lisa Wu（lisawu99@optonline.net）
排 版 者：辰皓國際出版製作有限公司
印 刷 者：辰皓國際出版製作有限公司
初版一刷：2018 年 2 月
I S B N：978-986-191-812-9
定　　　價：新台幣 500 元